일본 종교를 알아야 일본이 보인다

일본 종교를 알아야 일본이 보인다

최현민 지음

日 本 の 宗 教 を
知 っ て い る こ
そ 日 本 が 見 え る

자유문고

머리말

2019년 1월 28일 일본군 위안부 피해자 김복동 할머니께서 일본 정부의 사과를 받지 못한 채 눈을 감으셨다. 14세에 끌려가 8년간 성노예를 하고 돌아온 할머니는 용기를 내어 세상에 이 사실을 알렸고, 그렇게 평생을 사시다가 이제 한 마리 나비가 되어 날아가셨다. 그분을 떠올리면서 나는 묻는다. "일본은 왜 자신들의 과거사를 솔직히 인정하는 것이 그토록 어려운가……" 무엇이 그들의 마음에 걸림돌로 남아 있는 것인가? 일본인들은 수치심을 겪느니 차라리 죽음을 택한다고 말한다. 왜 그들은 수치심에 목숨을 거는 것일까? 이러한 일본인의 행동을 이해하기 위해서는 그들의 마음과 문화를 이해하지 않으면 안 된다.

한국인에게 일본은 가깝고도 먼 나라다. 가깝다는 것은 지리상의 가까움도 있으나 역사적으로 한일 양국은 밀접한 연관성을 갖고 있다는 의미도 함축되어 있다. 한일 역사를 볼 때 일본과 한국의 역사는 그야말로 씨줄과 날줄처럼 엮여 있다. 청일전쟁, 러일전쟁, 갑오경장, 을사조약 등 양국의 역사는 한쪽을 배제하고는 설명이 불가능할 정도로 긴밀히 연결되어 있다.[1] 멀다는 느낌은 역사적으로 한

---

[1] 나카츠카 아키라는 『1894년 경복궁을 점령하라』(박맹수 역, 푸른역사, 2002)에서 명성황후 시해 사건에 대한 왜곡된 일본 역사 기록을 낱낱이 공개한

일관계에서 생긴 앙금이 남아 있기 때문이리라. 그렇다. 분명 한일 관계에는 풀리지 않은 앙금이 남아 있다. 그래서 많은 한국인이 일본인에 대해 부정적 감정을 갖고 있는 게 사실이다.

우리네 역사와 불가분의 관계를 지녀온 일본에 대해 많은 한국인은 피해의식을 지니고 있다. 과거의 피해의식 속에서 일본을 바라보는 태도는 현실의 일본을 제대로 이해하기가 어려울 뿐 아니라 미래의 관점에서 보아도 그리 도움이 되지 않는다.

우리는 동아시아 지역공동체로서 일본과 관계를 끊어버리고는 살아갈 수 없는 운명공동체 안에서 함께 살아가고 있다. 중국까지 포함하여 동아시아 공동체, 곧 한·중·일의 운명은 서로 깊이 연결되어 있다. 이런 점에서 진정 동아시아의 평화를 원한다면 우리는 일본과 중국과 함께 평화의 문제를 생각하지 않으면 안 된다. 더 넓은 시각에서 볼 때 오늘날의 동아시아의 평화는 곧 세계평화를 의미하기도 한다. 이 점에서도 우리는 이웃 나라 일본과의 관계 개선을 위해 더욱 노력해야 하며, 그러기 위해서 우선 일본에 대해 제대로 알아야 할 필요가 있다.

일본을 이해하는 데에는 역사적 접근, 사회 문화적 접근 등 여러 경로가 있다. 여기서는 일본 종교를 통해 일본인과 일본을 심층적으로 살펴보고자 한다. 그것은 "일본 종교를 알아야 일본이 보인다"고 생각하기 때문이다. 종교는 인간의 가장 깊은 심층을 다루기에 그 종교가 숨 쉬고 있는 문화의 중심적 가치와 결코 무관할 수 없

바 있다.

다. 특히 일본의 경우는 다른 나라와 달리 신도神道라는 토착신앙이 있다. 이러한 일본의 독특한 종교문화는 현대에 이르기까지 일본 종교계뿐만 아니라 정치, 문화 등 많은 방면에 깊은 영향을 미치고 있다.

일본인들은 메이지 유신 이래로 천황은 태양신(아마테라스)의 자손이며, 자신들의 아버지이고, 일본 국민은 천황의 자녀(臣民)라고 생각해왔다. 그러기에 일본인들은 일본은 신국神國이고 일본인은 모두 천황의 자손이며, 그런 점에서 한 가족이라는 가족국가주의를 강조해왔다. 이러한 사유는 일본인들의 정서에 깊은 영향을 끼쳤다. 일본인과 한국인이 정서면에서 상당한 차이가 있는 것은 양 민족이 지닌 종교적 양상에서 오는 차이와 결코 무관하지 않다.

일본 종교를 통해 일본을 이해하고자 하는 작업은 단순히 그들을 이해하는 차원에 머무르지 않는다. 그것은 더 나아가 우리 자신과 한국의 종교에 대해서도 되돌아보게 되는 계기가 될 것이다. 이런 관점에서 이 책에서는 일본의 신도 사상부터 현대 일본 신종교에 이르기까지 일본 종교 전반을 개괄적으로 살펴보고, 가능한 한 한국 종교와도 비교해보고자 한다. 일본 종교를 통해 일본인을 보다 깊이 이해하고, 그러한 앎이 한일 간에 보다 깊은 평화적 관계를 이루는 데 작은 밑거름이 되기를 희망한다.

2020년 1월
최현민 씀

제1장

일본인과 일본문화의 특성

1. 집단주의

루스 베네딕트(1887~1948)는 『국화와 칼』에서 일본인의 특성 중 하나로 '집단주의'를 들고 있다.[2] 여기서 말하는 국화는 일본 황실의 문장을 비유한 게 아니라 자기를 부정하거나 혹은 강하게 자기를 억제하고 단련하는 일본인의 이미지를 표현한 것이다. 베네딕트는 "일본인은 자기 자신을 다룰 때 꽃 전시회에서 꽃이 움직이지 않도록 작은 철사로 고정한 국화를 다룰 때와 동일한 태도를 보인다"고 말한 바 있다.[3] 즉 일본인은 고정시켜 놓은 국화처럼 스스로를 엄격히 규제해서 자신이 속한 집단에 헌신적으로 봉사할 줄 아

---

2 베네딕트는 '미국에서 일본인은 가장 그 마음을 알 수 없는 적'이었기에 미국의 전시정보국으로부터 위촉받아 『국화와 칼』을 썼다. (아오키 다모쓰, 최경국 역, 『일본문화론의 변용』(한림신서 일본학 총서 30), 소화 2000, 1997, 35쪽.

는 국민이라는 것이다. 또 칼은 "공격의 상징이 아니라 이상적이고 훌륭한 자기 행위에 대해 책임을 지는 사람을 묘사하는 비유"의 표현으로, 일본인은 마음의 칼을 품은 사람처럼 책임과 명예를 중시한다는 것이다.[4] 여기서 베네딕트가 말한 "국화와 칼"은 '국화냐 칼이냐'가 아니라 '국화와 칼' 모두 일본인의 특성을 표현하고 있다는 점이다.[5] 이러한 점들은 오늘날의 일본인에게서도 보인다는 점에서 그의 통찰력은 놀랍다.

여기서 우리는 일본인에게서 볼 수 있는 집단주의에 주목하고자 한다. 2013년 11월 일본 동북부 지진의 여파로 인한 쓰나미 대재앙이 있었다. 이 사건이 전 세계에 알려졌을 때 많은 사람들은 질서정연하게 대응하는 일본인을 보면서 놀랐다. 폭동이나 약탈 없는 자제력과 침착한 태도에서, 유럽 사람들은 대재앙에 대처하는 일본인을 보고 인류가 진화된 모습이라고까지 표현했다. 그러나 일본인들이 보여준 이러한 태도는 일본에는 워낙 자연재해가 많기에 피해에 대비해 훈련된 데서 기인했다. 곧 일본인들이 재난 시 보여준 행동은 그들의 집단주의에서 비롯되었다는 것이다.

이토 쵸세이(伊藤長正)는 『집단주의의 재발견』에서 "(일본은) 다른 문화가 혼재하는 국가와 달리 일체감 혹은 단결력이 강한 폐쇄

---

3   박규태,『일본정신의 풍경』, 한길사, 2009, 217쪽 재인용.

4   같은 책, 218쪽 참조.

5   같은 책, 219쪽 참조. 일본인의 핵심적 윤리체계인 온(おん, 恩)과 호온(ほうおん, 報恩), 기무(ぎむ, 義務)와 기리(ぎり, 義理), 하지(はじ, 恥) 등 윤리적 개념들은 각각 국화의 양면성과 칼의 양면성을 모두 내포하고 있다는 것이다.

사회다"라고 말한 바 있다. 그만큼 일본은 집단주의적 성격이 강하다는 의미로 해석할 수 있겠다. 그런데 일본인에게서 드러나는 이러한 집단주의는 어디서 비롯된 것일까?

1) 몬순 풍토와 집단주의

와쓰지 데쓰로는 『풍토 – 인간학적 고찰』에서 일본문화를 풍토론적 방법론으로 재해석한다. 그는 다음과 같이 말한다. "시간성을 구체화시키는 데 있어 공간의 문제를 배제할 수 없다. 인간이 소속된 공간성에 의한 시간성을 제대로 이해하지 못한다면 시간성의 진정한 의미를 알 수 없다."

이와 같이 공간성에 초점을 맞춘 와쓰지의 관점은 시간성의 관점에서 인간을 바라본 하이데거의 사상과 상당한 차이를 보인다. 하이데거가 인간을 시간적 관점에서 보았다는 것은 인간을 개인적 차원에서 보았음을 의미한다. 와쓰지는 하이데거가 말한 시간성은 공간성이 배제되었다는 점에서 한계가 있음을 지적한다. 예를 들어 바깥이 영하 10도라 해도 영하 5도로 느끼는 사람은 그에 맞게 옷을 입고, 영하 1도로 느끼는 사람은 그에 맞게 옷을 입는 옷 문화가 형성되는 것이다.

이러한 관점에서 와쓰지는 공간성 속에 시간성이 내포된 것을 '풍토風土'라고 일컬으면서 인간은 풍토를 기반으로 자기 존재양식인 문화를 형성한다고 말한다. 이와 같이 풍토를 기반으로 문화의 형성과정을 고찰할 때 일본은 몬순 풍토에 해당한다.

몬순 풍토는 습기와 더위가 적절히 있어 풍부한 식량을 제공해줌으로써 자연의 은혜를 느끼게 하고 자연의 은혜를 받아들이는 수용적 태도를 갖게 한다. 그러나 다른 한편 홍수나 폭설과 같은 자연의 일시적 위협이 있어 이러한 상황 변화를 참아가며 수용하려는 측면도 길러진다. 이렇듯 '수용적 성격'과 함께 '전투적이고 돌발적인 변화'를 내포한 '태풍적 성격'을 지닌 몬순적 풍토는 자연스레 집단주의의 성향을 강화시켜 준다. 오늘날까지 일본인에게서 보이는 집단주의적 특징은 이러한 몬순 풍토적 성향에서 비롯되었다는 게 와쓰지의 해석이다.[6]

2) 천황제와 집단주의

일본에서 가족이라는 개념은 혈육적인 가족에만 머무르지 않고 국가 형성의 기초개념으로 확대되어 갔다. 즉 한 가정의 가족 개념이 한 국가의 구성원을 한 가족으로 보는 국가가족주의로 확장된 것이다. 이와 같이 일본에서 나타난 국가가족주의는 메이지 유신(1868) 때의 천황제 이데올로기에 근거하고 있다. 즉 천황제 이데올로기에 의해 천황을 아버지로 여기고 국민(臣民)을 그의 자식으로 보는 '국가가족론'이 나온 것이다.

메이지 시대 이래로 일본인들은 천황을 아마테라스(天照大神)의 자손이며 따라서 현인신現人神이라고 생각해왔다. 이런 관점에서 일본은 천황신天皇神을 중심으로 '우지카미(氏神)'가 통합된 신국神

---

6   목장과 사막 풍토에서는 '가족'보다는 '부족'을 우선적으로 지향하지만, 몬순 풍토에서는 '가족'을 무엇보다도 지향한다.

일본 최고의 신인 아마테라스 오미카미

國이라 여겨왔고, 천황가는 일본 신민의 부모이며 국민들은 천황의 자식이라는 가족국가가 가능해진 것이다.

와쓰지는 국가를 '집(家)의 집'이라고 부르고 천황에 대해 충忠과 효孝가 통합된 존황심尊皇心을 가짐으로써 일본은 하나의 유기체적 국가가 되었다고 주장한다. 만세일계萬世一系의 천황가를 중심으로 한 천황의 일본, 천황의 국민이 된 국가를 국체國體라고 부른다. 이렇게 형성된 국체론은 메이지 유신 이후 강력한 국민교육에 의해 일본인의 국가관으로 정착되어 간 것이다. 이러한 국가가족론 하에서 일본인은 각 개인의 의지 위에 국가나 집단이 존재한다고 생각해왔다. 그래서 자신의 생각과 집단의 의견이 다르면 과감히 자신의 생각을 접고 집단의식을 따른다.

그래서 일본인에게 있어 집단의지에 의해서 이루어진 집단적 결정은 그들 삶의 최종적인 원리로 작용해왔다. 이러한 일본인들의 집단의식은 그들의 종교관에도 그대로 적용되었다. 일본인은 자신이 어떤 종교 신앙을 지녔든 상관없이 자신이 속한 공동체(가족, 家)

의 문화와 풍습을 따른다. 예를 들어 기독교인이더라도 집안에서 행해지는 조상숭배의 의례는 함께 드린다. 역사적으로 일본 기독교 교단에서 신사참배를 받아들인 것도 이런 집단의식과 깊이 연관되어 있다고 볼 수 있다.

3) 메이와쿠(迷惑)와 이지메

일본문화를 보통 화和의 문화라고 말하는데, 여기서 '화和'자는 아스카 시대(飛鳥時代, 538~694)의 쇼토쿠 태자(聖德太子, 574~622)에서 비롯되었다. 쇼토쿠 태자가 604년에 제정한 헌법 17조 중 제1조에 보면 "화和를 귀히 여기고 거스르지 않음을 으뜸으로 하라"고 하며 화를 강조하고 있다. 이때부터 '화'의 의미가 일본인의 사고방식에 뿌리내렸음을 알 수 있다.

일본문화를 화和 문화라고 부른 이유에 대한 또 다른 주장도 있다. 일본의 고분 시대에 중국은 일본인을 왜인이라 하고 일본을 왜국이라 했으나, 정권체제가 잡혀가면서 '왜倭'라는 한자가 이 시기의 정권을 나타내는 데에 별로 어울리지 않는다고 생각했는지, 발음을 '야마토'로 하고 한자 '대화大和'로 바꾸어 썼다고 한다. 여기서 화和는 야마토 시대(大和時代)나 야마토 정권(大和政權)이라는 말에서 비롯되었다고 본다.

'대화大和'의 '화和'는 아마도 권력 다툼에 지친 사람들이 서로의 의견을 들어보고 이해하며 서로의 차이점을 인정하면서도 조화를 이루는 상태, 곧 그런 정권을 지향하는 의미에서 선택한 것이 아닌가 싶다. 이렇게 사용된 화和는 와쇼쿠(和食: 일식), 와후(和風: 일본

풍), 와후쿠(和服: 일본 옷), 와시츠(和
室: 일본식 다다미방) 등 일본문화를 표
현하는 대표적인 용어가 되었다.

쇼토쿠 태자

　일본인은 일상생활 속에서 화和를
해치는 개인의 돌출적 행동양식을 매
우 기피할 뿐 아니라, 그러한 행동에
대해 집단적으로 제재를 가하기도 한
다. 어릴 때부터 일본인들은 메이와쿠(迷惑: 폐)라고 하여 남들보다
튀지 마라, 여러 사람이 함께 있는 곳에서 혼자 난 척하지 마라, 남
에게 폐를 끼치지 마라 등 타인의 시선을 의식하도록 교육받는다.
이러한 메이와쿠 외에 이지메(苛め: 괴롭힘)나 왕따 문화도 일본의
집단주의를 보여주는 대표적인 예라 할 수 있다.

　일본인들은 의견의 일치를 이상으로 여기기 때문에 소수의견은
바람직하지 않다고 생각한다. 만일 집단의 생각을 거부하면 극단적
인 경우에는 공동체 밖으로 추방당하기도 한다. 이렇듯 일본인에게
있어 자신이 소속된 집단은 그 자체가 바로 자신의 세계인 것이다.[7]

　또한 그들은 대개 자신이 속한 무라(村, 마을)나 이에(家, 가족)가
자신의 현세뿐 아니라 내세에까지 영향을 미친다고 생각한다. 일
본인은 죽으면 차안에서 피안으로 옮겨간다고 생각하기보다 피안
을 차안의 연장으로 여기는 경향이 있다. 그래서 그들은 가족 중 누

7　가토 슈이치 외, 김진만 역, 『일본문화의 숨은 형』(일본학총서1), 소화, 1995,
　　　26쪽.

군가가 죽으면 망인의 혼이 공중을 떠다닌다고 생각하곤 한다. 죽은 영혼은 반드시 자기 마을, 그것도 자기 가족에게로 돌아온다고 야나기타 쿠니오(柳田國男)가 주장하는 것도 이런 맥락에서이다. 곧 죽어서까지 일본인들은 자기가 생전에 소속되었던 집단에서 벗어나지 않는다고 생각해온 것이다. 이런 점에서 일본인들에게 사후의 세계는 집단의 연장이라 할 수 있다.[8] 이처럼 집단에 대한 속성이 죽어서도 변치 않는 것을 보면 일본인에게 있어 집단에 대한 소속감은 죽음보다도 더 강한 무엇임을 알 수 있다.

2. 일본 종교문화의 중층성과 상대성

문화의 중층성이란 한 문화 속에 여러 문화가 겹쳐서 일어나는 현상을 말한다. 가토 슈이치(加藤周一)는 『일본문학사 서설』에서 '일본문학의 특징에 대하여'라는 제목으로 일본문화의 중층성에 대해 다음과 같이 말한다.

"일본의 역사 발전의 전형은 새로운 것이 수용될 때 신구新舊가 교체되기보다는 옛것에 새것이 더해지는 발전의 형식을 취했다. 새것을 선택하기 위해 옛것을 버릴 필요가 없다. 일본인의 세계관의 변천은 많은 외래사상의 침투에 의해서라기보다 오히려 구체적인 감정생활을 심층에서 움직이는 토착적 세계관의 집요한

---

8   같은 책, 27쪽.

지속에 그 특징이 있다."[9]

이렇듯 일본인들은 외래의 것을 가감 없이 빨리 수용하고 이를
포용하는 유연한 정신성이 있는가 하면, 자신이 수용한 것이 소화
될 즈음이면 어김없이 이를 변형시켜버리는 경향이 있다. 이러한
문화적 특징은 고대 일본에서 근대 일본에 이르기까지 다방면에서
드러나고 있다.

우리는 일본문화가 지닌 특성인 중층성을 일본인들의 종교관에
서 잘 볼 수 있다. 2004년도 종교인구 조사에 관한 일본 문부과학성
통계에 따르면 신도神道의 신도 수가 1억 명, 불교는 960만 명, 기독
교는 190만 명, 그 외에 기타 종교가 천만이 넘는 것으로 나왔다. 당
시 일본 인구는 약 1억 3천 정도였던 것으로 보아 종교인구 수가 전
체인구 수를 넘고 있다. 이처럼 총 종교인구 수가 전체인구 수보다
많은 것은 일본인들의 상당수가 신도 신자이면서 불교를 믿는다고
응답했거나, 신도 신자이면서 기독교 신앙을 지니는 등 중복된 종
교생활을 하고 있음을 의미하는데, 이를 중층신앙이라 한다.

이러한 중층신앙 외에 일본 종교문화의 특징 중 다른 하나로 상
대성을 들 수 있다. 중국이나 한국의 종교문화는 천天이라는 절대
적 관념이 그 근거에 깔려 있다. 고대 중국의 경우 천 관념이 언제

---

9   일본으로 유입된 외래문화는 토착문화와 병존하거나 그 영향 속에서 일본
화되어 간다. 그래서 일본에는 토착문화와 일본화된 외래문화, 그리고 외래
문화가 공존하는 중층적 구조를 지니고 있다.

발생했는지는 정확히 알 수 없다. 고대 중국의 은대 갑골문에도 최고신으로서의 천의 이름은 나오지 않는다. 대신 국가의 주요 일에 대한 점사가 기록되어 있는 갑골문에 '제帝'가 나온다. 곧 제는 은족의 최고신이자 절대권위를 지닌 존재로 부각되었음을 알 수 있다. 이러한 은대의 제 관념이 주대에 와서 천 관념으로 변용되었다.[10] 즉 중국의 천 관념은 은이나 주나라의 씨족신에서 시작되었다가 주나라에 이르러 지고신으로 숭상된 것이다. 다시 말해 주나라가 강대해짐에 따라 은나라의 문화를 극복하고 주나라의 전통방식으로 바꾸어 봉양하게 된 것이다.

　이러한 주나라 사람들에게서 나온 천 관념에는 종교성과 도덕성의 의미가 함께 들어 있다. 즉 임금의 덕성을 천에서 부여받았다고 보았기에, 임금이 되거나 폐위되는 것은 천명天命에 의해 이루어진다고 여겼다. 이렇게 주나라에 와서 상제와 인간을 매개시키는 천명사상이 발전했다. 서주 시대의 금문을 보면 천天과 인仁을 매개시키는 개념으로서의 덕德자가 처음 발견된다. 그 이후 공맹 시대의 천은 인격적 절대자이면서 인간에 내재하는 존재로 인식된다.[11] 즉 천 자체가 덕을 갖춘 신적 존재로 부각된 것이다. 이처럼 중국철학에서 천은 자연 사물이 존재하는 원리이자 종교적 근원이며 도덕적으로 최고의 이상이 되었다. 그래서 중국 유학에서는 천도天道와 인도人道를 분리해서 보지 않는다. 다시 말해 인간 도덕의 근원을 하

10　강돈구, 『종교이론과 한국 종교』, 박문사, 2011 참조.

11　순자나 노자, 장자는 천天을 창공, 자연법칙, 혹은 자연으로 이해한다.

늘에 둠으로써 하늘의 덕성이 인간 심성에 내재해 있다고 본다. 그래서 유학에서는 인간과 우주의 도덕적 근본을 동일시하는 천인합일天人合一을 최고 목표로 삼았던 것이다. 유학에서 말하는 천인합일은 인간이 도덕적 실천을 통해 천天의 뜻, 곧 천명을 이루는 데 있다. 이처럼 중국은 천이라는 절대성에 근거하여 인간을 이해해왔고 이것이 중국문화의 기초를 이루어왔다.

한국은 중국으로부터 천 사상의 영향을 받기는 했으나, 한민족의 천 사상은 중국의 그것과 다른 면을 갖고 있다. 한국은 고조선 때부터 천에 대한 신앙이 있었음을 『삼국사기』나 『삼국유사』에서 확인할 수 있다. 곧 한민족은 제천의례를 통해 고대로부터 하늘에 대한 신앙을 유지해온 것이다. 이처럼 중국이나 한국의 문화 저변에는 천과 같은 절대적 세계가 자리하고 있는 데 반해, 일본은 천과 같은 절대적 세계관보다 신도에서 말하는 다신교적 사유가 자리하고 있었다.

이렇듯 신도가 문화 중심이 되어온 일본에서는 중국이나 한국과 달리 절대적 세계관이 발전되지 못했다. 신도적 사유에서는 자연과 인간, 신의 구별이 모호하다. 이러한 신도적 에토스가 절대적이고 추상적인 것을 거부하게 만든 것은 아닌가 생각된다.

3. 일본의 기리(義理)와 기무(義務)

윤동주의 「서시」가 말하듯, 한국인들은 하늘을 우러러 한 점 부끄러움이 없기를 꿈꾼다. 즉 하늘이라는 추상적 거대담론에 의거하여 모든 원한을 상대화시키고 남을 용서함으로써 부끄러움을 씻어내고자 하는 바람이 한국인의 심성 안에 자리하고 있다. 그래서 한국인에게 있어 가장 근원적인 부끄러움은 자신에 대한 부끄러움이다. 그것은 다른 이에게는 감출 수 있을지 몰라도 하늘 앞에서는 자신에 대한 부끄러움을 결코 감출 수 없기 때문이다.

이에 반해 하늘과 같은 추상적 원리성을 거부해온 일본인들은 구체적 사회관계 안에서만 부끄러움의 기준을 찾고자 한다. 이는 그들이 지닌 기리(義理) 관념에서 잘 드러난다. 일본인들은 이름에 대한 기리 관념과 결부하여 자신의 결백과 명예를 무엇보다 중시한다. 그들은 자신이 비난받고 모욕당했다는 기분이 들 때 하지(恥, 부끄러움)의 과잉을 느끼고 그것은 종종 복수로 연결되곤 한다.[12] 베네딕트가 일본인에게 하지야말로 모든 덕의 원천이라고 말한 것은 이런 이유에서이다.

일본어 하지(恥)는 수치를 의미한다. 이때 하지를 아는 자는 곧 명예를 중시하는 자를 뜻한다. 하지에 대한 일본인의 과민반응은 이름에 대한 기리(의리)와 불가분의 관계를 갖는다. 기리의 사전적 정의는 "세상 사람들에 대한 변명을 위해 싫더라도 억지로 참고 하는 일, 사람이 걸어야 할 올바른 정도正道에 다름 아니다. 싫어도 해야만 하는 것, 그것이 사람이 걸어야 할 정도의 기리라는 것이다."[13] 일본인들이 지닌 '이름에 대한 기리'는 과거 일본이 저지른 침략전

---

12   박규태, 『일본정신의 풍경』, 한길사, 2009, 228쪽.

13   같은 책, 226쪽.

쟁, 식민지화, 종군위안부 문제, 야스쿠니 문제 등을 인정하지 않으려는 현대 일본 정치가들의 태도와도 연관성이 있다.

루스 베네딕트

베네딕트는 기리를 세간(사회)에 대한 기리와 이름(명예)에 대한 기리로 구분했는데, 세간에 대한 기리란 주군에 대한 기리, 근친과 다른 이에게 받은 보은報恩이나 도움, 호의 등에 대한 기리를 말한다.

이런 기리를 무시하면 기리를 모르는 자라는 비난을 받는다. 따라서 자신에 대한 세간의 평판이 무엇보다 중시되어온 것이다. 이처럼 일본 사회에서 기리는 도덕보다 더 강력한 사회적 구속력을 가진 것으로 인식되어 왔다. 기리의 의무는 자기가 받은 만큼 정확히 같은 분량을 갚으면 해소된다. 가령 선물할 때 상대와 상황에 따라 선물 가격이나 종류를 선택한다. "잡어를 주었더니 도미를 돌려보냈다"는 속담이 있는데, 이는 기리 원칙에 어긋나는 선물을 한 것에 대한 비난조에서 나온 말이다.[14] 이처럼 일본인은 그야말로 촘촘하게 얽히고설킨 기리의 그물망 안에서 순간순간을 살아간다. 기리의 의무를 무시하거나 어기는 자야말로 가장 수치스런 인간으로 간

---

14   같은 책, 223쪽.

주되곤 한다.[15]

  기리와 함께 일본인들이 지켜야 할 기무(義務)도 같은 맥락에서 이해할 수 있다. 일본인이 지켜야 할 기무에는 무엇보다 먼저 지켜야 할 황금률, 가령 인仁이나 천리天理 같은 것이 결여되어 있다. 즉 그들은 자신이 지켜야 할 기무가 도덕적, 초월적 원리성과 무관한 것으로 보기 때문에 천황에 대한 충성 역시 천황이 옳든 그르든 상관없이 지켜야만 하는 기무로 간주해온 것이다.[16]

---

15 같은 책, 226쪽.

16 같은 책, 222쪽.

제2장

일본인의 무종교성

일본인들은 해외에서 서양 친구로부터 "종교가 뭐냐?"는 질문을 받으면 많은 이가 "종교가 없다"라고 대답한다. 이렇듯 일본인들이 자신들의 종교관을 무종교라고 말하는 것에는 어떤 의미가 있을까?

후지와라는 종교에 대해 다음과 같이 말한다. "종교는 마음의 내부에서 작용하는 것으로, 가장 자유롭고 가장 독립적이어서 조금도 남에게 제재를 받거나 남의 힘에 의지하지 않으면서 세상에 존재해야 한다. 그러나 일본에서는 그렇지 않다." 즉 그가 보기에 일본에는 서구 종교처럼 정신적 독립과 자유를 지닌 종교가 없다는 것이다. 그렇다면 일본 종교는 어떤 특성을 지니고 있는가?

다시 후지와라의 말을 빌려보자. "원래 일본 종교는 신도와 불교 두 가지라고 하는 사람이 있지만, 신도는 종교의 체재를 이루지 못했다."[17] 실제로 일본에서 종교라고 부를 수 있는 것은 불교밖에 없다는 것이다. 그럼에도 불구하고 일본 종교를 이해하려면 '신도神道'라는 토착종교를 이해하지 않고는 거의 불가능하다. 실제로 신도는 여느 세계의 대종교처럼 특별한 경전이나 계율도 없고 창시자(開祖)도 없다. 이처럼 신도는 다른 종교에 비해 종교적 요건이 크게 결여되어 있었기에 종교적 체계를 이루지 못했다. 이 점 때문에 신도는 종교라기보다 일본인의 습속이라고 보는 경향이 있어왔다. 바로 신도가 지닌 이러한 특성은 일본인들의 무종교성과도 결코 무관하지 않다. 그럼 일본인들의 무종교성이 지닌 의미에 대해 구체적으로 살펴보자.

1. 생활종교

일본인의 무종교성에 대해 살펴보려면 우선 그들의 삶을 들여다볼 필요가 있다. 일본의 토착신앙이라 할 수 있는 '신도'는 일본을 이해하기 위해 필수적으로 건너가야 할 지점이다. 우선 일본인들이 무종교, 즉 '종교가 없다'고 말한 것은 그들이 교단 종교에 속하지 않음을 의미한다. 다시 말해 일본인들이 말한 무종교의 무無는 '종교가 없다'는 의미라기보다 '교단 종교에 소속되지 않는다'는 뜻이다. 많은 일본인들은 교단 종교에 대해 거리감을 느끼는데, 그것은 그들에게 비친 교단 종교는 일상생활과는 다른 사고방식에 근거하고 있다고 보기 때문이다. 예를 들어 "예수천당 불신지옥"과 같은 일상생활과 괴리된 표현들은 그들에게 교단 종교에 대해 두려움마저 느끼게 한다.

---

17 후쿠자와 유키치, 임종원 역, 『문명론의 개략』, 제이앤씨, 2012, 606쪽.

일본의 '하츠모데(初詣)' 풍습

　또한 일본인들은 특정 교단에 얽매이게 되면 자유를 속박당하게 되는 것처럼 생각되어 교단 종교를 부담스럽게 여기는 경향이 있다. 즉 그들은 교단 종교에 속하기보다 평범을 지향하며 살고자 한다. 그래서 일본인들은 자신들을 교단 종교의 신앙인이 아니라 자연종교인이라고 부른다. 여기서 자연종교란 어떤 창시자에 의해 시작된 교단이 아니라 자연발생적으로 생겨난 종교라는 뜻이다. 자연종교는 교단 종교와는 달리 교조나 교전, 교단을 갖지 않는다. 이런 점에서 일본인들이 무종교라고 할 때 이는 교단 종교에 속하지 않는 자연종교의 신봉자라는 의미를 함축한다.

　일본인들의 생활풍습 속에는 자연종교인적인 면이 잘 드러나고 있다. 일본의 '하츠모데(初詣)'라는 풍습은 정월 초하루에 신사神社에 가서 한 해를 기원하는 관습이다. 일본 국민의 약 70%가 새해 첫날 신사에 가서 한 해 동안 가족들의 건강과 현세적 행복을 기원한다. 이날 매스미디어는 어느 신사에 참배객 수가 가장 많은지를 뉴스거리로 보도하기도 한다. 이러한 하츠모데 풍습은 일본인들이 자연종교 신자임을 잘 보여주고 있다.

그 외에도 일본인의 생활에 있는 중요한 매듭들에서도 같은 면을 찾아볼 수 있다. 예를 들어 남자아이는 태어나서 32일, 여자아이는 33일이 지나면 어머니나 할머니가 아기를 안고 신사에 데려가서 아이의 건강과 행복을 기원하는 오미야마이리(お宮参り) 의식을 한다. 또 아이가 3살, 5살, 7살이 되었을 때에도 신사에 가서 아이의 미래를 가미(神)께 비는 시치고산(七五三) 풍습이 있다.

그밖에 7월 13일에서 15일에 행해지는 오봉(お盆, 우란분재) 행사는 일종의 제사를 통해 조상의 영을 공양하는 불교식 행사로 우리나라 추석 때 조상들께 드리는 제사와 비슷하다. 일본인들은 사람이 죽으면 자손들의 제사를 받아 선조가 되고, 제사를 받은 선조는 마을 수호신이 된다고 생각한다. 곧 죽은 조상은 마을 근처의 숲이나 산에 살면서 마을을 지켜주고 자손이 잘되도록 보호해주는 존재가 된다는 것이다. 오봉 행사는 죽은 선조들과의 만남과 교류를 지속해주는 역할을 해왔다. 즉 일본인들은 현세적 삶의 중요한 매듭을 신도 안에서 해결해온 것이다.

이는 일본인들에게 있어 종교는 하나의 신앙체계를 갖고 일생을 살아간다는 의미라기보다 생활이나 습속의 형태를 취함을 보여준다. 이와 같이 그들에게 종교가 하나의 습속 형태로 비쳐지는 것은 그들의 토착신앙인 신도의 성격이 현세주의적 경향을 띠고 있는 것과 깊은 연관성을 지닌다. 이와 같은 현세 중심적 의식이 성행하

오쿠리비오봉 기간에 달았던 등롱과 공양물을 물에 흘려 보내는
행사를 도로나가시라고 한다. 저승으로 돌아가는 조상의 영혼을
배웅하는 의미가 있다. 뒤쪽으로 오쿠리비 가운데 하나인 고잔노
오쿠리비의 불꽃이 보인다. (https://instiz.net/pt/4078372)

면서 일본인들에게 해결되지 않은 채 남은 문제가 바로 내세에 관
한 것이다. 일본인들은 이 문제를 전적으로 불교에 떠맡겨버렸다.
이렇게 불교가 내세 문제를 떠맡게 되면서 일본불교는 장의葬儀불
교로 탈바꿈하게 되었다. 그래서 오늘날 많은 일본인은 신도를 현
세적인 삶, 불교는 내세적 삶과 연관 지어 인식하게 되었다. 이렇게
하여 일본 사회에서는 신도와 불교가 각각 역할분담을 해온 것이다.

2. 장의불교

일본불교는 장의葬儀불교 혹은 장식葬式불교라고도 부른다. 장의
불교는 제사의례를 중심으로 한 불교 형태를 의미한다. 실제로 불

교는 사후 제사와는 거리가 멀다. 본래 조상에 대한 제사는 불교보다 유교의 효 사상과 더 깊은 관련이 있다. 중국에서는 자기 조상들에게 효를 다하는 것을 선행으로 보았고, 선행 중 가장 뛰어난 것을 제사로 간주해왔다. 이러한 중국의 효 사상과 결부된 제사의례가 일본에 와서는 불교 안으로 녹아들어온 것이다.

여기서 한 가지 흥미로운 사실은, 일본인은 죽은 사람을 부정하다고 생각하지만, 고인을 위해 제사를 지내면 그가 부처가 된다고 생각한다.[18] 그래서 일본에서는 사람이 죽게 되면 사찰에서 석존의 제자라는 뜻에서 '석 아무개'라는 법명을 받는데, 이는 죽은 사람이 자연히 불제자가 된다는 의미를 함축하고 있다. 이런 풍습은 일본에서 불교가 장의불교로서 자리매김했음을 보여준다.

이렇듯 일본불교가 장의불교화된 데에는 신도가 현세적 종교인 것도 크게 영향을 미쳤다. 신도는 죽음이나 죽은 사람에 대해 터부시하는 경향이 강하기 때문에 신도에서는 장례의례를 행해오지 않았던 것이다. 이와 같이 신도가 터부시해온 죽음 문제를 불교가 대신 장례의례를 치름으로써 해결해준 것이다.

이와 같이 일본에서는 불교식으로 장례절차가 행해지는 것이 하나의 죽음 문화로 정착해 갔기 때문에 장의불교라 부르게 되었다.

---

18 일본에서는 죽은 사람을 호토케(ほとけ, 佛)라고 부르는데, 호토케라는 명칭의 유래를 살펴보면 호토케의 어원은 후토키와 같다. 죽은 사람을 위해 제사지낼 때 그의 영혼을 불러들이기 위해 나뭇가지를 사용하는데 그것을 '후토키'라 불렀다. 나뭇가지의 이름과 연결되면서 부츠(佛)가 호토케가 된 것이다.

다시 말해 내세와 죽음에 대해 해결해주지 못한 신도의 종교적 측면이 일본불교를 장의불교로 정착하게 만든 것이다. 장의불교를 통해 사후 문제를 해결한 일본인들은 다른 종교를 통해 굳이 죽음 문제를 해결할 필요를 느끼지 않게 되었다. 이런 점에서 일본의 장의불교는 일본인들로 하여금 다른 종교 교단에 대한 관심을 갖지 않도록 하는 요인으로 작용했다.

3. 현세주의와 우키요(浮世)적 삶의 태도

중세 일본인들의 사유에는 무상에 대한 관념이 짙게 깔려 있지만 사실 일본인들은 불교의 무상관을 접하기 이전부터 무상이라는 정서를 지니고 있었다.[19] 일본 문예작품인 『쓰레즈레구사(徒然草)』 제7단의 첫머리에 보면 다음과 같이 무상에 대해 묘사하고 있다.

"이 세상에서의 삶이 언제까지나 지속된다면 무슨 인생의 맛이 있겠는가. 이 세상은 덧없고 무상하기에 아름다운 것이다." 이는 무상을 비애로 여기는 종래의 가치관에 대한 대담한 도전이다.[20] 즉 덧없고 무상하기에 아름답다는 것이다. 사계절이 변하는 모습은 어느 계절이나 나름대로 정취가 있다. 『쓰레즈레구사』 제19단은 자

---

19 불교에서 말하는 무상은 불교의 중심사상인 제행무상諸行無常이라는 가르침에서 나온 것으로, 모든 존재는 생겨났다가 사라질 뿐 결코 영원할 수 없음을 의미한다.

20 스에키 후미히코. 이시준 역, 『일본불교사: 사상사로서의 접근』, 뿌리와 이파리, 1992, 156쪽.

연이 아름다운 일본에서 자연의 변화는 바람직한 것으로 인식되고, 인간의 생사에 드리운 무상도 그 자연 변화의 일부로서 수용되고 긍정된 것이라고 말한다.[21]

일본이 큰 갈등 없이 불교를 유입한 것은 불교의 무상관이 기존에 일본인들이 지닌 무상적 감성에 잘 스며들었기 때문이 아닌가 싶다. 물론 일본인들의 무상적 정서와 불교의 무상관을 동일하게 볼 수는 없으나, 불교가 일본인들에게 거부감 없이 다가간 것은 그들이 지녀온 무상적 정서와 불교의 무상관 사이에 유사성을 충분히 상상해볼 수 있으리라 본다.

일본 시가집을 보면 무상에 대한 일본인들의 감상적인 태도가 일본인들의 삶에 깊이 깃들어 있음을 알 수 있다. 5세기부터 8세기의 시가를 모아 놓은 『만요슈(萬葉集)』라는 시가집을 보면 이미 무상 개념이 등장한다. 이는 불교 유입 이전부터 일본인들 사이에 무상 관념이 형성되었음을 말해준다.

이와 같이 일본인들이 인생을 괴로움으로 가득 찬 우키요(憂世)적 관점에서 바라본 것이 중세에 가서 불교의 내세 지향적 구원관이 성행하는 요인이 되었다. 특히 중세 일본은 신불(神佛)이 중심이 되어 일상생활도 신불과 함께 지낼 정도로 종교적 색채가 짙었다. 헤이안(平安時代, 794~1185) 말에서 가마쿠라 시대(鎌倉時代, 1192~1333)를 걸치면서 말법 시대적 분위기가 퍼지자 육도윤회와 관련하여 내세, 특히 지옥에 대한 두려움과 그것을 극복하려는 관

---

21   같은 책, 157쪽.

심도 높아졌다.

이처럼 중세 일본에 무상이 유행했다면, 근세가 되면서는 '우키요(浮世) 의식'이 성행했다. 우키요는 인생이 무상하고 덧없음에도 불구하고 인생에는 즐길 요소가 적지 않다는 뜻을 함축하고 있다. 다시 말해 사후 문제는 아미타불에 의탁함으로써 정토왕생할 수 있으니 죽음에 대해 너무 심각하게 생각하지 말고 인생을 즐기라는 것이다. 이러한 우키요 관념은 17세기 말에 간행된 아사이 료이(淺井了意, 1612~1691)의 『가나소시』(假名草子: 가나문자로 쓴 이야기 책)에 나오는 다음 구절에서 잘 드러난다.

"세상 일 어느 하나도 내 생각대로 되는 일은 없다. 그러기에 우키요(浮世)라고들 하나 그건 도리가 아니다. 세상에 살다보면 이런저런 일로 선악을 보고 듣게 되는 법. 그게 모두 재미있는 일이 아닌가?"

이렇듯 근세에 들어오면서 일본인들이 중세적 무상관과 결별하고 현세 중심적 사유로 전환케 된 데에는 에도 시대에 발달된 죠닌(町人) 문화의 영향도 컸다. 죠닌 계층은 교토의 상인들로서 에도 시대에 화폐경제가 발달하고 도시 중심이 되어 가면서 전국적으로 세력을 확충해 가기 시작했다. 이들이 일본 근세문화의 주역이 되어 가자 근세 우키요(浮世)적 분위기도 더욱 활기를 띠게 되었다.

현세를 즐기라는 우키요 의식은 절대 실재나 근본적인 것에 대해 불신감을 품게 만들었다. 일본인들은 우키요 감각이 팽배해지면서 교단 종교적 교의에 별 흥미를 갖지 않게 되었고, 이는 일본인에게 무종교성을 더욱 짙게 뿌리내리게 만드는 요인으로 작용했다.

그러나 에도 시대에 접어들면서 불교 대신 유교가 정치적 이데올로기로 등장하자 신불 신앙에도 변화가 생겼다. 즉 에도 시대에 와서 유교가 사상적 중심이 되자 내세 중심적이었던 신불 신앙은 뒷전으로 물러서게 된 것이다. 그래서 에도 시대 이후로 신불 신앙은 사후세계를 기원할 때에만 필요한 것이 되었고, 실제 현실의 삶에서는 유교의 가르침을 최우선으로 하는 현세 중심적 삶의 방식으로 바뀌어갔다. 이러한 현세 지향적 변화는 일본인들에게 무종교성을 확산시키는 요인으로 작용했다. 이와 같이 신불 신앙마저도 유교식으로 변형되어 감에 따라 무종교성이 더욱 확산되어 갔다.

에도 시대는 유교가 현세의 윤리적 가르침으로서 인의예지신仁義禮智信의 덕목 실천을 강조해왔으나 얼마 지나지 않아 그 양상도 바뀌었다. 즉 신불이 세상에 모습을 나타낸 것은 유교의 가르침인 인의예지신을 실천하기 위해서라는 가르침도 나오기 시작한 것이다. 다시 말해 신불에 대한 가르침을 유교식으로 해석하기에 이른 것이다.

4. 평범 지향과 일상주의

무종교성은 평범 지향주의와도 깊은 연관이 있다. 일본인들은 초월적인 신에 마음을 두기보다 마을 가까이에 있는 산신, 들판의 신, 강의 신, 바다의 신에게 제사를 올리며 평범한 일상의 행복을 기원한다. 이처럼 그들은 화려한 교회나 신전보다 자신들의 평범한 삶 가까이에 가미가 있다고 믿었다. 이렇듯 일본인들이 초월적인 존재보다 일상 가까이 머무는 신을 선호한다는 것은 일본인들이 교단 종교를 기피하고 무종교성을 갖게 만든 또 하나의 요인으로 작용한 것이다.

일본의 일상주의를 잘 보여주는 대표적인 예로 신도의 축제인 마츠리(祭)를 들 수 있다. 본래 마츠리는 같은 씨족신을 모시는 고장에서 태어난 마을 사람(우지코, 氏子)들이 함께 모여 제사 지내는 것을 의미했다. 이처럼 마츠리는 우지코들이 씨족신에게 바치는 제사였기에 타지방 사람들이 마츠리에 참여하는 것을 터부시해왔다. 그러나 오늘날에는 누구에게나 개방된 일상의 축제로 탈바꿈되었다.

원래 마츠리는 풍작, 행복, 안전, 풍어와 같이 마을 전체의 기원이라는 의미를 갖고 있었다. 그러던 마츠리가 오늘날 일본인들에게는 축제이면서 자신과 거리를 정화하는 하나의 정화의례가 되었다. 신체神體를 모신 미코시(神輿: 신위를 모시는 가마)로 거리행렬을 하면 거리뿐 아니라 마츠리에 참석한 이들도 정화된다고 생각하게 된 것이다.

이와 같이 마츠리가 하나의 축제이자 정화의식이 되자, 종래에 해질녘에 시작해서 새벽녘에 끝나거나 일몰에서 일몰까지 행해온 마츠리가 현대에는 대중들이 많이 참여할 수 있는 시간대로 바뀌었다. 또 참배의 형태도 상당히 달라져, 긴 시간의 참배에서 자신이 원하는 시간에 언제든지 신사에 가서 짧은 시간 동안 할 수 있게 되었다.

마츠리 장면

이러한 참배 형식의 변화 이외에도 목욕재계의 형식에도 변화가 생겼다. 옛날에는 마츠리 참석 전에 바다나 하천에 가서 온몸을 깨끗이 씻었는데, 현대에는 목욕재계 대신 데하라이(手祓い)라고 하여 신사 입구에 마련된 곳에서 손을 씻고 입을 가신다. 이와 같이 마츠리와 관련하여 일어난 제반 변화들에서 우리는 일본인들이 지향하는 바가 평범주의적이고 일상주의적임을 알 수 있다.

5. 결론

지금까지 평범 지향주의, 일상주의, 교단 기피 현상을 통해 일본인들이 지닌 무종교성에 대해 살펴보았다. 보통 일본인들이 지향하는 바가 일상주의나 평범 지향주의라는 점과 그들이 교단 종교를 거부하는 점은 맞물려 있다. 그것은 그들에게 교단 종교는 일상성보다 초월성을 강조하는 것으로 받아들여지기 때문이다. 여기서 우리는 교단 종교에서 말하는 초월성이 과연 일상성을 떠난 초월성인지 물어볼 필요가 있다. 만일 교단 종교가 일상성을 떠난 초월성을 주장한다면, 그런 주장을 하는 교단 종교의 가르침에 심각한 문제가 있음을 의미하기 때문이다.

교단 종교에는 초월적인 면만 있는 게 아니라 일상적인 면도 있다. 그리스도교에서 예수께서는 "하느님 나라는 바로 너희 곁에 와 있다"(루카 17, 20-25 참조)라고 가르쳤다. 그래서 '하느님을 하늘에서 찾지 말고 내 안에서 찾아라. 하느님은 너희 가운데 계신다'고 말한다. 이것은 그리스도교에서 말하는 초월성이 일상성을 떠나 있지 않음을 의미한다.

이렇듯 그리스도교에서 말하는 하느님 나라가 초월성과 일상성이 공존하는 세계이듯이, 대승불교에서 말하는 '색즉시공色卽是空 공즉시색空卽是色'도 공이라는 절대 실재와 색이라는 현실태가 둘이 아님(不二)을 말하고 있다. 이처럼 교단 종교에서 궁극적으로 지향하는 세계는 초월성과 일상성이 불이不二의 관계에 있다. 이에 반해 일본인들에게서 드러나는 무종교성 안에는 초월성과 일상성의 불이적인 면이 결여되어 있지 않나 생각한다. 다시 말해 일본인의 무종교성 안에는 교단 종교가 궁극적으로 지향하는 초월적 측면이 약하거나 결여되어 있는 듯 보인다.

많은 종교 문제는 초월의 세계와 일상적 삶을 이원화, 혹은 양분화하는 데에서 비롯된 면이 없지 않다. 종교가 진정 참된 초월성을 품고 있으려면 현실을 떠난 그 무엇이 아니라 현실의 삶 안에 녹아 있어야 한다. 이처럼 교단 종교가 궁극적으로 지향하는 바는 일상을 초월한 세계, 곧 일상과 무관한 세계가 아니다. 만일 교단 종교를 현실을 떠난 초월적 세계로만 이해한다면, 그건 진정한 의미의 교단 종교에 대한 이해라고 보기 어려울 것이다. 참된 종교라면 일상과 동떨어진 초월이 아니라 일상 안에 녹아든 초월을 지향해야 하기 때문이다. 아니, 더 정확히 말하면 일상성과 초월성이 불이의 관계에 있어야 한다.

이처럼 초월의 세계는 일상을 품을 수 있어야 하고 일상 속에 초월성이 내재되어 있을 때 비로소 건강한 종교성을 유지할 수 있다. 이런 점에서 종교가 궁극적으로 지향하는 세계관은 초월과 일상이 지닌 역동성과 긴장감을 잘 품고 있을 필요가 있다. 그러기에 일본인에게서 보이는 무종교성 안에 초월성이 결여되어 있다는 점은 그들이 교단 종교를 기피하는 점과 깊이 연관되어 있음을 다시금 확인하게 된다.

제3장

신도神道

보통 신도는 일본 고유의 민족종교라고 하지만, 신도는 종교의 범주를 넘어서 일본의 국체國體 및 일본인의 생활 태도와 밀접하게 연관되어 있다. 현대 일본 젊은이들 중에 신사와 사원의 차이를 모르는 이도 많고 가미와 관련하여 신도를 그리스도교로 오해하는 이조차 있다. 사실 신도에 대해 안다고 해도 신도를 종교와 관련된 행위로 여기기보다 습속이나 사회적 관습으로 받아들이는 이들이 많다. 이처럼 신도는 일본의 고유종교이면서 토착신앙이지만 무엇을 신도라고 규정해야 할지에 대한 정설은 없다. 대개 민족종교가 그러하듯이 신도 역시 명확한 기원을 알 수 없는 까닭이다. 이처럼 원점이 불투명한 신앙체계인 신도는 역사적으로 외래종교, 특히 불교로부터 많은 영향을 받아 불교와 습합관계를 이루어왔다. 그 때문에도 신도를 규정하는 것은 결코 쉬운 일이 아니다.

이렇듯 신도라 부를 만한 체계적 요소를 찾기가 쉽지 않지만 많은 이들은 신도가 어느 정도 그 고유성을 지니고 있다고 본다. 그렇다면 신도의 고유성이라고 할 수 있는 것은 과연 무엇일까? 그것은 다름 아닌 '가미(神)에 대한 숭경이나 외경'이라 할 수 있다. 여기서 말하는 가미는 그리스도교처럼 절대 유일신 개념과는 거리가 먼, 자연을 비롯한 존재하는 모든 것에서 발견되는 신령한 존재라 할 수 있다.(가미에 대해서는 뒤에서 상세히 살펴보기로 하겠다.)

와쓰지는 『인간과 풍토』에서 일본문화의 특징에 대해 다음과 같이 말한 바 있다. "원시사회의 일본 국민은 제사에 의해 확보된 하나의 교단의 의미를 갖고 있었다. 무력으로나 경제로는 잘 조직되어 있지 않았지만 일본 국민은 긴밀한 단결을 형성해왔다. 이는…… 종교적 결합과 유대에 의한 것이다."[22]

여기서 일본인을 결속시켜온 것은 다름 아닌 바로 신도의 힘임을 확인할 수 있다. 이처럼 신도는 일본 국민을 묶어주는 하나의 끈으로써 작용해온 것이다. 근대에 이르러 천황제 이데올로기를 통해 일본 국민을 한 가족으로 묶은 것도 신도에 의해서 가능하게 된 것이다.

1. 신도의 정의

신도에 대한 정의는 학자마다 다양하지만, 그래도 굳이 그 안에서 공통분모를 찾아보자면 신도는 외래종교와 구별되는 일본 고유의 종교라는 점을 들 수 있겠다. 일본 문화청에서 출판한 종교연감에

---

22 와쓰지 데쓰로, 서동은 역, 『인간과 풍토』, 필로소픽, 2018, 168쪽.

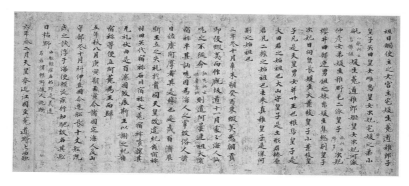

『니혼쇼키(日本書紀)』필사본

서는 신도를 다음과 같이 정의내리고 있다. "신도란 일본 민족의 고유한 신인 가미 및 신령에 관련된 신념을 기반으로 발생 전개되어 온 것을 총칭한다."

　신도 신앙은 일본의 고대 역사 이전부터 전해내려 왔으나, 신도라는 명칭이 보이는 것은 720년에 편찬된 『니혼쇼키(日本書紀)』에서이다. 『니혼쇼키』 제31대 요메이(用明) 천황 즉위 전기에 보면 "천황이 불법佛法을 믿고 신도를 존숭했다(天皇信佛法尊神道)"라고 나온다. 우리는 여기서 신도라는 명칭을 처음 발견하게 되는데, 신도라는 표현은 외래종교인 불교를 만나면서 생겼다는 점에 주목할 필요가 있다. 그것은 일본인들이 불교를 접하면서 자신의 토착신앙을 신도라 이름 붙였고 이를 자신들의 토착신앙으로 의식하기 시작했음을 말해주기 때문이다. 이는 세계종교사에서 볼 때 특이한 점이다.

　신도가 종교로서의 형태를 갖추기 위해 교의적으로 체계화하는 작업은 신도라는 명칭이 생기고 훨씬 시간이 지난 후부터이다. 이처럼 교의체제가 발달되지 않았던 고대 신도가 어떻게 교의체계를 구축해갈 수 있었을까? 다른 고대 종교들이 그러하듯 신도 역시 처음에는 제사의례를 중심으로 한 종교 형태였다. 제사의례였던 신도는 외래종교, 특히 불교의 영향을 받으면서 자기 정체성에 대해 고심하기 시작했다.

신도는 교단 종교와 달리 자연종교라 할 수 있다. 즉 신도는 자연스레 발생하여 대대로 선조들에 의해 계승되어온 종교라는 것이다. 따라서 신도는 불교처럼 교조나 체계적이고 추상적인 교리나 팔만대장경과 같은 경전이 없다. 체임벌린Chamberlain도 신도는 교의도 경전도 없고 도덕적 규범도 결여되어 있으므로 실제로 종교적 측면이 거의 없다고 말한 바 있다. 그러나 바로 그 '없음'(철학이나 사상) 덕분에 신도는 서양종교 사상의 침략에 대항할 수 있었다고 보는 견해도 있다.[23]

어쨌거나 우리는 신도 안에는 일본민족이 가진 가장 오래된 제도적 생명이 살아 있음을 신사 건축이나 의례를 통해 알 수 있다.[24] 원시 신앙이 그러했듯이 의례를 통해 신도를 규정함은 신도가 일본인들의 삶에 직접 응답함으로써 작용했음을 말해준다. 이러한 신도가 신화시대부터 현재에 이르기까지 일본문화의 내적 핵심, 곧 일본문화를 주조하는 원동력으로 작용해왔던 것이다.

---

23 박규태, 『라프카디오 헌의 일본론』, 아카넷, 2015 참조.

24 박규태, 「신도의 아이덴티티 – 근현대기 서구의 신도담론을 중심으로 – 」, 『동아시아문화연구』70집, 한양대학교 동아시아문화연구소, 2017. 8, 203쪽.

44

2. 가미 신앙

가미 신앙은 신도가 하나의 종교 형태를 취하기 전부터 있어왔다. 가미는 어원상 상上과 동일한 의미로 선악귀천과 상관없이 어떤 위력 있는 존재로 여겨져 왔다.[25] 가미에는 마나mana적 성격이 강하다. 마나는 태평양 말레이시아인들이 사용한 용어인데, 그들은 어떤 특이한 물체나 사람이 갖고 있는 능력을 마나로 칭했다. 즉 사람이나 사물에 특별하고 비상한 힘이 있다고 느낄 때, 거기에 마나가 있다고 여겼던 것이다. 일본인들도 말레이시아인들처럼 사람이든 자연이든 범상치 않은 능력을 지닌 존재를 가미로 일컬어 왔던 것이다.

18세기 국학을 집대성했던 모토오리 노리나가(本居宣長, 1730 ~1801)는 가미를 다음과 같이 정의하고 있다. "가미란 고전에 나오는 천지의 제신을 비롯하여 그 신을 모시는 신사의 영 및 인간, 새, 짐승, 나무, 풀, 바다, 산 등 무엇이든 범상치 않고 덕 있

모토오리 노리나가(本居宣長)

---

25 인간보다 능력이 조금만 더 우월해도 가미로 표현했기 때문에 상上이라는 개념에서 나왔을 것으로 본다. 그 외에 가가미(かがみ, 鏡), 곧 거울이라는 의미나 몸을 숨긴다는 뜻도 있으나, 위 상上의 의미가 더 일반적이다.

고 두려운 존재를 일컫는다."[26] 이렇듯 자연이든 인간이든 사물이든 간에 특별한 힘을 지닌 존재라면 가미가 될 수 있다. 일본에는 800만 가미가 있다고들 말한다. 그만큼 가미는 모든 존재에게 그 가능성이 열려 있는 실재이다. 이처럼 가미 수는 800만이지만 사실 일본에서는 실제로 800만 가미를 모두 섬기는 것은 아니며, 대략 2,500가미를 모시고 있다.

가미 신앙의 중심에는 자연숭배와 조상숭배가 있는데, 자연숭배가 조상숭배보다 훨씬 일찍 형성되었다. 일본인들은 모든 자연물에 영적 존재가 깃들어 있다고 생각해왔는데, 일본의 황조신으로 간주하는 아마테라스는 태양을, 쓰쿠요미는 달을, 스사노오는 폭풍우를 신격화한 것이다. 그 외에도 산, 들, 강, 바다, 나무, 새, 짐승 등의 자연물도 신격화되어 가미로 등장한다.

이러한 자연숭배 외에도 일본인이 섬기는 다른 많은 가미의 기원으로는 조상신이 있다. 예로부터 일본인은 사람이 죽은 후 일정기간이 지나면 그 사령死靈이 가족과 촌락을 수호하는 가미가 된다고 생각하여 숭배해왔다. 이 조상숭배 관념에서 우지가미(氏神)라는 촌락공동체의 수호신 관념이 형성되었고, 이 우지가미를 중심으로 신사神社가 발전되어온 것이다.

그럼 가미의 특징에 대해 구체적으로 살펴보기로 하자. 먼저 일본의 가미는 중국의 신이나 그리스도교의 하느님 개념과는 다르다. 중국에서 신神은 귀신을 뜻하지 신앙의 대상이 아니며, 신앙의 대

---

26 모토오리 노리나가, 『고사기전古事記傳』 참조.

상은 신 대신 천天이나 상제上帝로 표현해왔다. 천은 비인격적인 표현에서 사용되었고, 인격적으로는 상제라는 표현을 썼다. 또한 가미는 그리스도교의 절대 유일신관과 달리 절대타자로서의 창조신이 아니다. 일본인들은 초월적 절대자를 인정하기보다 우주만물 하나하나에 혼과 영이 내재해 있다고 믿는다. 그들은 현상을 떠나 신적 존재를 인정하지 않을 뿐 아니라 현상세계 자체를 신으로 믿지도 않는다. 가미는 인간과 질적으로 다른 절대타자적 신이 아니다. 노리나가는 기키 신화(記紀神話)[27]에 나오는 아메노미나카누시노가미(天之中主神)는 추상적이고 구체성이 없는 신이며, 우리의 삶과 무관한 별천신別天神이라고 본다.[28] 그러면서 그는 이 신은 일본인들이 탈피해야 할 외래사상인 중국사상으로부터 영향을 받았다고 주장한다. 대부분의 신도 신학자들도 이 신을 중국의 음양사상이 반영되었다고 보는 점에서 노리나가의 견해와 일맥상통한다.

　신도에서 가미는 인간과 본질적인 차이가 없을 뿐 아니라 인간도 사후에는 가미로 숭배되기도 한다. 예를 들어 교토의 도요쿠니 신사(豊國神社)에는 도요토미 히데요시가, 닛코의 도쇼궁(東照宮)에는

27　여기서 기키(きき, 記紀)란 8세기 초에 저술된 『고지키(古事記)』와 『니혼쇼키 (日本書紀)』를 말한다.

28　모토오리 노리나가는 아메노미나카누시노가미(あめのみなかぬしのかみ, 天之中主神)가 천상계의 주재자 역할을 하는 신인 것을 맞지만, 그는 단독으로 능력을 발휘하기보다 삼신의 조화작용을 통해 능력을 발휘한다고 주장했다. 단독적으로 힘을 발휘하지 않기 때문에 전능한 신이라고 할 수 없다는 것이다.

에도 막부를 연 도쿠가와 이에야스가, 도쿄의 메이지 신궁(明治神宮)과 야스쿠니 신사(靖國神社)에는 각각 제122대 메이지 천황과 군국 시대에 천황을 위해 싸우다 전사한 자들이 모두 가미로 모셔져 있는 것이 바로 그 예이다.

이렇듯 일본에서는 추상적이고 초월적인 신을 숭배하기보다 인간에게 친숙하고 현실적인 가미를 더 선호한다. 다시 말해 그들에게 가미는 절대적이고 초월적인 신이 아니라 구체적이고 현실적인 신인 것이다. 그래서 가미는 인간과 상호의존적으로 주고받는(give and take) 관계에 있다. 즉 인간은 가미를 숭경하여 가미의 영위靈威를 높여주고 그 대가로 가미는 인간을 지켜주고 복을 가져다준다는 것이다. 사실 일본인들은 신사에 모신 제신이 어떤 신인가에 대해서는 관심이 없다. 그가 어떤 신이든 현실적 문제의 원만한 해결을 기원하면 그것으로 충분하다고 생각한다.

특히 신도의 가미는 선악의 구분을 넘어서 있다는 점이 특이하다. 체임벌린은 신도를 교의도 성전도 없으며 도덕적 규범도 결여되어 있어 실제 종교적 측면이 거의 없다고 주장한 바 있다.[29]

이는 절대 유일신인 그리스도교의 신관에서 선악의 구별이 뚜렷한 것과 대비되는 측면이다. 다시 말해 신도의 가미는 도덕적인 선악의 구애를 받지 않는 존재라 할 수 있다. 이렇듯 가미의 능력에는 선한 것만이 아니라 악하고 괴이한 것까지도 포함되어 있으며, 선

---

29 チェンバレン, 『日本事物誌』 2(1969), 196쪽. (박규태, 「신도의 아이덴티티」, 『동아시아문화연구』 제70집, 2017. 8, 198~9쪽 재인용·)

신뿐만이 아니라 악신도 있다.

이러한 신도의 선악관은 노리나가에게서 잘 드러난다. 그는 신도의 선악관에 대해『고지키전(古事記傳)』에서 다음과 같이 말한다.

"세상의 모든 것이 천명天命대로 이루어지는 것은 아니다. 세계는 불안정하고 부조리하다. 천명이 있다면 하늘 아래 모든 이들에게 선악의 징표를 보여주어 선인은 오랫동안 복을 받고 악인에게는 재앙이 임한다는 이치를 보여주어야 하지만, 선인도 불행을 만나고 악인도 잘되는 현실이 다반사이니 무엇 때문인가? 정말 천명이 있다면 이런 일은 없을 것이다."

그래서 노리나가는 세상의 부조리한 현실을 마가츠비노가미라는 악신의 탓이라 주장한다. "마가츠비노가미의 마음이 날뛰는 것은 막을 도리가 없으니 매우 슬픈 일이다. 마가츠비노가미가 날뛰면 아마테라스도 막지 못하니 사람의 힘으로는 어찌할 도리가 없다. 선한 사람도 화를 입고 악한 사람도 복을 받는 등 통상의 이치에 반한 일들이 많음은 모두가 이 마가츠비노가미 때문이다."[30]

이와 같이 모든 일은 신의 조화이며 악도 신의 뜻에 의한 필연이기에, 지적 능력의 한계를 지닌 인간은 선악의 존재론적 신비를 다알 수 없으며 통제할 수도 없다는 것이다. 이처럼 노리나가는 선도

---

30 박규태, 「일본 신도에 있어 선악의 문제」, 『종교와 문화』 Vol.- No.3, 서울대학교 종교문제연구소, 1997, 251쪽.

악도 가미에 의해 이루어지며, 인간은 선악의 존재론에 담긴 신비를 다 알 수 없음을 강조하고 있다. 악조차도 가미에 의해 이루어진다는 일본인들의 선악관은 종교의 차원을 넘어 일본인들의 현실적 삶에도 깊은 영향을 주고 있다. 세계 역사에서 일본인들이 저지른 일들에 대해 그들은 책임을 지기보다 이를 가미에 의한 것으로 해석해버리는 경향이 있다. 이러한 일본인들의 태도는 신도의 선악관과 밀접한 관련이 있다.

3. 신도의례 - 마츠리

1) 마츠리의 어원 및 기원

마츠리(祭り)는 신에게 제사지내는 신사神社를 중심으로 행해지는 신도의례를 말한다. 마츠리의 어원은 '~을 기리다, 모시다'는 의미를 지닌 '마츠루(まつる, 祭る)'라는 동사에서 비롯되었다. 그러기에 마츠리는 신에게 무엇을 봉헌하는 종교적인 행위를 통해 신을 기리고 신을 모신다는 의미를 함축하고 있다. 이렇듯 신을 모시고 신을 기쁘게 하는 고대 제의로부터 유래된 마츠리는 제례, 제사, 제의, 제전의 의미로 사용되어온 것이다.

마츠리는 '신도는 신사의 마츠리뿐'이라 할 정도로 신도에 있어 가장 두드러진 특징이라 할 수 있다. 앞서 말했듯이 신도의 중심은 의례에 있으며, 일본인은 의례를 통해 가미를 만나고, 그 안에서 자신들을 정화시켜 나가는 모티브를 발견한다. 무엇보다 현세적 삶을 중시하는 일본인은 자신들의 현실적 삶을 살아갈 힘을 의례를 통해 얻고자 한다. 그런 점에서 신도가 오늘날까지 그 명맥을 이어올 수 있었던 원동력은 마츠리에 있다고 해도 과언이 아니다.

신사에서 이루어지는 대표적인 마츠리로는 한 해의 풍작을 기원하거나 추수, 수확에 감사하는 농경의례를 들 수 있다. 이는 마츠리가 본래 벼농사와 관련 있는 농경의례이거나 가내의 평안과 안녕, 마을 공동체의 안녕을 기원하는 제사의례였음을 말해준다.

신사는 처음부터 있었던 것은 아니다. 원시 시대에는 의례를 임시로 마련된 곳에서 행했고, 마츠리가 끝나면 그 시설은 철거되었다. 이처럼 일정한 건물이 아니라 이동하면서 제사의례를 집전해오다가, 일본에 불교가 들어오면서 불상을 모신 사찰에 자극받아 이를 본떠 신사를 만들게 된 것이다.[31]

---

31 신사에 들어서면 입구에 ⊤⊤자 모양의 도리(とりい, 鳥居)가 있는데 이는 여기부터 신성지역임을 나타내는 표시이다. 곧 신사는 신이 거하는 신성지역이라는 의미이다. 신사에 들어가면 신사를 수호하기 위해 세운 한 쌍의 고마이누(こまいぬ, 狛犬, 高麗犬)인 해태상이 있고, 여기서 좀 더 들어가면 하이덴(はいでん, 拝殿)이 있는데, 이곳이 바로 일반인들이 신께 참배하는 장소이다. 하이덴 안쪽에 신이 거하는 혼덴(ほんでん, 本殿) 또는 신덴(しんでん, 神殿)이 있다. 그곳이 가미에게 예배드리는 성전으로 그 안에 신체(神體, しんたい)가 모셔져 있다. 신도에서 가미는 뱀, 원숭이, 사슴, 늑대와 같은 동물이나 수목, 바위, 물 같은 인공물도 모두 신이 될 수 있다. 즉 존재하는 모든 것은 가미가 될 수 있다는 것이다. 그런데 산을 가미라고 하면 신덴에 산을 옮길 수 없기에 이럴 때는 신덴이 따로 없다. 예를 들면 일본에서 가장 오래된 신사로 유명한 나라현의 오미와 신사(おおみわじんじゃ, 大神神社)라는 곳에 가면 하이덴만 있고 신덴이 없는데, 여기서 모시는 신체가 바로 미

오미와 신사와 신사 입구의 도리

2) 마츠리의 종류

일본은 마츠리의 나라라고 부를 정도로 정월 초하루부터 일 년 내
내 마츠리가 많이 행해진다. 서구와는 달리 일본에서는 고대의 제
사의례였던 마츠리가 현대에도 계속 생명력을 지니고 있다는 것이
매우 흥미롭다. 이처럼 일본에서는 연평균 2,400회가 넘는 마츠리
가 벌어지고 있어 어디서든 마츠리를 볼 수 있다. 도시에서는 주로
여름에 마츠리가 행해지는데, 이는 여름의 질병이나 전염병을 퇴치
하려는 의미를 담고 있다. 이에 반해 농촌에서는 가을에 많이 행해
지는데, 이는 추수감사에 대한 축제와 함께 다음해 풍년을 기원하
려는 의미를 지니는 것이다.

와산(みわやま, 三輪山)이기 때문이다. 즉 산 자체가 혼덴이 되는 것이다. 그
러나 신사가 지어지고 그 안에 신을 모시는 필요성에 따라 신체를 모셨다.

마츠리가 시작되면 전통복장을 입은 젊은이들이 미코시(神輿: 가마)나 다시(山車: 수레)와 함께 거리행렬을 한다. 미코시나 다시 안에는 신체(神體: 신령을 모신 상징물)가 모셔져 있다. 일본인들은 신체를 모신 다시가 시내를 돌면 가미에 의해 마을 전체가 신성시된다고 믿어왔다. 즉 가미에 의해 세속 거리가 신성한 거리로 변화될 뿐 아니라, 마츠리에 참석한 사람들도 가미에 의해 더러움이 씻긴다고 신앙해온 것이다. 이러한 정화의 의미는 마츠리가 현대 일본 사회까지 이어져온 이유이기도 하다.

처음에는 신사에서 행해지던 마츠리가 점차 마을공동체 전체가 모일 수 있도록 신사 밖에서 제사 드리는 형태로 바뀌어 갔다. 그리고 마츠리의 의미도 촌락공동체의 집단 기원에서부터 개인 기원으로 바뀌었다. 이는 농경사회가 도시사회로 바뀌면서 개인주의적 생활 패턴으로 바뀌게 되자 공동체적 기원에다가 개인 기원이 추가되었기 때문이다.

그럼 구체적으로 마츠리의 종류에 대해 살펴보자. 먼저 황실에서 이루어진 마츠리는 천황이 즉위했을 때 행하는 마츠리, 천황이 햇곡식을 이세 신궁에 봉헌하는 마츠리, 풍해를 막고 곡물의 풍작을 기원하는 마츠리, 천황의 안녕과 국가의 안녕을 기원하는 마츠리, 역병을 가라앉히기 위해 행하는 마츠리, 천황·황후나 황태자의 혼을 위무하고 장수를 기원하는 마츠리 등이 있다.

그 외에도 매년 1회씩 정기적으로 행하는 대제大祭가 있는데, 이는 신사 의례 중 가장 중요한 것이다. 또 오곡의 풍년을 기원하는 마츠리, 수확을 감사하는 마츠리, 제신의 거처를 바꿀 때, 둘 이상

의 신위神位를 같이 모실 때, 신사를 분가시킬 때에도 마츠리를 해왔다. 그밖에 가정에서 드리는 마츠리도 있는데, 각 가정에는 가미를 모시는 감실인 가미다나(神棚)가 있다. 거기에 매년 신의 이름을 받아서 넣는데 그것을 신찰神札이라고 한다. 새로운 신찰을 모실 때에도 마츠리 행사를 한다. 또 1월 1일에 드리는 하츠모데(初詣で), 입춘 전날에 액풀이를 위해서 신사 참배를 하는 세츠분(節分), 아이가 태어난 뒤 일정 기간이 지나 신사 참배를 하는 오미야마리(お宮参り. 남아는 32일, 여아는 33일이 지난 뒤), 아이가 세 살·다섯 살·일곱 살 되었을 때 신사에 데려가 아이의 건강과 안녕을 기원하는 시치고산(七五三)도 가정 마츠리이다.

신사 마츠리 중 일본의 대표적인 3대 마츠리로는 도쿄의 간다에서 행해지는 간다 마츠리(神田祭), 오사카에서 하는 텐진 마츠리(天神祭), 교토에서 하는 기온 마츠리(祇園祭)를 들 수 있다. 간다 마츠리는 5월 12~16일까지 도쿄 간다 신사에서 출발하여 미코시(가마)

도쿄 간다 마츠리

로 도쿄 시내를 돌면서 행해진다. 이 마츠리는 도쿠가와 이에야스(德川家康, 1543~1616)가 세키가하라 전투에서 승리한 것을 기념해서 벌인 축제에서 비롯되었으나 그것은 기원에 불과하고, 실제로 간다 마츠리는 벼농사 풍년을 기원하는 것으로 마츠리의 의미에 변화가 생겼다.

기온 마츠리는 교토에서 행해졌는데 사실상 형태나 크기, 규모, 호화로움, 전통적인 측면에서 가장 유명한 마츠리라 할 수 있다. 헤이안 시대(平安時代, 794~1185)에 수도인 교토로 많은 사람들이 몰렸는데 당시의 도시는 위생시설이 좋지 않았다. 장마로 물난리가 일어나면 도시 전체의 위생상태가 나빠져 전염병이 돌기 시작했다. 특히 869년에는 전염병이 크게 돌아서 많은 이들이 죽어갔는데, 그때 죽은 영혼들을 위로하는 원령제를 지냈으며, 다시는 그런 재앙이 교토에 일어나지 않도록 제사를 올린 것이 바로 기온 마츠리이다. 이처럼 역병을 퇴치하기 위해 전염병을 유발한 악신에게 제사

교토 기온 마츠리

를 드리는 것이 기온 마츠리의 기원이 되었다. 오늘날 역병은 사라졌지만 기온 마츠리는 하나의 축제 형태로 계속 이어져오고 있다.

텐진 마츠리는 오사카 북구 섬에 있는 텐만구(天滿宮) 신사에서 하는 마츠리로, 강에 배를 띄우고 하는 독특한 수상축제이다. 약 3천 명의 사람들이 신체神體를 모신 미코시를 메고 텐만구에서 출발해서 오사카 시내를 한 바퀴 돈 뒤에 오가와 강으로 가서 미코시를 배에다 싣고 강을 건넌다.

텐진 마츠리의 기원은 헤이안 시대에 정치가이자 학자였던 스가와라 미치자네(菅原道眞, 845~903)와 깊은 연관성을 지닌다.[32] 그는 899년 우다宇多 천황에게 발탁되어 우대신의 자리에 앉게 되었으나 좌대신 후지와라노 도키히라(藤原時平)의 강력한 견제 속에 901년 좌천되어 불행한 만년을 보내다 903년 59세로 사망했다. 그 후 교토 헤이안궁에 이상한 사건이 잇달아 일어났다. 미치자네 유배 공작에 가담한 후지와라가 갑자기 병사하는가 하면, 좌대신도 황태자도 급사하자 사람들은 이 모두가 미치자네의 원령이 한 짓이라 믿었다. 그래서 미치자네의 원령을 달래기 위해 마츠리를 연 것이 텐진 마츠리의 기원이 된 것이다.

여기서 흥미로운 것은 미치자네 신이 여러 번 변신을 거듭했다

---

32 스가와라가 운명했던 자리에 있던 소나무는 하룻밤 사이에 부쩍 자라는 기적이 일어났다. 이렇듯 하룻밤 새에 자란 그 신비로운 소나무가 있는 자리에 신사(じんじゃ)를 지은 것이 바로 텐만구(てんまんぐう, 天滿宮)이고, 이것이 텐진 마츠리의 유래가 되었다고 전해진다.

오사카 텐진 마츠리

는 사실이다.[33] 그중 가장 큰 변화는 재앙의 신에서 학문의 신으로의 변신이라 할 수 있다. 사람들이 이 가미를 학문의 신으로 추앙하기 시작하자 그는 특히 자식을 둔 부모들에게 인기 있는 가미가 되었다.

3) 마츠리의 의미

마츠리는 단순히 축제 그 이상의 의미를 함축하고 있는데, 그것은 바로 미소기 하라에(禊祓) 의식과의 연관성이다. 미소기 하라에의

---

33 어렸이었던 미치자네 신은 천신天神으로 변모했는데, 천신은 천둥벼락을 내리는 무서운 신이면서 동시에 이나리신(稻荷神)처럼 비를 주는 신이기도 하다. 따라서 천신은 농민에게는 고마운 존재였으나 도시민에겐 재앙을 주는 신으로 인식되었다. 그 후 미치자네 신은 다시 학문의 신으로 변신하는데, 그것은 그가 당대 학문에 뛰어난 명문출신인 점과 어릴 때부터 시문에 탁월한 재능을 보여서 당시 천황이 그의 재능을 높이 평가했기 때문이다.

일본의 창조신이자 천황가의
황조신인 이자나기

스가와라 미치자네(菅原道眞)

신들의 세계에서 인간계로 추방된 스사노오

기원은 이자나기 신화에까지 거슬러 올라간다. 기키記紀 신화에 나
오는 이자나기는 황천국에서 지상으로 귀환하여 황천국의 부정(穢
れ)을 씻어냈는데 이것이 미소기(禊ぎ)의 기원이 되었다.

미소기가 자기 자신을 정화하는 종교적 정화의례라면, 하라에(祓え)는 공동체의 질서를 어지럽힌 죄인에게 부과되는 일종의 정치적·사회적 제재라 할 수 있다. 오늘날 신사참배 시 물로 손을 씻고 입을 가시는 것, 스모 선수가 시합장으로 들어갈 때 소금을 뿌리는 것, 사람들이 묘에 가서 물을 뿌리는 것도 모두 미소기 의식 중 하나이다. 이처럼 몸의 부정을 씻어내는 의례인 미소기는 오늘날까지 일본인의 삶에 깊이 자리하고 있다.

하라에의 기원은 스사노오가 하늘의 질서를 어지럽힌 죄로 양쪽 발톱을 뽑힌 채 추방당한 것에서 유래되었다. 그 후 하라에 의식은 신체에 묻은 츠미(罪)와 케가레(穢)를 떼어내어 물에 흘려보낸다거나 불에 태우기 위한 히토가타(人形) 형태로 바뀌었다. 자신이 물속에 들어가는 대신 신령의 모형을 한 인형이나 종이로 각자의 몸에 비빈 후 그것을 강물에 띄워 보내는 의식이 바로 그것이다.[34]

이처럼 일본인들은 마츠리를 통해 그간에 더럽혀진 것들을 정화한 후 다시 일상을 새롭게 살아간다고 생각한다. 마치 가톨릭에서 고백성사를 통해 영혼이 깨끗해진다고 생각하듯이, 일본인들은 마츠리를 통해 몸과 마음이 모두 씻긴다고 믿어온 것이다. 일본인들은 대개 원죄의식과 같은 뿌리 깊은 죄의식을 지니지 않지만, 마츠

---

34 여자아이의 기원을 위해 3월 3일 드리는 히나 마츠리(ひな祭り)는 하라에(祓え) 의식과 연관성을 지닌다. 남자애들의 경우는 5월 5일 단오축제 때 하는데, 이때 고이노보리(鯉のぼり)라고 해서 잉어를 매달아 놓는다. 이는 잉어가 폭포를 거슬러 올라가는 그 힘을 닮아서 남자아이가 성공하기를 바라는 마음에서 이 의식을 해온 것이다.

리에 참여함으로써 일상생활 때문에 더럽혀진 심신을 씻어낼 수 있다고 생각한다.

일본인들은 인간은 본래 선한 존재지만, 살아가면서 이런저런 이유로 더럽혀진 것을 의례를 통해 씻어냄으로써 본래의 깨끗한 상태로 되돌아가게 된다고 생각해왔다. 케가레(けがれ)는 더럽혀진 것, 오염된 것이라는 부정 관념을 뜻하는 일본민속 용어이다. 여기서 케(け)는 쌀을 성장시키고 열매를 맺게 하는 생명력을 의미하고, 가레(がれ)는 시들어 마르다는 뜻이다. 따라서 케가레는 일상을 살아가는 데 필요한 생명력이 고갈되었음을 뜻한다. 이렇듯 신에게 제사지내는 행사인 가미고토(神事) 마츠리는 생명력을 회복하여 일상적 삶으로 돌아가기 위해 쇠퇴해진 생명력에 에너지를 주입시키는 과정이라 할 수 있다. 이처럼 일상(け, 생명력) – 일상의 쇠퇴(케가레[枯れけがれ]) – 비일상(하레はれ) – 일상으로의 복귀 과정이 마츠리를 통해 이루어진다는 것이다.

시인 보들레르는 인간의 생명력을 고갈시키는 권태를 '악의 꽃'이라 노래한 바 있는데, 이는 신도에서 생명력의 고갈을 '악'으로 이해하는 것과도 유사하다.[35] 이렇듯 일본인들에게 있어 마츠리는 시들고 더럽혀진 케가레 상태를 정화시켜 쇠퇴해진 활동력(생명력)을 재충전하는 역할을 한다. 그들은 모든 악은 다만 더럽혀진 것일 뿐이기에 그것은 씻어내기만 하면 본래의 생명력으로 돌아갈 수 있

---

35 박규태, 「일본 신도에 있어 선악의 문제」, 『종교와 문화』 Vol.- No.3, 서울대학교 종교문제연구소, 1997, 247쪽.

다고 여겨왔다.[36] 이처럼 일본인들은 악은 더럽혀진 것이기에 정화 의례를 통해 정화하면 된다고 여겨 절대악이란 존재하지 않는다고 생각해왔다.

4. 신사

고대에는 신사神社를 숲을 의미하는 모리(森)라고 불렀다. 그래서인지 일본의 신사들을 보면 숲에 둘러싸여 있는 경우가 많다. 고대 일본인들은 큰 나무나 산 혹은 큰 바위 등에 신이 깃들어 있다고 생각하여 이를 신성시해왔는데, 이런 신성 지역에 울타리를 두른 것이 발전하여 신사가 된 것이다. 고대로부터 외경을 느껴온 곳에 상설 신전을 짓고 제의를 거행해온 것이다. 신사는 고대에서 중세에 걸치면서 국가의 통치기제로 기능해왔다.

무로마치 시대(室町幕府, 1336~1573)에는 누구나 일생에 한 번 천황가의 조상신이자 일본의 수호신인 아마테라스를 모신 이세 신궁에 참배해야 한다는 이세 신앙이 국가적 차원에서 형성되었다.[37] 이처럼 국가적·정치적 의미가 두드러진 신사, 특히 중앙과 지방의 유력 신사들은 황실 가문과 긴밀한 관계에 있어 정치적 통치수단으로

---

36 같은 논문, 248쪽.

37 이세 신궁(伊勢神宮, いせじんぐう)을 참배하는 열광적 집단 순례는 약 60년을 주기로 유행처럼 번졌다. 많을 때는 5백만 명에 이르렀다. (같은 논문, 308쪽.)

기능했다. 이런 정치적 기능은 국가 제사를 중심으로 일본 역사에서 중요한 역할을 해온 각종 신사 제도를 통해 효과적으로 이루어졌으니, 그 대표적인 신사가 바로 이세 신궁이다.

이세 신궁의 원형은 이세 지방의 토지신을 모신 신사였으며, 그 제신은 농경신으로서 이세의 유력 씨족인 이소베씨의 우지가미(氏神, 씨족신)였을 가능성이 크다고 전해진다. 그 후 이세 신궁은 황실의 우지가미로서의 성격을 띠게 되었고, 8세기 초 신지神祇 제도가 형성되면서 전국 신사 중 최고 지위를 부여받고 국가적 성격을 지니게 되었다. 이세 신궁은 일본 신사의 총본산이자 신사 신도의 메카로 알려졌다. 이세 신궁이 그러한 위치를 차지하게 된 것은 일본 가미 중 최정점에 있는 황조신인 아마테라스 신을 모시고 있기 때문이다.

앞서도 살펴보았듯이 기키 신화에서 아마테라스는 일본을 통치하도록 니니기를 지상으로 보내면서 그에게 거울을 건넸는데 그 거울, 곧 신경神鏡이 아마테라스를 상징하는 신체(神體: 신이 깃드는 사물이나 장소)로서 이세 신궁이 창건되면서 내궁 안에 모셔져왔다.[38]

8세기 초에 편찬된 『고지키』, 『니혼쇼키』를 보면 아마테라스는 천황가의 조상신으로 자리매김된 이래, 중세가 지나면서 일본 수호신으로 숭경의 대상이 되었음을 알 수 있다. 아마테라스에 대한 숭

38　거울(神鏡)은 삼종신기 중 하나로 나고야 소재 아츠타 신궁의 신체가 된 신검神劍과 궁중에 보관된 신옥神玉과 함께 천황의 황위를 상징하는 보물로 여겨져 오고 있다.

일본 신사들의 총본산 이세 신궁

경은 무로마치 시대에 이르러 일본인들에게 일생에 한 번쯤 아마
테라스를 모신 이세 신궁에 참배해야 한다는 이세 신앙을 갖게 했
다.[39] 민중적 이세 신앙이 메이지 유신에 와서 아마테라스를 모시는
국가 신도의 지성소로 바뀌게 되었다. 1871년 메이지 유신정부는
국가가 제사할 신들의 체계를 규정하면서 신사 위계의 최고 정점으
로 이세 신궁을 자리매김하여 전국 신사와 신직을 국가 기관화로
삼았다. 그것은 이세 신앙에 기반한 것이다.

---

39 중세에도 이세 신궁을 참배하는 열광적인 집단순례가 4차례 일어났지만,
    에도 시대에 와서는 통상 60년 주기로 집단순례가 유행처럼 번졌다. 1705
    년에는 330만 이상, 1771년 207만 명, 1830년 486만 명이 이세로 몰려들
    었다고 기록되어 있다. 지배층은 이세 마이리(まいり, 參り)를 봉건지배의
    안전핀으로 간주해서 민중들의 불가사의한 흥분과 광적 소동을 관망했다.
    (박규태,『일본의 신사』, 살림, 2005, 27쪽.)

교토의 이나리 신사와 여우상

이나리 신사는 일본 전체 신사 수의 1/4 정도(전국 3만 2천여 개)를 차지할 정도로 일본인에게 가장 친숙한 신사이다. 이나리 신사는 어떤 점 때문에 유명해졌을까? 이나리 신사에 모셔진 이나리 신은 본래 곡물 수호신이었다.[40] 이나리(いなり, 稲荷)라는 말은 벼의 생성을 뜻하는 고대 일본어 '이네나루(イネナル)'의 '네'가 축약되어 생긴 말이라고 한다.[41] 또 번개신(雷神)과 관련된 이나루가 변해 이나리가 되었다고도 한다. 이처럼 이나리는 벼와 관계가 있으므로 본래 벼농사를 하는 이나리야마(稲荷山) 주변의 농민들이 지닌 신앙의 기초가 된 것이다. "야요이 시대(彌生時代, 기원전 3세기~기원후 3

---

40 '이나리(いなり)'라는 이름은 '벼(稲)가 되다(成)'라는 의미이다.

41 박규태, 「재앙의 신에서 학문의 신으로」, 『종교문화비평』 제2호, 2002, 304쪽.

세기)에 이나리야마 기슭에 살던 농민들은 가미가 산에 있다고 믿었다. 바로 그 산신이 농민과 농업을 보호해주므로 제사를 올려 풍작을 기원하고 감사하는 제사를 올렸다"는 것이다.

이처럼 본래 농경신이었던 이나리 신은 근세 이후 장사를 번창하게 해주는 상업의 신이나 어업의 신, 가정의 수호신으로 그 역할이 확장되어 갔다. 이와 같이 이나리 신의 역할이 확장되자 일본 신사들은 너나 할 것 없이 이나리 신을 모시게 되었고, 이것이 오늘날 이나리 신사가 많아진 요인이 된 것이다.

이나리 신사에 가면 여우상과 붉은 도리(ㅠㅠ자 모양의 신사 입구)를 볼 수 있다. 그러면 왜 이나리 신사에 여우상을 두게 되었을까? 그것은 여우가 밭의 신의 사령使令이라고 믿었기 때문이다. 이나리 신앙은 헤이안 시대에 밀교의 신격인 다키니텐(荼吉尼天)과의 습합에서 나온 것인데, 이 다키니텐이 바로 여우를 신격화한 것이라고 전해진다. 밭의 신이 여우에게 몸을 맡긴 것이라고 믿게 되었고, 그래서 여우를 밭의 신의 사령으로 삼게 되었다는 것이다. 이와 같이 곡물 수호신이던 이나리 신은 현대에 와서 풍작, 사업번창, 가내안전, 소원성취를 해주는 신으로 그 역할이 확장됨으로서 현대인에게 인기가 많은 신이 되었다.

그 외에 유명한 신사로 텐만구(天滿宮)와 하치만구(八幡宮)를 들 수 있다. 텐만구는 이나리 신, 하치만 신, 이세 신들을 모시는 신사와 함께 현대 일본에서 널리 사랑받는 신사로 알려져 있다. 텐만구에서 모시는 신은 역사상 실재인물인 스가와라 미치자네(菅原道眞)이다. 이나리 신앙이나 하치만 신앙이나 이세 신앙은 그 신앙대상

하치만 대보살(八幡大菩薩)

이 신화적·설화적 기원을 지닌 가미인 반면, 텐만구의 신앙대상은 역사상 실재인물이라는 점에서 차이가 있다.

미치자네 신은 처음에는 원령신이었는데 후에 학문과 문화의 신으로 변모되면서 많은 사람들에게 사랑받는 가미가 되었다. 특히 근세 이후 서민들의 교육열이 높아지면서 미치자네 신의 인기가 높아졌고, 현대에 들어서 매년 입시철이 되면 합격을 기원하는 수험생들과 학부모의 인파로 텐만구에는 발 디딜 틈이 없다고 한다.

또 가마쿠라에 있는 하치만구는 제10대 오진 천황(應神天皇)이 그 기원이라고 하는가 하면, 한반도에서 도래한 씨족의 조상신이 하치만 신(八幡神)이라고도 전해진다. 하치만 신은 나라 도다이지(東大寺)의 대불 건립 시에 규슈의 우사(宇佐) 하치만 신사로부터 도다이지의 수호신으로 모셔진 이래 불교와 섞여 하치만 대보살(八幡大菩薩)이라고도 불렸다.[42]

후에 하치만 신이 무사들의 수호신이 된 이래로 하치만 신앙이

42　같은 책, 308쪽.

학문의 신 미치자네를 모신 텐만구

전국 신사에 널리 퍼지게 되었다. 그런데 하치만 신 신앙은 일본 신화에 등장하는 가미 중 그 유래와 정체가 가장 불가사의하다. 전해지는 바에 따르면, 하치만 신화는 일본이 한반도와 밀접한 문화교류를 하던 시기에 한반도의 샤머니즘 신앙이 규슈에서 중층적 습합을 형성한 후 다시 불교와 습합하여 호국의 국신國神으로 발전한 습합신이라고 한다.[43]

이상에서 살펴본 하치만 신앙, 이나리 신앙, 천신 신앙, 이세 신앙과 관련된 신사는 일본 전체 신사의 2/3 이상을 차지한다. 이 신앙들이 현세 기복신앙이듯이 그 밖의 신사 신앙도 현세 기복적인 것들을 추구해왔다. 이는 신도가 일본인들의 현세적 삶을 지탱케 해주는 기틀이 되어 왔음을 말해준다.

43　이광래,『일본 사상사 연구』, 경인문화사, 2005, 60쪽.

5. 기키 신화로서의 신도 - 신화냐 역사냐

신화는 단순히 태곳적 이야기를 의미하지 않는다. 아무리 신화가 전의식적이고 기원적 사건들에 대한 신성한 이야기라 할지라도 우리는 그 안에서 신성한 이야기를 낳은 사람들의 사고를 이해할 수 있는 단서를 발견할 수 있다.[44] 곧 우리는 신화를 통해 당대인들의 문화를 이해하고 이에 바탕하여 현재를 보다 깊이 이해하게 되는 것이다. 일본 신화는 일본인의 역사와 불가분의 관계를 맺어왔고, 오늘날까지도 일본인의 마음에 살아 있는 이야기이다. 일본인들은 면면히 내려온 신화를 통해 국토 생성과 자기 정체성을 규명한다. 여기서 우리는 일본 신화와 일본 역사의 상관성을 미루어 짐작해볼 수 있다.[45] 그럼 구체적으로 일본 신화의 내용에 대해 살펴보자.

일본 신화의 핵심은 『고지키』와 『니혼쇼키』에 기인한 기키(記紀) 신화이다.[46] 이 신화는 신대사神代史라 하여 일본 가미(神)들의 이야

---

44 같은 책, 52쪽.

45 박규태, 「신화, 역사, 아이덴티티: 일본 기키 신화의 고층」, 『정신문화연구』 봄호 제23권 제1호 통권 78호, 2000, 77쪽.

46 이는 『고지키(こじき, 古事記)』(712)와 『니혼쇼키(にほんしょき, 日本書紀)』 (720)의 끝 글자인 기기記紀를 따서 기키 신화(記紀神話)라 불린다. 이 『고지키』와 『니혼쇼키』는 덴무 천황의 정통성을 밝히고자 편찬한 국가 역사서이다. 『고지키』는 고유한 일본어로 쓰였으나 『니혼쇼키』는 한역본이다. 『니혼쇼키』는 중국을 모방하여 정사로 편찬된 공적 기록으로, 그 이후 『속일본기』(797), 『일본후기』(840) 등 『니혼쇼키』에 이어 5권의 정사가 계속 편찬되었다. 이는 그 속에 신화를 편집한 이의 여러 문화가 수용되어 있음을 의

기를 담고 있지만, 가미들만
의 이야기로 끝나지 않고 그
안에 천황가의 역사도 담고
있음에 주목할 필요가 있다.
그것은 일본 신화가 신화에
머무는 게 아니라 일본 역사
에 깊이 개입하고 있음을 보
여주고 있기 때문이다. 일본
은 메이지 유신 시대에 와서

천황이란 용어와 일본이란 국호를 처음
사용한 것으로 알려진 덴무 천황

천황을 신화에 나오는 아마테라스와 연관 지어 해석함으로써 신화
와 역사의 접점을 만들었다. 즉 덴무 천황(天武天皇, 673~686 재위)
을 아마테라스의 후손으로 보는 것이 그것이다. 이렇듯 일본 신화
는 일본 역사와 뗄 수 없는 관계를 지니고 있기에 일본인을 이해하
는 데 있어 일본 신화를 숙지하는 것은 매우 중요하다.[47]

미한다. 다시 말해 『니혼쇼키』에 담긴 신화 속에는 유교뿐 아니라 도교, 제
자백가 등 고대 중국의 관념에 기초한 사고방식이나 범주를 수용했다는 것
이다.

47 근대 천황제 시대에 들어서면서 기키 신화는 절대 권력의 상징성을 드러냈
다. 메이지 20년대를 넘어서면서 기키 신화는 근대 일본의 역사, 국어, 수
신교과서 등에 엄연한 역사로서 기술되었다. 이는 '신화의 역사화' 과정이
라 할 수 있다. 이런 '신화의 역사화' 과정은 〈제국헌법〉(1889), 〈교육칙어〉
(1890), 〈국체의 본의〉(1937), 〈신민의 도〉(1941) 등을 거치면서 그 절정에
이르렀다. 그 결과 기키 신화는 역사의 실체로서 교육되어 왔고 천황은 살
아 있는 신(現人神)으로 신앙되기에 이르렀다.

노리나가는 신도 신앙에 대해 다음과 같이 말한다. "그 길은 천지가 열리는 법칙에도 드러나지 않고 사람들이 만들어내는 길(윤리 규칙)에도 나타나지 않으며, 단지 이자나기와 이자나미를 시작으로 아마테라스 가미에게 전해짐으로써 형성된 것이다."[48]

그럼 『고지키』를 중심으로 일본 신화의 중심축이 되어온 국토창생 및 이자나기와 이자나미 신화, 아마테라스와 스사노오의 신화, 오호쿠니누시와 국토 이양 신화의 구체적인 내용에 대해 살펴보기로 하자.

1) 일본 국토창생 신화 및 아마테라스 신화

태초에 아메노미카누시노가미(天御中主神)라는 지고신과 만물의 생성력을 표상하는 다카미무스비와 가미무스비의 조화삼신造化三神이 나타났다가 곧 사라져버렸다고 『고지키』에서 전해진다. 그 후 다시 두 신이 나타났지만 이들도 사라졌다. 이렇게 다섯 천신을 별천신(別天神, 고토아마츠가미)이라 하는데, 이들은 세계 신화에 공통적으로 말하고 있는 사라진 신(deus otiosus)이라 할 수 있다.

일본 신도 신화에서는 이들을 대신해 여러 기능신이 등장하는데 칠대에 이르는 천신인 가미요나나요(神世七代)가 바로 그들이다.[49]

---

48 복고사상復古思想의 총론이라 할 수 있는 모토오리 노리나가(1730~1801)의 저작인 『나오비노미타마(直毘靈)』는 원래 영혼을 새롭게 고친다는 뜻이다. 이 책 안에는 일본국민들에게 일본정신을 분명히 하고 외래사상을 척결하자는 노리나가의 의도가 강하게 내포되어 있다.

49 이 신들은 국토 탄생에 직접적인 영향을 주지 않는다. 종교학자 엘리아데에

그중 남신 이자나기와 여신 이
자나미가 있다. 이들은 구약성
경의 아담과 이브에 비유되기도
하지만, 일본 가미들에게서 신
들과 일본 국토가 생성되었다는
점에서 구약성경과는 완연히 다
르다. 이자나기와 이자나미는 표
류하고 있는 일본 국토를 단단
하게 만들라고 고천원高天原의
신들로부터 명령을 받고, 천상의
다리 위에서 보석 창으로 바닷
물을 휘저으니 창끝에서 소금물
이 굳어지면서 작은 섬들이 생
겨났다고 전해진다. 이렇게 하여

이자나기와 이자나미

이자나기와 이자나미에 의해 14개의 섬이 만들어졌는데, 이것이 바
로 일본의 섬이 되었다는 것이다.[50]

의하면 이러한 신은 사라진, 숨은 신, 곧 데우스 오티오수스Deus Otiosus라
고 한다. 하늘 높은 고천원高天原에 있어 인간의 역사에 깊이 간여하지 않는
신이라 할 수 있다. 고천원에 있는 신은 너무 멀리 있어 신의 기능을 제대로
발휘하지 못한다. 그래서 일본사람들은 침묵하고 게으르며 한가한 신, 하늘
높이 후퇴하고 있는 신에게 제사 지내지 않는다. 일본에서는 인간의 역사와
밀접한 연관성을 지니지 않는 신에 대해선 관심이 없다.

50　이자나기, 이자나미 신화는 마치 엘리아데가 말한 우주목과 유사하다. 세계

이자나기와 이자나미는 일본 국토를 창생했을 뿐 아니라 많은 신들도 창조했는데 가업신, 강신, 바다신, 나무신, 바람신, 곡물신 등 35명의 신이 그것이다. 이렇게 많은 신을 낳다가 이자나미는 불의 신을 낳는 과정에서 그만 불에 타서 죽고 말았다. 이자나미가 죽자 이자나기는 이자나미를 잊지 못해 황천국으로 찾아갔다. 그곳에서 이자나미를 데려가려 하자 이자나미는 다음과 같이 말한다. "이곳을 다 빠져나갈 때까지 돌아보아선 안 된다." 그러나 두 신이 함께 황천을 빠져나오다가 이자나기가 그만 돌아서서 이자나미를 보고 말았다. 이자나미는 예전의 아리따운 모습이 아니라 몸에는 구더기가 끓고 얼굴은 무시무시한 형상을 하고 있었다. 이자나기는 놀라 줄행랑을 쳐 황천을 빠져나가려 했다. 이자나미는 이자나기가 자신을 본 것을 알고, 황천에 있는 모든 귀신들을 데려다가 이자나기를 잡으려 했다. 이자나기가 황급히 황천에서 도망쳐 나오자, 이자나미는 이자나기에게 저주의 말을 남긴다. "나는 하루에 천 명씩 죽이겠다." 그러자 이자나기는 "나는 하루에 천오백 명씩 태어나게 하겠다"라는 축복의 말을 건넨다.

황천에서 나온 이자나기가 이나자미와 대화하는 대목은 주목할 부분이다. 그것은 이자나기가 생명을 주관하는 주도권을 쥐고 있다는 것과 이자나미가 남긴 죽음의 메시지보다 이자나기의 축복의

의 축이 되는 우주목(Cosmic tree)은 우주가 창생되고 인간이 창조되는 의미를 지닌다. 우주목에 맞추어 창생의 기원을 설명하는 것을 다른 나라에서는 찾아볼 수 없다.

힘, 곧 생명의 힘이 더 강하다는 것이다. 또한 사후세계인 황천은 더럽혀진 세계를 뜻한다는 것이다. 『고지키』나 『니혼쇼키』를 보면 죽음에 대한 것들을 터부시하는데 이는 신도가 죽음의 문제를 꺼림을 보여준다. 그래서 신도는 불교가 들어오자 불교 쪽에다 죽은 자들의 문제를 위임해버렸다.

황천에서 나온 이자나기는 강가에 가서 황천에서 묻은 더러운 것을 씻어내는데 왼쪽 눈을 씻었을 때 태양신인 아마테라스, 오른쪽 눈을 씻었을 때 달신인 쓰쿠요미, 코를 씻었을 때 폭풍의 신인 스사노오가 태어났다고 전해진다.[51] 이자나기가 황천에서 묻은 더러운 것을 씻어낸 행위는 후에 신도의 정화의례인 '미소기 하라에 의식'으로 정착되어 갔다.

이자나기는 아마테라스에게 천상세계를, 쓰쿠요미에게 밤의 세계를, 스사노오에게 바다의 세계를 통치하도록 위임했는데, 스사노오는 이 결정에 불만을 품고 아마테라스의 통치 영역에 들어가 난폭한 행동을 일삼았다. 이에 견디지 못한 아마테라스는 동굴에 숨어버렸고 그래서 세상은 암흑에 빠지고 말았다. 천상의 신들은 아마테라스를 동굴 밖으로 유인하기 위해 새벽을 알리는 닭들을 동굴 앞에 모아두고, 동굴 앞 사카키(榊, 비쭈기나무)라는 나무에 거울과 구슬을 달아놓은 채 아메노우즈메로 하여금 동굴 앞에서 옷을 벗고

---

51 중국의 우주 기원 신화인 반고 신화를 보면 반고신의 시체에서 우주만물이 발생했다고 설명한다. 이런 점에서 일본 신화는 반고 신화와도 상당한 유사성을 갖고 있다.

춤을 추게 했다. 요란한 소리에 호기심이 발동한 아마테라스는 동굴 문을 살짝 열고 고개를 내밀었다. 그때 다른 신들이 그를 끌어낸 후 동굴 문을 잠가버리는 바람에 아마테라스는 다시 밖으로 나오게 되었다. 이 사건 이후 스사노오는 천상의 신들로부터 추방당하여 지상의 이즈모(出雲)라는 곳으로 쫓겨나고 말았다.

기키 신화에 나오는 아마테라스를 태양의 여신이자 천황가의 시조신으로 보는 것은 6세기경 정치적 목적 아래 체계화되어 형성된 것이다. 이상에서 보았듯이 일본 신화는 우주나 인간의 기원에 대한 언급은 없고, 대신 국토 기원에 대한 서술을 강조하고 있다는 점이 흥미롭다. 또 일본 신화는 다른 신화처럼 형이상학적인 표현이 발달되어 있지 않고, 가미도 웃고 우는 등 인간과 별반 다를 바 없는 모습을 하고 있다는 점에서 우리는 신도의 가미가 지닌 특징을 엿볼 수 있다.

그런데 아마테라스는 어떻게 천황가의 조상신이자 황조신이 되었을까? 사실 아마테라스가 황조신이 되기 전에 다카미무스히(高御産巣日神)가 먼저 황조신의 지위를 차지했다고 전해진다. 다카미무스히를 최고신으로 하는 계통이 아마테라스를 최고신으로 하는 계통보다 더 오래되었는데, 『고지키』와 『니혼쇼키』의 편찬 직전인 덴무 천황 때 아마테라스가 부각되기 시작했다고 한다. 곧 7세기 말 율령국가 성립 시 아마테라스를 황조신의 지위로 승격시켰다는 것이다.[52] 고지키 신화와 니혼쇼키 신화는 비슷해 보이지만 실제로는

52 박규태, 「아마테라스의 픽션」, 『신화와 역사』, 서울대학교 종교문화연구소,

동굴 밖으로 나온 아마테라스를 비롯한 일본의 신들

아주 다르다. 이는 통념적인 기키 신화의 이미지가 고대에는 존재하지 않았음을 말해준다. 아마테라스가 황조신이라는 통념은『고지키』와『니혼쇼키』를 적당히 재구성해 만든 픽션인 것이다. 이와 같이 아마테라스를 일본 신화의 최고신으로 자리매김하려는 의도를 강하게 드러내는 데에는『고지키』사료의 역할이 컸다. 즉『고지키』에 의해 아마테라스는 일본 건국 신화에서 가장 중요한 신으로 묘사된 것이다.

2) 이즈모의 왕권 기원 신화 및 국토 이양 신화

스사노오 추방 이후의 이야기는 이즈모를 중심 무대로 전개된다. 이즈모의 왕권 기원 신화는 스사노오와 연관성을 지닌다. 스사노오는 천상에서 쫓겨난 후 지상으로 내려와 시름에 잠겨 있는 어떤 노

2003, 487~488쪽 참조.

오오쿠니누시(大國主神): 『日本国開闢由来記』国立国会図書館藏

부부를 발견한다. 그 노부부가 시름에 잠긴 이유를 물어보니, 딸이 8명이 있었는데 여덟 개의 머리를 가진 야마타노 오로치라는 뱀에게 매년 한 명씩 바치고 이제 막내딸 하나만 남았다는 것이다. 스사노오는 노부부에게 막내딸을 구해주겠다고 약속했다. 스사노오는 뱀에게 술을 잔뜩 먹여 취하게 한 뒤, 뱀의 몸을 두 동강 내니 거기에 칼이 들어 있었고 그 칼 주변에 구름의 온기가 있었다. 바로 그 칼이 신종 삼기 중 하나인 천운총검이다.[53]

스사노오는 야마타노 오로치를 퇴치한 후 그 막내딸과 결혼했고, 거기서 일본 지배자인 오오쿠니누시(大國主神)가 태어났다. 이렇게 하여 스사노오의 후손인 오오쿠니누시는 일본 땅을 통치하는 지배자로 군림하게 되었다. 그러나 고천원에 사는 신들은 아마테라스의

---

53 『니혼쇼키』에 보면 삼종의 신기에 대한 설명이 나온다. 종류는 3가지이지만 5가지 신기가 있는데 그것은 검과 거울은 각각 2개씩이고, 구슬은 하나씩이기 때문이다. 거울은 이세 신궁에, 검은 아스다 신궁에, 구슬은 천황이 있는 천궁에 있다. 그중 하나는 모조품으로 이는 천황 주변에 있어야 한다는 원칙 때문에 황궁 안에 있다. 이 세 가지의 신기들은 각각의 덕을 상징한다. 구슬은 자비의 덕, 거울은 지혜의 덕, 검은 용기의 덕을 상징한다.

직계 자손이 지상을 다스려야
한다고 생각했기 때문에 수차
례 사자使者를 보내어 오오쿠니
누시를 설득한 후 국토 이양의
동의를 받아냈다. 이에 아마테
라스 신의 자손인 니니기는 오
오쿠니누시로부터 왕권을 이양
받기 위해 지상으로 내려왔으
니 이를 오오쿠니누시의 국토
이양 신화라 한다.

천황가의 삼종신기三種神器인
거울과 구슬과 칼

아마테라스는 니니기가 지상에 내려올 때 그에게 삼종신기三種神
器인 거울과 구슬과 칼을 주었다. 아마테라스로부터 삼종신기를 받
아 다섯 부족과 함께 지상으로 내려온 니니기는 시무카라는 곳으로
내려와 지상의 여인인 고노하나사쿠야히메(木花之佐久夜毘賣)와 결
혼했다.[54] 그 둘 사이에서 호데리와 호오리 형제가 태어났다. 형 호
데리는 어부였고 동생 호오리는 사냥을 했는데, 어느 날 서로 도구
를 바꾸어 동생 호오리가 형의 낚싯바늘로 고기잡이를 하다가 그만
낚싯바늘을 잃어버리고 말았다. 이에 상심해서 울고 있던 호오리는

---

54 장인은 언니 이와나가(石長)도 함께 니니기의 침실로 들여보냈으나 그녀는
그에게서 소박당한다. 이에 장인은 "바위처럼 오래 살라고 이와나가를 보
냈는데 그녀를 쫓아냈으니 그대는 장수하지 못할 것"이라는 말을 저주처럼
던졌다. 그 결과 니니기 후손인 천황의 수명이 짧아지게 되었다고 전해져
온다. (박규태, 『신도와 일본인』, 이학사, 2017, 28쪽).

일본의 초대천황으로 알려진
진무 천황(神武天皇)

낚싯바늘을 찾기 위해 해궁으로 갔고, 거기서 해신의 딸과 결혼하게 되었다. 그 후 동생 호오리는 해신의 도움으로 형 호데리를 굴복시켰으니, 일본의 초대천황으로 알려진 진무(神武) 천황이 바로 산신 호오리의 자손이라는 것이다.

아마테라스의 손자인 니니기가 지상으로 내려와 결혼을 해서 그 후손을 제1대 진무 천황으로 내세움으로써 일본은 천황과 아마테라스를 연결시키는 신화를 완성하게 되었다. 이렇듯 일본은 기키 신화를 통해 아마테라스를 천황가의 시조신으로 간주함으로써 신화를 일본 역사의 한 축으로 받아들이게 된 것이다.

이상에서 기키 신화를 통한 일본 국토 생성과 일본신의 탄생 과정, 그리고 아마테라스가 천황의 조상신이라는 주장에 대해 살펴보았다. 이처럼 일본은 근대 일본의 군국주의 하에서 아마테라스를 역사적 사실로 전수해오면서 일본을 가미의 나라로 만들고, 일본인을 가미의 후손으로, 일본 국민을 천황의 신민臣民으로 삼고자 한 것이다.

3) 기키 신화의 의의 – 역사와 신화의 상관관계

사실 다른 나라의 신화도 태곳적 일이 어떻게 일어났는지를 말해줄 뿐 아니라 그것을 통해 현재와 미래를 설명하고자 한다. 이것은 신화에는 시간 통합의 기능이 있어 과거를 통해 현재가, 현재를 통해 미래가 읽힐 뿐 아니라, 왜 존재가 현재의 모습을 하는지도 말해주기 때문이다. 이처럼 일본 신화는 단순히 태곳적 이야기가 아니라 오늘의 일본인을 이해할 수 있는 단서를 품은 이야기로 전수되어 왔다.

  기키 신화는 천손강림 이야기뿐만 아니라 니니기와 오오쿠니누시의 관계를 통해 진무 천황과 야마토(大和) 토착민과의 관계를 말해주고 있다.[55] 다시 말해 고천원高天原에서 삼종 신기를 지니고 천손강림한 천신이 국신과 대립 – 갈등 – 융화하는 과정을 통해 선주자의 문화를 파괴하지 않고 습합적으로 받아들여 새로운 습합문화를 형성했다는 것이다.

---

55 신화는 스스로 자기발전단계를 진행시키기도 하고, 타민족의 문화를 수용하여 내용이 더 풍부해지는 중층적 결정이라는 복합적 단계를 거치면서 습합되기도 한다. (이광래, 『일본 사상사 연구』, 경인문화사, 2005, 20쪽.)

이와 같이 기키 신화는 천황가의 혈통적 신성성과 천황 통치의 정당성을 보여주기 위해 기존의 신화 전승을 재구성해 만들어진 정치 신화이다.[56] 다시 말해 기키 신화는 단순히 일본인들에게 신화로서만이 아니라 그들의 역사에 깊숙이 작용해왔다. 이렇게 형성된 기키 신화는 천황제 이데올로기의 기틀이 됨으로써 일본 역사와 떼려야 뗄 수 없는 관계로 고착화되어 갔다. 이런 점에서 일본 역사는 신화 재현의 역사라고 할 수 있으며,[57] 일본인들에게 있어 신화는 그들의 아이덴티티와 불가분의 관련성을 지니고 있음을 알 수 있다.

현대 일본 지식인들 중에는 기키 신화를 역사의 실체로서 교육하거나 천황을 살아 있는 현인신現人神으로 신앙한 근대 일본의 사고에 대해 비판하는 이들도 있다. 그 대표적인 이가 쓰다 소키치(津田左右吉, 1873~1961)이다. 그는 『신대상의 새로운 연구』(1913), 『고지키 및 니혼쇼키의 새로운 연구』(1919)를 통해 기키 신화의 역사성을 부정하면서 그 작위적 성격을 규명한 바 있다.[58] 그렇다고 해서 그가 기키 신화의 가치 자체를 부정한 건 아니다. 그는 기키 신화는 실제상의 사실은 아니지만 사상적 사실 혹은 심리적 사실이라고 보았다.[59] 패전 후 일본은 천황제 이데올로기에서 벗어난 듯 보였는데, 이는 그들이 기키 신화로부터 자유로워졌다는 해석일 수도

---

56 박규태, 『신도와 일본인』, 이학사, 2017, 25쪽.

57 황폐강, 『일본 신화의 연구』, 지식산업사, 1996, 203쪽.

58 박규태, 「신화, 역사, 아이덴티티」, 『정신문화연구』 봄호, 제23권 제1호, 2000, 88쪽.

59 같은 논문, 88쪽.

있겠다. 이렇듯 일본은 패전 후 기키 신화의 압도적 영향에서 벗어난 듯 싶었지만, 과연 그들이 그들의 역사와 밀착된 신화를 거부할 때 일본 역사에 무엇이 남을지 스스로에게 물어야 할 것이다. 이것이야말로 전전과 전후 일본인의 아이덴티티의 단절에서 비롯된 위기를 겪고 있는 현대 일본이 직면한 문제가 아닌가 싶다.

6. 결론

이상에서 우리는 가미 신앙, 신사, 마츠리, 그리고 기키 신화를 통해 일본의 민속종교인 신도에 대해 살펴보았다. 그간 일본에 유입된 많은 외래종교 속에서도 오늘날까지 신도가 살아남을 수 있었던 것은 신도가 종교라기보다 일본인의 생활관습이고 국민정신으로서의 역할이 컸기 때문이다. 라프카디오 헌은 말한다. "신도는 다른 종교처럼 철학이나 체계적 논리도 추상적 교리도 없지만, 그 '없음' 덕분에 서양 종교사상의 침략에 대항할 수 있었다."(Hearn, 1894 [I]:202. "Kitzuki")[60] 이렇듯 신도에는 다른 종교처럼 교의체계가 없었고 경전이나 교의, 계율이 없었지만 오히려 그 없음 때문에 일본인의 심성 안에 신도의 정수가 살아 있을 수 있었다는 것이다. 헌은 일본인들의 심성 안에 살아 있는 신도를 일본인의 원체험이라 불렀다.[61] 여기서의 원체험이란 자연에 대한 신도적 감수성에의 직관을

---

60 박규태, 「라프카디오 헌의 신도관: 내셔널리즘과 신국표상을 중심으로」, 『동아시아문화연구』 제55집, 2013. 11, 8쪽.

의미한다. 이런 점에서 신도는 일본민족을 지배하는 일본의 혼이며 일본적 감성의 총화라고 할 수 있다.[62]

헌이 표현한 일본인의 감성은 모토오리 노리나가(本居宣長)가 말한 모노노아와레(もののあはれ, 物の哀れ)와 깊은 연관이 있다. 모노노아와레는 직역하면 '사물의 비애'이지만, 노리나가에 따르면 아와레(あわれ)는 '아아'와 같은 감탄사로 거기에다 모노(もの)라는 접두어를 붙여 만든 용어이다. 곧 모노노아와레는 어떤 사물이나 상황에 접했을 때 그 정취에서 절로 나오는 감동이라 할 수 있다. 예를 들어 계절에 따른 자연의 변화나 부모자식 또는 남녀 간의 애정 등 인간이 보고 듣고 만지고 겪게 되는 온갖 일에 대해 느끼는 감정 그 자체가 모노노아와레라는 것이다.

이와 같이 노리나가는 우리가 '도덕과 선악'보다 사물을 접할 때 거기서 일어나는 순수한 정감이 신의 도에 더욱 가깝다고 본다. 즉 그는 '모노노아와레'야말로 '있는 그대로의 신의 도'이며, 신화시대의 태곳적 상태는 바로 그러한 '신의 도가 있는 그대로 발현된 이상적인 상태'라고 주장한다. 즉 그에게 고대는 '천지의 여러 신과 인간이 진심에 따라 평온하고 즐겁게 살았던' 이상향이며, 그 시대를 산 고대인이야말로 가장 이상적인 인간이라는 것이다. 이런 관점에

---

61 라프카디오 헌은 문헌을 통해서만 신도를 이해하려는 서양의 신도 연구자와 달리, 일본에서 직접 생활하면서 일본 국민의 신도적 종교생활을 통해 일본 신도에 관한 저작을 쓰고자 했다.

62 박규태, 『라프카디오 헌의 일본론』, 아카넷, 2015, 211쪽.

서 노리나가는 일본을 일본이게 한 것은 바로 이 모노노아하레인데, 일본에 유입된 유교와 불교가 멋대로 규범을 만들어서 일본 고대에 존재하던 신의 도를 타락시키고 그 순수한 발현을 막고 있다는 것이다.[63]

이처럼 신의 도가 순수하게 발현된 고대를 이상향으로 본 노리나가는 천황을 고대 일본 가미들의 연장선상에서 이해한 것이다. 즉 일본인들 안에 살아 있는 혼이 근대 메이지 시대에 와서 천황제 이데올로기를 낳았고, 일본을 신국으로, 일본인을 신민으로 만들었다는 것이다.[64]

이상에서 살펴본 신의 도는 끝 모를 태고와 신화시대로부터 단절되지 않고 존재해 옴으로써 천황에 대한 숭배를 존속할 수 있게 했다. 즉 신도와의 연관성 속에서 천황의 존재는 근대의 대내외 위기 속에서 많은 일본인에 의해 받아들여졌고, 결국 메이지 유신의 사상적 지주가 된 것이다. 근대에 들어와 신도와 천황의 관계가 어떤 힘을 발휘했는지에 대해서는 앞으로 살펴볼 것이다.

필자는 엄격한 도덕성이 아닌 마음 안의 정감을 강조한 노리나가의 사상이 공감되는 면이 없는 것은 아니나, 자국의 신화를 유일하

---

63 노리나가는 모노노아와레를 일본 노래와 모노가타리의 본질이라고 규정한 바 있다. 곧 와카(和歌)는 바로 모노노아와레를 아는 것으로부터 창출된다는 것이다.

64 이러한 헌의 오리엔탈리즘에 대해 서구 우월주의 또는 일본에 대한 경멸을 은폐하면서 일본의 신비, 일본에 대한 동경을 드러낸 것이라고 비판하는 이도 있다.

고 절대적인 것으로 여기며 그 연장선상에서 천황을 절대시하고 일본만이 우수한 민족이라는 그의 결론을 접할 때 당혹감을 떨쳐버릴 수가 없다.

많은 일본인들은 자신들이 신도라는 특별한 전통을 가진 민족이라는 사실에 우월성을 느낀다. 바로 그 우월감은 기키 신화에 근거하여 천황은 아마테라스의 자손이고 일본인은 그를 아버지로 섬기는 민족으로서, 일본은 신국이라는 메이지 시대에 만들어낸 정치적 이데올로기가 아직도 그들 마음에 살아 있기 때문이다. 이와 같이 신화와 역사를 한 가닥으로 엮어내며 지금껏 살아온 일본인들은 그 숱한 역사적 왜곡을 그 속에 녹여버린 채 오늘을 살아가고 있지 않나 싶다.

제4장

신불습합

- 일본에서의 신도와 불교의 관계 -

보통 서로 성질이 다른 물질이 섞이면 화학반응을 일으켜 새로운 합성물질이 형성된다. 예를 들어 카카오에 설탕을 섞으면 새로운 맛의 초콜릿이 만들어지듯이 말이다. 이렇게 이질적인 물질이 섞여 화학작용이 일어나듯 종교나 사상 같은 문화도 서로 섞이면 습합習合이라는 문화현상이 일어난다. 즉 습합은 한 문화 속에 다른 문화가 들어오면 서로 상이한 교리나 학설을 절충하거나 각기의 장점을 받아들여 공존하게 되는 현상으로, 세계종교사에서는 이를 싱크레티즘syncretism이라 부른다.

　일본에서는 외래문화가 들어오면 무엇이든 일본문화 속으로 녹아들어가 버리는 경향이 있다. 일본문화는 오랜 세월 동안 여러 종교문화가 중첩되고 포개져 내려오면서 습합 구조를 이루어왔다. 야나기타 쿠니오는 다양한 문화적 요소가 습합되어온 일본문화 구조를 '고드름'과 같다고 표현한 바 있다.[65] 이전 계보에 새로운 계보가 차곡차곡 더해진 현상이 마치 고드름이 형성되는 과정과 유사하다는 것이다. 다른 학자들도 일본문화를 문화의 용광로, 늪지, 도가니, 문화의 교차로, 조립공장, 종착역이라고 칭했는데, 이러한 표현들 속에 습합사관이 자리하고 있음을 알 수 있다.[66]

불교가 일본으로 건너오면서 이루어진 신불습합神佛習合은 이러한 일본의 종교문화를 가장 잘 보여주고 있다.[67] 사실 습합 현상은 일본뿐 아니라 다른 동아시아문화, 더 나아가 세계적으로도 널리 생겨난 종교 현상이다. 한국 사찰의 경우도 칠성각과 산신각이 있는데, 이는 북두칠성과 산신을 믿는 옛 기복祈福신앙을 불교가 습합한 것이라 할 수 있다. 그럼 일본의 신불습합은 어떤 특징을 지니고 있는가?

중국은 인도로부터 불교를 수용하는 과정에서 중국의 토착신앙과 끊임없는 긴장관계가 있었다. 불교도들은 이 긴장관계를 해소하기 위해 각 지역의 신神 신앙과의 습합 논리를 필요로 했다. 그래서 그들은 중국의 토착신을 고통과 고뇌 속에서 헤매이는 중생의 하나로 규정함으로써 신神도 불법의 힘으로 구제되어야 할 존재라고 주장한 것이다.[68] 즉 불교 측에서는 토속신 신앙과의 갈등을 해결하기

---

65 이광래, 『일본 사상사 연구』, 경인문화사, 2005, 10쪽.

66 같은 책, 11쪽.

67 신도와 불교의 습합 현상은 6세기 중엽 불교가 일본에 유입되면서부터 나타나기 시작했고, 현재에 이르기까지 일본인들의 종교생활을 지배하고 있다. 일본인들은 흔히 가정에 신도의 가미다나(神棚)와 불교의 부쓰단(佛壇)을 함께 두고 있는 것이 이를 말해주며 결혼식은 신도식으로, 장례식은 불교식으로 치르는 일본문화에서도 문화적 습합을 엿볼 수 있다.

위해 신신이탈神身離脫을 고안해낸 것이다. 이는 곧 신이 스스로 불교에 귀의하여 구제를 부탁한다는 설이다.

　중국 승려인 승우僧祐가 지은 『출삼장기집出三藏記集』의 「안세고전安世高傳」을 보면 신신이탈의 예가 잘 드러나 있다. 신이 파르티아 출신 승려인 안세고에게 나타나 자신은 출가수행 중 화를 잘 내는 성격을 제어하지 못해 죽은 후 지옥에 떨어지게 될 것이니 자신을 위해 탑을 세워달라고 부탁한다. 이에 안세고가 신을 위해 절을 세워주었다는 이야기가 「안세고전」에 수록되어 있다.[69] 이러한 신신이탈의 담론은 재앙신 담론처럼 재해가 발생한 이유를 설명하고 그 대처 방법을 제시하려는 데 그 목적이 있다. 신신이탈 이외에도 신이 불법을 수호하는 호법선신護法善神이 되었다는 설명도 있다.[70]

68　이 불법과 접촉한 신들이 신의 몸(神身)을 이탈하여 고통에서 벗어나 불법을 수호하는 호법선신으로 바뀌어 불교 세계에서 일정한 위치를 점하게 되었다. 그 전형적인 예로 후한 말에 역경가로서 활약하였던 안세고에 의한 궁정호묘宮亭湖廟의 사신제도蛇神濟度 전승을 들 수 있다. 안세고(安世高, 148~180)는 중국 후한 때 뤄양(洛陽)으로 와서 불경을 한역漢譯한 역경승譯經僧이다. 그 내용을 보면 신의 출현하여 자신의 숙업에 관한 신이 고백하고 불교적 작선作善을 기대한다. 이렇게 신을 위한 작선 행위에 이어, 신의 입멸로 이어진다.

69　박규태, 『신도와 일본인』, 이학사, 2017, 139쪽.

70　이는 4세기 말~5세기 전반의 중국 사회에 많은 영향력을 미친 혜원 또는 그로 대표되는 여산 교단에서 시작되었다고 볼 수 있다. 오회吳會 지방에서 당시 민간사묘民間祠廟 등에서 모시던 산신을 어떻게 다룰 것인지는 같은 시기의 산악불교를 중심으로 커다란 과제가 되었을 것이다. 그러므로 신

중국에서 발생한 일련의 신불습합 과정은 일본에 와서 더욱 심화된 양상을 보였다. 그럼 구체적으로 중국의 신불습합이 신신이탈과 호법선신이라면 일본의 신불습합은 어떤 형태를 띠게 되었는가?

1. 일본의 신불습합

일본의 경우 죠몬 시대부터 야요이 시대를 거치면서, 저마다 다른 신을 모시는 부족이나 민족들이 일본열도로 흘러 들어왔다. 각 부족민들의 혼인에 의해 각 부족 간 신관의 습합 과정도 이루어졌다. 또 다른 한편 한반도에서 건너간 불교와의 관계를 통해서도 습합의 틀이 만들어지기도 했다.

일본은 태고시대부터 다이카 개신(大化改新)이 일어난 645년까지는 불교와 습합되지 않은 고유한 민족종교의 형태를 유지해왔다. 대개 고대종교가 그렇듯이 일본도 이 시기에는 종교와 정치가 하나인 제정일치가 이루어졌고, 여러 신을 믿는 다신신앙의 형태였다. 그러다가 백제로부터 일본으로 건너온 소가씨(蘇我氏)에 의해 불교가 수용되면서 일본의 고유 신앙인 신도와 외래종교인 불교 간에 다양한 습합문화가 형성되어 갔다. 그럼 먼저 일본의 불교유입 과

신이탈神身離脫 형태와 불법에 귀의한 후에도 그대로 신으로서 거주하던 산에 남아 사원과 승려를 수호하는 호법선신 형태는 각 고유한 지역의 신 신앙이라는 영역에 침투하고자 하는 중국불교 측이 기존에 있던 신앙의 극복 또는 수용을 목적으로 하여 형성된 사례라고 생각된다.

정부터 살펴보자.

1) 일본의 불교유입

일본에 불교를 소개한 이들은 한반도에서 일본으로 건너온 소가씨를 중심으로 한 도래인들이다. 백제 성왕(聖王, 523~554)에 의해 일본에 불교가 전해졌을 때 그들이 적극적으로 불교를 받아들였다고 전해지고 있다. (538년 설과 552년 설이 있으나 공식적 전래연도는 538년이 유력하다.) 백제 도래인인 소가씨는 불교 수용을 강력히 주장했으나, 일본 신도를 중심으로 한 모노노베씨(物部氏)는 불교 수용을 반대했다.[71] 모노노베씨가 불교 수용을 반대한 것은 일본에는 이미 800만의 가미가 있는데 다시 외국 신을 받아들이면 800만의 가미들이 노할 것이라는 이유에서였다. 즉 그들은 불교 역시 다른 외국 신을 믿는 종교로 간주한 것이다. 이러한 배불파의 입장에 대해 소가씨 측에서는 "그렇지 않다. 더 힘센 외국 신을 수용해야 우리나라를 번성하게 할 수 있다"고 주장했다. 여기서 우리는 소가씨 역시 부처를 외부에서 온 객신客神으로 생각했음을 알 수 있다. 당시 일본은 국제정세에 따라 불교를 수용해야 한다는 숭불파의 입장이 더 우세해지면서 불교를 수용하게 되었다.

---

71 불교를 수용한다는 것은 당시 호족연합 정권인 야마토 조정에서 중앙집권적 율령국가로 변혁한다는 의미를 내포하고 있었다. 그러나 모노노베씨는 국가체제를 그대로 유지하자는 뜻으로 불교 수용에 반대했고 소가씨는 적극적 체제개혁을 주장했다.

일본에 불교가 유입되는 과정과 관련하여 소가씨의 한 사람이었던 쇼토쿠 태자(聖德太子, 574~622)에 주목할 필요가 있다. 그는 33대 천황인 스이코(推古) 천황의 섭정으로서 일본에 불교를 보급시킨 인물이다. 그는 고구려 승려인 혜자(慧慈, ?~622)로부터 대승불교에 대한 가르침을 받았고, 고모인 스이코 천황에게 『승만경勝鬘經』을 강의할 정도로 불교에 조예가 깊었다고 전해진다.[72]

　　쇼토쿠 태자가 불교에 심취했음은 그가 남긴 헌법에 잘 드러난다. 그가 제정한 헌법 17조의 내용을 보면 정치와 불교적 이상이 결합되어 있음을 알 수 있다. "제1조는 화和를 귀하게 여기며 사람과 거스르지 않을 것을 종宗으로 하라. 위로 화和하고 아래로 목睦(화목)하면 일은 무슨 일이라도 성취할 것이다. 제2조는 독실히 삼보三寶를 신앙하라. 제3조는 천황의 명을 받으면 반드시 따르라. 군은 천天이고 신臣은 지地이며, 천天은 만물을 덮고 지地는 만물을 재載한다."

　　여기서 우리는 쇼토쿠 태자가 헌법을 제정하는 과정에서 불교사상을 수용하였음을 알 수 있다. 제1조에서 말하는 화和는 불교의 화합을 의미한다. 다시 말해 그는 불교에서 말한 삼보三寶의 근본정신인 화합을 국가의 원리로 내세운 것이다. 또 헌법 제2조에서 삼보

---

72 쇼토쿠 태자는 일본 최초의 경전 주석서인 『삼경의소三經義疏』를 남겼다고도 전해진다. 『삼경의소』는 『법화경』, 『승만경』, 『유마경』에 대한 주석서이다. 그가 대승경전의 주석서를 남겼다는 것은 의심스러운 부분이나 그가 불교에 대해 상당한 지식뿐 아니라 불교 신심도 갖고 있었음은 사실이다.

성덕태자(지폐)

를 받들라고 표방한 것은 불교적 색채가 더욱 농후하게 드러나고 있다.[73] 쇼토쿠 태자가 화和를 중시하는 것은 『효경孝經』의 개념과 불교의 화합승 사상이 혼합된 것이라는 주장이 최근에 나왔다.[74] 불전에 보면 화합이라는 단어가 자주 사용되는데, 따라서 화和는 불교사상을 표명한 것임을 보여준다. 이처럼 쇼토쿠 태자는 이상적 국가상 통치이념을 화和로 삼은 것이다.

불교 신앙을 갖는다는 것은 삼보를 믿는 것을 의미하는데, 바로 그러한 삼보 신앙을 헌법에 넣었다는 것은 그가 얼마나 불교적 신심이 깊었는지를 보여준다. 또한 헌법 제10조에는 "분노를 끊어버리고 노여움을 버리고 사람들에게 성내지 마라. 사람은 모두 각자 마음이 있다. 마음에는 제각기 집착함이 있다. 그가 옳다면 내가 틀

---

73 이광래, 『일본 사상사 연구』, 경인문화사, 2005, 128쪽.

74 같은 책, 128쪽.

천수국수장天壽國繡帳(나라奈良 중궁사中宮寺 소장)

리고 내가 옳다면 그가 틀리니, 내가 반드시 성인이 아니며 그가 반드시 어리석은 자도 아니다. 모두 평범한 사람에 지나지 않는다"라고 하여 개인이 지켜야 할 도덕원리를 담고 있는데, 이 내용 역시 불교의 가르침을 그대로 말하고 있다.

불교에서는 탐진치, 곧 탐욕·분노·어리석음의 삼독을 없애기 위해 수행을 중시해오고 있다. 탐욕을 없애기 위해서는 집착을 끊어야 한다. 해탈은 집착의 끈을 놓아버리는 것에 다름 아니다. 이러한 내용들이 고스란히 헌법에 나와 있는 것을 볼 때 쇼토쿠 태자가 얼마나 깊은 불교 신앙을 가졌는지 볼 수 있다.

이와 같이 깊은 불교 신심을 지녔던 태자가 죽고 난 후 태자 신앙이 생길 정도로 일본인들은 태자에 대해 극진한 마음을 가졌다. 남아 있는 사료 중에 천수국수장天壽國繡帳이 있는데, 이는 쇼토쿠 태자의 부인인 태자비가 태자가 사후에 태어날 곳인 덴주코쿠(天壽國)의 모습이 보고 싶다고 스이코 천황에게 간청하자, 그가 여관女官들에게 짜게 했다는 두 장의 자수휘장이다.[75]

천수국수장에는 다음과 같은 쇼토쿠 태자의 가르침이 새겨져 있다. "모든 세상은 헛되고 본래적인 것이 아니며 오직 부처만이 참되다(世間虛假 唯佛是眞)." 태자비가 태자를 기억하며 새긴 이 말에서 우리는 태자가 얼마나 불교에 심취해 있었는지 짐작할 수 있다. 이처럼 쇼토쿠 태자의 불교 신심은 일본에 불교가 자리 잡는 데 막대한 영향을 미쳤다. 태자가 죽고 2년 후인 624년에 사찰이 46개나 세워졌고, 비구승이 816명, 비구니 승이 569명이 나왔다고 한다. 또 태자가 관세음의 화신이라는 태자 신앙이 생겨날 정도로 쇼토쿠 태자는 일본인들에게 깊은 불교적 영향을 미쳤다.

2) 나라 불교

나라 시대(奈良時代, 710~794)에는 정책적으로 불교를 수용하여 국가불교의 형태를 취했다. 그 예로 쇼무 천황(聖武天皇, 701~756)의 주도로 세워진 거대한 목조건물인 도다이지(東大寺)와 그 안에 봉안된 16미터 높이의 대불大佛을 들 수 있다. 쇼무 천황은 불교를 구심점으로 삼고 국민통합을 기하고자 도다이지라는 거대한 목조건물

---

75 스에키 후미히코, 이시준 역, 『일본불교사: 사상사로서의 접근』, 뿌리와 이파리, 1992, 30쪽.

도다이지 법당에 봉안된 대불

나라현에 위치한 도다이지

과 대불을 만든 것이다. 이 과정에서 엄청난 인원과 국가재정을 쏟아부음으로써 결국 국가가 경제적 위기에 처할 지경에 이르렀다. 여기서 우리는 신도와 불교의 공존 형태가 이 시기에 처음 나타났다는 사실에 주목할 필요가 있다. 쇼무 천황이 741년 도다이지에 거대한 불상을 조영하기에 앞서 이세 신궁(伊勢神宮)에 모신 태양신 아마테라스 오미카미(天照大神)에게 불상 건축계획을 아뢰었다는 사실이 바로 그것이다. 이는 당시 아마테라스를 불교의 호법신으로 여겼음을 말해준다.

나라 불교는 국가불교임과 동시에 귀족불교였다. 교키(行基, 668~749)와 같이 민중 속에서 활발히 활동했던 승려나 사도승私度僧 혹은 히지리(聖)가 이 시대에 등장하긴 했으나, 나라 불교는 사변적이고 형이상학적인 교의체계를 중심으로 한 남도육종南都六宗이 성행했다는 점에서 민중불교라고 보기는 어렵다.

남도육종에서 '종'은 불교의 종파였다기보다 일부 학승들 안에서 이루어진 학문적 불교로 그 계통의 연구 분과라고 할 수 있다. 남도육종에서의 남도란 나라 시대의 수도(헤이조쿄, 平城京)를 의미하며 육종은 여섯 종파를 뜻한다. 남도육종 중 성실종, 구사종, 율종은 부파불교에서 유래한 것이다. 삼론종三論宗은 삼론, 즉 『중론中論』·『십이문론十二門論』·『백론百論』이라는 세 가지 논서를 중심으로 한 종파이다. 이는 모두 중관사상의 논서들이므로 삼론종은 용수의 공사상에 근거를 둔 논서를 중심으로 이루어진 종파라 할 수 있다.[76]

---

76 삼론종은 '진속이제眞俗二諦'와 '팔부중도八不中道' 사상을 중심으로 펼쳐졌

삼론종 외에 인도의 하리발마(訶梨跋摩)가 지은 『성실론成實論』에 기반한 성실종도 공사상에 근거하고 있다. 이처럼 같은 공사상에 근거하고 있어 사실 성실종은 하나의 분파로 자리매김하기 전에 삼론종 안으로 흡수되어버리고 말았다.

삼론종과 성실종이 공사상을 중심으로 한 것이라면, 법상종法相宗은 유식사상에 기반을 둔 종파이다. 대승불교사상의 두 기둥 중 하나가 중관사상이라면, 다른 하나는 유식사상이다. 유식학파에서는 일체 현상을 식識으로 설명하는데 의식만이 식이 아니라 눈, 귀, 코, 혀, 몸(안이비설신) 모두 식의 작용이라는 것이다. 즉 존재하는 것은 오직 식뿐이며 따라서 만법은 모두 유식에서 나왔다고 본다. 이처럼 유식에서는 식의 작용에 의해서 존재 현상이 드러난다고 주장하는데, 이러한 유식사상에 기반을 둔 것이 바로 법상종이다. 법

다. 이제二諦는 진제眞諦와 속제俗諦 두 가지를 말한다. 제諦는 진리를 말하는데, 불교에서 말하는 진리는 자성이 없기에 공이라는 것이다. 자성이 없다 하더라도 우리가 보는 현상을 설명하기 위해 필요한 것이 속제이다. 이렇게 볼 때 진제는 본래의 입장에서 본 진리의 세계이고, 속제는 현상의 입장에서 본 진리의 세계이다. 또한 팔부중도八不中道란, 진리의 세계는 중도라고 하는데 여기서 중中이란 공空과 가假 사이의 진리 세계를 말한다. 여덟 가지 대립되는 것들, 즉 생도 아니요 멸도 아니라는 불생불멸不生不滅, 끊어짐도 아니고 영원함도 아닌 불상부단不常不斷, 하나도 아니고 다름도 아닌 불일불이不一不二, 오는 것도 아니고 가는 것도 아닌 불거불래不去不來 이렇게 여덟 가지이다. 또한 파사현정破邪顯正이란 잘못된 진리를 파해서 바로 그 자리에 올바른 진리가 드러남을 의미한다. 곧 파사가 현정이다. 이것이 삼론종의 가르침이다.

상종은 『성유식론成唯識論』 10권에 기반을 두고 있다. 여기서는 삼라만상의 만법을 유식사상에 기반하여 설명한다. 앞서 말한 삼론종이 공의 입장에 중점을 두어 존재의 실상을 설명했다면, 법상종에서는 식을 통해 존재 현상을 설명하고자 했다. 어쨌거나 법상종은 당시 남도교학의 최대 세력이 되었다. 유식사상에 기반한 또 다른 종파로 구사종俱舍宗을 들 수 있다. 구사종은 유식사상의 대가인 세친이 지은 『구사론』에 기반을 둔 종파로, 이것 역시 유식사상에 기반을 둔 법상종에 흡수되었다.

다섯 번째는 화엄종이다. 남도육종의 대부분이 논서를 중심으로 했다면 화엄종은 남도육종 중 유일하게 경전에 기반을 둔 종파이다. 화엄종은 삼라만상을 법계연기法界緣起로 설명하고 있다. 그 중심에 성기性起사상도 있는데, 이는 삼라만상의 모든 현상을 법성法性의 드러남으로 설명한다. 법성의 드러남이란 다른 말로 진여眞如의 드러남을 의미한다. 일본에서는 삼론종과 법상종 중 법상종이 좀 더 우세했고, 삼론종은 같은 공사상에 기반을 둔 화엄종에 밀려나게 되었다.

남도육종에서 보았듯이 불교 종파는 중관사상과 유식사상 중 어디에 강조점을 두느냐의 차이이지 근본 교리에 차이가 있는 것은 아니다. 중관사상은 부처님의 가르침을 공으로 해석하는 것이라면 유식사상은 식識으로 해석한다는 점에서 관점의 차이는 있을지언정 사상적으로 대립되는 것이 아니기 때문이다.

율종律宗 역시 부파불교에 유래를 둔 종파이다. 율종에서는 승려가 되기 위해 지켜야 하는 계율을 써놓은 『사분율四分律』을 중시한다. 그 안에는 비구가 지켜야 할 250개의 계율과 비구니가 지켜야 할 348개의 계율이 수록되어 있다. 사실『사분율』은 소승불교의 계율인데 대승불교에서도 이를 그대로 전수한 것이다. 우리나라도 중국불교의 영향으로『사분율』에 근거한 소승계를 그대로 전수해 왔다.

사실 일본은 계율을 제대로 공부한 이가 없어 계율학에 뛰어난 당나라 스님인 감진(鑑眞, 688~764)을 초빙하고자 했다. 감진은 일본 입국을 무려 5번이나 실패하고, 754년에 마침내 일본에 입국했다. 일본에 율종을 정착시키고자 노력한 감진의 업적 중 하나는 도다이지(東大寺)에 계단을 세운 일이다. 그는 도다이지에 계단을 만들어 거기서 정식 수계의례를 할 수 있도록 했다. 정식 수계의례를 치르려면 3명의 스승과 7명의 증인을 필요로 한다.(이를 삼사칠증三師七證이라 한다) 이렇게 열 사람 앞에서 수계의식을 하는 게 정식이나 그간 일본에서는 약식으로 치러졌던 것이다. 감진은 자신이 계를 주는 계사戒師가 되고 그 외에 일곱 명의 증인 앞에서 정식 수계의식을 행하도록 했다. 그러다가 사이초(最澄)에 와서 히에이산(比叡山)의 엔랴쿠지(延曆寺)에 계단을 만들면서 거기서도 수계의례가 행해졌는데, 사이초는 소승계 대신 대승계를 만들었다. 당시 천황은 사이초의 대승계도 승인해줌으로써 일본에서는 두 종류의 수계의식이 치러지게 되었다.

이상에서 살펴본 나라 불교는 국가불교이면서 남도육종이라는 사변적이고 형이상학적인 교의체계를 중심으로 한 불교였다. 즉 남도육종은 일부 학승들 안에서 이루어진 학문적 불교였지 민중들의

삶에는 영향을 미치지 못한 한계
가 있었다. 이들 여섯 종은 각 학
파의 차이에 불과했을 뿐, 중생을
구제하는 일과는 무관했던 것이
다. 이런 점에서 남도육종은 불교
의 종파였다기보다 그 계통의 연
구 분과라고 할 수 있다.

불교의 교의체계는 철학적 요소
가 농후하지만 궁극적으로 불교는
인간을 구제하고자 하는 신앙에

도다이지에 계단을 세운 당나라
율사 감진鑑眞화상

근거한 종교이다. 그러나 나라 불교에서는 학승을 중심으로 불교교
의를 연구하는 차원이었기에 민중들 속으로 들어가지 못했고, 단지
천황 중심의 국가 안녕을 비는 진호국가鎭護國家 불교의 수준에 머
물고 말았다.

승려들도 국가로부터 녹을 받는 관승官僧이었다. 710년에 승니령
僧尼令이라는 법령이 제정되었는데 이것에 의해 승려들은 관승이라
는 신분을 갖게 되었고 세금 면제, 의식주 보장, 관료로서의 혜택도
주어졌다. 또 승려들은 사형에 처할 만한 죄를 지어도 받는 형벌은
한 등급 낮은 형이 부과되는 형법상 특권도 주어졌다.

나라 불교에서 기억할 만한 승려로는 교키(行基, 668~749)를 들
수 있다.[77] 백제 도래인의 후손인 그는 12세에 야쿠시지(藥師寺)로

---

77 그는 태어날 때부터 특이했는데 보통 아기가 태어날 때 태아를 둘러싼 양

출가하여 민간포교에 주력했으며 서민들에게 저수지, 연못, 다리를 만들어 주는 등 민중들이 필요로 하는 사회복지 사업을 많이 했다. 당시는 민간인에게 포교하는 것이 금지되어 있었지만, 권력자들도 교키를 무시할 수 없었다. 그것은 많은 이들이 그를 찾아와 제자가 되고자 했고 그들을 문하생으로 받아들여 사도승이라는 집단을 만들기도 했기 때문이다. 당시 나라 불교에서는 승려들이 전부 관에 소속되어 등록을 해야 하는데, 사도승은 교키의 문하생으로서 관에 등록되지 않은 승려들이었다. 국가적 측면에선 그들을 인정하고 싶지 않았지만 자금조달 등 교키의 능력이 뛰어났기 때문에 그의 문하생들도 무시할 수 없었다. 당시의 쇼무 천황(聖武天皇, 701~756)은 교키에게 도다이지를 짓고 대불을 만들 자금을 모으는 일을 도와달라고 청하기까지 했다. 그가 천황의 청대로 자금조달을 해주었으므로 천황은 그의 사도승 공동체를 인정해주지 않을 수 없었던 것이다.

헤이안 시대(平安時代, 794~1185)로 접어들면서 불교는 국가불교의 한계를 넘어 불교의 본래 정신인 수행실천을 통해 실천불교로 거듭나고자 하는 문제의식을 지니게 된다. 또한 나라 불교가 논서 중심의 불교였다면, 헤이안 불교에서는 경전 중심으로 변모했다.

막이 터지면서 아이가 출산되는데, 교키(行基)는 양막째로 나왔다고 한다. 그의 어머니는 너무 놀라 아이를 버렸다가 다음날 다시 그 장소에 가 보니 아이가 아직 살아서 울고 있었다는 것이다. 그래서 데리고 돌아와 귀하게 키웠다는 얘기가 전해져 온다.

헤이안 시대의 불교는 크게 두 종파로 나눌 수 있으니 그 하나가 천태종이고, 또 다른 하나는 진언종이다. 천태종은 『묘법연화경』, 즉 『법화경』을 교의경전으로 한 종파이다. 한국불교가 『화엄경』을 중시해온 것에 비해, 일본불교는 『법화경』이 그 중심에 있다는 점에서 차이를 보이는데, 그 시작이 바로 헤이안 시대부터이다.

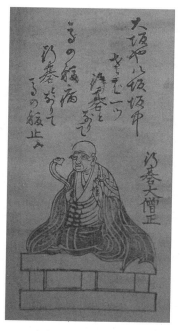

백제 도래인의 후손으로
민간포교에 힘쓴 교키(行基) 스님

3) 헤이안 불교

(1) 천태종

헤이안 시대에 접어들면서 국가 불교의 한계를 극복하고 수행 실천적 불교로 나아가고자 하는 움직임이 일어났으니 그 선각자의 역할을 한 이가 바로 사이초(最澄, 767~822)이다. 그는 12살에 출가해서 785년 18세 때 도다이지 계단에서 계를 받고, 당시 학문적인 불교로부터 수행이 중심이 되는 불교로 전환되어야 한다는 문제의식을 갖고 히에이잔[78]으로 가서 수행에 전념했다. 그는 그 후 거기에 엔랴쿠지를 건립했는데, 이는

---

78 히에이잔(比叡山)은 일본 교토 서북쪽에 있는 산인데, 엔랴쿠지(延暦寺)가 거기에 위치하고 있다.

헤이안 시대 대표적인 사찰이라 할 수 있으며 일본 천태종天台宗의 총본산이 되었다.

　그는 당시 칸무 천황(桓武天皇)으로부터 학문도 뛰어나고 수행도 깊이 했다는 평가를 받고, 견당사로 발탁되어 당나라에 유학 가서 천태종을 공부했다. 천태종은 중국 천태산에서 비롯된 이름으로, 천태지의(天台智顗, 538~597)가 그곳에서 수행하면서 『법화경』을 중심으로 천태종을 세웠기 때문이다. 사이초는 중국에 8개월간 머물면서 천태산에서 『법화경』을 비롯하여 밀교, 선, 계율도 공부하고 이와 관련된 서적들을 갖고 일본으로 돌아왔다.

　일본 천태종은 후에 밀교와 습합됨으로써 중국 천태종과는 다른 양상을 띠게 되었다. 즉 중국 천태종은 순수하게 천태종으로 남아

일본 천태종의 개조인
전교대사 사이초(最澄)

있는 데 반해, 일본 천태종은 밀교와의 습합을 통해 일본 천태종으로서의 특성을 갖게 된 것이다. 일본으로 돌아온 사이초는 앞서 말한 것처럼 히에이잔에 엔랴쿠지 사찰을 지었는데, 이곳이 후에 일본 천태종의 총본산지가 되었다. 가마쿠라 불교의 창시자들 대부분이 엔랴쿠지 출신인 것으로 보아 히에이잔이 당시 불교의 중심지였음을 알 수 있다.

　사이초는 지식인 중심이었던 나라 불교에서 중생제도가 제대로 이

교토 북서쪽 히에이잔(比叡山)에 위치한 엔랴쿠지(延曆寺)

루어지지 못했음에 문제의식을 지니고 민중들에게 불교를 전해주고자 하는 사명감을 지녔다. "나의 참된 염원은 불교의 힘으로 중생을 제도하는 데 있다"는 사이초의 표현에서도 우리는 그의 사명감을 엿볼 수 있다. 그 때문인지 사이초는 사후에 전교대사傳教大師라는 시호가 붙여졌고, 오늘날까지 일본에 불교를 전수한 큰스님으로 기억되고 있다.

사이초와 관련하여 기억할 것은 다음 두 가지이다. 하나는 불성佛性 논쟁이고, 또 하나는 대승계이다. 불성 논쟁은 사이초 전에 나라 불교의 잔재로 남아 있는 법상종과 논쟁이 붙은 사건이다. 실유불성悉有佛性의 입장에 입각하는 사이초는 오성각별五性各別을 주장하는 법상종의 도쿠이치(德一, 749~824)와 문서를 통해 불성에 관한 논쟁을 벌였다. 법상종에서 주장하는 불성론과 사이초가 주장하는 그것 간에는 분명한 차이가 있다. 법상종에서는 오성각별설을 주장했는데 여기서 말하는 오성五性은 성문聲聞, 연각緣覺, 보살菩薩, 부정성定性과 무종성無種性을 말한다.[79] 여기서 문제가 되는 것은 무종성인데, 이 부류는 부처가 될 수 있는 씨앗을 지니지 않는다는 것이다. 이렇듯 법상종에서는 오성각별론을 통해 불성의 차별화를 말한다.

사이초의 두 번째 업적은 대승계단을 설립했다는 것이다. 사이초는 화엄경 계통의 『범망경梵網經』에 있는 '십중사십팔경계十重四十八輕戒', 즉 열 가지 중요한 계와 48개의 가벼운 계만 지키면 된다고 하는 새로운 대승계 계획안을 제출했다. 이 안은 천황으로부터 즉각적인 동의를 얻지는 못하고 사이초의 사후에 받아들여지면서 엔랴쿠지에 대승계 계단을 수립하게 되었다.

그런데 여기서 의문은 사이초가 왜 만년에 계단 설립을 위해 그토록 애를 썼을까 하는 점이다. 지금까지의 연구 결과로는 종래의 제도로는 천태종 스님 양성에 어려움이 있었다는 것이다. 즉 애써 천태종에서 인정받아도 수계를 위해 히에이잔에서 내려와 나라의 도다이지로 가야만 했고, 그 과정에서 수행이 엄한 히에이잔으로 되돌아가지 않는 이들이 속출했다는 것이다. 그래서 사이초는 대승계 계단을 설립해 이런 사태를 막고자 한 것이다.[80]

---

79 성문聲聞은 부처님의 소리를 듣고 깨닫는 무리를 뜻하며, 연각緣覺은 독각獨覺이라고 하여 혼자 깨닫는 무리이고, 보살은 깨달았음에도 중생 구제를 위한 서원을 발해 부처됨을 보류한 존재이다. 그리고 부정성不定性은 아직 성문인지 연각인지 보살인지 정해져 있지 않는 사람을 말한다.

80 스에키 후미히코. 이시준 역, 『일본불교사: 사상사로서의 접근』, 뿌리와 이파리, 1992, 96쪽.

실제로 대승계 수립 후 승려들은 도다이지까지 갈 필요 없이 엔랴쿠지에서 수계를 받을 수 있게 되었다. 사이초는 수계를 받을 때 필요한 삼사칠증三師七證의 수계의식도 간소화시켰다. '세 분의 스승은 석가모니불과 문수보살과 미륵보살이면 되고, 7명의 증인은 시방세계에 있는 모든 부처님이 증인이 된다'는 것이다. 따라서 수계의식에서 계를 전해줄 스승은 한 사람으로 축소시켰다.

종래의 소승계는 250계인 데 반해 『범망경』의 계는 48계였고, 그 내용 또한 매우 느슨하고 재가자를 위한 성격이 강했다. 사이초는 출가자도 재가자도 동일한 계를 따른다는 진속일관眞俗一貫의 입장을 주장했던 것이다. 이처럼 그가 말한 대승계는 진속일관이라 일컬어지는 것처럼 출가자와 재가자의 경계를 없애는 위험성을 내포하고 있었다. 그것이 나중에는 대승계가 실질적으로 지켜야 하는 것이라기보다 그저 그 정신을 몸에 익히기만 하는 되는 것으로 형식화되어 결국 껍데기만 남게 되었다.[81] 또 다른 측면에서 대승계는 일본불교사에 있어 출가자들이 계율과 수행을 경시하는 문제점을 남기고 말았다.[82] 그 외에도 대승계로 받은 수계는 중국에서 인정되지 않았기에 승려들이 중국에 입국할 때 어려움이 생겼다. 실제로 도겐(道元) 선사의 경우, 중국에 도착했으나 당시 중국이 소승계가 아닌 대승계로 수계 받은 것을 승려로서 인정해주지 않았기에 도겐은 몇 개월간 배에 머물러 있어야만 했다.

---

81 같은 책, 343쪽.
82 같은 책, 98쪽.

사이초는 중생 구제를 위한 일을 하고자 했으나 현실적으로 엔랴쿠지 같은 큰 사찰을 짓고 그것을 운영해야 했기에 국가 재정의 도움이 필요했다. 결국 당대 권력자들의 도움을 받으려면 그들이 선호하는 밀교를 수용할 수밖에 없었다. 그러나 사이초는 밀교에 대한 지식이 부족했기에 밀교를 전한 쿠우카이(空海) 스님에게 가르침을 청했고, 결국 엔닌(圓仁, 794~864) 이후에는 밀교에만 힘을 쏟게 되었다. 이렇게 사이초는 일본 천태종을 개창했으나, 후에 일본 천태종은 밀교와 습합하여 태밀台密사상으로 변형되면서 일본 천태종은 중국 천태종과는 다른 특성을 갖게 된 것이다.

밀교를 수용한 천태종은 사이초의 후계자 엔닌(圓仁)과 엔친(圓珍)과 5대 안옌(安然, 841~915)에 와서는 밀교와 습합하여 태밀사상을 낳았다. 태밀은 천태종의 태台자와 밀교의 밀密자를 따서 태밀이라 한 것이다. 이렇듯 일본 천태종은 중국 천태종과 달리 밀교와의 습합을 통해 일본 천태종으로서의 특성을 갖게 되었다.

(2) 진언종

일본 진언종眞言宗은 쿠우카이(空海, 774~835)에 의해 창시되었다. 진언종은 밀교의 한 종파였다. 본래 밀교는 인도에서 형성되어 중국에 전파되었는데, 중국으로 유학 간 쿠우카이가 이를 전수한 것이다. 쿠우카이는 18세에 중앙관리양성학원에 입학하여 관리의 꿈을 키우다가 도중하차하고, 803년 도다이지에서 수계하여 승려가 되었다. 쿠우카이는 804년 사이초와 함께 중국 유학을 갔다. 쿠우카이는 장안에 2년간 머물면서 불공不空삼장의 제자이자 중국 진언종의 대가인 혜과慧果를 만나 진언밀교를 전수받았다. 그는 2년 후인 806년에 일본으로 돌아와서 고야산(高野山)에 도량을 세웠는데, 이것이 오늘날 일본 진언종의 총본산인 곤코부지(金剛峯寺)이다.

일본 진언종의 개조
홍법대사 쿠우카이

진언종은 『대일경大日經』과 『금강정경金剛頂經』을 교의경전으로 삼는다. 쿠우카이는 중국 밀교를 그대로 답습하기보다 중국 밀교에 천태종을 결부시켰다. 본래 밀교는 비밀스러운 가르침이고 주술적인 측면이 많이 있는 데 반해, 천태종은 합리적이고 교의적이다. 이와 같이 밀교와 천태종 사상이 결부되면서 진언종은 주술적인 성격과 함께 합리적인 논리성도 겸비하게 되었다.

진언종에서는 우주 만물을 다 포용하는 대일여래大日如來를 중심불(主佛)로 삼았는데,

영원한 우주적 법신불인 대일여래

대일여래를 영원한 우주적 본체本體로 보기 때문에 수행자는 명상 안에서 우주적 대일여래와 일체화됨으로써 즉신성불卽身成佛이 가능하다는 것이다. 이는 문자 그대로 현재의 신체 그대로 깨달음을 얻어 부처가 되는 것을 의미한다.

쿠우카이가 저술한 『즉신성불의卽身成佛義』를 보면 육대六大는 지수화풍공의 오대에 식대識大를 더한 것으로, 오대는 물질적 원리이고 식대는 정신적 원리이므로 육대는 물질과 정신을 합한 이 세계의 총체를 가리킨다.[83] 이처럼 대승불교에서는 존재를 공으로 파악하지만, 밀교에서는 물질 및 정신의 구체적 세계를 그대로 인정하고 그것을 대일여래의 법신(法身: 본질적 존재의 모습)이라고 본다.[84] 육대는 본질적 우주 만다라에 접근하기 위한 통로로서, 우주적 만다라를 상징적으로 표현한 것으로 여겼다.[85] 이 원리에 입각한 실천론이 바로 삼밀가지三密加持다. '삼밀三密'은 부처의 몸·입·마음(身口意)의 작용을 말하며, '가지加持'는 우리의 작용과 부처의 작용이 합쳐지는 것을 의미한다. 즉 우리가 몸으로는 부처님의 인印을 결하고(結印), 입으로는 진언 – 참된 부처의 말씀을 계속 읊고, 마음을 관觀하여 삼매경에 머문다면 거기에서 부처와의 합일, 곧 즉신성불의 경지를 체험할 수 있다는 것이다.[86] 진언종에서는 다른 모든 부

---

83   같은 책, 104쪽.

84   같은 책, 104쪽.

85   같은 책, 106쪽.

86   같은 책, 106~107쪽.

처와 보살이 대일여래의 속성이 발현한 것으로 본다. 이와 같이 밀교에서는 대일여래가 지닌 여러 형태가 삼라만상에 모두 있다고 믿기에 인격적인 신앙관을 지니고 있다.

이러한 밀교는 구두전승이라 하여 사제 간에 비밀리 전수되는 측면이 있는가 하면, 주술이나 주문이 결합되면서 민간생활에도 깊이 자리 잡게 되었다. 이처럼 진언종은 민중 속으로 깊이 들어갈 수 있었는 데 반해, 교학적인 면이 강했던 천태종은 민간신앙까지 파고들기엔 한계가 있었다.

밀교적인 성격이 없었던 천태종이 나중에 밀교의 형태를 취했던 것도 민중 속으로 들어가기 위해서였다. 사이초가 밀교를 받아들여 밀교와의 습합을 통해 나온 것이 앞서 말한 태밀台密이다. 이에 반해 진언종은 동밀東密이라고 불렀는데 이는 동사東寺의 밀교라는 의미이다.

헤이안 불교는 나라 불교가 지닌 국가불교의 성격으로부터 벗어나 민간신앙의 형태를 취하기 위해 노력했다. 진언종의 경우는 비교적 성공했으나 천태종은 민간신앙까지 파고들기엔 한계가 있었다. 그것은 천태종 자체가 교학적인 부분이 중심이 되는 종파이었기 때문이다.

어쨌거나 헤이안 불교는 민간에서 흡수되고자 노력했지만 국가불교적이고 귀족들과 깊은 결속 관계를 지닌 귀족불교의 성격을 벗어나지 못했다. 귀족들이 자신과 가족들의 개인적이고 현세적인 이익을 위해 기도하고 주술적인 의례를 부탁하게 되면서 헤이안 불교는 귀족 중심의 불교라는 한계를 벗어나지 못한 것이다. 이상에서 나라 불교와 헤이안 불교에 대해 살펴보았다. 일본이 불교를 유입하는 과정에서 주목할 점은 바로 일본의 고유 신앙인 신도와의 습합 과정이다.

2. 신불습합 과정

1) 중국의 격의불교

다른 문화가 유입될 때 기존의 문화와 충돌이 일어난다. 이 과정에서 종래의 개념들로 새로운 문화개념이나 사상을 설명하려는 시도가 생겨난다. 인도문화에서 발생한 불교가 동아시아에 들어올 때에도 이러한 현상이 일어났다. 특히 인도불교가 중국에 들어왔을 때 중국은 이미 발전된 종교문화가 있었다. 이러한 고도의 중국문화에 불교가 뿌리를 내리기 위해서는 중국인들이 지닌 사유와 사상의 옷을 입어야 했으니, 이를 격의格義라고 말한다.

여기서 격의라는 표현은 다른 문화의 사상이나 종교가 그것이 발생한 지역에서 다른 지역 문화권으로 들어갈 때 그 문화의 옷을 입는 것을 의미한다. 중국은 불교를 유입하는 과정에서 중국사상 중에서도 도가사상을 빌려 불교의 개념을 설명했다. 이것이 바로 중국에 불교가 처음 유입되었을 때의 격의불교格義佛教이다. 만일 이런 작업을 하지 않았더라면 중국에 불교가 정착하기는 쉽지 않았을 것이다.

불교의 핵심 사상은 공사상이다. 중국에서는 공을 『노자도덕경』에 나오는 도道로써 설명하려 했다. 『노자도덕경』에서는 도를 무無

로서의 도와 유有로서의 도로 설명한다. 중국 사람들은 노자사상에 익숙하기 때문에 무를 알고 있었다. 그래서 불교의 공을 '무'에 비견하여 설명하고자 한 것이다. 이와 같이 처음 불교가 중국에 정착하기 위해 노자의 사상을 빌려 공사상을 설명한 것이 격의불교이다. 보통 불교학계에서는 중국에서 공空을 노장사상으로 설명하려한 것을 격의불교라고 부른다. 그러나 이 같은 협의적 의미의 격의불교 이외에도 중국 대승불교 전체를 격의불교로 보자는 주장도 있다. 다시 말해 중국 초기의 불교만 격의불교가 아니라 중국에서 발전한 대승불교 전체를 격의불교로 이해할 때 비로소 중국불교를 제대로 이해할 수 있다는 것이다. 이러한 광의적 관점에서 보면 선불교도 중국문화의 옷을 입고 새롭게 태어난 불교라 할 수 있다.

그러나 이러한 격의라는 측면이 없다면 다른 문화를 수용하는 것이 결코 쉽지 않다.[87] 일본의 경우는 불교를 수용하는 과정에서 어떤 현상이 일어났는가? 일본에서 불교는 토착신앙인 신도와의 관계 속에서 변용되어 갔고 새로운 문화를 창출해 나갔다. 우리는 이를 신불습합 과정 속에서 확인할 수 있다.

2) 일본의 신불습합

'신神'과 '불佛'은 서로 다른 개념임에도, 일본에서는 '신부츠(神佛)'라 하여 이를 마치 한 단어처럼 사용한다. 이는 일본에서 가미(神)

---

87 격의불교뿐 아니라 중국에 그리스도교가 유입 시에도 격의 그리스도교라고 할 만한 경교가 있었다. 이 부분은 제9장에서 상세히 다루고 있다.

와 부처(佛)는 유사개념으로 받아들이거나 동일시했음을 의미한다. 또한 불교와 신도가 오랜 세월에 걸쳐 상호 습합되어 왔음을 뜻하기도 한다. 이와 같이 불교와 신도의 습합 현상을 '신불습합神佛習合'이라 한다.

신불습합 과정에서 가미와 부처는 서로 어떤 관계였을까? 이는 다음 세 가지로 나누어 볼 수 있다. 첫째는 가미가 아직 깨달음에 이르지 못한 중생, 즉 가미는 중생으로서 호토케(ほとけ, 부처)의 구제를 필요로 하는 존재라는 것이다. 이처럼 가미가 중생으로서 호토케에 의존하는 존재임을 보여주는 것이 신신이탈神身離脫이다.

둘째로는 불교가 일본에 들어왔을 때 가미가 불교를 보호해주는 호법신, 곧 가미가 불법을 수호하는 존재였다는 것이다. 셋째로는 다이카 개신(645) 이후부터 메이지 유신(1686) 이전까지 본격적으로 일어난 본지수적本地垂迹설을 들 수 있다. 본지수적은 본지本地인 부처가 세상에 와서 가미로 모습을 드러냈음(垂迹)을 뜻한다. 곧 호토케가 중생의 구제를 위해 가미의 모습으로 일본에 나타났다는 것이다. 이처럼 신도의 가미를 부처의 현현으로 보는 것은 부처와 신도의 가미를 동격으로 보았음을 의미한다.

사실 대부분의 종교들은 시대에 맞추어 자신의 교의를 재해석해 왔다. 일본 신도 역시 불교가 유입되자 이에 위기감을 느껴 불교를 통해 자신들의 새로운 교리체계를 구축해 가기 시작했다. 이렇듯 신도가 불교를 만나면서 교리적으로 체계화해 가는 작업에서 나온 것 중 하나가 본지수적설이다.

쓰지 젠노스케(辻善之助, 1877~1955)는 『일본불교사』 1권 「본지수적」에서 나라 시대에서 헤이안 시대에 걸쳐 진행된 신불 관계의 전개 과정을 다음과 같이 서술한다. "가미가 불법을 기꺼워한다 → 가미가 불법을 옹호한다 → 가미가 불법을 통해 번뇌에서 벗어난다 → 가미가 중생의 하나가 된다 → 가미가 불법을 통해 깨달음을 얻는다 → 가미가 곧 보살이 된다 → 가미가 호토케가 된다 → 가미가 호토케의 화신이 된다."[88]

이러한 서술은 일본에서 신도와 불교 상호 간에 평화롭게 공존해왔음을 강조하고 있다. 이에 반해 쓰다 소키치(津田左右吉)는 신불습합이 그렇게 조화롭게 이행되었다고 보지 않는다. 그 근거로서 그는 지식인의 사상과 민간신앙 사이의 괴리를 든다. 즉 쓰다가 언급한 일본 가미가 윤회하는 중생으로 해탈하고 싶다고 보는 건 지식인들의 사상일 뿐, 당시 민중의 신앙이라고는 볼 수 없다는 것이다. 호리 이치로(堀一郎) 역시 신불습합이 직선적으로 순탄하게 이루어졌다기보다는 신불이 격리되었던 측면도 있었다고 주장한다.[89] 이처럼 일본에서의 신불 관계가 조화롭게 이루어져왔다고 보는 이가 있는가 하면, 그리 순탄하지 않았다고 보는 이도 있다.[90] 그럼 구체

---

88 박규태, 『신도와 일본인』, 이학사, 2017, 127쪽.

89 민속학자 다카토리 마사오(高取正男)는 신불습합에서 중요한 건 신앙 주체의 문제라고 본다. 즉 신신이탈의 관점에서 가미를 본다는 것이다. 다시 말해 가미가 고뇌를 고백하고 거기서 이탈하길 원하는 것 자체가 가미가 불법을 옹호한다는 소극적 단계에서 벗어나 가미가 인간처럼 고뇌를 고백하는 인격신 관념의 성숙을 보여주는 것이라고 해석했다.

90 박규태, 『신도와 일본인』, 이학사, 2017, 127쪽.

적으로 일본의 신불습합 현상에 대해 살펴보자.

(1) 신신이탈神身離脫

불교가 일본에 전래될 당시에는 부처와 가미 간에는 큰 차이가 없었고 불교신앙은 신기신앙과 병존상태에 있었다. 그러다가 8세기에 이르러 신불습합 현상이 나타나기 시작했는데, 신신이탈은 신기신앙과의 긴장관계를 해소하기 위해 불교 측에서 만든 신불습합의 초기형태라 할 수 있다.[91] 그 예로 신사에 부속된 사원인 신궁사神宮寺 건립을 들 수 있다. 신궁사는 헤이안 시대부터 전국에 유력한 신사 내에 세워졌으며 신궁사, 곧 사찰이 신사 내에 함께 공존했다는 것은 당시의 신불습합의 일면을 보여준다.[92]

『후지와라카덴(藤原家傳)』의 기사에 의하면 후지와라노 무치마로(藤原武智麻呂, 680~737)가 신탁을 받아 (현재 후쿠이현 쓰루가시에 있는) 에치젠(越前)의 게히진구(氣比神宮)에 신궁사(神宮寺: 신사에 부속된 절)를 세웠다고 전해진다. 715년 게히진구의 가미가 후지와라의 꿈에 나타나 "나는 숙업宿業으로 인해 가미가 된 지 오래되었는데,

---

91 이노우에 노부타카 외, 박규태 역, 『신도, 일본 태생의 종교시스템』, 제이앤씨, 2010, 132~133쪽.

92 사실 헤이안 시대에 신궁사는 신사와 일체화되어 반승반속의 사승社僧이 운영했는데 이런 신궁사를 미야데라(宮寺)라 한다. 이처럼 사승에 의한 미야데라 지배 형태를 궁사제宮寺制라 하는데 이 제도는 헤이안 이후 전국신사에 파급되어 신불분리령 시행 전까지 이어졌다. (박규태, 『신도와 일본인』, 이학사, 2017, 140쪽)

이제 불교에 귀의하여 복업福業을 수행해도 인연을 얻지 못했다. 나를 위해 절을 세워 나의 소원을 풀어다오"라고 하자 무치마로가 즉시 신사 내에 절(신궁사)을 지었다는 것이다.[93]

이처럼 8세기 초 이래로 가미들은 중생으로서의 고통을 호소하면서 가미의 몸을 떠나 불교에 귀의하기를 원했다는 설들이 성행했다. 이는 가미가 불교에서 말하는 육도윤회하는 존재 중 하나인 천天의 범주로 이해했음을 말해준다. 즉 가미가 몸을 지닌 신신神身으로서 불교에 귀의하여 구제되었음을 의미하는데, 이것은 신불습합의 초기 양상을 의미한다.

신궁사 건립은 8~9세기에 널리 행했는데, 이는 다타리(祟り, 역병)를 비롯하여 산 사람에게 재난을 초래하는 사령死靈 혹은 원령怨靈을 뜻하는 모노노케(物の怪) 현상과 관련이 있다. 당시 민중들은 역병이나 자연재해를 다타리가미나 모노노케가 일으킨다고 생각했다. 그래서 이런 재해를 피하기 위해 다타리가미들을 제압하든가 아니면 그들을 위무하여 진정시켜야 한다고 생각했다. 그래서 신사 내에 신궁사를 세워 다타리가미가 신신이탈하여 그 다타리성을 탈각할 것을 기대했던 것이다. 이처럼 신신이탈은 자연재해가 다타리가미에 의해 행해진다고 본 일본인들이 그 다타리가미를 최종적으로 부처님이 제압할 수 있다고 생각했음을 보여준다.

---

93 스에키 후미히코, 이시준 역, 『일본불교사: 사상사로서의 접근』, 뿌리와 이파리, 1992, 292쪽.

(2) 호법선신護法善神

원래 불교는 무신론적 입장이었으나, 후대에 힌두교적인 요소를 받아들이면서 힌두교 신들의 개념이 보살의 개념으로 등장하는가 하면, 힌두교의 신들을 불교의 호법신으로 포용하기도 했다. 중국에 불교가 수용되는 과정에서 그 지역의 토착적인 신들을 포용하게 된 것도 비슷한 경우다.

앞서 살펴본 진구지(神宮寺)가 신사 경내 혹은 그 주변에 세워진 사원이라면, 진수사鎭守社는 8세기 중반부터 가미들이 불법을 수호하는 신사로, 사원 경내 혹은 그 주변에 세워졌다. 진수사의 대표적인 사례로 도다이지(東大寺)의 다무케야마 하치만구(手向山八幡宮) 신사를 들 수 있다. 쇼무(聖武) 천황은 도다이지를 전국 국분사國分寺의 총본사로 삼기 위해 743년 대불大佛을 조영하도록 칙령을 내렸다. 호법신의 예로는 도다이지 대불건립 사업과 관련하여 하치만신의 경우를 들 수 있다. 당대 도다이지는 나라 시대 741년에 지어진 것으로 현존하는 세계에서 가장 큰 규모의 목조건물이다. 도다이지가 유명한 것은 사찰 자체보다 그 안에 있는 대불 때문이다. 비로자나불인 이 부처상은 앉은키가 16미터, 얼굴 길이가 4미터, 손바닥에 어른 7명이 올라앉을 수 있다고 한다. 이 대불상을 만들기 위해 일본 전국에 있는 동을 다 그러모았다고 하며, 이를 완성하는 데 무려 30년이 걸렸다고 한다. 745년 쇼무 천왕은 즉위하면서 고난에 빠져 있는 백성들을 구제하기 위해 대불을 조성하기로 결정했다고 한다. 천황은 이 대불 조성을 위해서 이세 신궁에 있는 아마테라스 신에게 이 계획을 아뢰고 불교를 옹호해주길 청하는 의식을 했다는 것이다. 이는 당시 불교 측에서는 신도와의 관계를 위해 가미를 불교를 옹호하고 보호하는 존재로 수용했음을 알 수 있다.[94] 『속일본기』에 보면 "내가 가미로서 천신天神과 지신地神을 이끌고 이 대불大佛 건립사업을 완성하도록 인도하고 싶다"라는 하치만의 탁선이 나온다.[95]

　여기서 주목할 것은 하치만 신의 성격이다. 하치만 신은 신신이탈의 가미처럼 불법에 의지한 중생으로서의 가미가 아니라, 불교 사원을 수호하는 호법선신護法善神으로 인식되었다는 사실이다.[96] 이와 같이 가미에 대한 해석이 변한 것은 불교와의 결탁이 정점에 달하면서 불교의 교설에 입각해 고대국가의 지주였던 가미를 새롭게 자리매김하게 되었음을 말해준다. 토착신이 부처를 도와 불법을 수호한다는 것은 인도의 범천이나 제석천 이래의 호법선신이라는 사고방식으로 광범위하게 나타난다.[97] 이러한 호법선신 관념에 의해

94　박규태, 『신도와 일본인』, 140쪽 참조.

95　우사하치만궁에서는 745년 조정에 도다이지 건립비용을 바쳤다. 조정은 746년 쇼무 천황의 치병기도를 위해 하치만을 3위에 서품하는가 하면, 747년에는 칙사를 파견하여 도다이지 대불 완성을 위해 기원하기로 했다. 이처럼 신도 역사상 가미에게 위계와 봉호를 수여한 건 하치만이 처음이다. 이는 황조신을 모신 이세 신궁을 능가하는 대접이라 할 수 있다.

96　본래 호법선신은 불교에서 인도 신의 위치를 정할 때 사용한 용어로, 범천梵天이나 제석帝釋과 같이 불교 수호신으로 받아들여진 베다 신들과 동일한 성격을 보여주며, 신신이탈의 가미보다 불교에 더 접근한 모습이라 할 수 있다.

97　스에키 후미히코, 이시준 역, 『일본불교사: 사상사로서의 접근』, 뿌리와 이

호토케와 가미의 관계는 더욱 가까워졌다. 그 예로 가미에게 보살의 이름을 수여한 것을 들 수 있는데, 798년 태정관부에 우사하치만(宇佐八幡神)을 '하치만 대보살'이라고 적고 있는 것이 그 사례이다.[98] 거기에 보면 우사하치만 신은 "나는 영겁의 세월 동안 삼계에 화생하여 선한 방편을 닦고 중생을 도제한 대자재왕 보살"이라고 말하고 있다. 이처럼 호법선신은 가미가 호토케에게 적극적으로 접근한 신불습합의 한 유형이라 할 수 있다. 신불습합 과정은 신신이 탈과 호법선신을 거쳐 보다 발전된 형태인 본지수적설로 나아간다.

3. 본지수적本地垂迹

본지수적本地垂迹은 신불습합 중에서 가장 발전한 형태라 할 수 있다. 헤이안 중기에 곤겐(權現), 스이자쿠(垂迹) 등의 용어가 보이면서 본지수적적 발상이 명확해졌고, 헤이안 후기부터는 차츰 어느 신이 어느 부처의 수적인지가 개별적으로 확정되어 갔다. 예를 들면 구마노 신사(熊野神社)는 아미타불, 히에 신사(日枝神社)는 석가불, 이세 신궁은 대일여래라는 식으로 말이다. 본지수적설은 이후 오랫동안 신불 관계의 기저를 이루는 것으로서 일본문화에 큰 영향을 미쳤다.

　한국불교는 중국불교와의 상호영향 하에서 동아시아 불교로서의

파리, 1992, 293쪽.

98　박규태, 『신도와 일본인』, 이학사, 2017, 152쪽.

보편성을 드러낸 데 비해 일본불교는 중국이나 한국불교와는 달리 특수성이 강하다.[99] 10세기 초에 이르러 나타난 '본지수적설'은 불교의 호토케, 곧 부처나 보살이 중생제도를 위해 임시로 가미의 모습으로 나타났다는 설로서 신불습합의 절정을 말해준다. 여기서 수적垂迹이란 흔적을 드리운다는 뜻인데 그 교리적 근거는 『법화경・여래수량품』에 두고 있다. 거기에 보면 이 세상에 나타나 깨달음을 얻은 석가는 임시의 모습일 뿐, 그 본지는 영겁의 옛날부터 존재했다는 것이다.[100]

---

99 한국불교와 일본불교의 특색을 비교해보면, 먼저 한국불교의 특징으로는 일반적으로 회통불교會通佛敎・호국불교護國佛敎・무불습합巫佛褶合 등 3가지가 지적되고 있으며, 일본불교의 특색으로서는 진호국가鎭護國家・일대승교一大乘敎・원돈삼학圓頓三學・진속일관眞俗一貫・즉신성불卽身成佛・본지수적本地垂迹 등 6가지가 제시되고 있다. 일본불교의 특색으로 열거한 6가지 가운데 일대승교・원돈삼학・진속일관・즉신성불 등의 항목은 모두 일본불교의 현세주의적 성향을 나타내주는 표현이다. 즉 일본불교는 헤이안 시대부터 세속성世俗性에 가치를 더 두는 방향으로 발전하고 있었는데, 그 구체적인 내용으로서는 일상성 가운데서 불교의 궁극적인 가치의 실현을 의도하는 경향, 성聖과 속俗의 일원화의 경향, 중생의 몸 그대로 곧바로 부처가 된다고 하는 즉신성불의 주장 등을 들 수 있다. (최병헌, 법보신문 1388호, 2017년 4월 19일 참조)

100 중국 천태교학의 경우는 석가의 불신佛身 논의 속에서 본지와 수적의 관계를 설명했다. 일본의 본지수적설은 이런 중국의 사례를 확대 응용한 것이다. 그러나 그 발상의 기원은 불교의 화신불化身佛 사상에 있다고 보아야 할 것이다. 이러한 사상은 헤이안 시대 후기와 중세에 걸쳐 널리 보급되었고 가마쿠라 시대에 와서 교리적으로 확립되었다.

본지수적설은 천태종과 깊은 연관성이 있다. 천태종의 교의경전인『법화경』은 전반부를 적문迹門이라 하고, 후반부는 본문本門이라 칭한다. 이는 본문에 나오는 영원한 붓다는 '본本'이고, 역사적 인물인 석가는 그 '본'이 임시로 나타난 '적迹'이라는 것이다.『법화경·여래수량품』에 보면 석가는 임시의 모습일 뿐이며, 그 본체는 영겁의 옛날부터 존재했음을 시사하고 있다.

또한 본지수적설은 부처님께서 세 가지 몸으로 나투셨다는 것으로 삼신불三身佛 사상과도 연관되어 있다. 법신불法身佛과 보신불報身佛과 화신불化身佛 중 화신불은 중생을 구제하기 위해 인간의 모습을 취해서 드러난 존재로서 그 대표적인 예가 석가모니불이다. 이와 같이 법신이 중생을 교화하기 위해 역사의 석가로 나타났다는 화신불 사상이 일본의 신불 관계에 적용되어 부처가 중생제도를 위해 가미가 되었다는 본지수적설이 되었다는 것이다. 곧 일본의 가미들은 불보살에 해당되며, 석가모니불도 중생구제를 위해 가미의 모습으로 일본에 나타났다는 것이다. 이러한 화신불 사상이 본지수적설을 낳는 기반이 되어 가미는 본지인 부처가 몸을 바꾸어 드러난 존재라는 해석이 가능해졌다. 본지수적설의 대표적인 예로 산왕신도山王神道와 양부 신도兩部神道를 들 수 있는데, 이는 각각 천태종과 진언종에서 나온 것이다.

1) 산왕 신도

제사와 의례가 중심이었던 신도는 제대로 교의를 갖추고 있지 않았다. 그러다가 신도는 불교를 만나면서 교의에 대한 필요성을 느끼게 되었고, 거기서 나온 것이 천태종의 신도론과 진언종의 신도론이다. 천태종의 신도론을 기록한 『요천기耀天記』 32장에 보면 산왕山王 항목이 나오는데, 여기서의 산왕은 가미를 가리킨다.

"석가는 불법이라는 최상의 큰 가르침을 지키기 위해 히에이잔 (比叡山)의 산왕으로 나타났다. 그 후 일본은 가미들이 번창하는 땅임을 알고 이 나라 가미로 중생을 이롭게 하고자 나타났다. 예로부터 여래는 법신보살들에게 숭앙되는 동시에 신으로 나타나 히에이잔 산왕으로 모셔지고 있다."[101]

즉 석가는 중생을 교화하기 위해 법신보살들을 일본에 파견하고, 마지막에 산왕의 모습으로 히에이잔에 가미로 수적했다는 것이다. 그 때문에 산왕은 일본에서 천하제일의 명신名神이며, 모든 신 중에서 근본이라는 것이다. 여기서 산왕이라는 글자에 특별한 의미를 부여되었음에 주목할 필요가 있다. 즉 산왕에서 산山과 왕王의 삼 획은 천태종의 교의인 일심삼관一心三觀, 일념삼천一念三千, 삼제즉일三諦卽一을 나타낸다는 게 그것이다.[102]

이처럼 산왕 신도는 천태종 교의와 깊은 연관이 있기에 천태 신도라고도 한다. 산왕山王의 한자 삼 획은 천태종의 진리관인 삼제三

---

101 이마이 준 외 편, 한국일본사상사학회 역, 『논쟁을 통해 본 일본 사상』, 성균관대학교출판부, 2001. 64쪽.

102 같은 책, 65쪽.

諦, 곧 공空·중中·가假, 다시 말해 공관空觀·중관中觀·가관假觀을 의미한다. 본래 나가르쥬나(龍樹)에 의해 체계화된 공사상에서는 존재의 실상을 두 가지 관점에서 바라보는데 그 하나가 진제眞諦이고, 또 다른 하나는 속제俗諦이다. 진제는 존재의 실상을 공으로 보는 관점으로 존재하는 모든 것은 실재하는 듯하나 궁극적으로는 공이라는 것이다. 이렇듯 공의 측면에서 존재의 실상을 보는 것이 공관이다. 이에 반해 지금 실재하는 것의 관점에서 존재를 설명하는 것은 속제이다. 즉 속제란 지금 존재하는 것들이 더럽고 속되다는 의미가 아니라 '지금 여기에 있는 그대로의 현상'을 설명하는 또 다른 차원이라 할 수 있다. 이렇듯 나가르쥬나는 속제와 진제라는 이제二諦로서 존재의 실상을 설명한 것을 천태종에서는 삼제三諦로 변용시킨 것이다. 곧 가로의 삼 획은 삼제를 의미하고, 세로 일 획은 즉일卽一이라 하여 천태종의 삼제즉일三諦卽一 사상과 연관 짓는다. 산왕의 가미는 본지인 석가여래가 가미로 수적垂迹이 되어 드러났다는 것이 산왕 신도의 해석이다.

이처럼 천태종의 교리를 빌려와서 교의체계를 만든 산왕 신도에서 산왕은 일념삼천의 실질적인 법체요 삼천三千의 가로와 세로가 법계에 가득 차니 이것이 일심삼관一心三觀이라는 것이다. 이처럼 산왕 신도는 천태종의 근본 교의인 삼제원융三諦圓融, 일심삼관, 일념삼천의 교리를 가져와 이를 신불습합을 통해 신도에 적용시킨 사상임을 알 수 있다.[103]

---

103 산山은 시간적으로 현재와 미래를 아울러 생명 있는 것을 이롭게 한다는 뜻

2) 양부 신도

양부 신도兩部神道는 진언종 교의에 근거하여 나온 신도이다. 진언종에서는 즉신성불卽身成佛, 곧 현세의 몸으로 성불할 수 있다고 말하면서, 이를 위한 구체적인 수행으로 만다라 명상을 중시해왔다. 명상에서 사용되는 만다라로는 태장계 만다라와 금강계 만다라가 있다.[104] 양부 신도는 진언종의 이 두 만다라를 이세 신궁의 내궁과 외궁의 가미와 비견하여 신도의 교의로 만든 것이다.

이세 신궁의 내궁에는 아마테라스를, 외궁에는 풍요신인 도요우케 오카미(豊受大神)를 모시고 있다. 여기서 아마테라스는 태장계에 상당하며, 풍요신인 도요우케 오카미는 금강계에 대응하는 것으로 해석한다. 양부 신도의 책인 『여기기麗氣記』에 보면 "이자나기는 금강계에 속하며, 드러난 모습은 남자로 마명보살과 같다. 백마를 타고 손에 저울을 들고 일체중생의 선악을 저울질한다. 이자나미는 태장계에 속하니, 그 드러난 모습은 여자로 아리수왕과 같다. 연잎을 타고 설법하며 생명 있는 것을 이롭게 한다(『중세신도론』)"라고 나온다. 그중 이자나기에 의해 아마테라스가 태어났는데 바로 그

이며, 왕王은 공간적으로 모든 세상을 통틀어 사물을 이롭게 한다는 뜻으로 산왕 두 글자를 삼체즉일의 이치와 결합시킨 것으로 본 것이다.

104 태장계 만다라에는 814존의 부처상이 있으며 그 중앙에 법신불인 비로자나불이 있다. 금강계 만다라는 아홉 구획으로 나누어져 있다. 궁극적으로 만다라 명상을 통해서 비로자나불과 일치하는 경지까지 가야 하는 것이다. 태장계는 여래가 지닌 대비심을 태아를 양육하는 모태에 비유한 것으로 태아가 점점 자라서 여래가 지닌 대비심을 세상에 현현하도록 함을 뜻한다.

금강계 만다라

'아마테라스는 비로자나불이 가미로 나투인 것'이라고 설명한다.[105]

또한 이자나기와 이자나미는 곧 드러난 모습은 둘로 보이지만 본래는 하나라는 것이다. 이와 같이 이세 신궁 내궁과 외궁의 신을 하나로 보는 것은 진언종에서 태장계의 이理와 금강계의 지智가 둘이 아니라고 본 데에서 유래한 것이다. 이와 같이 양부 신도는 불교 측에서 본지수적설을 가져다가 신도와 좋은 관계를 유지하기 위해 만든 것이다.

여기서 드러난 신불 관계는 『노자도덕경』 제4장에 나오는 화광동진和光同塵을 빌려 설명되기도 한다. 화광동진은 '빛을 부드럽게

---

105 이마이 쥰 외 편, 한국일본사상사학회 역, 『논쟁을 통해 본 일본 사상』, 성균관대학교출판부, 2001, 67쪽.

태장계 만다라

하여 속세의 티끌에 같이 한다'는 뜻으로, 자기의 능력이나 지덕智德을 감추고 세속을 따름을 이르는 말이다. 즉 부처가 가미로 나툼으로써 중생들에게 보다 구체적으로 자비행을 펼치게 되었음을 뜻한다. 또 부처가 중생을 구제하기 위하여 그 본색을 숨기고 인간계에 나타났다는 의미를 함축하고 있다. 다시 말해 석가가 중생을 구제하기 위해 자신의 빛을 감추고 현실에 나타났다는 것이다.[106]

이렇듯 불교는 양부 신도와 산왕 신도처럼 신도가 체계화된 교의를 만들도록 도와줌으로써 일본문화에 더 깊이 뿌리내리게 된 것이다. 이는 곧 일본불교가 신도와 양립 가능하게 된 것은 본지수적설을 통해서임을 알 수 있다.

---

106 같은 책, 61쪽.

이상에서 살펴본 신불습합을 통해 우리는 일본이 외래종교를 수용할 때 토착신앙과 어떤 관계를 맺는가가 얼마나 중요한지 알 수 있다. 다시 말해 외래종교가 일본에서 살아남으려면 신도와 어떤 관계를 갖는지의 여부가 이를 결정한다고 해도 과언이 아닐 정도로 신도는 일본인들의 문화에 있어 그 중심을 차지하고 있다.

본지수적설은 오랫동안 신불 관계의 기저를 이루는 것으로 일본 문화에 큰 영향을 미쳤다. 분명 부처가 가미보다 우위에 있었으나, 일본 민중에게는 가미가 더 친숙한 존재였기에 결국 후에 가서는 가미가 부처 위에 있다는 반본지수적설反本地垂迹說이 나오게 되었다.

지금까지 살펴본 본지수적설이 불교 측에서 나온 신도 이론이라면, 반본지수적설은 이에 자극을 받아 신도 측에서 내놓은 신불습합 이론이다. 본지수적설에서는 본지가 부처이고 수적이 신인 데 반해, 반본지수적설에서는 그와 반대로 본지가 가미이고 수적이 부처로 드러난다. 다시 말해 본지수적설이 불본신적佛本神迹이 중심이라면, 반본지수적설은 신본불적神本佛迹에 기반을 두고 있다.

4. 반본지수적설

1) 이세 신도

본지수적설이 불교가 신도문화에 적응하기 위해 만든 하나의 학설이라면, 반反본지수적설은 신도 측에서 불교보다 우위성을 드러내기 위해 만든 하나의 교의체계라 할 수 있다. 즉 본지수적설이 불교 측에서 나온 신도설이라면, 반본지수적설은 신도 측이 내놓은 주장이다. 반본지수적설의 예로 이세 신도伊勢神道와 요시다 신도(吉田神道)를 들 수 있다.[107] 이세 신도는 가마쿠라 시대에 신도가 불교사상의 지배에서 벗어나 자신의 우위성을 드러내기 위한 노력의 일환으로 생겨난 것이다. 이는 이세 신궁의 외궁에서 일하는 와타라이 가문의 신관들이 세웠으므로 그 이름을 따서 와타라이 신도(度會神道)라고도 한다.

반본지수적설은 신본불적神本佛迹, 곧 본지를 가미로 내세우기 위해 종래의 가미 관념이 아닌, 보다 초월적인 신관이 필요했다. 이러한 신관은 13세기에 나온 『신도오부서神道五部書』(5권)에서 찾아볼 수 있다. 『신도오부서』의 하나인 『어진좌본기御鎭座本紀』에서는 신도의 신관에 대해 다음과 같이 말한다. "하늘과 땅이 아직 나눠지지 않았으며 음양이 구분되기 이전에 혼돈이라 부른다", "만물의 영을 허공신虛空神이라 하며 그 신을 대원신大元神이라 한다." 따라서 대원신인 구니도코타치노가미(國常立神)를 본원으로 하여 아마테라스와 도요우케 오카미가 현현한다는 것이다. 이렇듯 내궁과 외궁의 제신은 대원신에서 드러난 것이므로 둘이면서 하나인 존재(二宮一光說)로 볼 수 있다. 절대적 신관이 없었던 신도가 허공신이나 대원신같이 보다 근원적인 신관을 통해 본원적인 존재를 상정하고자 했

---

107 이세 신도가 나온 국외적 요인으로는 몽골의 침입을 들 수 있다. 즉 원나라가 일본을 침입한 것에 자극받아 일본이 자국의 민족의식과 국가의식을 고양시키고 신국 의식을 확고히 하려는 의도에서 이세 신도를 내놓게 되었다는 것이다.

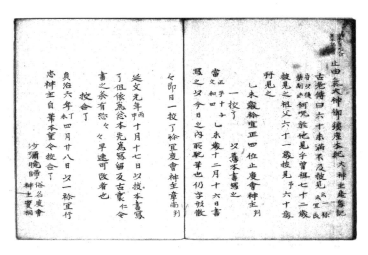

『신도오부서』의 하나인『어진좌본기御鎭座本紀』

다는 사실이 매우 흥미롭다.[108]

　이와 같이 절대적인 이미지를 주는 신관이 없었던 신도가 이세 신도에 와서 허공신이나 대원신 같은 근원적인 신관을 말하게 되었다. 여기서 허공신이나 대원신은 그리스도교에서 말하는 초월적인 측면을 나타내고 있다. 이처럼 새로운 신관에 기초하여 태초부터 있던 허공신이나 대원신이 부처로 수적했다는 반본지수적설을 주장하기에 이른 것이다.

108　나중에 이세 신도에는 유교의 요소가 가미되었다. 이세 신도는 순결과 정직을 최고의 미덕으로 삼고 있으며, 이것은 종교적 체험을 통해 실감할 수 있다고 가르친다.

109　이마이 준 외 편, 한국일본사상사학회 역,『논쟁을 통해 본 일본 사상』, 성균관대학교출판부, 2001, 76쪽.

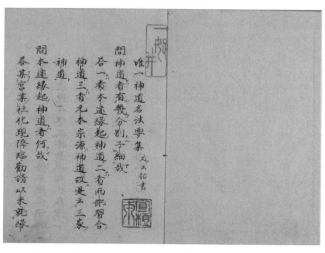

요시다 가네토모(吉田兼俱) 저서인 『명법요집名法要集』 첫 장

2) 요시다 신도

신본불적神本佛迹의 또 다른 이론으로 요시다 신도(吉田神道)를 들
수 있다. 요시다 신도는 요시다 가네토모(吉田兼俱, 1435~1511)에
의해 펼쳐진 이론인데, 그의 저술 『명법요집名法要集』에 보면 "모든
것은 신명, 곧 신에 의해 만들어지지 않은 것이 없다"라고 하여 부
처가 가미에서 나왔음을 암시하고 있다. "신도는 만물에 두루 존재
하며 한 사물에 머물지 않는다. 이른바 나아감과 물러남, 밤과 낮,
그릇된 것과 바른 것, 모든 것이 신명에 의해 만들어지지 않는 것이
없다. 그러므로 천지의 마음도 신이며, 모든 부처의 마음도 신이다.
귀신과 축생의 마음도 신이다. 초목의 마음도 신이다. 하물며 인류
에 있어서야 말할 게 있겠느냐."[109]

이처럼 만물은 신명神明을 품고 있으며 자연계와 인간계에 이르

기까지 모든 현상은 가미가 행하는 것으로 본다. 이와 같이 요시다 신도에서는 가미를 천지만물의 근원으로 봄으로써 신도를 근원적이며 순수하다고 주장하기에 이르렀다. 즉 신도는 신이 전해준 도이기 때문에 순수하지만, 유교나 불교나 도교는 잡스러운 것이 섞여 있기에 신도를 본지本地로 보아야 한다는 반본지수적설을 주장한 것이다.[110]

이처럼 요시다 신도에서는 "신도는 신명이 바로 전해준 것이어서 다른 종교가 필요 없지만, 신도가 광채를 내기 위해 삼교三教의 재주와 학문을 통해 신도의 연원을 분명히 할 수 있다면 삼교가 공존한다 한들 무슨 문제가 있겠는가?"라고 하여 다른 종교의 가르침에도 실효성이 있음을 인정해주었다. 그러면서 요시다 신도는 유교·불교·신도 삼교와의 관계를 다음과 같이 묘사하고 있다.

"일본은 종자를 심고, 중국은 가지와 잎을 드러내고, 인도는 꽃과 열매를 열었다. 그러므로 불교는 만법의 꽃과 열매요, 유교는 만법의 가지와 잎이며, 신도는 만법의 근본이며 이 두 가르침은 모두 신도가 분화한 것으로 본다. 가지와 잎, 꽃과 열매를 갖고 그 근원을 드러낸다는 것은 일본이라는 토양 위에 서서 거기에 뿌리박은 신도라는 나무로 하여금 가지와 잎을 무성케 하고 풍

---

110 『명법요집』은 "현밀의 두 의미 중 하나는 현顯은 드러난다는 뜻으로 불타를 본지로 하고, 신을 수적으로 한다. 또 하나는 은유의 밀密, 즉 숨겨져 있다는 뜻으로 신을 본지로 하고, 불타를 수적으로 한다"고 말한다.

성하게 열매를 맺도록 하는 데 있다는 것이다."[111]

이상에서 살펴보았듯이 반본지수적설은 가마쿠라 시대 말기부터 본각本覺사상의 영향을 받아 신도를 불교보다 상위에 두는 경향을 지녔다. 본각사상은 극단적인 현실긍정의 입장에 서서 현실 그 자체가 진제眞諦와 다르지 않음을 주장한 것이다. 이를 신불 관계에 적용하면 본지인 부처가 높고 수적垂迹인 가미가 낮다고는 말할 수 없으며, 가미는 있는 그대로의 궁극적인 존재이고, 현실을 떠난 부처 쪽이 오히려 낮은 존재라고 여겨진 것이다.[112]

3) 스이카 신도

주자학은 에도 시대(江戸時代, 1603~1868)에 일본 내 주요 사상으로 등장했으나 중국이나 한국처럼 그 자체로 독자적인 사회 계층을 형성하는 일은 없었다. 중국과 한국에서는 유학을 중심으로 과거제를 실시하여 각각 유학을 전문적으로 영위하는 사회집단이 있었다. 그러나 일본에서는 무사들이 지배층이어서 과거제를 실시하지 않았

---

111 이는 15세기 중후반 무로마치 시대(室町時代, 1338~1573)의 신도가인 요시다 가네토모의 신불습합 사상이다. 그는 요시다 신도의 창시자로 불교보다 신도의 우위를 주장했다. (이미숙, 「일본 '장례식 불교'는 토착문명과의 대충돌 결과물」, 신동아·서울대 HK문명연구사업단 공동기획 – 문명의 교차로에서 ⑩, 2011. 09. 21)

112 스에키 후미히코. 이시준 역, 『일본불교사: 사상사로서의 접근』, 뿌리와 이파리, 1992, 299쪽.

기에 그런 집단이 생겨나지 않았던 것이다. 오히려 일본인들은 유학을 통해 기존의 자기 신분과 직분에 대한 정체성을 형성해갔다. 일본은 에도 시대에 주자학을 수용하면서 신도와 유교와의 습합도 시도했는데, 여기서 나온 것이 유가儒家 신도인 스이카 신도(垂加神道)이다. 즉 스이카 신도는 유학을 수용하는 과정에서 신도와의 습합을 통해 형성된 것이다.

스이카 신도는 일본 주자학의 대표 학자인 야마자키 안사이(山崎闇齋, 1619~1682)에 의해 개창되었는데, 그는 신도의 가미 신앙을 매개로 유교를 설명하고자 했다. 안사이는 가미를 주자학의 이理와 결부시켜 이해했다. 즉 신도의 가미는 주자학의 이理에 해당되며, 주자학에서 이기理氣로 설명하는 세계의 생성은 가미들의 작용이라는 것이다. 주자학에서는 만물에 내재하는 이理가 궁극적으로 우주 전체의 섭리인 천리天理로 귀착한다고 말한다. 여기서의 천리는 원시유교에서 천天에 인격성을 부여해오던 것을 주자학에서 천에 부여된 인격성을 배제하고 천리로 표현한 것이다. 주자학에서는 천으로부터 부여받은 천성을 회복함으로써 천인합일을 이루는 것을 궁극적 목표로 삼는다. 안사이는 인간의 마음에 가미의 영이 깃들어 있으므로 천天과 인人의 합일이 가능하다고 말하면서 이를 천하의 유일한 도道로 본다(天人唯一之道).[113]

---

113 이노우에 노부타카, 박규태 역, 『신도, 일본 태생의 종교시스템』, 제이앤씨, 2010, 243쪽. (안사이는 가미가 인간 안에 내재한다고 보았고, 실제로 자신의 영을 가미로 삼아 스스로에게 예배하기까지 했다. 이같이 스스로 자기 영을 제사지

여기서 흥미로운 것은, 스이카 신도에 와서 아마테라스는 그리스도교의 하느님으로 대체해도 될 정도로 신도에 절대 유일신 개념이 부각되었다는 점이다.[114] 원시유교에 등장하는 천天은 인격성이 부여되었지만, 주자학에 오면 천의 인격성이 사라진 천리天理로 표현하기 시작했다. 그러나

야마자키 안사이의 초상

안사이는 주자학의 천인합일, 천인일치 이론을 발전시켜서 천인유일설天人唯一說을 내놓았다. 곧 그는 (천인)일치라는 표현 대신 '유일唯一'이라는 표현을 쓴 것이다. 안사이는 유일에 대해 다음과 같이 말한다. "도道나 천天, 하늘이나 인간을 꿰뚫는 것을 가리켜 나는 유일이라고 칭한다." 천인합일이 천과 인人의 합일이라면, 안사이는 그것을 꿰뚫는 것을 유일로 본 것이다. 이와 같이 도나 천을 꿰뚫는 것을 유일로 본 점은 주자학의 이理와 유사하지만, 주자학의 이는 인격성이 배제되어 있는 것에 반해, 안사이는 이를 가미로 표현함으로써 이에 다시 인격성을 부여한 것이다. 그는 말한다. "태양의 덕을 비유하여 태양신이라 함은 옳지 않다. 태양 자체를 천인일체의 태양신으로 모실 일이다. 월신의 덕을 비유하여 천인합일이라

내는 것은 이전에는 없었던 그만의 독자적 행위였다.)

114 박규태는 안사이에 와서 주케(儒家) 신도의 합리주의가 신비주의가 되었다고 본다. (박규태,『절대와 상대로서의 일본』, 제이앤씨, 2005, 128쪽.)

함은 옳지 않다. 달 그대로를 조화의 월신으로 모실 일이다." 이처럼 태양이나 달 자체가 일신이고 월신이지 다른 게 아니라는 것이다. 다시 말해 태양 자체가 곧 아마테라스 신이라는 것이다. 이 이론은 하늘로부터 인간과 다른 것들이 나온다는 이론과는 달리, 모든 것이 그 자체로 신임을 말하고 있다.

안사이는 "신도는 아마테라스의 도를 배우는 것"이라고 주장했는데, 그렇다면 아마테라스의 도는 어떻게 인간에게 전해졌는가? 삼종의 신기神器를 통해서이다. 일본인들이 신기를 중시하는 이유는 아마테라스의 은총(道)이 그 안에 함축되어 있다고 생각하기 때문이다. 그래서 신도에서는 아마테라스에 대한 신앙적 차원에서 삼종의 신기를 소중히 여기는 것이다.

안사이는 일본형 화이사상華夷思想을 주장한 사람이기도 하다. 그는 일본의 우위성을 내세우는 근거로서 황통에는 단절이 없었고, 삼종의 신기가 전해져옴으로써 신도와 왕도가 일치하는 신국神國이라는 점을 들고 있다.[115] 안사이뿐 아니라 소코 반잔 등도 명明의 중화주의로부터 벗어나 일본의 문화적 우위성을 주장했다. 이러한 일본형 화이사상을 통해 중국이라는 타자가 그 기축성을 잃고 일본이라는 자기가 중심성을 획득해갔다고 볼 수 있다.[116]

---

115 박규태, 『절대와 상대로서의 일본』, 제이앤씨, 2005, 129쪽.
116 같은 책, 130쪽.

4) 훗코 신도와 국학

주자학이 에도 시대의 관학으로서 성행하자 이에 대한 반격으로 나온 것이 고학古學이다. 고학은 형이상학적인 주자학을 비판하고 원시유교의 공맹孔孟 사상으로 되돌아가야 한다는 주장이다. 그러다가 고학 이후에는 공맹이 말한 도道 역시 인위적이므로 거기서 벗어나 일본의 순수한 고도古道로 돌아가야 한다고 주장하는 이들이 나왔다. 이렇듯 일본의 순수한 도로 회귀하자는 이들이 바로 국학자들이다. 그들이 말한 고도는 다름 아닌 '신도'다. 훗코(復古) 신도는 국학자들이 일본의 고도라고 주장하는 신도 사상을 고전으로 삼아 구축한 사상체계이다.

사실 신도는 마츠리나 의례, 제사를 중심으로 형성된 신앙체계이지 어떤 고유한 사상이나 철학체계를 갖추고 있지 않았다. 그러던 신도가 외래종교인 불교나 유교를 만나 그것과의 습합 과정을 거치면서 조금씩 사상체계를 구축해온 것이다. 그러다가 다시 외래문화를 거부하고 신도 본래의 도道로 돌아가자는 움직임이 일어난 것이 바로 국학國學 운동이다.

그렇다면 그간 외래종교와의 습합에 길들여져 오던 일본 종교계가 어떻게 외래종교를 거부해버리고 국학을 발전시키게 되었을까? 에도 시대에는 도시가 발달하고 학문의 대중화, 커뮤니케이션의 발달에 기초한 문화적 자유가 신장되었다. 이에 따라 국학계의 학당인 사숙(私塾, 시쥬쿠)이 생겨났는데, 이것이 국학이 발전하게 된 요인 중 하나가 되었다. 이렇게 국학이라는 이데올로기적 고전주의가 형성되자 점차 유교와도 결별하기 시작했다.

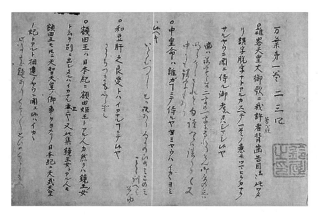

일본에서 가장 오래된 시가집인 『만요슈』

국학의 시발점은 일본의 고도古道에 깊은 관심을 가졌던 가다노 아즈마마로(荷田春滿, 1669~1736)에서 시작되었다. 그는 『니혼쇼키(日本書紀)』 안에 천손강림에 의한 천황가의 황통과 인격신으로서의 현인신現人神 사상뿐만 아니라 신들의 신격과 역할을 밝히는 신국론과 우주발생론이 담겨 있다고 믿었다. 곧 그는 『니혼쇼키』에서 불교나 유교 같은 외래사상과 습합되기 이전의 순수한 신도를 발견한 것이다.[117]

그러나 구체적으로 일본의 고도古道를 발굴하는 작업은 아즈마마로의 제자인 가모노 마부치(賀茂眞淵, 1697~1769)로부터였다. 그는 상고시대의 고도를 발굴하기 위해 8세기에 편찬된 고대의 노래(和歌), 곧 일본에서 가장 오래된 시가집인 『만요슈(萬葉集)』를 연구했다. 그는 『만요슈』야말로 고대 정신을 재구축할 수 있는 최선의 매

---

117 이광래, 『일본 사상사 연구』, 경인문화사, 2005, 399쪽.

체라고 보았고, 그래서 『만요슈』를 통해 고대 일본인들의 정신세계를 연구하고자 한 것이다.

마부치는 고학자들이 지향해 온 유교 성인의 도, 곧 선왕이나 성인의 도는 인간이 만들어낸 인위적인 도이며 "참된 도는 인간이 만들어내는 것이 아니라 본래 있는 천지자연의 도이며, 일본에는 그러한 도가 이미 있다"고 주장했다. 곧 일본의 상고시대로부터 전해온 고도古道는 유가에서 말하는 인위적인 도가 아닌, 인간의 도 이전에 이미 있어온 천지자연의 도이며, 따라서 그 도를 다시 회복해야 한다는 것이다. 마부치가 말한 천지자연의

가다노 아즈마마로(荷田春滿)

가모노 마부치(賀茂眞淵)

도는 노자가 말한 무위자연의 도와 매우 유사하다. 사실 그는 노자 사상에 심취해 있었다. 이러한 마부치의 사상에 깊은 영향을 받은 모토오리 노리나가(本居宣長)는 그를 통해 신도를 더 깊이 이해할 수 있었고, 또 점차 문학의 측면에서 신도 사상에 깊은 관심을 갖게 되었다.

노리나가는 고어古語를 통해 고대인의 마음을 알고자 했고, 일본

고유의 도를 해명하는 것을 학문의 목표로 삼았다.[118] 노리나가는 마부치로부터 영향을 받았지만 다른 한편으로는 그를 비판하기도 했다. 마부치는 일본의 천지자연의 도를 지향한 데 반해, 노리나가는 인위적인 도도, 천지자연의 도도 아닌 "가미의 도"를 추구한 데에서도 알 수 있다. 즉 노리나가에게 있어 도는 천지자연의 도가 아니라 일본의 가미에 의해 창시된 도였던 것이다.

마부치가 『만요슈』를 통해 일본의 고도古道를 추구했다면, 노리나가는 『만요슈』보다 더 오래된 역사서인 『고지키(古事記)』를 택했다. 노리나가는 말한다. "지금의 신도는 유교와 불교를 빌려와서 옛 도(古道)를 어지럽혀 그 진면목으로 돌아가지 못하게 만들었다. 신도에서는 불교가 나쁜 줄 알면서도 이를 받아들였다. 이것은 잘못이다. 우리는 본래의 고도로 돌아가야 한다." 노리나가는 일본이 중국 고대 성인들의 작위적 도를 지나치게 강조한 탓에 일본도 중국과 같은 혼란을 경험해왔다고 믿었다. 그래서 중국 성인의 도를 버리고 일본 본래의 고도인 가미의 도로 돌아가자고 주장했는데, 이러한 그의 주장은 일본 사상사의 지형을 바꿔 놓을 만한 사상사적 중대사가 되었다.[119]

노리나가는 본래 신도는 어떠한 이데올로기나 추상화된 사상들

---

118 이노우에 노부타카, 박규태 역, 『신도, 일본 태생의 종교시스템』, 제이앤씨, 2010, 275쪽.

119 노리나가는 일본의 고유사상을 학문적으로 복원함에 있어, 거기에 인격신이건 이理 같은 비인격적 형태건 간에 궁극적 절대자라는 건 존재하지 않는다는 사실에 주목한다.

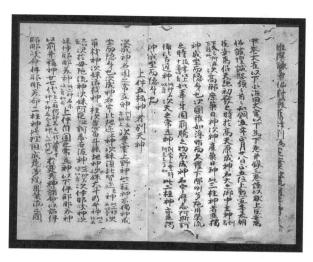

노리나가의 대표작인 『고지키전(古事記傳)』

이 없었음을 강조하면서 종래 외부로부터 유입된 모든 종교사상을 거부했다. 신도는 외래 이데올로기의 감염에 무방비 상태였기에 외래종교와의 습합을 통해 교의 내용을 구축해왔는데, 이러한 사상적 잡거성에서 벗어나자는 게 노리나가의 주장이다. 그는 일본의 사상적 전통이 되어 왔다고 본 『고지키』를 30년간 문헌학적 방법론으로 연구한 끝에 『고지키전(古事記傳)』을 집필하기에 이르렀다.

『고지키전』을 통해 그는 일본은 가미로부터 도를 받았기에 그것을 지키기만 하면 된다고 주장했고 이를 신앙하기에까지 이르렀다. 그래서 결국 그는 『고지키』에 나온 일본 신화를 무비판적으로 믿고 이를 있는 그대로 수용하게 되었다.

노리나가는 신대神代로부터 황통을 따라 이어져온 가미의 도는 천지자연의 도도 아니고, 사람이 만든 도도 아니며, 신의 조상인 이자나기와 이자나미로부터 아마테라스가 이어받아 다시 후대 천황에 물려준 도라고 한다. 이와 같이 일본은 고대로부터 가미의 도가 있었는데 조선과 중국에서 건너온 서적들을 통해 일본의 고도가 변질되어 왔다는 것이다. 특히 텐지 천황(天智天皇, 626~672) 이후 천하의 제도들이 모두 중국화되어 버렸고 인심人心도 깨끗한 마음이 더럽혀져 고대 일본의 정신이 제대로 지켜질 수 없게 되었다는 것이 그의 주장이다.

노리나가는 치열한 문헌학적 실증 방법으로 『고지키』를 연구했을 뿐 아니라 그것을 통해 국가와 사회, 지구와 우주 전체를 전망했다. 곧 그는 신의 도를 일본에 국한시키지 않고 천하에까지 확대하여 해석했던 것이다. 그러나 그가 도의 근거로 삼고 불변의 사실처럼 신앙해온 『고지키』는 텐무 천황(天武天皇, 673~686)의 칙령에 따라 의도적으로 만들어진 역사서라는 사실에 주목할 필요가 있다. 그는 『고지키』의 내용이 역사적인 사실인지의 여부에 대한 판단을 보류한 채, 신대神代의 이야기를 문자 그대로의 사실로 믿었다. 이런 점에서 그가 주석한 『고지키전』 역시 『고지키』가 허구적 작품이라는 사실을 은폐한 채 재각색한 또 하나의 허구적 작품이라고 볼 수밖에 없다.

노리나가의 고대신화에 대한 광신적 신앙은 히라타 아츠타네(平田篤胤, 1776~1843)에로 계승되었다. 아츠타네 역시 광신적 열정으로 노리나가의 고도古道를 확대 재생산했다. 그러나 아츠타네가 말한 도의 내용은 노리나가와는 달리 유교적 도덕의 색채를 띠고 있을 뿐 아니라 그리스도교의 창조주나 영혼 불멸 개념도 내포하고

히라타 아츠타네(平田篤胤)

있다. 이러한 아츠타네의 사상은 그가 마테오 리치의 『천주실의天主實義』나 『칠극七克』 등을 읽고 거기서 창조적 주재신의 관념, 영혼 불멸 사상 등에 관심을 가짐으로써 이를 통해 신도 신학체계, 곧 신도의 세계상을 재구성한 것으로 추정해볼 수 있다. 유교와 불교는 물론이고 기독교까지도 수용하여 범일본주의를 추구한 아츠타네는 중국이나 인도의 성인들을 일본 고대의 신들이 그곳으로 건너간 존재로 보았다.[120] 따라서 중국과 인도의 가르침은 일본의 고전설이 반영되어 있다는 것이다.

---

120 아츠타네는 일본이 만국의 종주국이며 중국과 인도의 사상은 모두 일본인이 이미 고대에 만든 것이 존재하게 된 것이라고 보았을 뿐 아니라, 아담과 이브 신화도 이자나기와 이자나미 신화의 발로라고 보았다.

5. 결론

이상에서 신신이탈과 신궁사, 진수사와 호법선신, 본지수적설과 반본지수적설을 통해 신불습합에 대해 살펴보았다. 신불습합 과정은 시간상 일직선으로 전개되었다기보다 서로 중첩되어 나타났다. 처음에는 불교 측에서 일본의 가미와 부처의 관계를 두고 가미를 부처의 지배하에 두는 본지수적설로 나타났다가, 후에는 가미가 본지本地가 되고 호토케(佛)를 신도의 지배하에 두는 반본지수적설로 발전해갔다.[121]

신불습합의 본질은 가미와 호토케를 이분법적으로 나누어 보기보다는 가미와 호토케 모두를 수용해야 한다는 데 있다. 이는 일본인에게 있어 신불습합은 가미와 호토케 중 양자택일하는 문제가 아니라, 불교 수용 과정에서 불교를 어떻게 일본화시켜 나가느냐에 관심이 집중되었기 때문이다.

일본인들은 가미와 부처를 초역사적 실체나 보편적 존재로 여기지는 않는다. 이것이 우리가 일본에서 발전된 신불습합의 사유구조를 물어야 하는 이유이다. 이는 그들에게는 여전히 초월적 존재나 보편적 존재라는 종교적 초월성이 그리 크게 문제되지 않음을 의미하기 때문이다. 일본인들에게 습합 과정은 그 자체로 일본 문화이

---

121 이러한 일련의 과정에 대해 스에키는 신불습합 과정을 통해 오히려 가미의 독자성을 자각하게 되었다고 주장하는가 하면, 다카토리 마사오는 이를 '가미의 자각' 혹은 '신도의 자각'이라 부르기도 했다.

며 일본 사상이고, 일본 종교이며 일본 정신사의 특질이다. 그래서 이광래는 신불습합을 한마디로 "일본인의 파토스이자 일본 사회의 체질 자체"라고 규정했고 "신불습합 없는 일본은 상상할 수 없다"고까지 말한다.[122] 가미, 호토케, 신불神佛을 고무줄에 비유하자면 신불습합의 역사에서 그 고무줄은 한 번도 끊어진 적이 없었다는 것이다. 물론 혹자는 메이지 시대에 일어난 신불분리로 인해 그 줄이 끊어졌다고 말할지 모른다. 하지만 신불분리는 어디까지나 위로부터 인위적이고 강제적으로 한 것이지, 일본인의 정신구조와 일상의 차원에서의 신불神佛 의식은 정책상 신불분리에도 불구하고 끈질기게 살아남아 오늘에까지 이른 것이다.

앞서 훗코(復古) 신도를 통해 살펴보았듯이 다른 외래사상 문화가 들어오더라도 일본은 고도古道로 돌아가려는 운동이 계속 일어났음을 알 수 있다. 마루야마 마사오(丸山眞男)는 이를 일본 문화의 무의식의 심층, 곧 고층古層이라고 불렀다.[123] 이처럼 일본 신화를 고층이라고 하지만, 그것 역시 각가지 문화의 침투를 받아 형성된 것이기에 일본 문화의 원형으로 보기 어려운 면이 있다. 그러나 여기서 말하는 고층은 불교나 유교 등 여러 외래사상이 일본에 쌓여도 그 저변에 줄곧 깔려 있는 것이기에, 마치 지진이 나면 융기해서

---

122 그러면서 '역사 속의 화혼和魂', 즉 일본정신으로서의 신불습합과 '일상의 의미 연관체'로서의 신불습합을 제시한다. 신불습합은 일본사의 '통시적 특성'이며 동시에 일본인의 일상생활을 지배하는 '종교적, 사상적 일상주의'라는 것이다.

123 일본 사상사의 고층은 기키 신화에서 비롯되었다고 본다.

올라오듯이 그렇게 고층이 융기되어 올라온다는 의미이다. 고학이나 국학 운동의 등장이 바로 그 좋은 예라고 볼 수 있다.[124]

와즈치 테츠로(和辻哲郎)는 『일본정신』(1934)에서 "일본인처럼 민감하게 새로운 것을 받아들이는 민족이 없고 그들처럼 옛것을 충실하게 보존하는 민족도 없을 것이다"라고 말한 바 있다.[125] 또 가토 슈이치(加藤周一)도 『일본 문학사 서설』에서 "일본문화는…… 새로운 것이 수용될 때 신구가 교체되기보다 옛것에 새것이 더해지는 발전의 형식이 원칙이 되었다"는 것이다.[126] 이처럼 습합 현상은 일본 종교문화의 특성 중 하나이나 다른 종교문화에도 이런 현상이 없는 것은 아니다. 다만 신도라는 토착종교와 불교와의 신불습합이라는 현상은 일본에서만 볼 수 있는 독특한 종교 현상임에는 틀림이 없다.

---

124 카토 슈이치, 김진만 역, 『일본문화의 숨은 형』(한림신서 일본학총서 1) 1995, 109쪽 참조.

125 같은 책, 14쪽.

126 같은 책, 15쪽.

제5장

불교의 일본화

가마쿠라 시대는 일본 종교사에서 그 독창성이 가장 잘 드러난 시기인데 특히 불교적 측면에서 그러하다. 구체적으로 그러한 독창적인 측면이 드러난 연유는 무엇인지, 당시 불교를 중심으로 알아보겠다. 그것은 가마쿠라 시대적 상황과 불가분의 관계가 있기에 먼저 가마쿠라 불교가 형성된 시대적 배경부터 살펴보기로 하자.

1. 시대적 배경

1) 무사 중심 – 민중 중심

가마쿠라 막부(鎌倉幕府, 1192~1333)는 1192년(또는 1185년)에 미나모토노 요리토모(源賴朝, 1147~1199)에 의해 시작되었는데, 이로부터 막부에 의한 통치는 그 후 약 700년 동안 지속되었다. 당시 귀족계급은 쇠퇴하고 무사계급 사이에는 정치적 패권 싸움이 일어나 극심한 혼란기였다. 이처럼 무사들 간의 잦은 전쟁으로 인해 정치

가마쿠라 막부를 연
미나모토노 요리토모(源賴朝)

적 변동과 위기적 상황이 계속 일어나면서 사회가 불안해지고 자연재해로 인한 상황들이 계속 발생하자 사람들은 말법시대적 분위기를 실감했다.[127] 또한 천황이 중심이 된 중앙집권체제로부터 다이묘(大名: 지방 영주) 중심의 지방분권화가 이루어지면서 지방 영주들이 주도하는 중세적 봉건 사회로 들어가는 시기이기도 했다.

중세봉건 시대에는 토지를 지배하는 일이 중요했다. 당시 무사계급은 일정한 지역의 영주가 되면서 토지를 소유한 하급귀족으로 변모해갔다. 토지를 많이 차지할수록 더 많은 권력을 장악할 수 있기에 무사들 간에 토지쟁탈도 끊임없이 일어났다. 이렇듯 계속 전쟁을 치러야 했던 무사계급은 그의 부하들과 생사를 함께할 수밖에 없는 끈끈한 관계를 유지해갔다.[128]

---

127 코후쿠지(興福寺) 승병들의 도다이지(東大寺) 습격이나 엔랴쿠지(延曆寺) 승병들의 교토 난입 등은 그러한 사회불안을 증폭시키는 요인이었다. 중생구제에 앞장서야 할 승려들이 자신들의 이익 챙기기에 혈안이 되어 폭동을 일삼는 모습에 사람들은 불법의 쇠퇴와 말법末法시대의 도래를 강하게 느끼게 되었던 것이다. (김춘호, 일본불교문화강좌 16, 「정통에 대한 동경과 말법사상의 유행」 참조)

종전의 귀족들은 서민들을 지배했으나 무사들은 농민들을 지배하기보다 그들과 함께 농사를 지으면서 생사고락을 나눔으로써 민중들과 밀착된 존재로 살아갔다. 바로 그러한 무사계급이 가마쿠라 시대의 중추적 역할을 했는데, 이들은 종래 중앙집권적 사회로부터 지방 분권화되는 과정뿐 아니라 불교사상에도 큰 영향을 미쳤다. 곧 가마쿠라 불교의 분위기는 귀족 중심에서 민중 중심 불교로 탈바꿈해감으로써 민중 신앙으로서의 불교가 꽃피우게 된 것이다. 여기서 민중불교라 하면 민중들의 눈높이에 맞추어 그들이 실천할 수 있는 신앙체계로 바뀌어갔음을 의미한다.

이렇듯 가마쿠라 불교에서는 고도의 이론적 체계보다 염불이나 좌선과 같은 보다 실천적 가르침을 통해 민중들이 보다 쉽게 불교에 다가갈 수 있는 분위기가 조성되었다.[129]

2) 말법 시대적 분위기

헤이안 말에서 가마쿠라 초는 정치적으로나 사회적으로 대혼란기였다. 이러한 시대적 상황을 불교에서는 말법 시대라고 부른다. 불

---

128 일본인들이 사무라이 정신이나 사무라이에 대해 향수를 느끼는 것은 생사 고락을 나눴던 사람들이 가졌던 인간적인 관계성 때문이리라. 일본 사회에서 사무라이 계급이 중요시되는 것은 이들은 단순히 농민들을 지배하기보다 농민들과 함께 농사를 짓고 생사고락을 나눔으로써 서민들과 밀착되어 살았던 존재였기 때문이다.

129 카미벳부 마사노부, 「한국 종교와 일본 종교의 형태에 관한 일고찰」(이용범·이창익, 『종교와 역사』, 서울대 출판부, 2006, 824쪽 참조).

日本國現報善惡靈異記二目錄
一 尾張宿禰久玖利ヵ妻強力ノ人事
二 牛生而上ヵ女子舍利ヲ握テ生レ事
三 物部麻呂ノ米ヲ及テ藥師ヲ造作ヵ女子鬼悲ノ事
四 録作ヵ女子鬼悲ノ事意ヲ減キ
五 観音人ト化ヲ貧女ヲ惠ミ給事
六 字遲王法師ヲ打獅ノ悪病ヲ得ル事
七 慳貧ニヨツテ大蛇ト为ル僧ノ事
八 藥師ノ木像ノ洲中ニ埋レテ靈異ヲホシ給支
九 沙門観音ヲ祈テ報ヲ得ル事

일본 최초의 불교설화집인 『일본영이
기日本靈異記』. 원 제목은 『일본국현보
선악영이기日本國現報善惡靈異記』

교에서는 다음 세 가지로 시대 구분을 하는데 정법正法 시대, 상법像法 시대, 말법末法 시대가 그것이다. 정법 시대는 불멸 후 천 년 시기로, 부처님이 살아생전 가르침을 직접 펼치셨던 석가불의 시대로서 부처님의 가르침도 있고 그에 따른 수행도 있어 깨달은 자들이 속출했던 시대라 할 수 있다. 정법 시대 후 천 년 동안을 상법 시대라고 부르는데, 이때는 부처님의 가르침과 수행은 있지만 깨달은 자들이 없는 시기를 말한다. 말법 시대는 정법, 상법에 이어 일만 년 동안 도래한다는 시기로서, 이때에는 부처님의 가르침만이 남아 있을 뿐, 수행하는 자도 깨닫는 자도 없는 이른바 암흑의 시대이다. 이러한 불교의 시대구분은 중국에서 행해진 분류 방법인데 구우카이(空海, 774~835)는 일본에서의 말법 시대를 1052년부터로 보았다.[130] 1052년은 헤이안 말기이다. 구우카이가 일본의 말법 시

130 각 경전마다 시대를 구분하는 기준이 달라 다양한 해석들이 나오고 있는데, 구우카이는 정법 시대의 시작은 B.C. 944년으로 본다. 그래서 대략 계산하면 말법 시대는 1052년이 된다는 것이다.

대를 헤이안 말기인 1052년부터 시작되었다고 주장함은 일본에서 말법을 인식하는 방법이 특이함을 말해준다.

종교사상은 경전의 문자에서만 나오는 게 아니라 그것을 받아들이는 사회상황과 이를 인식하는 주체의 의식에 따라 이루어진다. 일본에서 말법사상을 가장 먼저 표명한 이는 일본 최초의 불교설화집인 『일본영이기日本靈異記』의 저자 게이카이(景戒, 생몰년 미상)이다. 그는 "이 말법 시대에는 선을 행하는 자는 돌로 된 산에 피어나는 꽃처럼 드물고, 악을 행하는 자는 흙으로 된 산에 나는 풀처럼 많다"고 탄식하고, 그 자신도 "애욕의 그물에 걸려 번뇌에 끌리고 승려의 몸으로 세속적 생활을 하며 처자를 거느린다"고 스스로 참회한 바 있다. 그 뒤에 나온 신란(親鸞, 1173~1262)도 같은 시대의 악업에 대한 비탄과 자기 자신도 거기서 벗어날 수 없는 운명에 대한 자성을 토로하고 있다. 이러한 시대 상황을 말법으로 이해한 일본불교계에서는 당대의 범부들이 실천하기 쉬운 정토종이 삽시간에 사람들 마음을 사로잡게 되었다.

당시 히에이잔을 중심으로 한 일본불교계는 눈에 띄게 세속화되어 갔다. 상위의 승직은 유력한 권문자제들이 차지해 세속화되어 갔고, 하급 승려는 승병으로 극도의 횡포를 부렸다. 더 이상 계율을 지키거나 수행에 힘쓰는 승려가 없었고 부처님의 가르침만 남아 있어 행行과 증證이 없다는 말법 시대의 증후군에 들어맞는 상황이 벌어진 것이다. 가마쿠라 신불교는 이러한 말법사상의 유행과 함께 탄생하게 되었다. 그것은 바로 부처님의 가르침은 있으나 수행도 깨달음도 없는 말법 시대에 중생들은 무엇에 의지하며 살아가야 하는가라는 문제의식에서 가마쿠라 불교가 나왔음을 의미한다.

말법 시대는 헤이안 말기부터 시작되었다고 하지만, 실제로는 가마쿠라 시대에 비로소 말법 시대의 조짐이 느껴졌다. 이렇게 가마쿠라 시대에 말법사상이 더욱 유행하면서 사람들은 세간적인 안정보다는 초세간적인 구제를 추구하였다. 또 국가나 집단 차원이 아닌 개인적 신앙에 더 관심을 가졌다. 이러한 사람들의 욕구가 결집되면서 가마쿠라 신불교라는 독창적인 일본불교사상이 탄생한 것이다.

3) 천태본각사상

가마쿠라 불교를 낳은 요인 중 하나로 천태본각사상天台本覺思想을 들 수 있다. 본래 불교는 존재의 실상을 연기의 법칙으로 파악한다. 그건 달리 말해 세계 자체의 실체성을 부정하는 것을 의미한다. 그러면서 세계는 체득되어야 할 대상이기에 이 현상세계를 진리 자체의 세계로 긍정하게 되는데, 이를 불가에서는 '생사즉열반生死卽涅槃, 번뇌즉보리煩惱卽菩提'로 표현한다. 다시 말해 부처의 입장에서 보면 현상세계는 전체로 긍정되는 것이기에 생사와 열반, 번뇌와 보리라는 대립이 사라진다는 것이다. 그러나 즉卽의 입장은 어디까지나 부처의 단계에서 말하는 것이지, 범부의 입장에서는 생사즉열반이 곧바로 긍정될 리는 없다. 그러한 깨달음에 이르기 위해서는 윤회를 반복하면서 긴 수행을 할 필요가 있다는 것이 종래 불교의 가르침이다.

그러나 범부가 부처가 되려면 우리 안에 성불의 가능성이 있어야

150

한다. 그래서 불교는 불성사상을 통해 그 가능성을 열어둔 것이다. 범부 내에도 불성이 내재되어 있다는 것은 다른 말로 여래가 숨겨져 있다고 하여 여래장如來藏이라고도 표현한다. 수행은 번뇌의 혼탁을 닦아내어 내재하는 불성을 현현토록 하기 위한 과정이다. 그러나 이 과정은 범부에게는 그리 만만한 일이 아니다.

이러한 종래의 수증관이 일본으로 건너와서 새로운 형태로 변형되었으니, 그것이 바로 가마쿠라 시대에 유행한 천태본각사상이다. 이는 있는 그대로의 현실을 긍정하는 불교사상이라 할 수 있다. 여기서 말하는 '본각'이라는 표현은 인도불교가 아닌 중국불교에서 형성된 것으로, 이는 중생의 방황하는 마음속에 있는 깨달음의 원리이자 목표로서의 깨달음을 의미한다. 본각이란 말은『대승기신론大乘起信論』에 나오는데,『대승기신론』에 보면 본각에 대해 다음과 같이 말한다.

"이 (아뢰야)식에 두 가지 뜻이 있으니 능히 일체법을 거두기도 하고 일체법을 내기도 한다. 무엇이 둘인가. 첫째는 각覺의 뜻이고, 둘째는 불각不覺의 뜻이다. 각覺의 뜻이란 망념의 모습을 여의어 허공계와 같이 두루 하지 아니한 바가 없으니 법계의 한 모습(一相)을 말한다. 이는 곧 여래의 평등한 법신法身이니, 이 법신에 의거해서 본각本覺이라고 이름한다. 무슨 까닭인가? 본각의 뜻이란 시각始覺의 뜻에 상대하여 말하는 것이니, 시각이란 곧 본각과 같기 때문이다. 시각의 뜻은 본각에 의지하는 까닭에 불각不覺이 있고, 불각에 의지하는 까닭에 시각이 있다고 말하는 것이다."[131]

『대승기신론』에서는 깨닫지 못한 상태인 불각不覺에서 본각本覺
을 향해 나아가는 것을 시각始覺이라고 한다. 원래 본각사상은 내
재적 원리나 목표였지 현실을 그대로 긍정하는 게 아니었다. 이러
한 본각사상이 가마쿠라 시대에 와서 '천태본각사상'이라는 형태로
변천 과정을 겪게 되었다. 『대승기신론』에서는 수행을 통해 불성을
회복한다고 본다. 그러나 이것이 성립하려면 본래 깨달음이 마음
안에 내재되어 있어야 한다. 이를 본각이라 부른 것이다. 그러나 본
각이 이미 실현되어 있다고 생각할 경우, 현실이 있는 그대로 궁극
적 진리의 실현이라 볼 수 있을 것이다. 이처럼 있는 그대로의 현상
세계를 깨달음의 세계로 긍정한 것이 바로 천태본각사상이다.

이처럼 『대승기신론』에서는 중생이 본각을 갖고 있음을 전제하
므로 본래 있는 것을 드러내기 위해 수행이 필요하다고 역설해온
데 반해, 천태본각사상에서는 중생즉불衆生卽佛이라 하여 '중생이
곧 부처'라고 말한다. '중생이 곧 부처', 곧 중생즉불이 현실화된 것
이기에 굳이 수행을 할 필요가 없어지고 만다. 이렇게 하여 천태본
각사상은 결국 수행무용론修行無用論을 야기시키고 말았다. 이렇듯

---

131 『大乘起信論』(大正藏 32, p.576上), "此識有二種義 能攝一切法 生一切法 云
何爲二 一者覺義 二者不覺義 所言覺義者 謂心體離念 離念相者 等虛空界
無所不遍 法界一相 卽是如來平等法身 依此法身 說名本覺 何以故 本覺義
者 對始覺義說 以始覺者 卽同本覺 始覺義者 依本覺故 而有不覺 依不覺故
說有始覺."

천태본각사상이 성행하면서 엔랴쿠지의 승려들은 수행을 등한시했고, 여기에 밀교까지 성행하여 스승이 제자에게 가르침을 줄 때도 비밀리에 종이에 적어 건네준다든지, 말로만 가르침을 전수하면서 불교는 대외적인 요청에 전혀 응답하지 못하는 형태로 전락해버리고 만 것이다.

4) 히지리(聖) 집단

일본에 불교가 전래된 초기부터 헤이안 불교에 이르기까지 대부분의 승려들은 주로 관승官僧으로서 천황과 귀족들의 안위를 위하여 기도하는 것이 그들의 소임이었다. 부정을 탄다고 믿은 천황과 귀족들은 승려들의 대중교화를 법으로 금지시켰기에 그들은 민중들을 위한 법문을 하거나 그들을 위한 보살행을 거의 하지 않았다. 관승과 달리 나라의 허락 없이 개인적으로 출가를 감행했던 승려를 사도승私度僧이라 불렀는데, 이들은 민중들에게 불법(특히 염불)을 널리 펴고, 고난에 처한 민중들을 위한 복지사업을 벌였다. 그래서 민중들은 그들을 '저잣거리의 성인'이라는 뜻에서 '이치 히지리(市聖)' 혹은 줄여서 '히지리(聖)'라고 불렀다. 히지리란 본사를 떠난 활동거점으로서의 사찰인 별소別所를 중심으로 전통에 구애받지 않는 자유로운 수행과 포교활동에 종사하는 승려를 말한다.

히지리 중에는 적극적인 대승불교의 자비 실천을 위해 대중 속으로 들어가는 이도 있고, 고행을 하는 무리도 있는가 하면, 깊은 산속에 들어가서 은둔생활을 하거나 고행을 함으로써 보살행을 지향하는 이들도 있었다. 이러한 여러 형태의 히지리 중에서 가마쿠라 불교의 창시자들이 출현했다.

　가마쿠라 불교의 특징 중 하나가 둔세승遁世僧의 불교라는 것인데, 여기서의 둔세승은 히지리를 포함한 민간 승려로서 이들은 국가로부터 급여를 받는 관승과는 달랐다. 이들도 처음에는 관승 교단에 몸담았다가 거기서 나와 재출가再出家를 했는데, 이러한 히지리들이 주류로 등장하며 가마쿠라 불교를 활성화시킨 것이다. 그 대표적인 인물들이 호넨(法然), 신란(親鸞), 도겐(道元), 니치렌(日蓮)

일본 정토종의 개창자
호넨상인(교토 지은원 소장)

등 가마쿠라 신불교의 주요한 조사들이다. 가마쿠라 신불교의 조사 중 후기에 등장하는 잇펜(一遍)은 아예 처음부터 '둔세승 교단'으로 출가하기도 했다.

　가마쿠라 불교는 전체를 3기로 나누어 볼 수 있다.

　12세기 후반에서 13세기 초 조큐의 난(承久の亂, 1221)까지가 가마쿠라 불교가 형성되는 제1기로, 이때 호넨과 에이사이가 활약했다. 조큐의 난 이후 싯켄(執權) 정치기인 제2기는 신란과 도겐이 활약한 시기이며, 13세기 후반 이후 사회적 변동기인 제3기는 다시 사회적 불안이 가중되고 몽골의 침입으로 국가

의식이 고양된 시기로 니치렌과 잇펜이 활약했다.[132] 그럼 가마쿠라 불교를 연 호넨부터 살펴보기로 하자.

2. 호넨의 정토종

가마쿠라 불교를 여는 선구자적 역할을 한 호넨(法然, 1133~1212)도 히에이잔 출신의 승려였다. 그는 지방 하급무사의 아들로 태어나 9세 때 아버지가 토지 문제로 죽임을 당하면서 그에게 '복수할 생각 말고 출가해 명복을 빌어달라'는 유언에 따라 1147년 히에이잔 엔랴쿠지로 출가하여 엔랴쿠지의 관승으로 지냈다. 그러나 호넨은 자신의 수행능력에 대해 절망한 후 많은 고승들에게 삼학三學 외에 자신같이 능력 없는 자에게 알맞은 해탈의 길이 있는지 물었다. 그러나 그 길을 알려주는 이가 아무도 없자, 이에 절망한 호넨은 다음과 같이 탄식했다.

"나는 계 가운데 하나도 제대로 지키지 못하고, 많은 형태의 선정 가운데 하나도 이룰 수 없다. 마음이 미혹되어 쉽게 흔들리며 제어하기 어렵다. 무슨 수로 옳고 흔들림 없는 앎이 생길 수 있겠는가?"

그러던 중 그는 히에이잔 서재에서 선도대사(善導大師, 613~681)의 『관무량수경소觀無量壽經疏』를 읽다가 염불에 대한 가르침을 접했으니, 그때가 호넨이 43세 되던 해였다.

---

132 스에키 후미히코, 백승연 역, 『일본 종교사』, 논형, 2009, 190쪽.

"행주좌와(行住坐臥: 가고 머물고 앉고 눕는 일상의 모든 것)에 오직 온 마음을 다해서 아미타불의 이름을 읊을 때 한시도 쉬지 말라. 이것이 곧 어김없이 해탈을 가져오는 업(正定業)이라 부르나니, 그것은 부처님의 본원本願에 상응하는 것이기 때문이다."[133]

"아미타불의 이름을 부르는 '염불'은 아미타불의 본원에 상응하는 것"이라는 대목에서 호넨은 깊은 깨달음을 얻었다. 그것은 바로 아미타불의 이름을 쉼 없이 읊기만 하면 반드시 해탈할 수 있다는 확신이 들었기 때문이다. 그것은 염불이 '아미타불의 본원本願에 상응하는 행위'라는 사실에 대한 자각에서 비롯된 것이다. 아미타불 본원의 염불은 『무량수경』에 있는 48원 중 제18원에 해당된다. 이를 본원 중의 본원, 왕王 본원이라고 부르는데, 그 까닭은 무엇인가?

아미타불이 법장보살이었을

중국 정토종의 개창자 선도화상

133 정토종에서 의지하는 경전(정토삼부경)에는 『무량수경』·『관무량수경』· 『아미타경』이 있는데, 위 인용문은 『관무량수경』에 대한 해석인 선도의 『관무량수경소』(관경사첩소)에 나오는 내용이다. 원문은 다음과 같다. "一心專念 彌陀名號 行住坐臥 不問時節久近 念念不捨者 是名正定之業 順彼佛願故."

때 세운 48원 중에 아미타불의 이름을 부르는 '나무아미타불' 염불로 중생들의 왕생을 가능케 하겠다는 원이 있는데, 법장보살은 이것이 가능하지 않다면 스스로 정각을 이루지 않으리라는 원을 세웠다. 이것이 바로 제18원이다.

법장보살이 아미타불이 되었다는 사실은 마침내 이 원이 이루어졌음을 의미한다. 중국 정토종의 선도善導는 아미타불의 본원에 상응한 칭명염불을 정정업正定業으로 본다. 그는 『관무량수경소』에서 수행을 정행正行과 잡행雜行으로 나누었는데, 여기서 정행이란 오로지 정토경전에 따라 아미타불 신앙에만 관련된 수행을 말하고, 잡행은 아미타불 이외의 다른 불보살을 향해 닦는 것을 의미한다.[134] 선도는 다시 다섯 가지 정행을 정정업正定業과 조업助業으로 나누었는데, 여기서 정정업은 틀림없이 정토왕생에 이르는 업으로 칭명염불을 의미한다. 그는 이를 다른 네 가지 조업과 구별한다.[135]

호넨은 이러한 선도의 정토수행론에서 한 걸음 더 나아가 정토왕생을 위해서는 칭명염불 이외에 어떤 행위도 불필요하다고 본다. 그의 『선택본원염불집選擇本願念佛集』에 보면 "왕생의 업은 염불을 우선으로 한다"라는 표현이 나오는데, 이는 호넨이 정토왕생을 위해 칭명염불을 강조했음을 보여준다. 이처럼 호넨이 칭명염불만을 전수행專修行으로 본 것은 염불이야말로 '아미타불의 본원에 상응

---

134 선도의 정토사상에 관해서는 望月信享, 『中國淨土敎理史』, 京都, 法藏官, 1942, 180~196쪽 참조.

135 길희성, 『일본의 정토사상』, 민음사, 28쪽 참조.

하는' 행위라는 그의 깨달음 때문이다.

여기서 우리가 주목할 것은 이러한 깨달음이 있기까지 호넨이 자신의 수행능력에 대해 얼마나 절망했는가 하는 점이다. 바로 그러한 절절한 체험이 있었기에 호넨은 아미타불의 본원력에 대한 자각에 기초하여 전수염불專修念佛을 확신하게 된 것이다.

호넨 이전의 겐신(源信, 942~1017)은 명호를 부르는 행위를 하는 순간 마음에 자비로운 부처의 상이 형성된다고 말한 바 있다. 그러나 호넨은 그런 관상수행적인 성격을 완전히 배제하고 오로지 칭명염불 그 자체만으로 왕생이 가능하다고 본 것이다.[136] 즉 중요한 것은, 정토왕생은 수행을 할 능력이 있느냐 없느냐 여부에 달린 것이

---

136 헤이안 중기에 나온 에신(惠心) 승도 겐신(源信)이야말로 『왕생요집往生要集』이란 대 저술을 통해서 염불의 종풍을 일세에 풍미케 했던 사람이었다. …… 그런 그가 오로지 되뇌었던 염불이란 …… 하나는 마음으로 부처님을 관觀하는 것이다. 즉 늘 마음속 깊이 생각하며, 마음에 깊이 새기는 것이다. 또 하나는 입으로 부처님을 일컫는 것으로, 육자의 명호를 부르는 것(稱名)이다. …… 겐신은 그 두 가지 방법을 다 사람들에게 권했다. 이 칭명염불도 병행해서 권한 것은 겐신 사상의 한 전개였다. 그러나 그는 관불이 칭명보다 뛰어나다는 것을 의심하지 않았다. 관불은 상근기上根機의 사람들이 수행하는 염불이며, 칭명은 하근기의 사람들에게 주어지는 낮은 수준의 염불이라 생각했기 때문이다. …… 그런데 누구도 의심하지 않았던 그 관불의 우위에 대해서, 용감하게도 칭명이 우위라고 단호히 말한 사람이 있었다. 그가 바로 호넨 스님이다. …… 호넨 스님의 생각이야말로, 염불종을 다른 종파에 기생하는 지위로부터 분리시켜서 독립적인 하나의 종파이게 한 힘이었다.(야나기 무네요시, 45. 염불-2, 법보신문, 2011. 12. 26. 참조)

아니라, 아미타불의 본원에 입각한 염불행을 하느냐 하지 않느냐에 달려 있다는 것이다.

이렇듯 호넨에 와서 일본불교는 새로운 국면으로 접어들게 되었다. 이행도易行道와 신앙에 대한 강조, 하나의 구원의 길에 대한 배타적 선택이 그것이다. 이런 확신의 바탕에는 염불이야말로 아미타불의 '본원'에 부합하는 수행이라는 자각이 있었다. 물론 염불은 내가 하지만, 이미 아미타불께서 어김없이 왕생을 가져오는 업으로서의 칭명염불의 원을 세우셨기에 염불은 확실한 구제의 길이라는 것에 대한 확신이다.

이처럼 호넨에게 있어 중요한 것은 본원에 대한 믿음이다. 이 믿음에 근거하여 호넨은 전수염불, 즉 오로지 나무아미타불을 외우면 아미타불의 원력에 의해 범부도 서방 극락정토에 왕생할 수 있다는 종지를 내세우며 일본정토종을 창립하기에 이르렀다.[137] 호넨이 쓴 『선택본원염불집』에는 다음과 같은 내용이 쓰여 있다. "지금은 악한 말법 시대이다. 정토문이야말로 우리가 깨달음에 들어갈 수 있는 유일한 길이다." 이처럼 호넨은 염불을 정토종의 전수사상으로 채택하여 이를 전수염불이라 불렀다. 특히 그는 염불 하나만으로도 충분히 극락정토에 왕생할 수 있다고 봄으로써 아미타불 본원에 대한 신앙과 함께 전수염불을 강조하였기에 그의 염불을 '선택전수염불'이라고 칭해왔다.

호넨은 말한다. "염불이야말로 아미타불에 의해 선택된 극락왕

---

137 최병헌,「한국불교와 일본불교」, 법보신문, 2017. 05. 30 참조.

생을 위한 유일한 방법이다. 그러니 염불만을 오롯이 닦아라." 이처럼 호넨은 염불을 누구나 할 수 있는 이행도易行道이며 보편적인 실천의 길이라고 주장한 것이다. 이러한 정토종의 타력이행他力易行은 종래 자력성도自力聖道에 기초한 귀족불교에 대항하는 민중불교의 성격을 가졌기 때문에 엔랴쿠지(延曆寺)와 고후쿠지(興福寺) 등의 구불교 측으로부터 격렬한 비난과 박해를 받았다.

호넨 문하에는 천태종뿐 아니라 진언종이나 남도불교에서 온 히지리(聖)들이 모여들어 히지리들의 집합체라는 성격이 강했다. 이들은 호넨의 가르침이 단순했기 때문에 종래 정토교가 지닌 복잡한 의례적 측면, 교리적 약점을 극복하고 전수염불 실천을 강화했다. 아미타불은 부귀와 빈천, 지혜와 어리석음, 지계와 파계를 불문하고 모두 평등하게 구제한다는 설은 많은 이들의 공감을 얻었다. 그러나 집단의 규모가 커지자 과격한 활동도 나타났다. 예를 들어 염불만 하면 구제받는다고 하여 파계를 문제시하지 않는가 하면, 어떤 악한 행위도 마음껏 해도 된다 하여 조악무애造惡無礙를 주장하는 이들도 생겼다. 이러한 과격한 활동이 기성불교 종파로부터 반발을 사고 사회적 문제가 되어 결국 정토종은 탄압받기에 이르렀다 (1206~1207).[138]

이렇듯 혹독한 탄압을 받자 결국 전수염불은 금지되었고, 호넨과 신란을 포함하여 그의 제자들은 유배 길에 오르게 되었다. 이렇게 1211년까지 유배생활이 지속되고 이듬해 호넨은 사망했다. 그

---

138 스에키 후미이코, 백승연 역, 『일본 종교사』, 논형, 2009, 80쪽.

러나 탄압에 굴하지 않고 무사나 농민들에게 포교했기에 호넨의 정토종은 큰 세력으로 발전할 수 있었고, 호넨의 뒤를 이어 그의 제자인 신란은 정토진종을 열었다. 그런데 왜 신란은 호넨의 정토종에서 나와 새로운 종파를 세우게 되었을까?

3. 신란의 정토진종

1) 신란의 생애

신란(親鸞, 1173~1263)은 1173년에 출생하여 어린 나이에 부모와 사별한 후 9살에 천태종의 동자승이 되었다. 그는 거기서 20년간 엄격한 금욕생활과 수행을 했지만 구원에 대한 확신을 갖지 못했다. 당시 가마쿠라 막부(1192~1333) 시기는 귀족계급이 쇠퇴하고 무사계급 사이에 정치적 패권 싸움으로 극심한 혼란기에 있었기에 사람들은 염세적 세계관을 가졌고, 불교계에도 불법이 쇠퇴한다는 절망감이 지배적이었다.

신란은 1201년 29세가 되던 때 에고를 없애려는 인간의 모든 노력은 헛되다고 생각되어 히에이잔을 떠났다. 그 후 그는 교토의 로쿠가쿠도(六角堂: 관세음보살을 모신 당으로 쇼토쿠 태자에 의해 세워졌다고 전해짐)에 가서 100

정토진종을 세운 신란의 초상

일 기도를 드리던 중 (관음의 화신의) 계시를 받았다. 그 후 그는 '누구든 아미타불을 염불하면 구원을 받으리라'는 호넨의 가르침에 깨달은 바가 있어 호넨 문하로 들어갔다.

신란이 아미타불의 '본원本願'을 마음의 은신처로 여길 무렵, 호넨은 이미 69세였고 전수염불을 시작한 지 26년이 지났을 때였다. 1207년 가마쿠라 막부는 호넨의 염불운동을 금지하고 그를 도사구니(土佐國)로 유배했고, 신란은 에치고구니(越後國)로 유배당했다. 그 후 신란은 에치고를 떠나 간토(關東)로 가서 20년간 학문을 닦고 포교를 한 후, 1263년 교토에서 조용히 세상을 떠났다. 그럼 신란 사상의 특징에 대해 살펴보자.

2) 신란 사상의 특징

(1) 행行에서 신심(신앙)으로

신란은 칭명염불이 정토왕생을 얻기 위해 중생들에게 주어진 가장 쉬운 길이라는 호넨의 가르침을 따랐으나, 얼마 지나지 않아 칭명염불조차도 수행의 관점에서 완전히 자유로울 수 없다고 생각하기에 이르렀다. 그것은 인간의 선한 행위조차도 마음속에서 자신에게 이익이 돌아가도록 의도되어 있다고 보았기 때문이다.

칭명염불도 자기구원을 위한 이기적인 측면에서 나온 행行이라고 본 신란은 결국 구제를 가져올 행은 없다고 생각했다. 그래서 그는 행으로부터 신앙으로 주의를 돌렸다.[139] 보통 불교 전통에서 신

---

139 블루움, 이종후 역,『신란과 그의 정토교』, 이문출판사, 1985, 65쪽.

앙은 부처·불법·승가인 삼보에 귀의하는 것을 말한다. 종전에는 삼보 신앙을 불자의 종교생활의 본질적 요소로 보았으나 그건 당사자가 불교에 귀의할지 여부를 결정한다는 측면에서 그러했다. 이런 점에서 신란은 신앙조차도 우리 스스로 낼 수 있는 게 아니라 아미타불의 선물로 보았다. 이렇듯 신앙을 아미타불의 선물로 본다면 신앙은 언제 가능한가? 신란은 회심이 이루어지는 시점이 곧 신성이 구제를 허락하는 때라고 보았다.[140]

신란이 호넨의 가르침이 아닌 자신의 길을 가게 된 배경에는 자신의 죄악성에 대한 깊은 자각이 있었기 때문이다. 그는 저서 『교행신증敎行信證』에서 자신을 '우독愚禿 신란'이라고 고백한다. 우독이란 '어리석은 더벅머리'라는 의미로, 자신은 우매하기에 수행해서 깨달음을 얻어 부처가 된다는 것은 불가능하다는 의미를 담고 있다. 그래서 신란은 "우독 신란은 1201년에 잡행을 버리고 본원에 귀의했다"라고 말한 것이다. 신란이 86세 때 지은 「우독비탄술회」에 보면 다음과 같은 대목이 나온다.

"진실한 마음은 얻기 어렵고 허하고 불실한 나로서 청정한 마음도 없구나. 겉으로는 사람마다 선하고 현명하고 정진하는 것처럼 보이지만, 내 안에 탐욕과 노여움과 거짓이 많은 고로 이게 무엇인가? 탐진치 삼독三毒이다. 간사함이 가득 찼도다. 악한 성품을 실로 그치기 어려워 마음은 뱀과 같고 전갈과 같다."[141]

---

140 같은 책, 88쪽.

    이렇듯 신란은 자신의 내면세계가 죄악으로 가득 차 있음을 고백하고 있다. 이는 사도 바오로의 고백과 유사한 면이 있다. 로마서 7장 15절에서 바오로는 다음과 같이 말한다. "나는 내가 바라는 것을 하지 않고 오히려 내가 싫어하는 것을 합니다." 곧 바오로는 자신이 아무리 선한 일을 하려 해도 마음은 늘 거짓으로 가득 차 있다고 고백한다. 우리가 인간의 죄악성을 인지하고 그 안에 죄가 많은 것을 볼 때 은총이 더욱 많다는 것과 하느님은 그런 인간의 죄에도 불구하고 당신의 자비를 드러내심을 깨달을 수 있는 것이다.[142] 이런 점때문에 바오로와 신란 사상은 서로 다른 종교 전통에 속하면서도 종교적 심성 면에서 서로 만남이 가능하리라 본다. 여기는 신란의 염불관이 호넨의 그것이 다르다는 점에 주목할 필요가 있다.

(2) 신란의 염불관

호넨에게 있어 염불의 주체는 자기 자신이다. 이처럼 염불의 주체가 자기 자신이라는 것은 '내가 염불한다'는 점에서 신란이 말한 염불관과 차이를 보인다. 신란은 '자신의 깊은 죄악성 때문에 자신이 순수한 마음으로 염불하는 것이 불가능하다'고 보았기 때문이다. 다시 말해 신란의 경우, 염불은 내 의지에 의해서가 아니라 '아미타불이 내 안에서 염불한다'고 본다. 이런 점에서 신란이 말한 염불은

---

141 親鸞,『正像末 和讚』,『全集』II, 527쪽.

142 The Epistle to the Romans, 257쪽. (길희성,『일본의 정토사상』, 민음사, 1999, 51쪽 각주 5 참조)

아미타불에 의한 '회향回向염불'이라 할 수 있다. 본래 회향은 자신이 쌓은 공덕을 남에게 돌린다는 의미이다. 따라서 회향염불은 아미타불이 자신의 본원력을 회향시켜 우리로 하여금 염불하도록 해준다는 뜻으로 풀이할 수 있다. 이렇듯 내가 염불하는 게 아니라 '아미타불이 내 안에서 염불한다'는 점에서 회향염불은 절대타력염불이며 절대타력 신앙이라 할 수 있다.

이처럼 가장 행하기 쉬운 염불도 자력으로 할 수 없다는 저변에는 인간의 죄악성에 대한 자각이 담겨 있다. 이처럼 염불은 내가 아니라 아미타불이 내 안에서 하는 것이기에 염불은 비행非行이며, 내가 공덕을 쌓는 것이 아니기에 비선非善이라는 것이다. 이렇듯 신란은 염불을 비행과 비선으로 볼 뿐만 아니라, 염불은 아미타불에 의해 행해진다고 보기에 대행代行이라고 본다.[143]

또한 신란의 염불은 아미타불이 나에게 주는 공덕이기 때문에 은혜에 감사하는 보은염불報恩念佛이라고 볼 수 있다. 즉 철저히 아미타불에 의해 구원받는 것이기에 아미타불에 의해 확정된 구원에 감사의 표현으로 하는 염불행이라는 것이다. 그러나 염불을 이렇게 감사의 염불로 해석해버릴 때 '염불을 통한 왕생'이라는 정토종의 정신이 희석되어버리는 결과를 낳는다. 이러한 염불 문제는 결국 잇펜에 가서 다시 염불 본연의 의미를 회복하게 된다. 여기서 믿음(信)과 행行의 관계를 어떻게 보아야 하는가의 문제가 야기된다. 신

---

143 신란의 회향염불은 非行이면서 非善이고, 非善이기 때문에 代行인 염불이다.

란은 신행동시信行同時로 본다.

그러나 과연 믿음이라는 것이 늘 일관성을 지니는가? 그렇지는 않다. 그래서 행行을 통해 다시 신信을 회복하기도 한다. 이렇듯 신信과 행行 간에는 역동성을 지닌다. 호넨은 제18원을 염불왕생의 원願으로 본 반면, 신란은 이를 지심신요至心信樂의 원이라 불렀다. 곧 한 쪽은 염불의 행을, 다른 쪽은 신요信樂의 믿음을 중시한 것이다.[144] 이처럼 신란은 믿음을 지나치게 강조하다 보니 믿음 앞에서 염불마저 버리는 지경에 이르렀다. 그러나 인간의 믿음에 의지한다면 아직도 자력을 인정하는 것이 아닌가. 다시 말해 만일 왕생이 인간의 믿음에 의해 결정된다면 믿지 못하는 자는 결코 정토에 왕생할 수 없게 된다.[145] 이것이 신란이 말한 믿음의 심각한 문제이다.

(3) 신심

신란은 신심도 염불과 마찬가지로 내가 신심을 일으키는 게 아니라 회향된 신심으로 본다. 즉 신란에게 있어 신심은 아미타불의 본원에 의해 나에게 회향되었다고 보기에 원력회향이라는 것이다. 신란은 신앙을 법장보살의 48원 중 제18원에 나타난 세 면으로 보는데, 그것은 바로 성실한 마음(至誠心)과 신뢰하는 마음(深心), 그리고 회향발원심(廻向發願心)이다.[146]

---

144 야나기 무네요시, 김호성 옮김, 『나무아미타불』, 모과나무, 2017, 281쪽.

145 같은 책, 283~284쪽.

146 블루움, 이종후 역, 『신란과 그의 정토교』, 이문출판사, 1985, 76쪽. 이 세

호넨 역시 아미타불 본원에 대한 신심을 강조하지만, 그가 말한 신심에는 여전히 자력적인 면이 남아 있다는 것이다. 이에 반해 신란은 자력적인 측면을 완전히 소멸시킴으로써 염불도 신심도 그 주체를 아미타불로 본다. 이렇듯 아미타불이 주체가 된다면 신심도, 염불도 초월적인 것이 되어 버리지 않겠는가? 여기서 우리는 한 가지 의문을 갖게 된다. 과연 신란이 말하듯이 초월적인 염불과 신심이 가능한가라는 것이다. 다시 말해 염불과 신심이 모두 아미타불에 의한 것이라면, 누가 자기 구원에 대한 확신을 가질 수 있을까? 이렇게 볼 때 호넨의 사상이 신란의 그것보다 훨씬 더 인간적이 아닐까 하는 생각이 든다.

그렇더라도 분명 신란의 사상은 독창적인 면을 지니고 있다. 오늘날 일본불교의 종파들 중 가장 많은 신도 수를 지닌 종파도 정토진종이라는 점에서도 그의 사상이 민중들에게 상당한 호소력을 지니고 있음을 알 수 있다. 그건 마치 그리스도교에서 바울 사상이 주는 영향력과도 유사하다고 본다.

다음으로 살펴볼 것은 신란의 악인정기설惡人正機說 혹은 악인정인설惡人正因說이다.

신란의 제자인 유이엔(唯圓, 1222~1289)이 편집한 『탄이초歎異抄』에 보면 다음 대목이 나온다. "선인조차도 극락왕생을 한다. 하물며 악인이야." 이 말은, 번뇌 구족의 우리가 어떤 수행을 할지라도 번

가지 마음(三心)은 원래 『관무량수경』에 나오는 내용으로 선도대사가 중시하였는데, 신란은 이를 『무량수경』의 제18원과 결부시킨 것이다.

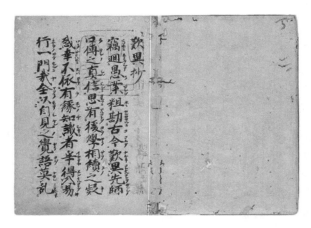

유이엔(唯圓)이 신란의 말을 정리해서 저술한 『탄이초』

뇌에서 벗어날 수 없음을 가엾게 여긴 아미타불께서 서원하신 것은
악인 성불을 위한 것이므로, 자신의 선이 전무全無하여 오로지 타력
에 의지할 수밖에 없는 악인이야말로 가장 왕생에 적합한 사람이라
는 것이다.[147]

　"현실적으로 보면 악한 사람도 왕생하는데, 하물며 선한 사람이

147　스에키 후미히코. 이시준 역, 『일본불교사: 사상사로서의 접근』, 뿌리와 이
　　파리, 1992, 180쪽. (『탄이초』의 내용으로 미루어 보아 신란의 제자인 유이엔이
　　저자라는 설이 학계의 정설로 되어 있다. 『탄이초』를 신란의 저서로 생각하는 사
　　람들이 있으나, 실은 신란의 신앙 어록일 뿐 직접 쓴 것은 아니다. 이것은 신란을
　　스승으로 모신 제자 유이엔이 스승의 사후 그의 가르침인 절대타력에 대한 믿음
　　을 적은 신앙서다. 이 책은 유이엔 자신의 진술하고 한결같은 구도의 태도에서 비
　　롯된다. 소리 내어 염불해도 용약환희의 마음이 일지 않는 것은 왜일까, 고민하며
　　신란에게 질문한 것에 대한 내용을 비롯하여 신란의 가르침이 수록되어 있다.)

야"라고 말하는 게 옳은 게 아닌가? 그런데 왜 신란은 "선인조차도 극락왕생을 한다. 하물며 악인이야"라고 말한 것일까? 그것은 아미타불의 본원에 의해 구원받는 중생은 악인들이라고 보기 때문이다. 따라서 왕생할 수 있는 바른 원인(대상)은 악인인 것이다. 그래서 자력으로 구원하려는 선인도 왕생하는데, 하물며 "왕생의 정인正因인 악인이야" 말할 필요도 없지 않은가라고 한 것이다. 이와 같은 신란에 와서 아미타불의 타력에 의해 구원받는 '악인'이 구제의 중심이 된 것이다.[148]

(4) 현재 구원론

전통적으로 정토신앙에서는 사후세계인 서방 극락정토를 말하는 데 반해, 신란은 현재적 구원론을 말한다. 즉 서방정토의 왕생 대신 신란은 신심이 확정된 '지금 여기'에서 구원이 확정된다는 것이다. 이러한 현세적 구원론은 사상적으로는 깊이 나아간 듯 보이지만, 신심이 확정되었다는 것을 인간인 우리가 어떻게 객관적으로 알 수 있을까 하는 문제는 여전히 남게 된다. 그리스도교에서는 "이미 그러나 아직"이라는 구원의 확정에 대해 현재와 미래 간의 긴장의 끈을 놓지 않는다. 신란의 현재 구원론의 문제도 "이미 그러나 아직"

---

148 신란은 아미타불의 본원이 특히 악인들을 위한 것이므로 자신의 악업 때문에 스스로를 낮출 필요가 없다는 것을 그들에게 상기시켰다. 이는 자신이 스스로 구제될 수 있다고 자신하는 이는 신앙을 갖기에 어렵다고 선언이기도 했다. 그러기에 신란에 와서는 금욕주의나 종교적 수행은 필요 없게 되었고, 다만 필요한 것은 아미타불의 본원에 대한 신앙뿐이 되었다.

이라는 구원의 확정에 대한 긴장감을 지닌다면 어떨까 하는 생각을 해본다.

신란은 자기 자신을 승려도 아니고 속인도 아니라고 말한다. 다시 말해 비승비속非僧非俗이라는 것이다. 이렇듯 신란이 자신의 정체성을 비승비속이라고 규정한 것은 에신(惠信)과 결혼했기 때문이다. 사실 일본 출가승들에게 결혼이 허락된 것은 신란 때부터이다. 승가공동체가 명맥이 유지되려면 수계의식이 중시되어야 하는데 신란에 와서 이 부분이 깨진 것은 일본불교의 큰 상실이 아닐 수 없다. 앞으로 일본불교에서 쇄신해야 할 면도 바로 이 문제가 아닐까 생각한다. 메이지 유신 이후 다른 종파의 스님들도 신란 사상을 수용하여 많은 이가 결혼했고, 일본 정토진종이 동서로 분열된 것도 결국 자식들과의 문제 때문이었다. 이런 체험 때문이었는지 신란은 자기 실존의 삶과 연관해서 자신을 우독愚禿이라고 한 게 아닌가 생각한다.

4. 잇펜의 시종時宗

호넨과 신란에 이어 가마쿠라 시대 중기에 잇펜(一遍, 1239~1289)이 등장했다. 잇펜은 지방호족 집안에서 태어나 어렸을 때 모친을 여의고 13세 때 히에이잔 승려가 되었다.[149] 25살 되던 1263년에 그

---

149 잇펜은 쇼타츠(聖達)의 제자였는데, 쇼타츠는 정토종 서산파西山派에 속한다. 서산파는 정토종 계열이지만 염불만을 강조했던 호넨(法然)과는 조금

는 부친의 입적 소식을 듣고 고향으로 돌아갔다가 거기서 주변의 강권으로 환속해 결혼해서 자식까지 낳게 되었다. 그러나 그는 세속적 삶에 만족할 수 없어 다시 모든 것을 던지고 1267년에 재출가 再出家해서 유행승으로 철저히 가난하게 살았다. 이러한 잇펜의 재출가는 그 이후 출가의 의미를 궁극적으로 구현해냈다는 평가를 받기도 했다. 즉 '출가 → 재가 → 출가'라는 두 번의 출가를 통해 잇펜은 세속적 욕망을 모두 벗어버리고 참된 출가의 의미를 살아냈다는 것이다.

1271년 잇펜은 오카야마현(岡山縣)에 있는 젠코지(善光寺)에서 아미타불 신앙에 대한 깊은 체험을 한 후 3년간 염불 정진했다.[150] 그 후 그는 "영원히 세속의 생활을 멀리하고, 일체의 것을 버리고 내 몸, 내 생명을 불법을 위해 바치고, 중생을 구제하겠다"고 서원한다.[151] 잇펜의 중생 구제행은 독특했다. 그는 거리를 다니며 '나무아

달리 제행諸行도 아미타불의 공덕으로 함께 닦을 것을 권장했던 것으로 알려져 있다.

150 잇펜은 그때 체득한 바를 「십일불이송十一不二頌」으로 드러냈다. "십겁에 정각한 중생계, 일념에 왕생하는 미타의 나라, 십과 일은 불이不二로써 무생無生을 증명하고, 나라와 세계는 평등하게 대회에 앉는다(十劫正覺衆生界, 一念往生弥陀國, 十一不二証無生, 國界平等坐大會)." 이것이 그의 첫 번째 깨달음이다.

151 잇펜은 임제종 선사인 호토국사(法燈國師) 가쿠신(覺心, 1209~1298)으로부터 인가認可를 받기도 했다. 가쿠신은 잇펜에게 '망념이 일어나면 망념인 줄 알아차려라'는 '염기즉각念起卽覺'을 제시하고 염불의 경지를 물었다. 이에 잇펜은 "이름 외울 때/ 부처님과 나 모두/ 없어지리라/ 나무아미타불만/ 그 소리만 남으리"라고 대답했다. 하지만 가쿠신은 "아직 철저하지 못하다"

시종時宗의 종조 잇펜(一遍)과
잇펜이 사람들에게 나누어주었다는 염불패찰

미타불'이라고 쓴 염불패찰을 사람들에게 나눠주었다. 그러던 중
그가 36세 되던 때 그에게 한 사건이 벌어졌다. 그는 사람들에게 육
자명호를 적은 패찰(賦算: 염불패찰)을 나눠주면서 "이것을 받으시
고 믿는 마음, 곧 일념一念을 내어서 한 번이라도 나무아미타불을
하시오"라고 설했다.[152] 그러면서 어떤 율승律僧에게 패찰을 건네자
그는 "지금 나에게는 일념의 믿음이 일어나지 않으니 받을 수 없소.
부처님의 가르침을 의심하는 것은 아니지만, 신심이 일어나지 않는

라고 했다. 잇펜은 다시 "이름 외울 때/ 부처님과 나 모두/ 없어지리라/ 나
무아미타불만/ 나무아미타불만"이라고 노래했다. 가쿠신은 선악시비의 분
별과 알음알이로부터 자유로워진 잇펜을 인가하고 징표로 수건과 약상자
를 건넸다. 염불과 선은 둘이 아니었다.

[152] 폐찰은 '나무아미타불 결정왕생육십만인南無阿彌陀佛 決定往生六十萬人'이라
고 적은 나무 조각이다.

것에 대해서 나도 어쩔 수가 없소"라고 하는 것이 아닌가.

그 사건 이후 잇펜은 신심이 안 일어나는 사람들에게 염불을 권하는 일이 과연 옳은지 고심하기 시작했다. 1274년 그는 이 문제를 풀기 위해 와카야마현(和歌山縣)의 쿠마노 신사(熊野神社)에서 기도를 드리며 가피를 바랐다. 그가 100일 기도를 하던 마지막 날 꿈에 백발에 긴 두건을 쓴 산수행자(야마부시)가 나타났고, 복도에는 300명의 야마수지들이 그에게 머리를 조아렸다.[153] 그 순간 잇펜은 그가 구마노곤겐(熊野權現: 부처님이 신으로 화현해서 드러난 존재)임을 깨달았다. 구마노곤겐은 잇펜에게 다음과 같이 말하는 게 아닌가! 『잇펜히지리에』[154] 권3에 수록된 꿈속의 계시는 아래와 같다.

"그대의 권유에 의해서 비로소 모든 중생이 왕생되는 것은 아니다. 아미타불이 십겁 전에 이룬 정각에서 모든 중생의 왕생은 나무아미타불에서 이미 결정되어 있다. 믿음과 불신을 가리지 말고 청정과 부정을 신경 쓰지 말며 그 팻말을 나눠주어야 한다."[155]

여기서 잇펜은 인간의 신信이나 불신不信이나 정淨이나 부정不淨과 상관없이 패를 전해주라는 말에서 깨달은 바가 있었다. 곧 그는

---

153 길희성, 『일본의 정토사상』, 민음사, 2006, 173쪽.

154 『잇펜히지리에(一遍聖繪)』는 잇펜의 전기를 그림으로 그린 작품이다. 잇펜의 동생이자 제자인 쇼카이(聖戒)의 주도로 제작되었다고 한다.

155 길희성, 앞의 책, 173쪽.

이 체험을 통해 신·불신, 정·부정이라는 상대적인 세계관에 사로 잡히지 않고 아미타불 신앙에 대한 확고한 신념에 이른 것이다. 이는 그로 하여금 육자명호 자체에 구제의 힘이 있기에 오로지 명호만 염하면 왕생할 수 있음을 확신하게 해준 것이다.

　왕생은 믿음에 의해서 할 수 있는 것이 아니고 믿는 힘이 있기 때문에 왕생하는 것도 아니다. 왕생은 나무아미타불 명호 그 자체이다. 명호가 섭취攝取하는 힘에 나를 내맡기지 않고 어떻게 왕생이 있겠는가.[156] 나무아미타불 자체가 '구원의 객관성'을 가지고 있음을 확신하게 된 잇펜은 그 이후로 자신 있게 사람들에게 "신심이 일어나든 안 일어나든 상관이 없으니 염불패찰을 받으시오"라고 말하게 되었다.

　잇펜이 나누어준 패찰에 쓴 '육십만인六十萬人'의 의미는 무엇인가? 여기서 말하는 육십만인이란 '육자명호일편법六字名號一遍法, 십계의정일편체十界依正一遍體, 만행이념일편증萬行離念一遍證, 인중상상묘호화人中上上妙好華'의 첫 자를 딴 것이다. 즉 '육십만인송六十萬人頌'에서 육은 육자명호를, 십은 시방세계를, 만은 만행이 일념의 염불행에 지나지 않음을, 인은 사람 가운데 정토의 묘화가 피어난다는 뜻으로 '육자명호'인 '나무아미타불'이야말로 가장 보편적인 불법으로 가장 보편적인 깨달음이라는 의미를 담고 있다. 다시 말해 나무아미타불 여섯 자에는 생사가 없고, 한 번 부르는 일성一聲 속에는 생멸이 없다는 것이다. 그래서 명호를 외우면 누구나 나무

156　야나기 무네요시, 김호성 옮김, 『나무아미타불』, 모과나무, 2017, 287쪽.

아미타불 속으로 사라지고, 그 순간에 왕생하게 되니 왕생은 나무아미타불에 의탁하면 된다는 것이다. 당시 잇펜이 나눠준 '나무아미타불 결정왕생육십만인'이라는 염불패찰을 받은 사람들의 수가 무려 25만 명이나 된다고 전해지고 있다.

여기서 우리는 신란과 잇펜 사상의 차이에 대해 잠시 생각해보자. 신란은 인간의 신심이 지닌 불순수성과 불확실성의 문제를 신심의 초월적 기원, 즉 신심이 아미타불에 의해 주어진 것으로 봄으로써 해결하려 했다. 그러나 이러한 생각은 신자들로 하여금 신심을 구체적이고 살아 있는 체험에서 유리시켜버리는 결과를 낳고 말았다. 즉 신심의 발생 그 자체가 초월적이라면, 정토신자들은 어떻게 자신의 궁극적 구원을 확신할 수 있겠는가 하는 문제가 생긴 것이다. 이러한 연장선상에서 볼 때 잇펜에 와서 달라진 것은 신심에 의해서 구원이 확정되는 것이 아니라, 구원은 '이미' 본원에 의해서 확정되어 있다는 해석으로 변화가 일어난 것이다. 즉 신심을 일으키지 않아도 이미 아미타불의 본원에 의해 구원이 이미 확정되어 있다는 것이다. 이처럼 잇펜은 아미타불의 본원에 의한 구원이 확정되었음을 선포함으로써 "어떻게 구원이 확정되었음을 확신할 수 있을까"라는 신란에게서 생겨난 문제점을 해결할 수 있었다.

잇펜은 이즈음에 자신의 법명法名을 지신(智眞)에서 잇펜(一遍)으로 고쳤다.[157] 여기서 우리는 정토신앙에 대한 잇펜의 의지를 엿

---

157 잇펜이 쇼타츠(聖達)의 제자로 있을 때는 지신(知眞)이라는 이름을 받았었는데, 꿈에서 계시를 받은 후로 잇펜으로 바꾸었다. 잇펜이라는 이름도 '육

『잇펜히지리회(一遍聖繪)』에 나오는 오도리 넨부츠

볼 수 있다. 곧 '진리를 아는 것'보다 아미타불 신앙을 더 중시했음을……. 시종時宗 교단에서는 잇펜에게 이러한 확고한 미타신앙이 확립된 1276년을 개종의 시기로 보고 있다. 염불을 통한 유행행각은 전국에 걸쳐 이루어졌으며, 결연結緣을 원하는 사람들이 끊이질 않았다. 이러한 유행전법은 잇펜이 임종에 이르기까지 멈추지 않았다. 그의 전법은 『잇펜히지리회(一遍聖繪)』를 통해 지금까지도 생생하게 전해지고 있다.[158]

잇펜의 깨달음 이후 그의 행각에서 가장 주목할 부분은 춤 염불

자명호일편법六字名號一遍法'에서 나왔는데, 일편법은 두루 다 퍼진다는 의미이다.

158 『잇펜히지리회』를 볼 때, 잇펜의 시중時衆들이 춤추던 환경은 "무연無緣"의 장소로 보이는 "시장이나 신사불각神社佛閣의 문전이나 경내, 해변이었다.

(오도리 넨부츠, 踊り念佛)이다. 잇펜이 일생동안 전국을 행각하면서 나눠준 염불패찰은 민중들에게 아미타불의 구원에 대한 확신을 심어주었고, 춤 염불은 모든 고뇌로부터 탈속적인 해방감을 느끼게 하여 신앙에 대한 희열을 고취시키기에 더없이 좋은 기폭제가 되었다.[159] 그가 남긴 오도리 염불은 민중 속에서 살아남아 가부키 등으로 예능화되어 오늘날에도 행해지고 있다.

앞서 말했듯이 잇펜은 쿠마노 신사에 들어가 꿈을 통해 신탁을 받았다고 하는데, 여기서 우리는 그가 일본의 신불습합神佛褶合 전통을 수용했음을 엿볼 수 있다. 다시 말해 이는 그가 일본인의 심성에 깊이 각인된 전통신앙을 그대로 받아들인 것으로 해석할 수 있겠다. 이와 함께 육자명호의 정토신앙을 통해 잇펜이 민중에게 다가선 것은 원효元曉의 사상과도 상통하는 점이 있다. 잇펜의 정토사상은 우열을 논하는 성도문의 교법보다는 근기의 상중하를 가리지 않고 모든 중생이 부처님의 자비에 포섭되는 불법의 묘용을 드러내고 있다. 이러한 점은 한국불교계가 도심포교에서 성공한 사례들과 비견되리라 생각한다. 이 점은 앞으로의 연구과제로 남겨둔다.

잇펜의 제자들은 신도들을 규합해 시종時宗이라는 이름의 교단을 만들었는데, 이는 『아미타경』의 '임명종시臨命終時'라는 표현에서 나왔다. 이는 마치 "자신이 죽음에 임박한 것으로 생각하고 염불을 바치라"라는 뜻이다. 시종에서는 하루를 6시간 단위로 나누어서 시

---

159 원영상, 「일본 시종時宗의 조사 잇펜(一遍)의 전법행각과 현대적 의미」, 『전법학연구』 제7호, 2014, 35쪽.

간표대로 계속 염불을 하는 전통이 있는데, 이는 염불에 대한 강한 신심을 드러내주고 있다.

잇펜은 염불의 공덕을 알리기 위해 죽음에 이르기까지 걷고 또 걸었다. 그렇게 일본의 방방곡곡을 돌아다니며 염불공덕을 알린 그는 1289년 8월 23일 51살로 정토에 왕생했는데, 마지막 순간에 이르기 7일 전에 그는 자신의 모든 저술과 편지 등을 모아 불태웠다. 그리고는 "일대一代의 성스러운 가르침은 모두 나무아미타불로 돌아간다"라고 하여 불교의 모든 가르침은 나무아미타불 속에 있으며, 나머지는 모두 사족임을 제자들에게 가르쳤다. 이런 가르침 하에서 그는 제자들에게 "내 교화는 내 일생에 있다"라고 선언한 것이다.

제자들은 잇펜 사후에 기억을 더듬고 자료들을 모아 『한슈법어집(播州法語集)』, 『잇펜상인어록(一遍上人語錄)』을 펴냈다. 제자이자 동생인 쇼카이(聖戒, ?~1323)의 주도로 그림으로 만든 전기인 『잇펜히지리에(一遍聖繪)』도 10년 만에 완성됐다. 오늘날 잇펜은 자력과 타력, 선과 정토가 둘이 아닌 경지, 염불수행을 최고의 경지로 끌어올렸다는 평가를 받고 있다. 보통 나무아미타불 염불은 아미타불의 타력신앙을 대표하는 실천행으로 알려져 있다. 그러나 호넨, 신란, 잇펜에서 보았듯이 염불에도 자력염불이 있고 타력염불이 있음을 알 수 있다. 사실 잇펜에 와서 염불은 철저한 타력신앙을 드러내는 실천행으로 자리매김하게 되었다.

호넨, 신란, 잇펜 모두 염불행을 강조했으나 그 무게나 질적인 면에서 각각 다르다. 신란은 일체의 행위를 부처님 공덕으로 돌렸으나, 잇펜은 부처도 중생도 함께 사라지고 오직 육자명호 자체를 궁극적 경지로 보았다.[160] "이름 외울 때 부처님과 나 모두 없어지리라. 나무아미타불만 나무아미타불만." 잇펜의 『한슈법어집』을 보면 "명호 외에 귀의의 주체가 되는 중생도 없고 귀의의 대상인 법도 없고 …… 자력과 타력이 끊어지고 기機와 법法이 끊어지는 그 자리를 나무아미타불이라 한다. …… 미혹과 깨달음, 주체와 대상을 끊고 자력과 타력을 넘어설 때 불가사의 명호라 말한다."[161] 이렇듯 자기가 염불하는 게 아니라 아미타불이 내 안에서 염불하시는 것이니 곧 타력염불인 것이다. 이처럼 타력염불행에서는 내가 사라지기에 무아염불인 것이다. 그러나 여기서 그저 자력이나 타력을 수행의 주체가 자기인지 아닌지에 따라 가늠할 수 있는 게 아님을 알 수 있다. 선이 철저한 자력이고 정토종이 절대타력이라고 하여 양자를 나눌 수 있는 게 아니라는 의미이다. 앞으로 도겐에게서 보겠지만, 도겐의 깨달음은 철저히 자신을 비우고 잊는 데에서 이뤄진다. 자기가 사라진 자리는 주객의 이원론적 사유가 사라짐을 의미한다.

35살 때부터 생명이 다할 때까지 수만 리를 걸으며 중생을 제도한 거리의 성자였던 잇펜을 기념하기 위해 세워진 잇펜의 동상들은 모두 걷는 모습을 하고 있는데, 그것은 그의 삶이 지닌 역동성을 그대로 표현해주고 있다. 야나기 무네요시는 그의 저서 『나무아미타불』에서 호넨, 신란, 잇펜이라는 정토종의 3분파 사상을 비교하면

---

160 야나기 무네요시, 김호성 옮김, 『나무아미타불』, 모과나무, 2017, 183쪽.
161 같은 책, 184쪽.

서 결국 정토종 사상은 잇펜 사상에 와서 그 절정에 달하고 있음을 말하고 있다.[162]

5. 에이사이의 일본 임제종

에이사이(榮西, 1141~1215)는 13세(1151)에 엔랴쿠지로 출가하여 1152년 수계를 받았으나 당시 천태교단이 귀족 간 정쟁의 도구로 전락할 만큼 세속화되어 갔기에 엔랴쿠지를 떠났다. 그 후 에이사이는 참된 불법을 찾아 1167년 27세의 나이로 송나라 유학길에 올랐다. 그는 천태산, 아육왕산에서 수학하면서 천태관련 전적을 수집하고 당시 남송에서 번성한 선종을 공부한 후, 약 6개월간의 유학기간을 마치고 귀국했다. 그 후 그는 선을 도입하여 세속화되어 가는 일본불교를 바로 세우기로 결심하고 다시 송에 가고자 했다. 그러나 막부의 도송渡宋 금지령으로 인해 송으로 가지 못한 채 밀교와 선을 연구했다. 다시 1187년, 47세의 나이로 에이사이는 송나라를 통해 인도로 가고자 했으나, 몽골세력의 확대로 북방의 서역로가 끊겨서 갈 수가 없었다. 그래서 그는 천태산 허암회창虛庵懷敞 문하에서 임제종 황룡파臨濟宗黃龍派의 선을 5년간 사사하고, 1191년 허암회창으로부터 법의와 사법嗣法의 인가印可를 받고 같은 해 귀국했다.

중국 선종은 송대에 와서 5가 7종으로 분열되었는데, 그중 하나

---

162 같은 책, 287~288쪽 참조.

일본 임제종의 개조 에이사이(榮西)

인 임제종은 황룡파黃龍派와 양기파楊岐派 두 파로 갈렸다. 임제종
황룡파의 법을 이은 에이사이는 1191년 귀국하여 일본에 임제선을
제창했다. 이처럼 선종이 일본에 본격적으로 전해진 것은 에이사이
가 귀국하면서부터였으나, 일본에 이미 12세기말 다이니치 노닌(大
日能忍)이 달마종을 세우면서 선이 소개되었다.[163]

　노닌은 스승으로부터 정식으로 전수받은 것이 아니라 특정 스
승 없이 독자적으로 달마의 선법을 고안하여 포교활동을 했다(無師
獨悟). 에이사이는 이런 노닌이 계율을 무시한 점 때문에 그에 대해
매우 비판적이었다. 사실 계율 무시는 당시 일반적인 경향이었지만
달마종이 지닌 여러 측면들(무사독오無師獨悟 외에 제자들의 조악무
애粗惡無涯적인 면) 때문에 에이사이는 달마종을 위험하다고 본 것
이다. 그래서 에이사이는 자신의 가르침과 달마종을 엄격히 구분할

163　스에키 후미이코, 백승연 역, 『일본 종교사』, 논형, 2009, 84쪽.

일본 임제종 대본산 교토 겐닌지(建仁寺)

필요가 있다고 느꼈다.

  에이사이가 선이야말로 말법의 가르침이라 하여 선의 부흥을 강조하자 당시 막강한 세력을 지녔던 히에이잔의 천태종 승려들은 그를 이단시하여 박해했고, 결국 그는 조정으로부터 활동을 금지당하고 말았다.[164]

  에이사이는 기존 불교인 천태종으로 인해 포교활동의 어려움을 겪게 되자 1198년 조정에 상소문을 제출했는데, 이것이 바로 『흥선호국론興禪護國論』이다. 그는 거기서 선禪이야말로 사이초(最澄)가 전래한 선 전통을 계승한 것이라 주장하면서, 선종의 융성함에 따라 국가를 보호할 수 있게 된다는 논지를 폈다. 그럼에도 불구하고 천태종 교단과의 대립이 계속되자, 에이사이는 결국 1199년에 가

---

164 무라카즈 시게요시 외, 최길성 편역, 『일본의 종교』, 예진, 1989, 87쪽 참조.

마쿠라로 내려가고 말았다.[165] 마침 가마쿠라에 막부체제가 구축되어 있어서 에이사이는 막부체제와 결탁할 기회를 얻고 막부로부터 신임을 얻게 되었다.

사실 선은 복잡한 교학체계를 몰라도 명상과 직관을 통해 깨달음의 세계로 들어갈 수 있기에 사무라이들도 선에 깊은 관심을 갖게 된 것이다. 에이사이는 적극적으로 막부의 사무라이들에게 접근했고, 이러한 노력으로 선은 점차 공인되어 갔다. 이렇듯 막부의 전폭적인 후원을 얻게 되자 에이사이는 1200년 교토로 입성하여 히가시야마(東山)에 겐닌지(建仁寺)를 건립했다. 그는 구불교 세력과의 마찰을 피하려는 의도에서 겐닌지를 진언(밀교), 지관(천태), 선(임제)을 아우르는 삼교의 도량으로 했다. 이와 같이 에이사이는 당시 일본문화의 중심지였던 가마쿠라와 교토에 대사원을 건립하고 임제종을 일본에 정착시키는 계기를 마련했다. 그러나 에이사이의 사상은 순수한 선이 아니라 밀교신앙과 습합된 상태였다. 이처럼 에이사이는 순수한 선종이 아니라 태밀사상과 습합된 가르침을 펼쳤다는 점에서 도겐과는 차이가 있다.

---

165 에이사이는 구불교 세력의 중심지였던 수도 교토에서의 포교를 단념하고 새로운 권력인 막부의 근거지 가마쿠라(鎌倉)로 옮긴다. 송나라 유학을 통해 얻은 에이사이의 폭넓은 식견은 막부의 주요 인사들의 지지를 받게 되고, 결국 1202년 가마쿠라 막부의 초대 쇼군 미나모토노 요리토모(源賴朝)의 정비였던 호죠 마사코(北條政子)의 귀의와 후원으로 주후쿠지(壽福寺)를 건립하고 그곳의 주지가 된다.

6. 도겐의 조동종[166]

1) 생애

도겐(道元, 1200~1253)은 일본불교계를 대표하는 철학자이자 선사이다. 불교사상은 크게 경전 중심의 교학敎學과 선 중심의 선학禪學으로 나눌 수 있는데. 선학은 불립문자不立文字, 이심전심以心傳心, 교외별전敎外別傳이라는 특징을 지니고 있다. 불립문자는 문자로써는 불교의 궁극적 진리로 들어갈 수 없다는 의미이며, 이심전심은 진리는 마음과 마음으로 전달된다는 뜻을 함축하고 있으며, 교외별전은 교학 외에 따로 전한다는 의미이다.

일본 조동종의 개조 도겐(道元)

이렇듯 선은 불립문자를 중심으로 하기에 선사들이 저술을 남기는 경우는 극히 드물다. 이런 점에서 도겐 선사가 많은 저술을 남긴 것은 특이한 점이라 할 수 있다. 우리는 도겐의 대표적인 저서인 95권의 『정법안장正

---

166 일본에서는 선종 중 조동종이 가장 큰 교단이다. 현재 조동종은 일본 내 사찰 수가 15,000여 개, 신자 수가 700만 명이 이른다고 한다. 조동종의 총본산 사찰은 1244년 도겐 선사가 지은 '에이헤이지(永平寺)'로, 후쿠이현 에이헤이쵸에 있다. 해외에도 유럽, 미국, 하와이 등지에 9개 절이 있다고 한다.

法眼藏』을 통해 그의 사상을 엿볼 수 있다.

도겐은 가마쿠라 막부가 막 시작했을 즈음에 태어났다. 그는 최상류 가정에서 태어났지만 불행히도 3세에 부친, 8세에 모친상을 당해 부모를 일찍 여의었다. 그는 특히 모친상을 당한 후 세상이 무상함을 느꼈다고 자신의 저서에서 말하고 있다. 물론 어린 나이에 느낀 무상이 대단한 것은 아니었겠지만 도겐에게 있어 무상함은 그의 생애 전반에 퍼져 있었다. 사실 제행무상은 불교 진리의 핵심 중 하나이다. 도겐은 모친상을 당한 후 할머니 밑에서 살다가 1213년 14세 나이에 히에이잔으로 출가해서 천태승이 되었다.

그러나 도겐은 엔랴쿠지에서 지내면서 천태본각사상天台本覺思想에 대해 강한 의문을 품게 되었다. 천태본각사상은 '중생이 곧 부처'라는 중생즉불 사상으로 현세 중생 그대로가 부처라는, 현실을 있는 그대로 긍정하는 것이다. 그래서 내가 이미 부처인데 무슨 수행이 필요한가라는 수행무용론修行無用論까지 도출해낸 것이다. 이와 같이 당대에 대두된 수행무용론에 대해 도겐은 '그렇다면 제불諸佛은 왜 발심하여 도를 닦았을까'라는 의문을 갖기에 이르렀다. 즉 중생이 현재 그대로 부처라면 왜 그 많은 제불들이 발심하고 수행했을까 하는 것이다.

히에이잔 승려들 중 도겐에게 제대로 답해주는 이가 없자, 도겐은 히에이잔을 떠나 에이사이가 세운 겐닌지(建仁寺)로 갔다. 거기서 그는 에이사이의 제자인 묘오젠(明全)을 만나 임제선을 배웠다. 도겐은 24살 되던 1223년에 묘오젠을 따라 선을 본격적으로 배우고자 입송했다. 그러나 대승계를 받은 도겐은 중국에 바로 입국할 수가 없었다.[167] 그것은 사이초에 의해 만들어져 일본에서 통용해온 대승계를 중국에서는 인정해주지 않았기 때문이다. 묘오젠은 소승계와 대승계를 다 받았지만 도겐은 대승계만 받았기에 입국이 보류된 채 배에서 3개월 정도 머물러 있어야 했던 것이다. 그러나 그 기간이 도리어 도겐에게 깨달음을 열어주는 계기가 되었다.

도겐은 당시 배에서 전좌(全座, 주방장) 스님을 만나 대화를 나눈 적이 있었다. 전좌 스님은 주방에 필요한 물건을 사러 바닷가에 왔는데 도겐은 나이가 지긋한 전좌 스님을 보고 왜 그 연세에 주방 일을 하시는지 의아해하며 물었다. 그러자 그 스님이 "자네는 불도佛道를 잘 모르는군. 내가 하는 이 일이 바로 불도수행일세"라고 대답하는 게 아닌가. '불도를 모른다'라는 말에 도겐은 자신이 지금까지 생각해온 수행에 대해 다시금 생각하는 계기가 되었다. 당시의 도겐은 선(명상)과 경전 공부를 수행이라고 생각했는데 스님은 일상에서 허드렛일 하는 것도 바로 수행이라고 하지 않는가? 이렇듯 전좌 스님을 통해 수행과 깨달음에 대해 새로 눈을 뜨게 된 도겐은 일본에 돌아와 당시를 회상하며 『전좌교훈典座教訓』을 썼다.

중국에서 스승을 찾아 헤매던 도겐은 마침내 천동산 출신 여정(天童如淨) 선사를 만나게 되었다. 당시 송대 총림의 기강은 매우 혼

---

167 본래 대승계는 진속일관眞俗一貫이라 일컬어지는 것처럼 출가자와 재가자의 경계를 없애려는 의도에서 만들어졌다. 그러나 후에 대승계는 실질적으로 지켜야 하는 것이라기보다 그저 그 정신을 몸에 익히기만 하면 된다는 식으로 형식화되어 버렸다.

도겐의 대표작 『정법안장正法眼藏』

란스러웠다. 이런 와중에서 도겐은 불법佛法의 대도大道를 위해 일
생을 투신한 천동여정을 만난 것이다. 도겐은 여정 선사의 수행편
력에 감동하여 그의 제자가 되었다. 도겐은 『정법안장・행지行持』에
서 여정 선사에 대해 다음과 같이 회고하고 있다. "여정 선사는 19
세에 모든 경전, 학문을 다 버리고 참선에 들어가서 70세가 될 때까
지 참선수행을 한 분이다."[168]

여정 선사는 명예로부터 멀어지지 않는 한 깨달음을 얻을 수 없
음을 강조하면서 명예를 버리는 것이 곧 부처님의 길을 가는 것임
을 강조했다. 세속적인 명예나 권력으로부터의 자유, 출가승의 삶
에 대한 여정의 가르침은 도겐에게 큰 깨침을 주었다.[169]

도겐이 1225년 하안거가 끝날 무렵 이른 새벽에 좌선하고 있을

---

168 道元,「行持」下,『正法眼藏』3, 玉成康四郎 譯, 大藏出版, 1995, 113~114쪽.

때, 여정 선사가 졸고 있는 한 제자를 죽비로 치면서 이렇게 말하는 게 아닌가! "참선은 신심탈락身心脫落하지 않으면 안 된다. 그렇게 졸기만 해서 무엇을 하겠냐." '참선은 신심탈락하지 않으면 안 된다.' 여정의 이 말에 도겐은 깨달음이 열렸다. 여기서 말하는 신심탈락은 몸과 마음 모두를 탈락시킨다는 것으로 자신을 온전히 비우고 잊은 상태를 의미한다. '참선이 곧 신심탈락'이라는 것은 참선수행과 신심탈락이라는 깨달음의 세계가 곧 수증일여修證一如임을 뜻한다. 다시 말해 닦아서 깨닫는 것이 아니라 닦음 그 자체가 깨달음이라는 의미로 참선수행과 깨달음의 세계가 둘이 아니라는 것이다. 도겐은 여기서 붓다로부터 정전되어온 불법은 다름 아닌 수증일여, 수증불이修證不二로서의 좌선임을 자각케 된다.

도겐이 깨달음에 대해서 거의 유일하게 언급한 것은 「현성공안現成公案」이다.[170] 도겐은(다른 『정법안장』에서는 다루지 않은) '미궁(迷)

---

169 여정은 밤 11시까지 제자들과 함께 좌선하고 새벽 3시에 일어나 다시 좌선할 정도로 엄격한 선수행자였다. 도겐은 여정 선사를 통해 불교의 진수를 경험하고 그 밑에서 석존으로부터 정전正傳되어온 불법의 진리가 무언지 깨달았다. 도겐의 깨달음은 한마디로 신심탈락身心脫落이었다. 신심탈락이란 몸과 마음이 집착하는 것들을 떨쳐버리고 그것들로부터 자유로워지는 해방을 의미한다. 도겐은 여정 선사 밑에서 몸과 마음에 집착하는 것들을 모두 떨쳐버리는 신심탈락을 체험한 것이다. 이런 점에서 신심탈락은 몸과 마음의 모든 집착, 곧 오욕五慾(재산, 성, 음식, 명예, 수면)에서 벗어난 상태를 말한다. 우리 각자는 집착하는 그 대상은 다를지 몰라도 무엇인가에 집착하면서 살아간다. 사람, 명예, 권력 등…… 많은 것들을 집착하는데, 이러한 집착이 있는 한 깨달음은 없다는 것이다.

과 깨달음(悟)'의 관계를 「현성공안」에서 언급하고 있다. "미궁은 자기를 움직여 만법을 수증하는 것인 반면, 깨달음은 만법에 나아가 자기를 수증하는 것이다." 미궁과 깨달음의 차이를 자기와 만법의 관계를 통해 설명하고 있음에 주목할 필요가 있다. 즉 자기라는 주체가 중심이 되어 만법에 나아감이 '미궁'이고, 자기를 잊고 아집에서 자유로워짐으로써 만법에 의해 증험되어짐이 '깨달음'이라는 것이다. 즉 깨달음은 깨달았다는 것마저도 잊는 것이다. 깨침에 대한 집착을 지니면 지닐수록 더욱 큰 미혹에 빠질 따름이다. 그래서 깨닫고자 하는 마음을 내려놓고 항구히 불도수행을 해나가야 한다. '깨닫기 위해서 수행하는 것이 아니라 그저 좌선할 뿐'이다.

2) 귀국과 흥성사 시절

도겐은 송에 간 지 5년 만인 1227년 28세의 나이로 귀국했다. 묘오젠은 중국에서 병에 걸려 죽고 도겐은 빈손으로 돌아왔다. 그러나 도겐은 돌아와 확신에 차서 다음과 같이 말했다. "일본국에 불법이 전수된 지 이미 600년이 되었다. 그러나 참으로 법이 전수된 것

---

170 「현성공안現成公案」은 천복天福 원년(1233, 도겐 34세)에 재가제자인 양광수에게 써서 주고, 건장建長 임자壬子(1252, 도겐 53세)에 습륵拾勒했다고 말미의 글에 적혀 있다. 즉 이는 다른 권이 주로 출가한 문하제자들에게 설법(시중)한 원고를 묶은 것인 데 반해, 재가제자 단지 한 사람을 위하여 쓰였음을 의미한다. 도겐은 75권 『정법안장』을 재편집하는 과정에서 「현성공안」을 제1권으로 삼았다. 그것은 「현성공안」의 메시지가 『정법안장』 전체를 이해하는 데 지침이 되기 때문이 아닐까 생각한다.

에 대해 듣지 못했다."[171] 불법이 전수된 지 600년이 지났건만 아직 일본에는 불법이 전수되지 않았다는 도겐의 말 속에는 자신이 바로 그 불법을 전수할 사명을 띠었음을 시사해주고 있다. 이렇듯 도겐은 정법正法을 전수하려는 강한 의지를 가지고 일본에 돌아왔건만, 건인사(겐닌지)는 부패와 타락으로 엉망이 되어 있었다. 도겐은 당시 상황을 다음과 같이 서술하고 있다. "수행자들은 개인 방에 두껍게 칠한 벽장을 만들어서 도구를 지니고 있고 아름다운 의복을 좋아하며 재물을 축적하고, 언어는 제멋대로 구사하고 예절을 게을리하는 그런 모습들을 보게 되었다."[172]

도겐은 천복 원년天福元年(1233) 봄 부패한 건인사에서 나와, 교토 남쪽 후카쿠사(深草: 지금의 우지宇治)에다 홍성사(興聖寺, 고우쇼지)를 지었는데, 이는 자신이 송에서 본 중국 오산五山 중 제일인 홍성만수사興聖萬壽寺의 이름을 본떠 붙인 것이다. 그만큼 그는 중국 선사를 표방하고자 하는 마음을 지녔음을 알 수 있다. 홍성사 시절(1233~1243)에 도겐 교단은 점차 자리를 잡아갔다. 도겐의 이름이 알려지자 그의 제자가 되고자 하는 이들이 대거 입문했다. 그중 특

---

171 鈴木格禪 外 校訂,『道元禪師全集』2, 春秋社, 1990, 217쪽. "我この日本國は 佛法まさしくつたはれてのち 六百歳にならむとす しかれども まさしくその闍維ののち 舍利とどむる事は いまだもかしにもきざるところ也."

172 水野彌穗子,『正法眼藏 隨聞記』, 範摩書房, 1968, 157쪽.

173 회장懷奘을 비롯하여 도겐 교단에 들어온 달마종 사람들은 홍성사 승단의 기틀을 마련하는 데 주축이 되었다. 도겐은 이때부터 승단을 확립하고 이상적 수행생활을 실현시키기 위한 교단 운영에 전력을 다했다.

히 달마종 출신인 기간(懷鑑), 기가이(義介), 기겐(義演), 기준(義準)은 인치仁治 2년(1241) 봄에 들어와서 도겐 교단 확립에 큰 역할을 했다.[173]

도겐은 초기 10년(1233~1243) 동안 왕성한 집필 작업을 펼쳤는데, 그 대표적인 저작으로『정법안장』을 들 수 있다.『정법안장』75권 중 42권은 흥성사 시절에 쓰였던 것만 보아도 당시 그가 많은 집필활동을 했음을 알 수 있다.

이렇듯 초기 10년간 도겐은 저술 활동과 함께 제자 양성도 활발히 했으나 천태교단과의 대립이 심해져 결국 흥성사는 파괴되고 도겐은 교토에서 추방당했다. 중국 사찰과 같은 큰 도량을 만들고자 하는 포부를 지녔던 도겐은 이를 접고 그해 7월 16일쯤 심산유곡深山幽谷인 에치젠(越前: 현재 후쿠이현福井縣)으로 교단을 옮겼다.

그 무렵 도겐은 여정의 제자들이 보내준『여정어록』을 받고 스승의 가르침을 다시 떠올리게 되었다. "영리를 구하지 말라, 명예나 권력에 기대지 마라, 심산에 들어가서 제자 교육에 전념하라." 도겐은 여정의 이 가르침을 마음에 새기면서 새롭게 스승의 가르침을 전수하겠다고 마음을 다졌다. 교단 확립과 함께 많은 저술을 집필한 것이 명예를 추구하기 위함은 아니었지만, 그로 인해 자신의 처지가 좋아진 것은 사실이었다. 그런 와중에 도겐은 여정 선사의 가르침을 되새기면서 교토에서 떨어진 시골 에치젠에 사찰 대불사(大佛寺, 다이부츠지)를 짓고 스승의 가르침을 전수하고자 마음을 다진 것이다.

3) 영평사 시절과 가마쿠라 행화行化

도겐은 관원寬元 4년(1246) 6월 15일 대불사를 영평사(永平寺, 에이헤이지)로 개명改名한 후 영평사를 정비하여 수행승을 교화하는 일에 한층 전념했다. 그 후 48세 되던 1247년에 도겐은 가마쿠라에 8개월간 머문 적이 있었다.[174] 이 시기에 도겐의 행적에 대해 후대 사람들은 많은 의문을 가졌다.

그것은 여정의 가르침대로 심산深山에서 좌선변도坐禪弁道에 전념하던 도겐이 왜 갑자기 당시 정치 중심지였던 가마쿠라에 갔을까 하는 점 때문이다. 그가 가마쿠라에 간 것은 당시 막부의 싯켄(執權)으로서 막강한 세력가였던 호조 도키요리(北條時賴, 1246~1256)가 그를 초청했기 때문이다. 도키요리는 에이사이로부터 선을 배운 후 선에 호감을 갖고 도겐에게 선을 배우고자 했던 것이다. 이에 도겐은 당시 권력자에게 불법을 가르치겠다는 포부를 갖고 가마쿠라에 갔으나, 실상 권력자나 당시 무사들은 자신들의 권력이나 세도적인 것을 유지하기 위한 수단으로써 선수행을 취하고자 했다. 다시 말해 권력자들이나 무사들은 현세 자신의 직업을 합리화시키고 직업 정신을 함양시키는 수단으로써의 선을 원했던 것이다.

그러나 도겐은 붓다로부터 내려온 불법을 전수하고자 하는 투철한 사명감을 지니고 있었다. 하지만 선을 세속적 삶의 수단으로써 원했던 권력자들과는 달리 정전正傳되어온 불법을 전수하고자

---

174 도겐은 보치 원년(1247) 8월 3일부터 보치 2년(1248) 2월13일까지 8개월간 가마쿠라에 머물렀다.

일본 조동종 대본산 에이헤이지(永平寺)

한 도겐은 자신이 지향하던 바와 세속적인 면에서 선을 배우고자
한 당대 권력자 사이에서 한계를 느꼈다. 그래서 도키요리가 사찰
을 건립해주겠다고 약속했지만, 이를 거절하고 보치寶治 2년(1248)
봄 에치젠의 영평사로 되돌아왔다. 그뿐 아니라 도겐은 제자 현명
玄明이 도키요리로부터 기진장寄進狀을 받아오자, 그를 엄하게 질책
하고 법의法衣를 박탈한 후 절에서 추방하기까지 했다. 결국 자신이
있을 곳은 심산유곡임을 깨닫고 영평사로 돌아온 도겐은 다음과 같
이 자신의 결의를 표현했다.

"교화를 펴서 인간계·천상계를 이롭게 하고 취락에 살지 말고
왕·대신大臣을 가깝게 하지 말라. 심산유곡에 들어가 일개一箇,
반개半箇라도 교육해서 종宗을 단절치 말라."[175]

이렇듯 단호히 정치권력과 결별하고 불법佛法의 정전正傳을 위해 투신한 도겐은 엄격한 수행생활로 인해 건장建長 4년(1252) 가을에 건강이 악화되어, 결국 1253년 8월 28일 54세로 생애를 마감했다. 그럼 도겐이 일본불교사에 남긴 족적을 그의 수증관을 통해 살펴보도록 하자.

4) 도겐의 수증관

(1) 수증일여修證一如로서의 지관타좌

도겐의 수행은 한마디로 지관타좌只管打坐라 할 수 있다. 그 의미는 '다만 오로지 앉는다'는 뜻이다. 지관只管은 '오직, 다만'이라는 뜻이다. 어떤 목적을 갖고 좌선하는 게 아니라 오직 다만 좌선할 뿐이다. 이렇듯 목적 지향적인 태도를 버리고 비울 때 비로소 지관타좌가 가능해진다.

간화선은 깨달음이라는 목적 하에 화두를 들고 이를 깨치고자 좌선한다. 깨달음을 지향하는 것이다. 이에 반해 지관타좌는 깨달음이라는 목적 지향을 내려놓았기에 화두 없이 '다만 앉아 있을 뿐'이다. 간화선에서는 깨달음을 목표로 좌선을 하기에 좌선은 깨달음을 얻기 위한 수단이 된다. 이처럼 간화선에서는 화두를 통해 견성見性, 곧 깨닫는 것을 중시하는 데 비해 지관타좌는 좌선 그 자체가 목

---

175 『正法眼藏』「佛性」권에서 도겐은 "大宋一國の在家出家 いづれの一箇も 龍樹のことばをきかずしらず 提婆の道を通ぜずみざること"라 하여 용수龍樹의 좌선이 제바提婆 한 사람에게 전수되었음을 말하고 있다.

적이다. 그것은 깨달음이란 수행을 통해 먼 미래에 얻어지는 무엇이 아니라, 지금 여기 내가 앉아 있음뿐이기 때문이다. 이렇게 본다면 우리가 앉아 있는 것은 깨달음을 얻기 위해서가 아니라 바로 깨달음이며, 그 자체가 지금 여기를 사는 길이 되는 것이다.

도겐의 『정법안장』 중에는 「정법안장 좌선잠坐禪箴」이 있는데 '좌선잠'에서 잠箴이란 병이 났을 때 치유하기 위한 도구를 말한다. 따라서 좌선잠이란 좌선수행에서 생긴 병을 치유하는 도구라 할 수 있다. 좌선수행 시 생기는 병은 깨달음이라는 목표를 달성하기 위해 좌선을 수단으로 삼는 것을 말한다. 이에 반해 도겐이 말한 지관타좌는 좌선을 수단으로 삼지 않고 그 자체를 목적으로 삼는 것이다. 깨달음에 집착한 수행이 염오수染汚修라면 깨달음의 집착에서 해방된 수행은 불염오수不染汚修라 할 수 있다. 불염오수와 관련하여 전해져 오는 유명한 남악과 마조의 일화가 있다.

"남악이 마조에게 '너는 좌선해서 무엇을 기대하느냐'고 하자 마조는 '부처가 되고자 합니다'라고 답한다. 그러자 남악은 기와를 가져다가 갈았다. 그러니 마조가 물었다. '무얼 하십니까?' 남악이 '기와를 갈아 거울을 만들려 한다.' 다시 마조가 '어떻게 기와를 갈아 거울을 만들 수 있습니까'라고 묻자 남악이 답한다. '어떻게 좌선해서 부처가 되겠느냐?'"[176]

---

176 『景德傳燈錄』卷5(大正藏 51, p.240下). "大德坐禪圖什麼 一日 圖作佛 師乃取一塼 於彼庵前石上磨 一日 師作什麼 師曰 磨作鏡 一日 磨塼豈得成鏡耶 坐

도겐에게 있어 기와를 닦음이 곧 좌선함이며 그 자체가 깨달음이다. 즉 좌선을 수단이 아닌 '목적' 그 자체로 삼는 것, 그것이 바로 지관타좌이다. 이러한 지관타좌는 "다만 오로지 올올좌(兀兀坐, 오똑하게 앉아 있는 것)" 하는 것을 의미한다. 그래서 한 찰나로 좌선함이 한 찰나의 부처이다. 목적의식에 오염되지 않은 수행, 곧 불염오不染汚의 수행이 바로 그것이다.

도겐은 귀국한 후 바로 『변도화辨道話』(1231)를 저술했는데, 그는 거기서 좌선에 대해 사람들이 물을 만한 질문을 19개 만든 후 그에 대한 자신의 견해를 피력하고 있다.

"부처님께서는 계정혜 삼학三學이 중요하다고 했거늘, 스승님은 왜 좌선만을 중요하다고 합니까?"

좌선은 계정혜 삼학 중 하나인 정학定學에 해당된다. 즉 정定은 선정禪定으로 선정 명상이라는 의미도 있고, 구체적으로 수행을 포괄해서 일컫는 말로 여기에서는 좌선수행을 말한다. 선 명상법에는 여러 가지가 있다. 누워서 하는 와선臥禪, 걸어가면서 하는 걷기선인 행선行禪, 앉아서 하는 좌선坐禪이 그것이다. 그런데 유독 도겐은 좌선을 강조한다. 좌선을 정문正門으로 본 이유에 대해 도겐의 답은 간단명료하다. 그것은 "좌선은 석가모니 부처님을 비롯해서 삼세의 모든 여래들이 행한 불법이기 때문"이라는 것이다.[177]

禪豈得成佛耶 一曰 如何卽是 師曰 如人駕 車不行 打車卽是 打牛卽是一無對 師又曰 汝學坐禪 爲學坐佛 若學坐禪禪非坐臥 若學坐佛佛非定相 於無住法不應取捨 汝若坐佛卽是殺佛 若執坐相非達其理."

이처럼 도겐이 궁극적으로 지향한 바는 불교의 종파를 넘어 석존에로의 회귀였다. 붓다의 참 제자로 산다는 것은 철저히 붓다를 모방하는 데 있기 때문이다. 붓다를 닮으려면 어떻게 해야 할까? 도겐에게 있어 그 길은 석존이 하신 수행, 곧 지관타좌를 통해서였던 것이다.

도겐은 좌선이 정문正門인 이유를, 그것이야말로 삼세제불이 닦아서 행한 불법이기 때문임을 누누이 밝히고 있다. 대승불교에서는 선정을 보살이 반드시 닦아야 할 육바라밀 중 하나로 본다. 그래서 도겐은 다시 묻는다. "좌선은 육바라밀의 하나요, 삼학의 하나일 뿐이거늘 왜 그것만 유독 정문이라고 하는가." 도겐은 좌선을 삼학의 일부인 선정으로 보지 않는다. 도겐에게 있어 좌선(只管打坐)은 과거 6불로부터 석가모니불에게, 그리고 그 후 제28대 달마를 거쳐 중국 조동종 제23대 천동여정天童如淨으로 이어져 내려온 정전불법이라는 것이다. 그리고 그 불법이 도겐 자신에게로 정전正傳되어 왔다는 것이다. 그래서 도겐은 지관타좌를 '안락의 법문'으로 본다.[178]

붓다께서 깨달은 후 경험한 안락함은 단순히 편안하다는 차원이 아니라, 깨달은 체험을 바탕으로 한 안락이기에 더 이상 깨달음을

---

177 道元,「辨道話」『正法眼藏』上, 15쪽.

178 도겐은 종파의식을 강하게 부정한다. 그의 스승인 여정如淨은 당시 선종을 5종으로 나누어 말함을 비판했다. "대송국에서 참된 불법이 융성했을 때 5종의 이름이 없었다. 5종의 이름이 생긴 것은 불법이 쇠퇴하였기 때문이다."『正法眼藏·佛道』 이러한 여정의 가르침을 따른 도겐 역시 선종이 아닌 불불조조정전佛祖正傳의 대도大道를 추구했다.

추구하지 않는 데에서 오는 것이다. 이렇게 볼 때 도겐이 말한 지관타좌는 좌선 자체가 깨달음의 자리이므로 깨달음을 향해 나아가는 선정이 아닌 것이다. 이에 반해 선정이라는 말에는 '선정을 통해 깨침으로 나아간다'는 의미가 들어 있다. 이처럼 선정에 깨달음의 수단이라는 의미가 강하다면, 도겐이 '좌선을 안락의 법문'이라고 표현한 데는 깨침을 추구하지 않는다는 의미가 함축되어 있다.

(2) 현성공안

종래 화두선에서는 화두를 사용하여 깨달음을 추구했는데 여기서 화두는 다른 말로 공안이라고 한다. 대대로 전수되어온 화두를 모아 선어록이 만들어졌는데 대혜大慧는 661개의 화두를 모아 『정법안장』을 만들었다. 이에 반해 도겐은 고칙공안(古則公案: 옛날부터 내려온 공안)을 인정하지 않고 현성공안現成公案을 말한다.

그럼 고칙공안과 현성공안은 어떻게 다른가? 고칙공안은 화두를 말하나 현성공안은 화두가 아니다. 즉 현성공안은 지금 이 자리에서 이루어지는 것이지 스승으로부터 전해 받은 것이 아니라는 의미이다. 다시 말해 현성공안은 지금 여기에 올올좌兀兀坐로 앉아 있음에 다름이 아니다. 그것이 바로 지관타좌인 것이다.[179]

---

[179] 도겐은 현성공안 차원에서 『정법안장』을 집필하여 75권을 남겼다. 즉 75권 『정법안장』은 현성공안 그 자체를 비사량의 사량으로 풀어낸 것이라 읽기가 쉽지 않다. 12권 『정법안장』은 영평사에서 집필한 것인데, 75권 『정법안장』과 달리 평이하게 쓰였고 저술 내용도 75권과는 상당히 다르다. 이 때문에 양자에 대한 비교 연구가 많이 이뤄졌다. 이 차이에 대해 75권 『정법안

"자기를 움직여 만법을 수증修證하는 것을 미혹이라 하고,

만법에 나아가 자기를 수증하는 것을 깨달음이라 한다.

불도를 배운다는 것은 곧 자기를 배우는 것이다.

자기를 배운다는 것은 자기를 잊어버리는 것이다.

자기를 잊는 것은 만법萬法에 증득證得되는 것이다.

만법에 증득된다는 것은 자기의 신심을 불러

타인과 자기의 신심을 탈락시키는 것이다."[180]

도겐은 미궁과 깨달음의 차이를 자기와 만법의 관계를 통해 설명하고 있다. 즉 자기라는 주체가 중심이 되어 만법에 나아감이 '미궁'이라면, 자기를 잊고 (아집에서 자유로워져) 만법, 곧 자신이 지금 직면한 그것으로 나아감이 '깨달음'이라는 것이다. 이렇게 된다면 깨달았다는 사실마저도 잊게 된다. 사실 깨침에 대한 집착을 지니면 지닐수록 더욱 큰 미혹에 빠질 따름이다. 참된 깨달음은 깨닫고자 하는 마음을 내려놓을 때 비로소 가능하다. '깨닫기 위해서 수행하는 것이 아니라 그저 좌선할 뿐'이다. 여기서 우리는 도겐이 깨달음을 좌선을 통해 얻는 하나의 체험으로 보지 않음에 주목할 필요

___

장』을 제대로 이해하는 제자가 적어서 그들의 눈높이에 맞게 쓸 필요성을 느낀 도겐은 12권의 『정법안장』을 보다 평이하게 서술했다는 것이다. 그래서 12권은 출가한 승려가 마음을 닦아야 하는 부분을 상세히 설명해주고 있다. 사실 도겐은 『정법안장』을 100권으로 완성하려 했으나 병고로 인해 일찍 세상을 떠나서 이를 완성하지 못했다.

180 『도겐선사전집』 상, 17~18.

가 있다. 즉 깨달음은 어느 한순간 갑자기 체험하는 엑스타시가 아니라는 것이다. 그렇다면 깨달음은 무엇인가? 바로 자기 잊음의 상태라 할 수 있다. 자기 잊음이란 어떤 상태인가? 바로 '지금 여기에 깨어 있는' 상태를 의미한다. 지금 여기에 온전히 깨어 있다면 그것이 바로 깨달음의 상태인 것이다. 깨달음을 이렇게 본다면 범부와 깨달은 자의 차이는 '지금 여기를 어떻게 사느냐'의 여부에 달려 있지, 깨달음의 체험이 있었느냐의 여부에 있지 않은 것이 된다.

우리는 단독자로서 깨침으로 나아가는 것이 아니다. 우리가 연기緣起적 존재일진대 우리의 실존 또한 그 연기적 관계망 속에서 완성되어 가지 않겠는가? 따라서 우리는 부처를 만나면 부처를 죽일 것이 아니라, 만나는 이들을 부처로 대하고 그들과 함께 부처행을 하며 사는 것이 바로 깨달은 자로서 사는 길이다. 도겐은 이것을 유불여불唯佛與佛의 삶이라 불렀다.

도겐은 좌선수행 없이 불성의 현현顯現 속에서 살아가기란 결코 쉽지 않다고 말한다. 그래서 도겐은 석존의 좌선수행인 지관타좌를 강조한 것이다. 바로 그 활동 속에 내가 나로서 살게 하는 에너지가 있다. 그 에너지가 나에게서 너에게로, 더 나아가 우주에까지 뻗어 나갈 것이다. 바로 우주를 움직이는 에너지, 그것을 창출하는 활동이 다름 아닌 좌선이며 그 활동의 비밀이 불조佛祖로부터 우리에게 전달된 것이다. 도겐은 우리에게 정전正傳된 참된 활동, 곧 사는 방법(生き方)이 바로 좌선 속에 담겨 있음을 우리에게 가르치고 있다. 불도를 성취하기 위해서는 머리로 불법을 배우는 것만으로는 안 되며 '몸'으로 불법을 '행해야 한다.' 몸으로 불법을 행하는 것, 그것은

바로 존재의 실상 곧 불성의 세계에 몸으로 참입參入하는 것, 이것이 바로 석존의 제자 도겐 선사가 우리에게 정전불법으로 전수해준 지관타좌의 의미이다.

이처럼 지관타좌의 의미는 수행의 차원을 넘어서 있다. 그것은 바로 '지금 여기'라는 시공의 세계야말로 우리가 실재를 직면할 수 있는 유일한 장임을 말해주고 있기 때문이다. 우리가 할 수 있는 것은 거울을 만들기 위해 기와를 가는 것이 아니라 다만 기와를 갈 뿐이다. 그러나 그 기와를 가는(磨塼) 수행의 원동력은 '수증불이修證不二에 대한 믿음'에 있다. 그러한 초심으로 앉게 되면 그 자체가 좌불坐佛이 된다. 그래서 도겐은 "초심初心의 좌선은 최초의 좌선이며, 최초의 좌선은 곧 최초의 좌불이다"라고 말한 것이다.[181] 바로 이러한 좌선행이 기와를 가는 수행이다.

5) 결론

가마쿠라라는 말법 시대에 도겐처럼 붓다의 정법正法을 추구하며 살았던 선사는 드물었다. 이처럼 일본불교계에서 보기 드물게 불교의 정수를 몸소 실천하며 살고자 했던 도겐 선사의 가르침은 그의 제자들에 의해 제대로 전수되었는가? 도겐 자신은 부처님으로부터 정전正傳되어온 불법 자체를 강조했지 조동종이라는 선종의 한 종

---

181 道元,「坐禪箴」『正法眼藏』 http://blogs.yahoo.co.jp/zenzai9000/folder/
　　1352291.html "初心の坐禪は最初の坐禪なり, 最初の坐禪は最初の坐佛な
　　り."

파에 대해 언급하지는 않았다. 아니 오히려 그는 종파적 개념에 대해 매우 비판적이었다. 도겐은 말한다. "선의 종파가 만들어져서 5가 7종이 생겨났는데, 과연 부처님 당시에 선종이 있었는가. 당시 선종이 있었다는 말을 난 들어본 적이 없다."[182]

이처럼 도겐 자신은 중국에서 형성된 불교의 종파개념에 대하여 비판적이었으나, 도겐 사후에 그의 제자들은 그를 선종의 일파인 조동종의 법맥을 이은 선사, 곧 일본 조동종의 창시자로 부각시켰다. 이처럼 도겐은 본래 붓다의 정신으로의 회귀를 지향했던 선사였으나, 안타깝게도 그의 가르침이 후대로 이어지지 못하고 조동종은 현세의 흐름에 부흥하는 쪽으로 흘러가고 말았다.

도겐 사상에서 특이한 점은 말법에 대해 당시 가마쿠라 불교창시자들인 호넨, 신란, 니치렌 등과는 다른 견해를 가지고 있다는 점이다. 다른 이들이 말법을 정법, 상법 다음에 오는 역사적인 구분으로 생각했던 반면, 도겐은 이를 시간적 흐름이 아니라 마음의 상태로 보았다. 즉 말법 시대를 살면서도 우리는 정법을 지향하며 살아갈 수 있다는 것이다. 이처럼 많은 이들이 말법을 역사의 종말을 뜻한다고 보지만, 도겐은 이를 시대적 측면에서 이해하지 않고 마음의 상태로 본다. 즉 어느 시대를 살더라도 내 마음 상태에 따라 정법, 상법, 말법일 수 있다는 것이다. 말법을 마음의 관점에서 이해한다는 것은 우리가 회복해야 할 것이 무엇인지 정확히 인식해야 함을 촉구하고 있다. 그건 다름 아닌 '정법正法'이다.

---

182 道元,「辯道話」『正法眼藏』上, 19쪽.

도겐에게 있어 정법은 다름 아닌 지관타좌이다. 도겐은 지관타좌 수행을 통해 붓다에게로의 회귀를 강조하고 있다. 이와 같이 좌선수행에서 정법의 의미를 발견한 도겐 사상에서 우리는 불교의 정수를 만난다. 다시 말해 불교가 수행을 얼마나 중요시해온 종교인지를 도겐을 통해 다시금 확인할 수 있다. 또한 도겐을 통해 수행은 깨닫기 위한 수단이 아니라 그 자체가 바로 깨달음이 될 수 있음을 배우게 된다. 이것을 우리 삶으로 확장시켜 본다면 우리가 살아가고 있는 '지금, 여기(here and now)'가 가장 중요하다는 의미겠다. 우리가 무엇을 하든 온 마음과 온몸으로 지금 여기에 자리할 수 있다면 우리는 깨달음의 세계에 있는 것이다. 무엇을 쟁취하기 위해 살아갈 때 우리는 끊임없이 수단의 삶을 살아갈 수밖에 없다. 반면 지금 여기를 삶의 목적으로 삼는다면 우리는 지금 여기에서 그 자체를 목적으로 살아갈 수 있다. 도겐을 통해 이것을 배울 수 있다면 우리의 삶은 180도 달라질 것이다.

7. 니치렌의 니치렌종

니치렌(日蓮, 1222~1283)은 가난한 어부의 아들로 태어나 히에이잔으로 출가하여 16세에 엔랴쿠지 계단에서 수계하고 20년간 그곳에 머물렀다. 당대 천태종은 『법화경』을 교의경전으로 삼으면서도 밀교, 선, 염불 등도 겸하고 있었다. 이렇듯 여러 가르침이 뒤섞인 가운데 천태종은 그 세력이 점차 약화되어 갔고, 그에 따라 『법화경』의 중요성도 그만큼 축소되었다. 그런 상황에서 니치렌은 『법화경』

니치렌종을 세운 니치렌(日蓮)

이야말로 석가모니불이 설한 가장 높은 차원의 가르침이라는 강한 신앙체험을 하게 되었다. 어느 날 그는 산꼭대기에서 태양이 뜨는 것을 보고 있다가 태양빛이 세상을 비추는 모습과 『법화경』에서 드러나는 대방광불大方廣佛이 같음을 깨달았다. 이러한 자각에 기초하여 그는 태양의 일日자와 묘법연화경의 연蓮자를 붙여서 자신의 이름을 '니치렌(日蓮)'이라 바꾸고 니치렌종(日蓮宗)이라는 새로운 종파를 열었다. 이렇듯 니치렌은 『법화경』이야말로 가장 뛰어난 교리라는 확신 속에 『법화경』에 복귀할 것을 주장하면서 가마쿠라 시대의 마지막 불교 종파인 니치렌종을 개창했다.

초기에 그의 주장이 잘 받아들여지지 않자, 그는 가두 선교를 하면서 "염불종(정토종)은 무간지옥, 선종은 하늘의 마귀, 진언은 망국병, 율종은 국적이다"라며 당대 종파들을 과격하게 비판했다. 특히 그는 정토종을 강하게 비판했는데, 그것은 정토종이 현세를 소홀히 하여 타락한 시대의 상징이 되었다고 보았기 때문이다. 니치렌은 당대에 연이은 기근과 역병으로 사회불안이 야기되자, 그 원인은 『법화경』을 버리고 염불 같은 사법邪法에 경도되었기 때문이라고 주장하면서, 만약 정법을 따르지 않는다면 외국 침략 등 더 큰 재앙이 일어날 것이라고 선동했다.[183] 그는 『법화경』의 가르침으로 회귀하지 않으면 다른 나라의 침략과 국내 반란이 도래한다고 하여 「입정안국론立正安國論」이라는 상소문까지 올렸다. 이와 같이 니치 렌은 다른 종파들에게 과격한 태도를 보임으로써 그들로부터 탄압을 받게 되었다.

특히 그는 정토종을 약한 근기에 입각해서 염불이나 하면서 내세 지향적인 삶을 추구한다고 비방하여 염불자들의 습격을 받기도 하고, 벽지로 두 번이나 유배를 가기도 했다. 『법화경』 본문에서는 『법화경』을 수지하는 보살이 여러 고난을 극복하며 경을 전파해가는 것이 설파되고 있는데, 니치렌은 자신을 그 보살에 비견하여 거듭되는 박해를 돌파해 나간 것이다.[184] 이렇듯 니치렌에게 유배 체험은 오히려 법화신앙을 심화시켜 주고 더 활발히 선교 활동을 펼치도록 자극했다. 당시 그는 외세의 침략을 받을 것이라고 예언했는데, 실제로 몽골 군대가 일본의 남쪽 연안을 공략함으로써 그의 예언이 적중했던 것이다. 그 후 그가 했던 예언이 당대에 어느 정도 맞게 되자 막부는 그를 유배지에서 풀어주었다.

니치렌이 주장한 전수사상은 '법화창제法華唱題'이다. 이는 정토종이 아미타불에 대한 신앙을 가지고 염불하듯, 『법화경』에 대한 믿음으로 『법화경』 제목을 읊는 행위를 말한다. 구체적으로 법화창

---

183 스에키 후미히코. 이시준 역, 『일본불교사: 사상사로서의 접근』, 뿌리와 이파리, 1992, 209쪽.
184 같은 책, 211쪽.

제는 '묘법연화경에 귀의한다'는 뜻을 지닌 '남묘호렌게쿄(なむみょ
うほうれんげきょう, 南無妙法蓮華經)'를 계속 읊는 신앙행위인데, 이를
되풀이하면 부처님의 자비를 받을 수 있다는 것이다. 그렇다면『법
화경』을 교의경전으로 삼는 천태종과 니치렌종은 무엇이 다른가?

『법화경』28품은 전반 14품, 후반 14품으로 되어 있는데 전반
은 적문迹門, 후반은 본문本門이라고 한다. 적문에서는 일승에 의한
불교의 이상을 그리고 있으며, 여기서는 역사상의 붓다가 상정되
어 있다. 이에 반해 본문은 역사상 붓다는 방편적 존재로 보고, 대
신 시간을 초월한 영원한 부처에 대해 말하고 있다. 중국 천태종에
서는 적문과 본문의 가치를 거의 동일시했으나, 일본 천태종에서는
본문이야말로 궁극적 진리를 설한 것으로 강조해왔다. 이처럼 본문
을 중시해온 일본의 천태사상이 니치렌에게 큰 영향을 주었고, 그
는 남묘호렌게쿄라는『법화경』의 제목 속에 본문의 진수가 담겨 있
다는 주장을 하기에 이르렀다.

니치렌종이 '남묘호렌게쿄'라는 여섯 자를 읊기만 해도 부처님의
자비를 얻을 수 있다고 본 것은 일념一念을 통한 영원한 존재로서의
부처의 가르침이『법화경』안에 다 녹아 있다고 보았기 때문이다.
마치『화엄경』에서 작은 모래알 속에 일념삼천세계가 다 들어 있다
고 말하듯이, 니치렌종에서는 법화창제를 통해 일념삼천一念三千이
라는 깨달음을 얻을 수 있다고 본 것이다. 일본 천태종에서는 일념
삼천의 경지가 수행을 통해 가능하다고 보는 데 반해, 니치렌종에
서는 법화창제를 통해 가능하다고 본 것이다. 그렇다면 어떻게 법
화창제를 통해 일념삼천세계를 깨달을 수 있는가?

천태종의 수행은 지관止觀 수행이라고 하는데 여기서 지止는 마음의 잡다한 활동을 가라앉히는 것이고, 관觀은 차분히 가라앉은 채 자신의 마음 상태를 관상하는 것이다. 그 중심에 일심삼관一心三觀, 일념삼천이 있다.[185] 여기서 일심삼관은 마음속에 공가중空假中 세 진리가 포함되어 있음을 관하는 것을 말하며, 일념삼천은 마음

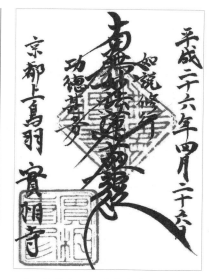

남묘호렌게쿄를 필사한 어주인御朱印
(교토 실상사 소장)

의 미세한 작용 속에 삼천이 포함되어 있음을 관하는 것이다. 그러나 이러한 천태종의 지관법은 대중들이 실천하기가 쉽지 않다. 그래서 니치렌은 대일여래가 자신의 공덕을 '묘법연화경'이라는 제목에 집약시켜 놓았기에 법화창제를 통해 그 세계가 체득 가능하다고 보았다.

니치렌의 대표작인 『관심본존소觀心本尊抄』(1273)의 결말에 보면 "일념삼천을 알지 못하는 자에게 부처님께서 자비를 베푸시어 묘법연화경 5자 속에 일념삼천의 모습을 담아 만대에 어리석은 자의 목에 걸어주었다. 따라서 범부들도 남묘호렌게쿄만 읊으면 일념삼

---

185 같은 책, 173쪽.

천세계를 체험할 수 있도록 부처님께서 미리 계획하시고 『법화경』을 주셨다"는 표현이 나온다. 곧 니치렌에 와서 일념삼천세계를 깨닫는 것은 법화창제라는, 누구나 다 할 수 있는 실천행을 통해 가능한 것으로 바뀐 것이다.

이러한 법화창제 외에 니치렌 사상의 다른 특징으로는 국가의 안녕과 신앙을 연결시키는 독특한 역사의식을 들 수 있다. 여기서 니치렌종은 신국적 역사관, 즉 고대 권력인 천황제의 결합 및 강화, 천황을 중심으로 해서 새롭게 법화지상주의를 건설해야 한다는 일본 민족주의적 색채를 강하게 드러내고 있다.

이러한 특성 때문인지 니치렌종은 일본 근대에 들어와 법화계 신종교를 출현케 하는 기반이 되었다. 특히 일본 신종교 중에서 가장 큰 세력으로 확장된 창가학회(創價學會, 소카갓카이)는 그 대표적인 예이다. 일본 공민당은 창가학회에서 결성된 정치세력으로 종교단체가 정계에까지 진출한 특이한 경우이다. 이와 같이 창가학회가 정치계에 진출하게 된 배경에는 니치렌의 민족주의 의식이 자리하고 있다. 니치렌은 사회의 안녕 없이 개인의 안녕도 없으며, 법화신앙에 의해서만 국가의 안녕을 취할 수 있다는 불법지상주의를 주장했다. 즉 불법은 단순히 개인의 구원뿐 아니라 사회와 나라의 구원까지 영향을 미친다는 측면에서 민족주의 의식을 강조한 점도 니치렌종의 특징 중 하나이다.

이상에서 살펴보았듯이 가마쿠라 불교는 '전수염불專修念佛', '법화창제法華唱題', '지관타좌只管打坐'가 의미하듯 각 종파마다 특정 요소만을 선택하여 실천할 것을 강조했다. 이와 같이 누구나 실천

가능한 염불이나 법화창제 같은 전수사상을 통해 구원의 길을 제시한 점에서 대중들이 쉽게 다가설 수 있는 면을 갖추었지만, 다른 한편 다른 종교나 종파에 대한 강한 배타성을 지녔다는 한계점을 드러내고 있다. 즉 염불이면 염불, 참선이면 참선, 법화창제면 법화창제만을 강조함으로써 여타의 다른 요소는 완전히 배격하는 모습을 보여주었기 때문이다.

물론 자신이 어떤 믿음을 갖는다고 할 때 배타성을 완전히 배제하기는 어렵다. 그것은 자기 자신의 종교에 대한 깊은 확신이 없다면 신앙을 갖기란 쉽지 않은 까닭이다. 그러나 여기서 말하는 배타성은 자기 종교를 자기 신앙으로 택했다는 점에서의 배타성이지, 결코 다른 종교에 구원이 없다는 면에서의 배타성을 의미하는 것은 아니다. 그러나 특히 니치렌의 경우는 타종교에 대한 구원관을 부정했다는 점에서 종교다원주의적 태도를 찾아보기 어렵다. 배타성이 배타성 그 자체로 남아 있을 때에는 이웃 종교와 함께 공존하는 데 문제가 있다. 따라서 배타성을 가지면서도 다른 종교까지도 수용할 수 있는 다원성을 지닐 때 비로소 성숙한 신앙인이 가능하지 않나 싶다.

가마쿠라 불교에서 형성된 종파는 오늘날까지 이어져 오면서 현대 일본불교로 정착되었다. 이러한 일본불교의 종파적 경향은 한국불교의 회통적인 성격과는 확실히 구별된다. 한국은 종파불교적 특징보다는 회통불교적 전통이 강하다. 이러한 양국 불교전통의 차이는 한국의 중앙집권적인 사회와 일본의 지방분권적인 사회, 그리고 한국의 중앙집중적인 문화(통일성의 문화)와 일본의 분산적인 문화

(다양성의 문화)로서 대비되는 양상을 보이고 있다. 이 점과 관련해서는 앞으로 더 깊이 연구해야 하리라 생각한다.[186]

8. 결론

종교인으로 살아간다는 것은 무엇을 의미하는가? 신앙인이 지녀야 할 삶의 자세라면 그것은 현세에 매몰되지 않고 그것을 뛰어넘는 가치를 추구하는 자세가 아니겠는가. 인생의 고통으로부터의 자유를 추구했던 고타마 싯다르타, 그를 창시자로 한 불교는 처음부터 현세이탈적 요소를 강하게 드러내고 있다. 자신의 종교전통에서 세 가지 보화(三寶) 중 하나로 출가공동체를 삼고 있다는 점에서도 우리는 충분히 그런 면을 읽어낼 수 있다.

그러나 대승불교에 와서 재가자의 지위가 올라가고 유마거사처럼 재가자이면서 뛰어난 경지에 도달한 사람이 그려지는가 하면, 정토신앙처럼 간단한 염불행만으로도 정토에 왕생할 수 있다는 사상이 발전하면서 재가자들에게도 현세이탈적 문이 더 넓게 열리게 되었다. 대승불교란 말 그대로 많은 대중들을 해탈의 수레에 함께 태울 수 있게 되어 현세의 번뇌로부터 해방될 수 있는 길이 그만큼 더 넓혀진 것이다.

불교사 안에서 일어난 이러한 다양한 가르침의 변화는 불교가 본래 지향해온 현세 초월적인 추구에 바탕을 둔 변형이었다. 그러나

---

186 최병헌, 법보신문 1388호, 2017년 4월 19일자 참조.

불교가 일본으로 건너오면서 불교의 본래 정신인 현세 초월적인 지향에 변형이 일어났다. 다시 말해 현세 초월로부터 현세주의적 경향으로의 변형이 그것이다. 중국은 여전히 출가수행 형태를 지켜왔으나 일본에 오면서 출가의 기본 형태마저 무너지고 말았다. 물론 출가라는 형태는 남아 있었으나 출가자의 육식과 대처가 행해지는 등 출가자의 세속화 현상이 만연하게 일어났다. 이렇듯 일본불교가 세속화의 길로 치닫게 된 것은 일본의 신도 사상 안에 내포되어 있는 현세중심적 사상과 결코 무관하지 않다.[187]

현세이탈적 불교가 현세주의적 일본 토양 안에서 현세중심 사상으로 빨려든 대표적인 예로 천태본각사상을 들 수 있다. 천태본각사상이 현세주의와 손을 잡게 된 것은 사이초부터이다. 사이초는 대승계를 통해 출가자와 재가자의 경계를 없애려 했다. 물론 그 자신은 본각사상과 확실한 선을 긋고, 12년간 입산수행을 통해 엄격한 규정과 계율을 준수했으나 엔닌(圓仁), 엔친(圓珍), 안넨(安然)으로 이어지는 태밀台密의 흐름은 결국 천태본각사상 쪽으로 향하고만 것이다.[188] 특히 안넨에 와서 본각사상의 기본이 되는 사상이 현저하게 나타났다.

이러한 불교의 현세화는 불교의 세속화를 낳았고, 이는 일본불교가 장의불교로 탈바꿈하는 결과를 가져왔다. 에도 시대에 있었던

---

187 스에키 후미히코. 이시준 역, 『일본불교사: 사상사로서의 접근』, 뿌리와 이파리, 1992, 342쪽.

188 같은 책, 343쪽.

단가제도檀家制度는 장의불교의 결정판이라 할 수 있다. 모든 일본 인을 사원에 귀속시켜 버린 이 제도는 원래 기독교 금제를 위해 시작되었으나, 거기에 머물지 않고 각 단가는 자기 집안의 장례절차와 조상공양을 사찰에 위임하면서 거기에 귀속되어 버리고 말았다. 일본불교가 장식불교화된 데에는 신도들이 죽음을 터부시해 죽음 문제를 불교사원에 위탁해 버렸기 때문이다. 일본인들은 전통적으로 죽음을 혼이 신체에서 이탈하는 것으로 이해해왔고, 그 혼은 난폭하여 사람에게 해를 끼치는 위험한 존재라고 생각해왔다. 그래서 일본인은 마을 주변을 맴도는 조상신께 제사를 드려 그들의 혼이 자손들의 삶을 지켜주는 가미가 되도록 기원한다. 이러한 일본인의 조상공양이 불교와 결탁하여 사자死者를 호토케(佛)라고 부르게 되었다. 이처럼 사자를 호토케로 부르는 것은 즉신성불과 같은 일본 불교 사상에서 나온 것이다.[189]

이상에서 우리는 불교가 일본의 현세주의적 사상과 결탁하여 어떻게 변형되어 왔는지를 살펴보았다. 이처럼 불교가 일본에서 현세주의적 불교로 탈바꿈함으로써 일본문화 속으로 녹아들 수 있었던 점은 일본에 그리스도교가 정착하지 못한 점과 대비된다. 그리스도교가 일본 땅에 뿌리내리기 어려웠던 것은 바로 그리스도교의 초월성이 현세주의적 일본 땅에 정착할 수 없었기 때문이다. 즉 그리스도교가 지닌 유일신론적 초월성은 현세주의라는 일본의 늪지대에서 뿌리를 내리기가 어려웠던 것이다. 엔도 슈샤쿠의 『침묵』은 이

---

189 같은 책, 274쪽.

를 잘 표현해주고 있다. "이 나라는 늪지다. 이제 너도 알 것이다. 이 나라는 생각했던 것보다 무서운 늪지였다. 어떤 모종도 그 늪지에 심어지면 뿌리가 썩기 시작한다."[190]

---

190 같은 책, 346쪽.

제6장

근세 불교

- 장식葬式불교로서 정착 -

1. 근세 불교의 역사적 배경

남북조 시대(1336~1392)에서 무로마치 시대(室町時代, 1336~1573)로 넘어가는 변화 속에서 불교의 색채도 변해갔다. 중국 당나라 때 성행하던 선종은 현실이탈적인 면이 강했으나 송대에 와서 서서히 퇴조의 양상을 보이다가 문학과 예술로 표상화된 것처럼, 일본도 무로마치 시대에 와서 세속적인 불교문화가 성행했다.

무로마치 시대를 연
아시카가 다카우지

가마쿠라 막부를 타도하는 데 앞장섰던 아시카가 다카우지(足利高氏, 1305~1358)가 무사들을 모아 고다이고 천황(後醍醐天皇, 1288~1339)이 있는 교토를 침공하자 천황은 교토 남쪽에 있는

다이묘들의 대립으로 센고쿠 시대(戰國時代)를 연 오닌(應仁)의 난

요시노(吉野, 현재 나라현)로 도망가고 말았다. 거기가 남쪽이었기에 천황을 중심으로 남조南朝가 형성된 것이다. 한편 다카우지는 1336년에 교토에 고묘(光明) 천황을 앞세우고 자신이 실권을 쥐었으니 이것이 북조北朝이다. 이렇게 짧은 기간 동안 남북조 시대가 전개된 후 남조가 멸망하고, 1392년에 다카우지에 의해 남북이 통일되어 무로마치 막부가 열렸다. 무로마치 막부는 240년간 계속되었는데, 이때는 가마쿠라 막부와 달리 장군(쇼군)과 무사의 결속력이 약해져 힘 있는 슈고(守護)들이 영지를 넓혀 그 지역을 지배하는 슈고 다이묘(守護大名)가 되었다. 그러다가 1467년 쇼군의 후계자 문제를 둘러싸고 지방의 여러 다이묘들이 동서로 대립하여 교토에서 전쟁이 일어났으니, 이것이 오닌(應仁)의 난(1467~1477)이다.

오닌의 난 이후 장군과 제후들은 실권을 빼앗기고 대신 다이묘들이 실권을 쥐고 영토 확장을 위해 내란을 일으키는 혼란한 시기가 도래했다. 이때를 센고쿠 시대(戰國時代)라 부른다. 전쟁이 끊이지 않았던 당시 쇼군과 막부의 권위는 쇠퇴해지고 지방의 다이묘와 사무라이들이 치고 올라오는 하극상下剋上이 성행했다. 이와 같이 지방 제후였던 다이묘들의 세력이 점점 커지면서 독자적인 봉건체제를 갖추게 되었다. 이렇게 실력만 있으면 하급자라도 상관을 밀어낼 수 있는 하극상이 심한 이 시대에 거대한 사원들 역시 그들 자신을 보호하기 위해 사원 내에 군사를 주둔시켰고, 결국 당시 일본불교계 안에서도 하극상 현상이 벌어지게 되었다.

1) 잇코잇키(一向一揆)

오닌의 난 이후 센고쿠 시대에 돌입하면서 장군과 제후들은 실권을 빼앗기고, 대신 다이묘들이 영토를 확장하기 위해 내란을 일으켰는데 이때 일어났던 내란 중 농민들이 소영주인 다이묘들과 연합해서 슈고 다이묘의 지배에 대항한 것을 츠치잇키(土一揆)라 부른다. 츠치잇키처럼 토지와 실력만 있으면 하급자들이 상급자들의 세력에 도전할 수 있게 되면서 종전의 권력체계가 무너지는 사회적 대변동이 일어났다. 츠치잇키 외에도 종교계 안에서도 하극상이 일어났으니, 홋케잇키(法華一揆)가 그 대표적인 예이다.

정토진종(淨土眞宗, 죠도신슈)은 어떻게 세력 확장에 성공했을까? 정토진종은 신란이 결혼하면서 세습적으로 전수되었다. 신란에게는 가쿠신니(覺信尼)라는 딸이 있었는데, 그녀는 교토 히가시야마(東山)의 오오타니(大谷)라는 곳에 신란의 사당을 세우고 혼간지(本願寺)라고 이름 붙였다. 정토진종은 아미타불이 내세운 본원本願에 입각한 신앙이기 때문에 본원에 대한 신앙을 강조하기 위해 혼간지

정토진종 본원사파의 8대 법주
렌뇨(蓮如)

잇코잇키를 묘사한 판화

라고 명명한 것이다. 이렇게 오오타니에 있는 혼간지를 중심으로 혈통을 잇는 혼간지만이 신란의 가르침을 올바로 계승한다는 혼간지파가 생겨나면서 세력을 키워갔다. 혼간지의 대를 잇는 이를 법주法主라 하는데, 8대 법주인 렌뇨(蓮如, 1415~1499)에 와서 혼간지의 세력이 급격히 확장되었다.

렌뇨는 어문(御文, 오부미)이라는 편지 형식으로 신란의 가르침을 민중에게 펼치는가 하면, 불전을 강독하고 설법을 중심으로 강講 조직을 만듦으로써 정토진종 교단 발전의 기초를 다졌다. 이렇게 렌뇨에 의해 정토진종이 확장되자 다른 사원들과의 마찰이 심해졌다. 상황이 이렇게 변하자 렌뇨는 잇코잇키(一向一揆)를 지시했다. 정토진종

정토진종 본원사파의 본산인 니시혼간지(西本願寺)

을 다른 말로 아미타불만을 바라본다는 의미에서 일향종(一向宗, 잇코슈)이라고 하므로 잇코잇키는 정토진종이 일으킨 농민반란을 칭하는 것이다. 즉 츠치잇키는 농민들과 소영주들이 결탁해서 일으킨 난이라면, 잇코잇키는 정토진종의 신도들과 승려들이 결탁해서 일으킨 봉기로서 종교계에서 일어난 하극상이라 할 수 있다.

잇코잇키는 가가(加賀) 지방에서 시작되었는데, 그 지방의 영주가 정토진종의 선교를 막으려고 하자 렌뇨가 가가 지방의 신도들과 함께 잇코잇키를 일으킨 것이다. 잇코잇키는 렌뇨에 의해 시작되었다가 점차 전국적으로 확산되어 갔다. 이렇듯 잇코잇키에 의해 혼간지의 세력이 확장되자 영주, 무사들과 마찰이 심해졌다. 사실 잇코잇키의 세력이 커질 수 있었던 것은, 아미타불 신앙만 지니면 정토로 갈 수 있다고 믿었기에, 죽음을 두려워하지 않고 싸워 단기간에 강력한 세력집단으로 변모했기 때문이다. 그러나 렌뇨는 농민 신도와 봉건 지주들 간의 마찰이 일어나면서 어려움을 겪었다. 그는 왕법위본王法爲本을 주장하면서 농민봉기를 잠재우려 했지만 실패했고 반란은 계속되었다.

이렇게 잇코잇키는 1488~1580년까지 지속되었는데, 1570년 이후에 가서야 진압되기 시작했다. 오사카에 위치한 이시야마 혼간지(石山本願寺: 혼간지파의 본산. 현재 오사카 성)의 11대 법주인 겐뇨(顯如, 1543~1592)가 오다 노부나가와 대결하면서 혼간지 쪽이 열세에 몰리게 되자, 결국 1580년에 화의가 맺어진 후 잇코잇키는 군사력을 상실하고 말았다.[191]

무로마치 시대에 상인들을 중심으로 니치렌종을 확장시킨 닛신(日親)

---

191 정토진종의 혼간지파는 에도 시대에 와서 히가시혼간지(東本願寺)와 니시혼간지(西本願寺)의 두 파로 갈라졌다. 정토진종의 본산지는 원래 니시혼간지였는데, 히가시 파는 어떻게 생겼을까? 니시혼간지를 11대 법주인 겐뇨의 셋째 아들이 맡게 되자, 도쿠가와 이에야스는 겐뇨의 장남에게 땅을 주고 그곳에 혼간지를 세우게 했으니 그것이 히가시혼간지이다. 그렇게 하여 혼간지는 히가시혼간지와 니시혼간지로 갈라지게 되었다. 정토진종은 이때부터 많은 신도 수를 지니게 되었고, 오늘날까지 일본불교계에서 제일 큰 종파로 자리 잡고 있다.

2) 홋케잇키(法華一揆)

무로마치 시대에 정토진종처럼 종교적 내란을 일으킨 또 하나의 종파가 니치렌종(日蓮宗)이다. 정토종이 사후극락 정토왕생을 주요 교의로 삼았다면, 니치렌종은 현세에 가치를 두고 현세 개혁을 주장했다. 그래서 니치렌종은 당시 정치사회의 모순에도 정면으로 도전하는 자세를 지녔다.

무로마치 시대에 니치렌종을 확장시킨 대표적인 인물로 닛신(日親, 1407~1488)을 들 수 있다. 그는 니치렌처럼 과격한 성격의 소유자였기에 정토종뿐 아니라 정치적으로도 과격한 발언을 해서 많은 탄압을 받았다. 닛신은 당시 아시카가 요시노리(足利義敎) 장군에게도 '일본이 이렇게 혼란스러운 것은 장군이『법화경』을 믿지 않기 때문'이라고 직언하기도 했다. 이러한 발언으로 인해 닛신은 결국 탄압을 받게 되었다. 그리스도교를 탄압할 때도 그랬지만, 일본인들은 종교 탄압 시에 혹독한 방법을 썼다. 닛신의 경우에는 펄펄 끓는 냄비를 머리에 뒤집어씌웠다고 한다. 그래서 그에게 '냄비 관을 뒤집어쓴 스님'이라는 별명이 붙었다. 그렇게 큰 탄압을 받았음에도 불구하고 닛신의 신앙심은 꺾이지 않았다. 이러한 그의 열성적인 포교 활동 덕분에 오닌의 난이 일어나기 전까지 교토 상인들(町衆, 죠슈)의 과반 수 이상이 니치렌종 신자가 되었다. 그가 현세주의적 가르침을 펼치자, 교토의 상인들은 니치렌종으로 기울게 된 것이다.

그런 와중에 덴분(天文) 원년(1532)에 잇코잇키와 유사한 형태인 홋케잇키(法華一揆)가 일어났다. 홋케잇키는 교토에 생계기반을 둔

상공업자들인 죠슈(町衆)들의 결사로 니치렌종에서 일어난 민중봉기를 말한다. 정토진종의 주류가 농민들이었다면, 니치렌종은 교토의 상인들이 그 중심이 되었다. 법화신앙을 지녔던 니치렌종 신도들은 스스로의 권익을 위해 단결하여 홋케잇키를 일으켰는데, 이 홋케잇키는 천태종의 구불교 세력과 정토진종의 잇코잇키로부터 교토를 수호하면서 확대해갔다. 니치렌종 신도들은 이처럼 홋케잇키를 일으켜 교토 야마시나(山科) 혼간지를 불태우고 교토의 시정권을 장악했으나, 1536년 엔랴쿠지 산승들에 의한 천문법화의 난(天文法華の亂, 덴분홋케의 난)이 일어나면서 정치적 발언력을 상실했다. 결국 홋케잇키는 1536년 히에이잔에서 6만여 명의 승병대군이 교토의 니치렌종 본산 21개의 사찰을 파괴하면서 진압되었으니, 이것이 바로 천문법화의 난이다. 이 난으로 인해 니치렌종은 본거지를 사카이(酒井)로 옮기고, 전국 시대 말기부터 부흥을 꾀하였다.

2. 무로마치 불교

1) 오산문화

무로마치 시대의 각 불교 종파는 사상적인 혁신보다 세력 확장에 더 힘을 쏟았다. 그중 당대 무로마치 막부와 결탁해 중심세력이 된 종파는 임제종臨濟宗이다.[192] 선은 가마쿠라 시대부터 새로운 지배계급으로서의 주체성 구축이 필요했던 무사들의 지지를 받았다. 당시 중국으로부터 임제종 선승들이 들어오면서 중국 남송의 선종 관사제도官寺制度를 도입했다. 이것이 바로 오산십찰제산五山十刹諸山

제도인데, 이는 세 단계로 나뉜다. 즉 다섯 개의 중심 사찰 아래 열 개의 사찰을 두고, 다시 이 밑에 나머지 사찰을 두는 방식이다. 막부는 사찰을 통제하기 쉽게 하기 위해서 이 제도를 채택한 것이다. 당시 수도였던 교토와 가마쿠라에 오산五山 사찰을 만들었는데, 이는 수행 사찰이라기보다 국가에 소속된 관사였다.

오산 제도의 영향 하에 당시 일본 사원경제는 윤택해져 갔고, 이는 곧 승가의 세속화로 이어졌다. 다시 말해 무로마치 불교는 당대 정치세력과 결탁하여 세속화되었음을 말해준다. 중국 송대의 선종이 그러했듯이 무로마치 시대의 선종도 세속성이 풍부한 문학과 예능으로 발전해갔으니 그것이 바로 선사들이 중심이 된 오산문화五山文化로, 이는 오늘날까지 이어져 내려온 일본의 선문화이다.[193]

문학의 경우 오산 승려들이 지은 한시가 성행하여 오산문학이라는 하나의 장르를 만드는가 하면, 문학뿐 아니라 오산 선승들 중에서는 화가도 많아 당대 뛰어난 수묵화가 성행했다. 이렇듯 당대 선승들은 오산문화뿐 아니라 송에서 유학하고 돌아올 때 주자학 서적들을 갖고 와 주자학이 에도 시대의 정치 이데올로기로 부상하는 데에도 기여했다.

그 밖에 일본의 다도나 정원, 일상 에티켓 등 선문화는 일본인의 일상생활에도 깊은 영향을 미쳤다. 이렇듯 무로마치 선불교는 오

---

192 도겐을 창시자로 한 조동종曹洞宗은 스승의 유언대로 산에 들어가서 세상을 등졌기 때문에 당대의 정치세력과 결탁될 수 없었다.

193 서영애, 『일본문화와 불교』, 동아대학교출판부, 191쪽 참조.

산문화와 주자학 유입, 그리고 일본인의 일상생활에도 상당한 영
향력을 미쳤으나 선 자체의 생명은 점점 잊히거나 형식화되어 갔
다. 임제선 이외에 조동종의 경우도 처음에는 도겐의 순수선을 지
키며 작은 세력에 머물렀지만, 가마쿠라 말에 게이잔 조킨(瑩山紹瑾,
1268~1325)이 나옴으로써 순수선의 입장을 버리고 가지기도와 의
례적 요소를 대담히 받아들여 대중화해 나갔다.[194]

2) 무소오 소세키

무로마치 시대에 기억해야 할 오산 선승 중 대표적인 인물로 무소
오 소세키(夢窓疎石, 1279~1351)를 들 수 있다. 4세 때 어머니를 잃
고 불우한 어린 시절을 보낸 무소오는 9세 때 구아(空阿) 스님을 은
사로 하여 진언종 승려로 출가했다. 18세 때 도다이지(東大寺) 계단
에서 구족계를 받고 기도와 참선을 병행하며 치열하게 정진했다.

무소오는 진언종과 천태종을 공부했으나 거기에 만족할 수 없었
다. 특히 그는 당시 스승이 죽음에 임박하면서 부린 추태를 보고 충
격을 받았다고 한다. 경전에 정통한 스승마저도 아직 성불하지 못
했음을 보면서 아무리 공부를 많이 해도 성불할 수 없음을 느끼고
스무 살에 새로운 길을 가고자 100일 참회기도를 했다고 한다. 그
러던 중 그는 100일이 되기 사흘 전에 황홀경을 체험했는데, 꿈에
아주 깊은 산속에 있는 장엄한 사찰과 달마대사의 상을 보았다는

---

194 스에키 후미히코. 이시준 역, 『일본불교사: 사상사로서의 접근』, 뿌리와 이
파리, 1992, 218~219쪽.

것이다. 인도로부터 중국에 선
명상을 알린 달마대사를 본 그는
자신이 갈 길은 선종이라는 확
신을 갖고 임제종으로 개종한 후
자신의 이름을 소세키라고 하고,
꿈에서 봤다는 뜻으로 무소오를
앞에 붙였다. 그는 이렇게 선종
으로 전향해서 31세 되던 1305
년, 한밤중에 정원을 거닐다가
방으로 가던 중 발을 헛디뎌 넘
어지면서 확철대오했던 것이다.

오산 선승 중 대표적인 인물인
무소오 소세키(夢窓疎石)

무소오는 깨달음을 체험한 후 이를 심화시키는 보림을 위해 37세
부터 50세까지 13년 동안 산에서 은거 생활로 들어갔다. 51세가 되
던 1325년에 고다이고 천황은 무소오의 높은 경지에 탄복해서 그
를 오산 위의 남선사(南禪寺, 난젠지)라는 최고 사찰의 주지 자리를
맡겼다.[195] 이렇게 무소오를 주지로 앉힌 고다이고 천황은 당시 남
조의 천황이었다. 그러나 남조가 북조에 의해 멸망하고 고묘 천황
이 집권하자, 무소오는 고다이고 천황에 이어서 고묘 천황 밑에서
도 관승으로 활동했다. 이렇게 무소오는 정권이 바뀌는 대로 7조의
천황 모두의 스승 역할을 했다. 한편 7조의 천황으로부터 국사라는
호를 받은 무소오는 사후에 강한 비판을 받았는데, 그것은 그가 종

---

195 남선사는 오산십찰 제도에서 오산 위에 있는 사찰이다.

전의 주인을 버리고 새로운 주인을 찾는 것이 정의적인 측면에서 의리를 저버리는 게 아니냐는 점에서였다. 그러나 그가 여러 권력자들 속에서 관승으로 활동했던 것은 적대관계에 있던 원수들을 화합시키는 의미였다는 해석이 나오면서 그를 향한 비난도 수그러졌다. 무소오가 남긴 저술을 보면 그가 불법을 펼치기 위해 실제 그러한 역할을 했다는 고백이 나온다.

"인간 세상의 길은 오래전부터 몇 번인가 막다른 길로 가는 듯이 보이다가
다시 열리었도다.
수많은 불행도 행복도 결국에는 모두가 공空으로 돌아간다.
꼭두각시 인형이 무대 위에서 꼬꼬 꼬꼬댁 하는 것은 달팽이 뿔이
서로 자웅을 겨루는 것과 같도다.
도요새와 섭조개가 서로 노려보고 다툴지라도
최후에는 염라대왕 앞에서 무서운 재판을 받아
지옥에 떨어짐을 알아야 한다.
군마軍馬를 화산華山의 남쪽으로 쫓아내고서
사람들에게 태평시대가 온다고 보증하는 것은
용감한 그대가 각성覺城의 동쪽에 말의 고삐를 매는 것보다는
못하다."[196]

이 한시에 나오는 도요새와 섭조개는 서로 노려보고 싸우지만 결

국 둘 다 어부에게 잡히고 말았다. 이처럼 권력을 두고 싸움을 해봐야 사실 그것은 달팽이 뿔이 서로 자웅을 겨루는 것과 같다는 의미를 함축하고 있으며, '각성의 동쪽'은 『화엄경』 「입법계품」에서 선재동자가 보리심을 발하여 구도행을 떠나는 곳을 뜻한다. 곧 전쟁을 그만두어도 그것만으로는 진정한 평화가 올 수 없으며, 선재동자의 구도행이 말하듯이 모든 권력자들도 보리심을 내고 불법에 의지해야만 비로소 태평시대가 온다는 것을 말하고 있다.

남북조 시대에서 무로마치 막부에 이르기까지 권력자들의 요청으로 '7조의 국사'가 되어 권승權僧이라는 이미지까지 붙었던 무소오는 이 시에서 자신은 진정한 태평을 갈망했음을 말하고 있다. 그의 사후에 에도 정권을 잡은 권력자도 무소오의 제자로 남았다는 것은 무소오의 사상적 깊이가 남달랐음을 말해준다. 적대관계에 있었던 세력들을 부처님의 자비로 화합하려 했던 그의 뛰어난 경지 덕분에 많은 권력자들이 그에게 귀의했다는 것이다. 이렇듯 오늘날에 와서 무소오의 사상은 새롭게 해석되고 있다.

그의 사상에는 특별한 것은 없지만, 그가 관승으로서의 역할을 통해 '참 수행자는 원수를 용서하고 그와 화합을 이룰 수 있어야 한다'는 것을 보여주었다. 또 독특한 점은 은둔자로서의 생활과 세간에서의 생활을 동시에 살면서 양쪽 중 어디에도 치우치지 않았다는 점이다. 이처럼 무소오는 양쪽 삶이 둘이 아님(不二)을 자신의 삶을 통해 보여주었다.

---

196 柳田聖山, 한보광 역, 『선과 일본문화』, 불광출판부, 1995, 233~234쪽.

3. 에도 불교

1) 본말제도와 단가제도

단가제도檀家制度나 종문개제도宗門改制度는 일본에 그리스도교가 유입되는 과정 중에 생겨난 것으로, 에도 막부가 그리스도교를 통제하기 위한 것이었다. 이것과 더불어 에도 불교의 또 한 가지 특징으로 본말제도本末制度를 들 수 있는데, 이 제도 역시 에도 막부가 실시한 종교통제 정책 중 하나이다.

사실 본말제도는 에도 시대 전부터 있었지만, 도쿠가와 이에야스에 와서 정책적으로 확립된 것으로 각 종파의 본사 밑에 말사를 두는 제도를 말한다. 이처럼 본사 밑에 말사를 둠으로써 본사가 말사를 통제해왔는데, 당시 사찰은 특정 본산의 말사가 되어야 했다. 이처럼 각 사원은 어느 본사의 말사인지를 분명히 명시해야만 했고, 본말제도에 해당되지 않는 사원들은 다 없애버렸다.

이와 같이 에도 막부는 본말제도를 통해 본사와 말사의 관계를 제도적으로 확정하면서 본산 밑에 본사를 두고 그 밑에 중본사와 말사를 배치하여 사찰의 수직적인 지배를 꾀하였다. 또 에도 막부는 기독교인을 색출하기 위해 전국에 종문개를 설치했는데, 당시 기독교인들은 발각되기만 하면 종문개에 보내져서 재판을 받은 후 자신이 기독교인이 아님을 증명하는 증명서를 발부받아야만 했다. 또한 착출된 기독교인이 다시 기독교인이 되는 것을 막기 위해 사찰에 이름을 올려야 했는데, 이것이 바로 단가제도이다. 에도 막부는 이를 구실로 호적을 작성케 하여 민중을 지배하고자 했다. 이처럼 종문개제도와 단가제도는 밀착되어 있었다.

에도 시대에 모든 일본인은 특정 사원의 한 단가로서 사찰 주지 스님으로부터 자신이 기독교인이 아니라는 증명서를 발급받아 관청에 제출해야 했는데, 이를 사청寺請제도라 한다. 당시 각 사찰은 단가제도 하에서 신도들의 사자의례를 책임졌는데 이것이 사찰의 주요 재원이 되었다. 이렇듯 사원이 단가로부터 경제적인 도움을 받아 지탱해오면서부터 일본불교는 장례식을 중심으로 한 장식불교로 정착되었다. 쓰지 젠노스케의 『일본불교사』에 보면 에도 시대 불교에 대해 다음과 같이 정리하고 있다. "에도 시대가 되어 봉건제도가 확립됨에 따라 종교계 또한 그 틀에 편입되었고 또한 막부가 기독교 금제의 수단으로 불교를 이용하여 단가제도를 제정하기에 이르러 불교는 완전히 형식화되었다. 이와 함께 본말제도 및 계급제도에 의해 불교는 점점 형식화되어 갔다. 불교는 거의 마비상태에 빠지고 사원과 승려는 타성에 의해 간신히 사회적 지위를 보전하는 데 지나지 않았다."[197]

그러나 근세 불교를 타락불교로만 보는 점에 대해 스에키 후미히코는 의문을 제기한다.[198] 예를 들어 단가제도를 통해 장식불교로 정착된 것은 일본인의 종교 감각에 합치되는 면이 있었기에 일본 사회에 정착해 지속되어올 수 있었다는 것이다. 어쨌거나 도쿠가와 이에야스는 본말제도, 단가제도 등 불교를 통제하는 제도를 펼침으

---

197 같은 책, 230쪽.
198 같은 책, 231쪽.

로써 에도 시대에 와서 불교는 매우 위축되었다. 당시 하쿠인 같은 선사가 나타나긴 했지만 에도 불교는 사상적인 면에서는 큰 발전이 없었다. 당시에는 자유로운 포교 활동도 금지되었고 사원의 개별적 건립도 금지되었으며 출가도 마음대로 할 수 없었다. 출가하려면 일종의 면허를 취득해야 했는데 그것을 '득도得度'라고 표현했다. 보통 '득도'는 깨달았다는 의미이지만 여기서의 득도는 출가자로서의 면허를 취득했다는 뜻으로 사용되었다.

2) 하쿠인 선사

에도 막부가 불교정책을 간섭하고 통제하는 상황 속에서 발전한 불교 종파는 임제종이다. 임제선은 5가 7종 중 하나로 중국 선종에서도 대표적인 선풍으로 알려져 있는데, 임제선의 법맥은 송대 대혜종고大慧宗杲를 통해 간화선看話禪 선풍으로 자리 잡아갔다. 간화선은 화두선 혹은 공안선이라고도 하는데, 화두 중에는 무無자 화두가 가장 대표적인 것이다.

무자 화두는 『열반경』의 일체중생 실유불성一切衆生悉有佛性이라는, 곧 '일체중생에게는 불성이 있다'는 가르침에 기반한 것이다. 어떤 제자가 조주 선사에게 물었다. "스님, 일체중생 실유불성이라고 하는데 개에도 불성이 있습니까?" 그러자 스님은 "무"라고 대답했다. '일체중생에게 불성이 있다고 했는데 왜 개에게는 없다는 것일까?'라는 의문이 생길 수밖에 없다. 그렇게 생겨난 의심을 화두로 삼는 것이다. 이처럼 화두를 든다는 것은 당연시 받아들여졌던 사실에 대해 '왜'라는 의문을 품는 것이다. 그러나 화두를 드는 건 한 번의 의심으로 끝나는 게 아니다. 이렇게 계속 화두를 들다보면 자신과 화두가 하나가 되어 의심덩어리(疑團)가 된다. 이는 자신이 의심과 한 덩어리가 되어 걸어갈 때나 밥 먹을 때나 잠잘 때나 쉴 때나 화장실 갈 때나 언제든지 화두를 품게 된다는 의미이다.

화두에는 무자 화두만 있는 게 아니다. 어떤 스님은 "부처가 뭡니까?"라는 질문에 "뜰 앞의 잣나무"라고 대답하기도 한다. "부처가 뭐냐"고 물었는데 "뜰 앞의 잣나무"라니…… 이게 뭔가? 바로 이 의문을 품게 되는 것이 화두를 드는 행위가 되는 것이다. 또 흥미로운 화두로 "간시궐乾屎厥"이 있다. "부처가 뭡니까?"라고 묻자 운문 스님은 "간시궐!"이라고 응답했다. 지금은 상상하기 힘들지만 예전에는 깊은 산골에 가면 화장지가 없어 신문지로 뒤를 처리해야만 했다. 신문지도 없을 때는 어떻게 했을까? 나무 막대기를 사용했다고 한다. 간시궐은 뒤처리를 위해 썼던 바로 그 '마른 똥 막대기'를 의미한다. 수행자가 되고자 하는 가장 높은 이상향인 부처를 가장 비천한 똥 막대기에 비유한 것이다. 이 간격을 어떻게 메워야 할지를 의심하고 또 의심하는 것이 바로 화두이다.

중국 송대에 화두가 점점 많아지자 이를 모아 화두집을 만들었다. 『무문관無門關』과 『벽암록碧嚴錄』이 그 대표적인 것이다. 이 화두집은 화두에 대한 해석을 함으로써 화두를 참구하기보다 화두를 연구하는 문자선이 생겨나게 되었다. 대혜 선사는 화두를 문자식으로 공부하는 문자선을 비판하면서 화두집을 모두 불태워버렸다. 『벽암록』은 대혜 선사의 스승인 원오극근(圜悟克勤, 1063~1135)에 의해 편찬된 것인데, 대혜는 『벽암록』마저 불태워버렸다. 그는 화두집을 공부하지 말고 오로지 무자 화두 하나만 타파하면 된다는 간화선을 세웠다.

하쿠인 에카쿠(白隱慧鶴, 1685~1768)는 무자 화두를 중심으로 한 간화선을 가져다가 자기 나름대로 변형시켰는데, 그렇게 해서 형성된 하쿠인 선禪은 오늘날 일본의 대표적인 선풍이 되었으며, 이 선풍으로 하쿠인은 선을 대중화시킬 수 있었다.

하쿠인 선의 특징은 『벽암록』에 있는 1,700개의 화두 하나하나를 타파해 나가는 데 있다. 스승으로부터 화두를 하나 받아 깨치면 두 번째 화두를 받아서 이를 타파하고 그 후에 세 번째, 네 번째 화두를 받아 이를 모두 타파해야 깨달음을 얻을 수 있다고 본 것이다. 이처럼 하쿠인 선은 대혜 선사의 공안선과 달리 점진적으로 깨달아가는 방법이다. 쉬운 화두부터 시작해서 점점 어려운 화두를 타파해 나가는 식으로 단계를 밟아 나간다. 이런 과정을 통해 수행자는 스승과의 관계를 친밀하게 가지면서 선방을 활성화시켜 가는 계기를 마련했다. 이런 측면에서 하쿠인 선은 일본에서 선의 대중화를 이루는 데 크게 기여했다. 하쿠인은 1,700개 이상의 공안으로 공안집을 만들었는데 그가 만든 척수隻手 공안도 그중 하나다. 척수는 한쪽 손을 말한다. 보통 사람들은 두 손바닥이 마주쳐야 소리가 나지 한 손으로는 소리가 나지 않는다고 생각한다. 그러나 소리는 본래 있는데 우리가 못 들을 뿐이다. 따라서 우리가 분별지를 넘어서면 한쪽 손으로 쳐도 소리가 있음을 알게 된다. 이것이 바로 척수 공안이다.

하쿠인은 마치 계단을 오르듯 단계적으로 화두를 하나하나 타파해 나가는 과정을 거쳐야 한다고 가르친다. 100미터 되는 우물에서 물을 길어 올리는데 99미터까지만 올리고 1미터가 남아 있으면 아직 물을 마실 수 없다. 다 올라와야만 물을 마실 수 있다. 100미터 밑에 있는 물이나 코밑에 있는 물이나 못 마시기는 매한가지이다. 내 입에 물이 들어오는 순간까지 이 단계들을 모두 거쳐야 한다. 깨달았다는 스님들의 체험담을 보면 특별한 것이 아니다. 감이 뚝 떨어지

하쿠인 선사가 그린 달마도

는 소리를 듣고 깨달았다고 하는가 하면, 하쿠인은 범종이 들리는 소리를 듣고 깨달았다고 한다. 또 어떤 선사는 복숭아꽃이 피는 것을 보고 깨달았다 하고, 또 닭 우는 소리를 듣고 넘어지면서 깨달았다는 이도 있다. 이것은 무엇을 말하는가? 깨달음은 99.9미터까지 가는 과정이 필요하다는 것이다. 99.9미터까지 의단을 계속 붙들고 있어야 그 다음을 가는 것이지 99.9미터까지 가는 노력 없이 갑자기 깨닫는 것은 아니라는 것이다.

예를 들면 물은 100도가 될 때 수증기로 변한다. 물이 수증기로 변하는 것이 바로 질적인 비약이다. 무생물에서 생명체라는 비약이 생겨났고 생명체에서 인간이라는 질적인 비약이 일어났으며 인간 종은 지금도 계속 진화되어 간다. 평범한 사람도 깨달으면 인식의

전환만이 아니라 인간의 실존적 변환이 이루어지는데, 이것이 깨달음의 세계로 도약하는 것이라 할 수 있다.

이상에서 살펴본 하쿠인 선을 비롯한 화두선은 깨달음을 목적으로 삼는다. 깨닫기 위해서 화두참구話頭參究를 한다. 그러나 깨달음을 목적으로 삼을 때 좌선은 수단으로 전락하고 만다. 그래서 조동선에서는 깨달음을 지향하지 않고 깨달음과 수행이 둘이 아닌 수증불이修證不二, 수증일여修證一如의 경지를 추구한다. 이런 측면에서 조동선과 임제선과는 차이가 있다.

그 외에도 에도 시대에 성행한 선풍 중에 황벽종黃蘗宗이 있다. 황벽종은 원래 중국에 있던 선풍으로 인겐(隱元, 1592~1673)에 의해 창시되었다. 인겐은 중국 명나라 때 복건성 복주福州에서 태어나 황벽산 만복사萬福寺로 출가하여 임제선을 배웠다. 그는 34세에 득도한 후 1654년에 일본으로 건너와 교토 남쪽 우지에다 중국 양식의 황벽산 만복사(萬福寺, 만푸쿠지)를 개창하여 인겐 선을 펼쳤다. 인겐 선은 정토종과 선을 결합시킨 특징을 지니고 있다. 즉 염불과 선을 같이 하기 때문에 사람들은 보통 염불선이라고도 한다. 처음에는 임제종의 황벽파로 불렸는데 후에 종파의 형태를 취하게 되었다.

한국의 대표적인 불교 종파는 조계종인데, 이는 대혜종고의 간화선을 기본으로 하는 임제선 종풍을 따르고 있다. 일본의 하쿠인 선은 대혜종고의 간화선을 변형한 것이지만, 조계종에서는 간화선을 그대로 받아들여 중국 선불교 전통에 가장 가까운 선풍을 보존하고 있다.

이상에서 우리는 일본의 불교화 과정을 살펴보았다. 일본은 불교

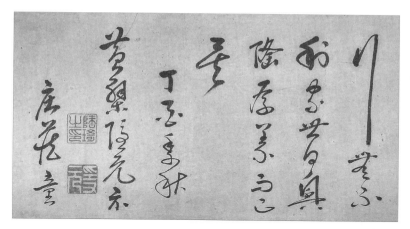

일본의 황벽종을 개시한 인겐(隱元)의 필적

를 수용하는 과정에서 알게 모르게 여러 변용이 일어났다. 한 면에서는 일본불교로서의 독창성을 발휘하는가 하면, 또 다른 면으로는 세속적으로 타락한 측면도 보이고 있다. 여기서 말한 독창적인 면은 가마쿠라 신불교에서 드러난 특징이고, 세속적인 면은 불교의 현세 초월적인 면이 일본에서는 가볍게 여겨졌다는 점을 들 수 있다.

이는 승려들의 결혼제도의 도입과 본래 불교가 지향해온 수행전통보다는 장의불교로서의 역할이 커졌다는 데에서 알 수 있다. 참된 종교의 생명성은 현세를 초월하려는 의지, 현세에 매몰되지 않고 그것을 뛰어넘는 가치를 추구하는 자세에 있다. 그것은 불교의 창시자인 석존이 인생의 고통에서 이탈을 추구하여 출가한 점에서 잘 드러나며, 불교가 삼보의 하나로 출가자를 중심으로 한 승가공동체를 둔 점에서도 알 수 있다. 이런 불교의 본래 정신이 일본으로 건너와서 현세주의적 경향을 강하게 띠게 된 것이다.

중국과 한국에서는 아직 출가수행 형태가 지켜지고 있으나 불교가 일본에 유입되면서 출가의 기본 형태가 무너져버렸다. 물론 일본에도 출가 형태는 아직 남아 있으나 일찍부터 출가자의 육식과 대처가 당연한 것처럼 행해지는 등 출가자의 세속화가 진행되었던 것이다. 일본에 처음 불교가 들어왔을 때는 현세 부정적 정신을 가르쳤으나 결국 일본문화 속에 뿌리박힌 현세 중심적 사유를 무너트리지는 못했다.

어떤 외래종교든지 일본 땅에 들어가면 변용이 일어난다. 불교 역시 예외가 아니었다. 불교가 일본의 현세 중심적 토양 속으로 빨려 들어감으로써 일어난 변용 중 대표적인 것이 천태본각사상이다.[199] 스에키 후미히코는 천태본각사상에 대해 '불교의 자기 붕괴를 내재한 사상'이라고 말한 바 있다.[200]

결국 일본의 천태본각사상은 본지수적설을 낳았다. 이 논지는 부처가 가미로 나타났다는 것이다. 이렇듯 중생을 구제하기 위해 강림한 가미는 그 배후에 있는 부처보다 더 가치 있는 존재로 인식되었다. 이처럼 천태본각사상 위에서 나온 본지수적설에 따르면 현세에서 중생구제를 하는 신이 있으면 되기 때문에 굳이 부처는 필요 없게 된다. 이러한 사상적 흐름은 결국 가마쿠라 말기에 반反본지수적설을 낳았다. 이는 본지수적설을 뒤엎어 본지가 가미이고 수적이 부처라는 식으로 해석된 것이다.[201] 이렇듯 일본에서 불교는 불

---

199 같은 책, 343쪽.
200 같은 책, 344쪽.

교 자체가 지닌 현세 초월성이 일본적 현세주의적 사고 아래 그 힘
을 잃고 현세주의적 불교로 탈바꿈해 버린 것이다.

---

201 같은 책, 344~345쪽.

제7장

근대 일본 천황제와 그리스도교

다른 나라와 비교할 때 일본만이 고유하게 지녀온 제도가 있으니 그것은 바로 천황제이다. 이처럼 천황제는 다른 나라에서 찾아볼 수 없는 일본문화의 특징 중 하나이다. 일본에서는 천황의 근거인 기키 신화를 실제 일본 역사로 연결시켜 이를 천황제로 만들어 지금껏 면면히 그 맥을 이어오고 있다.

일왕日王을 '천황(天皇, 덴노てんのう)'이라고 명명한 것은 천자天子, 즉 중국(당나라) 황제에 대항하는 뜻을 담고 있었다. 일본은 702년 중국에 사신을 보내 국호와 왕명(대왕 대신 천황으로)을 고지했다. 그때 당시 중국의 측천무후는 이를 개의치 않았고 받아주었으니, 그것은 흉노와 선비 등 북방 유목민들과 달리 일본을 중화제국의 외부로 간주하여 중국 안보에 위협이 되지 않는다고 보았기 때문이다.[202]

---

202 천황(天皇, 덴노)은 일본 역사에서 만들어진 고유명사로 제1대 진무(神武)

천황은 메이지 정부 이전까지는 민중과 가까운 존재가 아니었다. 그러다가 천황이 일본 정치사의 전면에 등장한 것은 메이지 시대(1868~1912)에 들어서이다. 메이지 시대로 접어들면서 일본 정부는 중앙집권적 민족국가 확립을 하나의 역사적 과제로 삼았다.[203] 곧 메이지 정부는 중앙집권화를 통해 국민을 하나로 묶을 강력한 통치 기반이 필요했던 것이다. 그러한 중앙집권 통치 기반을 구축하기 위해 메이지 정부가 택한 것이 바로 왕정복고이다. 왕정복고 정치의 중심으로 천황을 부각시킨 것이다. 다시 말해 메이지 정부는 천황의 이미지를 부각시켜 천황을 중심으로 한 신국으로서의 국가경영을 하고자 했던 것이다. 이를 위해 천황 중심의 가족주의적 국가관을 확립함으로써 천황을 국민들의 아버지로 삼고 모든 국민을 그의 자녀로 보는 일본의 절대 천황제가 형성되었던 것이다.[204]

천황을 시작으로 122대는 메이지 천황, 현재는 126대 나루히토 천황(2019년 5월 1일 즉위)이다.

203 일본은 근대화를 위해 발돋움하는 과정에서 천황을 내세운 입헌군주국가가 되고자 했다.

204 맥아더 장군은 일본 국민들의 혼란을 최소화하고 공산주의가 확산됨을 방지하기 위해 천황의 전쟁 책임을 면책해주었다. 천황제의 파괴는 곧 일본의 붕괴를 의미했기 때문이다. 이러한 불기소 방침이 왜곡된 역사 인식을 낳게한 것이다.

1. 천황제와 국가 신도

어떤 체계도 국민의 자발적
지지기반 없이는 실효성을
거둘 수 없다. 그렇다면 일본
국민은 어떻게 천황제를 따
르게 되었는가? 메이지 정부
가 천황제에 대한 환상을 심
어주고 가공한 관념에 의한
지배 이데올로기로 강력한
국민통합을 이끌어낼 수 있
었던 것은 어디에 근거한 것
인가?

단발에 서양식 제복을 입은
메이지 천황의 어진영御眞影

사실 당시 일본 민중들은 천황에 대해 아는 것이 별로 없었다. 그
들에게 있어 천황은 정치권력이나 절대권위를 가진 왕과는 무관하
게 일종의 가미로 모시는 신앙의 대상과도 유사한 것이었다.[205] 천
황제에 대한 일본 국민의 저항과 갈등이 없었던 것은 아니지만, 메
이지 정부는 천황에 대한 이데올로기를 한층 극대화시킴으로써 이
를 극복하고자 했다.

이와 같이 천황숭배를 형성해가는 과정에서 무엇보다 중요한 것
은 천황을 일본 국민들에게 알리는 문제였다. 영화나 텔레비전이

---

205 같은 책, 34쪽.

없던 당시 일본 사회에서 국민들에게 광범위하게 천황을 알리는 시각적 인상을 주기 위해 취한 것이 바로 천황이 직접 전국을 순행하면서 민중들에게 자신을 알리고 개화를 촉진하는 역할을 담당한 것이다. 실제로 천황은 순행 시에 단발을 하고 양복을 착용한 채 민중 앞에 모습을 드러냈는데, 이는 바로 문명화의 이미지를 천황이 직접 행동으로 연출한 것이라 할 수 있다. 즉 메이지 시기 일본의 구호인 화혼양재和魂洋才의 상징이라 할 수 있겠다.

천황의 전국 순행은 일본을 천황을 중심으로 하는 하나의 공동체로 모아갔다. 천황의 순행이나 다양한 공적 의례들이 국민들로 하여금 천황을 응시 대상으로 만들었다. 이렇게 천황을 중심으로 메이지 정부는 국가 만들기와 국민 만들기라는 근대화 프로젝트를 성공적으로 이끌어갔다. 메이지 시대 이래로 천황은 일본인들의 마음(心, 고코로)에 아버지로서의 인식이 깊이 각인되었다. 메이지 정부는 문명개화의 모든 정책은 신민臣民의 안온한 생활을 위해 천황이 베푼 은혜라고 주장하면서 일본 국민에게 천황의 은혜에 대해 보답하라는 보은報恩을 강조했다. 이로써 메이지 정부는 천황제를 더욱 확고히 해나갔던 것이다. 메이지 정부는 천황을 중심으로 한 왕정복고 정책을 펼치기 위해 천황의 이미지를 만들지 않으면 안 되었다. 이를 위해 메이지 천황의 초상을 만들어 관공서나 학교에 배포했다. 이 사진을 어진영(御眞影, 고신에이)이라 하는데, 사진을 보는 것을 마치 천황을 직접 보는 것인 양 여겼다.[206] 1940년 초등학교

---

206 메이지 덴노뿐 아니라 덴노의 정실 쇼켄 황후(하루코)도 일본 황실 최초로

수신교과서에는 '천황폐하 만세'의 내용으로 가득 차 있다. 이처럼 천황폐하 만세를 외치는 당시 교육은 철저하게 천황과 나라를 위한 것이었다. 학교에 화재가 났을 때 학교에 부착된 천황의 어진영을 구하려다가 불에 타 죽은 교장도 있었다. 이처럼 메이지 정부는 일본인 한 사람 한 사람에게 천황의 적자라는 의식을 심어줌으로써 천황과 신민 사이에 일대일의 관계를 형성해간 것이다.

이와 같이 천황제라는 절대 이데올로기를 채택한 메이지 정부는 천황을 중심으로 한 국가종교인 국가 신도를 생각해냈다. 그러나 초기 신도 국교화 정책기(1868~1871)와 국민교화 정책기(1871~1877)를 거치면서 메이지 정부는 "신교의 자유를 보장하라"는 서구열강의 압력에 대처해야만 했다. 신교의 자유와 신권적 천황제를 근간으로 하는 제국헌법의 정신은 근본적으로 모순되는 것이었다. 제국헌법 제28조에 종교의 자유를 명시한 메이지 정부는 전 국민을 하나로 묶을 수 있는 국가종교로서의 국가 신도와 종교자유라는 두 명제가 양립될 수 없다는 사실에 봉착할 수밖에 없었던 것이다. 그래서 결국 신도 국교화 정책을 포기하고, 국가 신도를 국가의 제사로 재편하여 천황을 정점으로 한 황실 신도(신사 신도神社神道)를 국가 제사로 하고, 이를 교파 신도와 분리시켰다. 이러한 국가 신도의 정체성을 규명하는 과정에서 만들어진 것이 '신사 비종교神社非宗敎'론이다. 신사 비종교론은 국가 신도는 종교가 아니라 제 종교

서양식 의복을 입은 황후이다. 복장뿐 아니라 역할 면에서도 이전까지의 황후들과 달리 서구적이고 근대적 황후, 퍼스트레이디로서의 면모를 보였다.

를 초월한다는 논리이다. 이처럼 신사 비종교론이 만들어지면서 국가 신도는 종교가 아닌 '초종교'로서, 그리고 국가 제사로 거듭나게 되었다.[207]

메이지 정부는 국가 신도에 대해 다음과 같이 밝힌 바 있다. "신도는 종교가 아니라 민족윤리를 체계화한 조직이고 민족의 제도에 충성을 바치는 하나의 제사의례이다."

이렇게 국가 신도에 초종교적 지위를 부여함으로써 메이지 정부는 국민들에게 국가 신도에 대한 숭배를 강요했던 것이다.

이처럼 종교적 성격을 버리고 국가 제사로 전환된 국가 신도는 국민을 하나로 모을 체제의 필요성 때문에 국민윤리(도덕)를 관장하는 국가 시스템으로 탈바꿈하게 되었다. 이와 같이 국민윤리 조직과 국가제도로 탈바꿈한 국가 신도 체제하에서 천황은 국가 제사의 최고 제사장으로서 황실 제사의 대제大祭 13제를 집행하는 존재로 거듭났다.

이렇게 하여 천황은 "국가 통치의 대권은 짐이 종조로부터 받아 자손에게 전하는 것에 있다"라고 하여 황통계의 기초 원칙을 선언하게 되었다. 그리고 이를 근거로 "대일본제국은 만세일계萬世一系의 천황이 통치한다"는 조문이 대일본제국 헌법 제1조로 확립되면서 1889년 대일본제국헌법이 제정 발포되었다.[208]

---

207 박규태, 『절대와 상대로서의 일본』, 제이앤씨, 2005, 195쪽.

208 양현혜, 『근대 한·일 관계사 속의 기독교』, 이화여자대학교출판부, 2009, 20쪽.

국가 신도를 종교로서의 신도와 분리시킨 메이지 정부는 국가 신도를 제사의례를 집전하는 대교大敎로 선포했다. 국가 신도를 대교로 선포한 메이지 정부는 종교로서의 신도는 교파 신도로 남기고, 국가 신도는 국가의 제사의례를 담당하는 형태를 취하게 함으로써 종교로서의 교파 신도와 초종교로서의 국가 신도라는 이중 시스템을 구축한 것이다.²⁰⁹

2. 신불분리(폐불훼석)

메이지 정부는 국가 신도를 제사의례로 자리매김하는 과정에서 종래의 신불습합을 통해 불교와 밀착된 관계를 끊어버리는 신불분리 정책을 실시했다. 그동안 불교와 습합관계를 유지해오던 신도가 신불습합의 형태로부터 신불神佛을 분리시키는 작업을 강행하게 된 것은 신기국神祇局이 신도와 불교의 분리령을 발표했기 때문이다. 또한 "전국 신사에서 승려 차림을 한 자들은 모두 환속하라(1868, 신지사무국)"는 칙령이 내려진 후 전국 신사에 있던 모든 불교 승려를 몰아낼 것을 천명했다. 이 칙령이 발표된 지 2주가 지나지 않은 시점에 발표된 두 번째 칙령에서는 불교식 신명神名을 가진 신사는

---

209 국가 신도는 이세 신궁을 총본산으로 두고 그 밑에 다른 신사들을 두었다. 교파 신도는 국가 관리에 속하지 않은 종교 활동을 하는 신도를 총칭한다. 교파 신도에 속한 신사들은 정부가 관리하지 않고, 보조금도 주지 않게 되면서 문을 닫는 경우가 많아졌다.

신명의 유래를 기재하여 제출하고, 불상을 신체神體로 삼는 신사는 이를 고치고, 본지本地라 하여 신사에 안치된 불상이나 방울, 종 등도 조속히 제거하라는 조처가 내려졌다. 그 후 신도의 가미에게 불교의 명칭을 사용하는 것이 금지되었을 뿐 아니라, 불상은 더 이상 신도의 가미를 표상하는 데 사용할 수 없었으며 불상을 신사 경내에 두는 것조차 허용되지 않았다.[210] 이러한 칙령이 실행된 후 4천 개가 넘는 전국의 사찰이 폐쇄되었고 수많은 불교 유물이 파괴되었으며, 신사에 남아 있던 불교적 요소들은 모두 없애 신도의 형태로 바꾸었고 수천 명의 승려들도 강제로 환속해야만 했다.[211]

이리하여 일본 종교사에서 천년 간 신불습합을 통해 지속해온 신도와 불교의 관계는 폐불훼석(廢佛毀釋, 하이부츠키사쿠) 사태로 인해 파경에 이르렀다. 그 사상적 원천은 국학자들의 폐불론에 있었다. 에도 후기의 국학자 모토오리 노리나가(本居宣長)는 『고지키』에 담긴 일본의 고대 사상을 강조하면서 메이지 초기 신불분리 정책에 이념적 토대를 제공해주었다. 특히 히라타 파의 경우, 불교는 외국의 가르침이며 일본인은 이를 취해선 안 된다 하여 전국에서 폐불훼석 운동을 주도했다.[212]

---

210 브라이언 다이젠 빅토리아, 정혁현 역, 『전쟁과 선』, 인간사랑, 2009, 36쪽.

211 같은 책, 37쪽.

212 박규태, 『절대와 상대로서의 일본』, 제이앤씨, 2005, 170쪽. [히라타 파派는 에도 시대 후기의 국학자였던 히라타 아츠타네(平田篤胤, 1776~1843)를 중심으로 형성된 신도파이다. 그는 모토오리 노리나가의 노선을 뒤이어 유불 습합한 신토(神道)를 비판했지만, 곧 모토오리 학파의 실증주의에서 벗어나

이렇게 폐불훼석 정책이 실행되자 불교 교도사들은 국가정책에 동조하라고 강요받았다. 즉 신도의 예복을 착용하고 신도의 기도문을 암송하며 신도의식을 수행할 것을 요구받은 것이다.[213] 그러자 불교 지도자들은 불교를 부흥시킬 수 있는 길은 일본 민족주의에 공조하는 것이라 생각했다. 그래서 그들은 일본의 새 지도자에게 자신들이 쓸모 있음을 증명하기 위해 반기독교 운동을 지원하는가 하면, 일본전쟁(청일전쟁 후부터)에도 적극 가담했다. 또한 그들은 청일전쟁을 자신들의 종교적 논리로 합리화시키는 억측을 감행하기로 했다. 이러한 일련의 과정은 종교가 어디까지 세속화될 수 있는지를 여실히 보여주는 대목이 아닐 수 없다.[214]

신비학으로 변모하였다. 아츠타네의 학설은 미토학(水戶學)과 함께 막말 존황양이 운동의 지주가 되었다. 아츠타네의 학문체계는 불교·유교·도교·난학·기독교 등 다양한 교리를 연구 분석하여 너무 광범하여 복잡하다. 아츠타네의 복고 신토는 히라타 신토라고 불렸으며, 이후 신토계 신흥종교의 발생으로 이어졌다. 아츠타네는 학자와 지식인뿐 아니라 서민 대중도 겨냥해 국학사상을 크게 보급했다. 서민들에게 그의 학설이 받아들여진 것은 토속적이고 민속적인 요소를 포함한 사상이 서민들에게 받아들여지기 쉬웠기 때문이다. 막부 붕괴 이후 메이지 유신기에 히라타 신토가들은 큰 영향을 가졌지만, 신토를 국가의 통제하에 두는 국가 신토가 형성되는 과정에서 히라타 파 신토는 배제되어 영향력을 잃어갔다. – 히라타 아츠타네, 위키백과 참조]

213 같은 책, 40쪽.

214 브라이언 다이젠 빅토리아, 정혁현 역, 『전쟁과 선』, 인간사랑, 2009, 38쪽 참조.

일본은 신불분리를 통해 그간 일본 종교문화의 기틀이 되어준 불교를 부정했는데, 이는 결국 자기를 부정하는 결과로 이어졌다. 즉 그것은 신불분리 과정에서 신도는 종교가 아니라고 규정했기 때문이다. "가미 숭경은 종교적으로 우리 영혼을 구제해줄 신을 믿는 것이 아니라 현세적 이익을 얻고자 함이다. 무릇 일본 가미는 조상이나 국가 위인들을 제사지내는 대상일 따름이다."[215] 곧 신도를 종교가 아닌 국가 제사로 주장한 것이 그것이다.

여기서 우리는 메이지 시대야말로 일본 종교 역사상 중요한 분기점이었음을 발견하게 된다. 일본인들이 천 년간 불교와 습합관계를 유지할 수 있었던 요인 중에는 그들이 지녀온 상대적 사유도 한몫했다. 바로 그런 유연성이 일본으로 하여금 불교를 유연하게 받아들이게 했던 것이다. 우리는 이를 일본 종교사의 신불습합의 역사를 통해 확인할 수 있다.[216]

그러나 메이지 시대에 들어오면서 일본은 이런 유연성과 상대성을 버리고 국가 신도를 통해 천황제라는 절대성을 들고 나왔다. 그리고 이를 이용하여 불교를 배척한 것이 바로 신불분리와 폐불훼석이다. 신도와 불교의 습합을 통해 타자를 유연하게 받아들였던 일본이 신불분리를 통해 타자를 부정하고 자기를 절대화하는 태도를

---

215 박규태, 『절대와 상대로서의 일본』, 제이앤씨, 2005, 165쪽. (신불분리의 처음엔 부분적인 배불에서 시작되다가 점차 전면적인 배불로 나타났다. 그것은 민중 신앙에서 여전히 신불이 나란히 병존하는 데에서 알 수 있다.)

216 이러한 유연성은 우리나라 종교사에서 조선 시대에 보인 절대성과는 대조가 된다. 조선 시대의 불교 억불정책과 천주교 탄압이 그것이다.

보인 것이다. 여기서 우리는 자신과 타자의 관계에서 자신을 상대화하느냐 절대화하느냐에 따라 타자를 수용하는 유연성 여부가 결정됨을 알 수 있다.

이렇듯 신불습합의 역사가 일본인의 상대적 사유양식을 보여주었다면, 메이지 시대의 신불분리는 천황제라는 절대적 이데올로기 속에서 그들 사유의 유연성이 그만큼 상실되었음을 보여주었다. 일본 종교사에서 보여준 신불습합 과정이 타자를 통해 자기 정체성을 스스로 찾아가는 역사였다면, 천황제라는 절대체계를 수용하여 자기를 절대화해 감으로써 결국 타자를 밖으로 내몰아버리는 결과를 가져왔다. 즉 일본은 불교를 수용하는 과정을 통해 신도라는 자기 정체성을 확고히 굳혀갔고, 신도는 철학적으로나 사상적으로 자리를 잡아갔다. 국가 신도라는 국가 제사 체계를 주장하면서 닫힌 종교성을 보임으로써 더 이상 종교적 유연성을 보이지 못한 채 자기 안에 갇혀버리는 결과를 낳고 만 것이다.

3. 국체

메이지 유신 원년인 1868년, 분산되어 있던 권력을 중앙집권화해 가는 과정에서 일본을 하나로 묶을 수 있는 기축이 필요했다. 이를 위해 일본제국헌법을 제정하는 작업에서 그 중심을 차지한 인물이 제국헌법 제정회의 의장이었던 이토 히로부미(伊藤博文, 1841~1909)였다. 그는 1887년 6월 헌법제정의 근본정신에 대해 다음과 같이 피력한 바 있다.

"헌법이 제정됨에 이르러서는 먼저 일본의 기축基軸을 찾아서 일본의 기축은 무엇인가를 확정하지 않으면 안 됩니다. …… 생각건대 유럽에서는 헌법정치가 싹튼 것이 천여 년. 이미 인민들이 그 제도에 익숙할 뿐 아니라 종교라는 것이 있어 기축을 이루고 있으며 …… 그러나 일본에는 종교라는 것이 그 힘이 미약해서 무엇 하나 국가의 기축이 될 만한 것이라곤 없습니다."[217]

"지금 헌법을 제정하는 데 있어 먼저 우리나라의 기축이 필요하다는 것과 그 기축을 무엇으로 할 것인지를 정하지 않으면 안 될 것입니다. 기축 없이 정치를 인민에게 멋대로 맡긴다면 정치는 그 기강을 잃고 국가 또한 결국 폐망할 것이기 때문입니다."[218]

제국헌법 제정회의 의장이자 메이지 정부의 초대 내각대신이 된 이토 히로부미(伊藤博文)

이처럼 히로부미는 일본 국민을 통합시킬 수 있는 국가적 기축으로 종교와 같은 강력한 힘이 필요하다고 보았다. 그러나 그는 기존의 종교들, 곧 신도·불교·유교·기독교 그 어느 것도 일본 국민을 통합하

217 마루야마 마사오, 『일본의 사상』, 김석근 역, 한길사, 2012, 84쪽.
218 시마조노 스스무 외, 『역사와 주체를 묻다』, 소명출판, 2014, 178쪽.

는 기축이 될 수 없다고 보았고, 그래서 결국 천황을 국민 통합의 기축으로 삼아야 함을 주장하기에 이르렀다. "일본에서 기축으로 삼아야 할 것은 오로지 황실뿐입니다. 그러므로 이 헌법초안에선 군주의 권한을 기축으로 하고 그걸 훼손시키지 않을 것을 기약했으며……"[219]

그러나 근대국가의 정교분리나 교학분리의 원칙에 의하면, 천황제를 하나의 종교로 간주할 때 천황제를 국가정책으로 수용하기 어려워진다. 그래서 이토 히로부미와 관료들이 취한 전략은 천황제를 종교를 초월한 '비종교적 종교', 아니 초종교적 종교로 탈바꿈시키는 것이었다.[220] 이로써 천황제는 종교를 초월하여 '국체國體'라는 이름의 윤리관으로 적용하기에 이르렀다.

1889년 제정된 대일본제국헌법 제1조에는 천황의 절대성을 표현하고, 제4조에서는 천황이 국가원수로서 통치권을 장악하고 헌법의 규정에 의거해서 이를 행한다는 점을 강조하고 있다. 그래서 헌법 제1조에 대일본제국은 만세일계萬世一系의 천황이 통치한다는 국체와 천황 주권을 규정하고, 제3조에 천황은 신성하여 범할 수 없다는 천황의 신격을 법제화했다.[221]

---

219 이토는 기축 없이 정치를 인민의 망의妄議에 맡겨 국가를 폐망시켜선 안 된다는 점과 헌법제정의 중요 요체는 일본의 기축을 정하는 것임을 강조했다. 즉 그는 유럽에서 입헌정치의 전통과 기독교가 국가의 기축을 이루고 있듯 일본에서는 황실이 국가의 기축이 되어야 한다는 것이다.

220 같은 책, 179쪽.

221 정창석, 『만들어진 신의 나라』, 이학사, 2014, 4장 참조.

이처럼 천황은 일본헌법에 명시된 절대자이나 그의 절대성은 왕권신수설에 입각한 절대주의와는 다르다. 그건 일본인들에게 있어 천황은 신으로서의 신성을 지녔다고 보기 때문이다. 이처럼 현인신現人神으로서 천황이 지닌 신성성 때문에 일본인은 천황에 대한 어떤 비판의식도 박탈당한 채 그저 천황폐하 만세를 외쳐왔던 것이다. 이러한 사고의 틀에서 나온 것이 국체 개념이다. 국체란 제국헌법 제1조에 규정된 "만세일계의 천황이 통치하는 나라"를 말한다. 이러한 천황의 만세일계관은 『고지키』와 『니혼쇼키』에서 유래한 혈연 이데올로기의 산물이다. 그 이후 일본에서의 모든 이데올로기는 국체에 의거하여 형성되어 갔다.

국가 신도에서는 국체를 다음과 같이 설명하고 있다. "대일본제국은 아마테라스가 개국한 나라로 그 신의 후예이신 만세일계의 천황이 통치하신다. 이것이 다른 나라에는 없는 우리의 국체다. 그 황은皇恩을 입어 일본의 모든 신민은 한마음으로 성지를 받들어 조상의 뜻을 계승하고, 역대 천황 통치를 받들어 충효의 미덕을 발휘하여 세계에 그 유례가 없는 국민 일치의 가족 국가를 형성하고, 무궁하여 끊이지 않는 국가의 생명을 계속 발전시킨다."

이러한 국체 관념의 저변에 깔린 이치에 대해, 메이지 유신을 세우는 데 큰 영향을 끼친 계몽가인 후쿠자와 유키치(福澤諭吉, 1835~1901)는 다음과 같이 말한다. "국체란 한 종족의 인민이 서로 모여서 근심과 즐거움을 같이하며 다른 나라 사람에 대해서 우리와 남의 구별을 지어 스스로 서로를 보기를 다른 나라 사람을 보는 것보다 두텁게 하고, 스스로 설 힘을 키우는 것을 다른 나라 사람을 위해서 하는 것보다 힘써서 한 정부 하에 있어서 스스로 지배하고 다른 정부의 제어를 받는 것을 좋아하지 않으며, 호와 복을 스스로 짊어지고 담담해서 독립하는 것을 말한다."[222]

여기서 우리는 후쿠자와가 국체 발생의 근원을 이치가 아니라 '정情'으로 본다는 점에 주목할 필요가 있다. 곧 국체는 운명의 공동체라는 의미로, 곧 역사적으로 운명을 같이 한다는 것이다. 후쿠자와는 '정치·경제·사상·문화 등 전 분야에서 아시아를 벗어나 유럽을 따르자'는 탈아론脫亞論을 주장하여 제국주의와 일본 우익의 뿌리로 평가받는 인물이다.

그가 말한 탈아입구론脫亞入歐論은 아시아를 무시하고 서구를 따라잡자는 것이다. 바로 이러한 사상으로 국민을 계몽시켜 근대 일본을 성공적으로 이끌고자 했던 것이다. 후쿠자와의 사상은 메이지 시대에 일어난 모든 근대화의 움직임을 하나로 결집시키는 동력이 되었다. 이제 국체 하에서 일본 신민은 천황을 중심으로 한 운명공동체로서의 무한한 책임을 느끼도록 강요받았다. 그러한 작업의 주축이 된 것이 바로 메이지 정부에서 반포한 〈교육칙어教育勅

일본 근대화의 거물
후쿠자와 유키치(福澤諭吉)

---

222 마루야마 마사오, 『문명론의 개략』, 김석근 역, 문학동네, 2007, 156쪽.

語)이다.

〈교육칙어〉는 천황제를 종교가 아닌 도덕윤리로 규정함으로써 학교 교육의 중추가 되었다. 이런 점에서 〈교육칙어〉는 천황제 이 데올로기를 중심으로 한 국가 신도의 성전이라고 해도 과언이 아 니다. 메이지 정부는 이런 성격을 띤 〈교육칙어〉를 모든 학교에 보 내어 천황제, 즉 국체에 의한 내면적 지배를 유도하고자 했던 것이 다.[223]

4. 〈교육칙어〉

과연 일본 국민은 자발적으로 천황숭배를 하게 되었을까? 메이지 정부는 무엇을 통해 국민적 결집을 강화시켜 나갔을까? 메이지 정 부는 천황제를 강화시켜 나가기 위해서는 국민을 교육시켜야 할 필 요성을 강하게 느꼈다. 이러한 동기에서 만들어진 것이 〈교육칙어〉 이다. 〈교육칙어〉를 보면 다음과 같은 대목이 나온다.

"신민들이 충과 효로써 마음을 하나로 하여 세세토록 그 아름다 움을 이루는 것이야말로 우리 국체의 정화로다. 교육의 연원이 여 기 있으니 신민들은 부모에게 효를 다하고 …… 항상 국헌을 중시 하고 국법을 준수하며, 유사시 의로움과 용기로써 공공을 위해 봉 사하고 황운皇運을 보호하고 도울지라."[224] 즉 "국가가 위급할 때 국

---

223 같은 책, 181쪽.

224 박규태, 『절대와 상대로서의 일본』, 제이앤씨, 2005, 195쪽.

천황제 이데올로기를 전 국민에게 강요한 〈교육칙어〉

가에 충성하라. 지진과 같은 자연재해가 와도 황실을 보호하라"는
것이다.

　메이지 정부는 1891년 신민의 기본윤리를 〈교육칙어〉로 제정하
고 이를 학생들에게 적극 교육시켰다.[225] 〈교육칙어〉의 핵심사상은
충효 정신이다. 즉 천황과 신민의 관계를 부자관계로 둠으로써 국
민이 천황인 아비에게 충성과 효를 다하도록 교육시킨 것이다. 이
로써 일본 국민은 가족국가주의 하에서 국가에 대한 충성, 윗사람
에 대한 효, 조상에 대한 숭경을 엄격하게 준수하도록 교육받게 되
었다. 이처럼 가족국가주의에서 유래한 효 사상은 단순히 부모에
대한 예의에 그치는 게 아니라 선조, 더 나아가 천황에 대한 충성심
으로 귀착되었다.

---

225 양현혜, 『근대 한·일 관계사 속의 기독교』, 이화여자대학교출판부, 2009,
　　22쪽.

이렇듯 국민을 하나로 묶을 새로운 도덕을 수립하는 게 절실한 과제였던 일본은 〈교육칙어〉를 통해 국민도덕론을 확립해 갔다. 국민적 축제일이 되면 학교에서는 〈교육칙어〉를 봉독했는데 그것은 일종의 엄숙한 종교의식이었다. 이는 〈교육칙어〉가 이미 하나의 절대화된 신앙의 대상이 되었음을 의미한다. 〈교육칙어〉에서 제시한 덕목은 충효에 집약되지만, 이것은 단순한 도덕체계가 아니라 충성을 바쳐야 하는 천황을 신격화하는 것이었다. 타자를 부정하는 또다른 의식은 존왕양이尊王攘夷 의식에서 드러났다.

5. 일본 그리스도교

1) 그리스도교의 유입 과정

일본은 동아시아 가운데 가장 먼저 그리스도교가 전래된 곳이다. 이렇게 일본에 그리스도교가 빨리 전래된 것은 당시 무역 상황과 깊은 연관이 있다. 1510년경 포르투갈은 강한 해군력과 발달된 항해술로 인도, 동남아시아를 자신들의 무역항으로 넓혀갔다. 인도의 고아를 근거지로 하여 향료무역을 독점한 포르투갈은 아시아로 진출하기 위해 중국 광동성의 마카오에 무역기지를 만들었다. 이렇게 하여 마카오는 포르투갈이 동양에 진출하는 거점이 되었는데, 이는 단순히 무역거점일 뿐만 아니라 선교사들의 선교거점이 되기도 하였다.

포르투갈 상선은 마카오를 근거지로 해서 겨울에 중국의 비단, 명주, 금을 사다가 여름에 나가사키에 두 배로 팔고, 나가사키에서는 은을 사다가 마카오에서 팔았다. 당시 일본은 전쟁이 끊이지 않는 전국 시대였기에 다이묘들은 서양의 대포나 화약이 필요했고, 서양의 선진무기를 사들이기 위해 포르투갈과의 무역을 활발히 진행했다. 이렇게 일본은 1543년부터 서구와 무역을 통해 접촉해왔고 선교사들은 이 틈을 타서 일본으로 들어왔다. 그들이 처음 나가사키를 거점으로 활동한 것이 오늘날까지도 나가사키에 그리스도인이 전 주민의 90%가 넘는 요인이 되었다. 곧 나가사키는 가톨릭 선교의 중심지로서의 역할을 해온 것이다.

(1) 프란치스코 하비에르

동아시아와 그리스도교의 첫 만남은 1549년 예수회 신부인 프란치스코 하비에르(Francis Xavier, 1506~1552)를 통해서 이루어졌다. 포르투갈 출신인 그는 동양에 진출한 최초의 선교사이다. 포르투갈이 첫 무역지로 선택한 곳이 인도였기에 선교사들은 인도에서 선교 활동을 시작했다. 하비에르도 1541년 인도 고아에 가서 8년 남짓 선교사로 활동했다. 그는 거기서 야지로라는 일본인을 만났는데, 그는 가고시마에서 무역을 하던 상인이었다. 살인죄를 짓고 인도로 도망 온 그는 하비에르를 만나 그리스도교 세례를 받았다(이때 바오로라는 본명을 받음). 일본 선교에 대한 강한 열망을 지녔던 하비에르는 야지로와 함께 일본으로 향했다. 그는 1549년 8월 15일 가고시마에 도착하여 2년 3개월 동안 일본에 머물렀다.

하비에르가 일본에 도착했을 당시 일본은 혼란스런 전국 시대였다. 당시 다이묘들은 자신의 세력 확장을 위해 전투에 참여하거나

예수회 선교사 프란치스코 하비에르
(Francis Xavier)

동맹을 맺곤 했다. 포르투갈과의 해상교역을 위해 규슈의 일부 다이묘는 선교사를 직접 초대하거나 우호관계를 유지하고자 했다.[226] 사쓰마의 영주 타카히사가 하비에르에게 선교 활동을 하도록 허락한 것도 포르투갈과의 우호관계를 유지하고 교역을 열기 위함이었다.

당시 하비에르의 일본 선교 활동은 그가 남긴 서간을 통해 짐작해 볼 수 있다. 처음에 하비에르가 당시 권력가인 쇼군들을 만나려 했을 때에는 일이 잘 성사되지 않았는데, 후에 그는 자신이 인도에서 썼던 방식대로 일본인을 대했기 때문이라는 사실을 알게 되었다. 인도의 스승들은 가난한 삶을 추구했고, 사람들은 이러한 모습의 성자들을 존경했다. 그래서 하비에르는 인도 방식대로 초라한 행색과 남루한 의복 차림으로 쇼군을 만나러 갔다가 문 앞에서 거절당하고 말았던 것이다. 그 후 하비에르는 일본에서는 격식을 차려야 함을 알고 다시 돌아와 복장을 갖춰 입고 재차 야마구치로 향했다.[227]

---

226 조셉 제네스, 『일본의 천주교 수용사』, 경희대학교출판부, 2013, 17쪽.

227 같은 책, 25쪽.

하비에르는 야마구치의 다이묘 오우치 요시타카(大內義隆, 1507~
1551)에게 고아 총독의 메시지와 인도 총독의 편지와 귀한 선물을
내놓았다. 그러자 다이묘는 답례로 대도사大道寺라는 사찰을 내주
면서 선교를 허락해주었다. 마침 그 대도사가 비어 있었기 때문에
하비에르는 그곳을 사람들과 토론하는 장으로 사용했다. 이후 하비
에르는 약 5개월에 걸쳐 야마구치에 남아 승려들과 토론을 하는가
하면, 약 500명을 개종하는 데에도 성공했다.[228] 하비에르가 일본에
서 20년간 얻은 성과는 빌렐라 신부가 1571년 10월에 작성한 보고
서에 기술되어 있다. 그 기록에 따르면 1570년 총 가톨릭 신자 수는
약 3만 명이었고, 지리적 분포로는 대부분이 규슈 남쪽 지방이었다
고 한다.[229]

　하비에르는 당시 일본인들에게 처음부터 그리스도교에 대해 가
르치기보다 당시 일본인들이 농사와 관련하여 관심을 가졌던 천문
학에 대해 가르쳤다. 일본인들은 그가 가르친 지구와 태양에 대한
천문학적인 내용들에 관심을 갖고 몰려들기 시작했다. 이렇게 하비
에르는 과학지식을 통해 서구문화를 소개했고, 그 후에 차츰 그리
스도교의 유일신 신앙과 영혼 불멸설에 대해 가르쳤다. 선교를 위
해 먼저 일본문화를 배우는 것이 필요하다고 생각했던 하비에르는
일본문화의 핵심 부류인 선사들과 친해지기 위해 노력했다. 그가
남긴 편지에는 선사들과 토론한 내용들이 수록되어 있다. 거기에

228　같은 책, 25쪽.
229　같은 책, 47쪽.

보면 다음과 같은 내용이 나온다.

"일본에 무엇 때문에 왔느냐"는 선사의 질문에 하비에르는 "일본 인들의 영혼을 구하기 위해 왔다"고 대답했다. 그러자 선사가 "그것 뿐이냐"고 물었고, 이에 하비에르는 "한 영혼을 구하기 위해서는 어 떠한 노고도 그만큼 가치가 있다"고 대답했다.[230] 여기서 영혼 개념 이 나오자 선사는 영혼이 무엇이고 왜 중요한지 물었고, 이에 하비 에르는 "인간의 육체는 죽어도 영혼은 없어지지 않는 것이기에 영 혼을 구하는 것이 중요하다"라고 답했다.[231]

하비에르가 가르치고자 한 것은 두 가지였다. 하나는 유일신 신 앙이고 다른 하나는 영혼 불멸설이다. 이것은 일본의 토착신앙과 매우 달랐다. 신도에서는 존재하는 모든 것에 신이 내재한다고 보 는가 하면, 영혼에 대한 개념도 없었기 때문이다. 신도에선 죽음을 부정적인 것으로 여기고 두려워하는 데 반해, 그리스도교는 죽은 후에 영원한 삶을 말하고 있었기 때문이다. 신도는 사후세계에 대 한 모든 것을 불교에 의탁해왔다. 이러한 불교적 내세관을 지닌 일 본인에게 그리스도교의 영혼 불멸설은 새로운 가르침이었다. 이처 럼 '영혼이 죽지 않는다'는 하비에르의 가르침은 일본사람들에게 신선하게 다가갔을 것이다.

하비에르는 일본어를 구사하는 데 한계가 있었기에 통역관이 필 요했다. 처음에는 인도에서 함께 온 야지로가 그 역할을 했으나 천

---

230 김승혜, 『동아시아 종교전통과 그리스도교의 만남』, 영성생활, 1999, 46쪽.
231 같은 책, 47쪽.

주교 용어를 일본어로 번역하는 과정에서 오해가 생기기도 했다. 하비에르가 남긴 서간을 보면 처음에는 다이니치(大日如來, 다이니치뇨라이)의 이름을 빌려 유일신 신앙을 설명했다. 그러나 다이니치가 진언종에서 부처님의 이름임을 안 뒤로는 사람들에게 혼돈을 줄 것을 우려하여 라틴어 데우스Deus라는 단어로 바꿔 썼다. 또 하비에르는 영혼 불멸에 대한 일본인의 반응에 대해서도 편지에 언급했는데, 일본인들은 한번 영혼 불멸을 인정하면 부모의 반대에도 불구하고 우상을 버리고 그리스도교 신도가 된다는 것이다.

또한 '모든 사람은 하느님의 자녀로서 평등하다'는 그리스도교의 만민평등설 역시 계급사회였던 당시 일본인들에게는 신선하게 다가왔으리라 생각한다. 이러한 하비에르의 가르침으로 많은 일본인들이 그리스도인이 되었다. 하비에르가 일본에 체류했던 기간이 2년 3개월 정도인데, 세례를 받은 사람은 2,000명에 달한다는 점이 이를 말해준다. 세례를 받은 이들 중에는 영주들도 있었고 사무라이들도 많았다.

이렇게 27개월간 일본에 머물렀던 하비에르는 일본 선사들과 대화하던 중 동아시아의 중심이 일본이 아니라 중국임을 알게 되었다. 그가 그리스도교를 진리의 종교라 소개했을 때 일본인들은 "진리가 그리스도교에 있다면 왜 중국이 그것을 모르고 있나?"라고 되물었기 때문이다.[232] 이에 하비에르는 중국이 동아시아에서 가장 큰 나라임을 알고 중국을 그리스도교화하면 일본도 자연히 그리스도

---

232 김혜경, 『예수회의 적응주의 선교』, 서강대출판부, 2012, 161쪽.

화될 것이라고 판단했다. 그래서 중국을 향해 떠나 1552년 8월, 포르투갈 함선의 정착지인 상추만 섬에 도착했다. 그러나 그는 거기서 여러 번 중국 입국을 시도했지만 그만 열병에 걸려 중국 땅을 디뎌보지도 못한 채 1552년 12월 3일 세상을 떠나고 말았다. 그리스도 측에서 보면, 일본에 남았더라면 일본 선교에 더 큰 성과를 냈으리라는 아쉬움이 있지만, 어쨌든 하비에르는 일본에 그리스도교 신앙을 처음 전파한 이로서, 또한 동아시아 그리스도교 선교 역사의 한 장을 장식한 선교사로서 일본 그리스도교 역사에 남아 있다.

(2) 알레산드로 발리냐노

하비에르가 사망한 후 일본에 들어온 예수회 선교사는 알레산드로 발리냐노(Alessandro Valignano, 1539~1606)이다. 예수회 지구장이었던 그는 하비에르와 마찬가지로 약 5년간 인도에서 선교사 생활을 했다. 그 후 1579년 일본에 들어와 1582년까지 3년간 일본에 머물렀다. 그는 규슈 남부지역을 순회하고 각 지역에서 선교사를 만난 후, 일본 선교에 문제가 많다는 사실을 깨달았다. 일본에 온 선교사들이 일본인의 생활방식이나 습관을 충분히 이해하지 못하고 있음을 보았기 때문이다.[233] 그래서 발리냐노는 모든 선교사가 반드시 따라야 할 일본의 예의와 관습을 적은 『예절(*Code of Behavior*)』이라는 책을 저술하기로 했다.[234] 이는 그의 선교정책이 일본문화에

---

233 조셉 제네스, 홍성언 옮김, 『일본의 천주교 수용사』, 경희대학교 출판문화원, 66쪽.

적응하고자 한 문화적응주의였음을 말해준다.

그는 먼저 일본문화에 적응하기 위해 선교사들에게 선사들의 기준에 맞추어 복장도 선사들 복장을 따라 하도록 했고, 선사들처럼 '사마(樣)'라는 존칭어를 호칭으로 썼다. 이처럼 그는 선사의 생활양식을 원용함으로써 그리스도교가 외래종교라는 이미지를 줄이고자 노

예수회 선교사 발리냐노
(Alessandro Valignano)

력했다. 또한 발리냐노는 선교지의 토착 언어에 대해서도 깊은 관심을 가져 일본어 학습과 다도와 같은 일본문화를 습득하는 데에도 힘쓰도록 가르쳤다.[235]

동양 선교에 있어 초기 가톨릭교회가 지녔던 난제는 어떻게 일본어로 천주교 용어를 정립할 것인가 하는 문제였다. 천주교의 교리 개념을 적절히 표현할 용어가 일본어에 없었을 뿐 아니라, 천주교 교리에 대한 통역관들의 지식이 불충분했기 때문에 천주교 개념과 유사하다고 생각되는 불교의 표현을 끌어다 썼다. 선교사는 불

---

234 김혜경,『예수회의 적응주의 선교』, 서강대출판부, 2012, 169쪽.

235 당시 일본에서 선교 활동을 한 수도회는 예수회 외에도 도미니크회와 파리 외방선교회가 있었다. 이들에 비해 예수회가 선교에 성공한 것은 문화적응주의 선교정책 때문이다.

교에 문외한이었기 때문에 불교용어에 대한 정확한 의미를 이해하지 못했다. 승려들 역시 불교의 가르침이 선교사들의 그것과 다름을 알아챘으나 정확한 차이는 무엇인지 알지 못하는 경우가 빈번했다. 이런 언어적 장벽을 해결하기 위해 발리냐노는 두 가지 방책을 썼다.[236]

첫째, 불교용어를 사용하되 자세한 설명을 거듭함으로써 정확한 천주교 교리를 전하는 것이었다. 혼란스러운 용어 사용이 그릇된 신앙을 키우자 나중에는 라틴어나 포르투갈어, 가톨릭 용어를 그대로 음역해서 쓰기로 했다. 발리냐노는 선교사의 일본어 구사능력에 대해서도 큰 우려를 나타냈는데, 그것은 선교사 대부분이 대중 앞에서 일본어로 설교하는 것이 거의 불가능했기 때문이다. 그래서 발리냐노는 일본어 공부의 중요성을 역설하면서 새로 온 선교사에게는 1년간 의무적으로 일본어를 익히도록 명하기도 했다.[237]

또한 발리냐노는 고결한 성품과 덕망을 쌓은 지도자를 양성해내는 것을 급선무로 여겨, 1580년 초 3개의 신학교를 설립해 일본인 사제를 양성할 계획을 세웠다. 두 개의 신학교 중 하나는 규슈 남부 지방의 (아리마에 있는) 옛 불교사찰 터에 세워졌고, 다른 하나는 교토 지역의 아즈치에 들어섰다. 그러나 붕고에 세 번째 신학교를 세우려던 계획은 실패하고 말았다.[238]

---

236 조셉 제네스, 홍성언 옮김, 『일본의 천주교 수용사』, 경희대학교 출판문화원, 2013, 44~45쪽 참조.

237 같은 책, 69쪽.

하비에르의 영향을 받아 문화적응주의 선교정책을 펼친 발리냐노는 많은 상류층과 지식인을 선교시킴으로써 그들을 통해 대중에게 선교하고자 했다. 그래서 예수회 선교사들은 주로 선사들과 다이묘들을 만났던 것이다. 다이묘는 당시 영주의 역할을 하던 이들이어서 그들 밑에 딸린 이들이 많았다. 그래서 다이묘 한 사람이 세례를 받으면 수하의 사무라이를 비롯한 지역 사람들도 세례를 받았던 것이다. 당대 그리스도교 신자의 수가 급증한 것은 이런 다이묘와 그의 수하인들의 세례와 깊이 연관되어 있다.

사람들은 선교사들의 초기 성과에 대해 천주교와 불교를 혼용한 결과에서 나온 것이라고 보기도 한다. 그러나 이를 혼란에서 얻은 성과로 치부하는 것은 무리가 있다. 천주교의 교리는 불교와 전혀 달랐으며 승려는 물론 백성도 이를 확실히 인지하였기 때문이다. 사실 일본인은 토착종교인 신도 아래 살았기에, 천주교 교리는 그들의 삶에 새로운 해석의 틀을 제시해준 셈이다.[239]

그 외에도 그리스도교 자체가 지닌 사상적 측면이 이들을 감화시킨 것 중 하나는 평등사상이었다. 주자학이 관학이 되었던 에도 막부 시대에는 신분체계가 뚜렷했고, 영주 밑에서 일하던 이들에게 가난은 평생 따라 다니는 것이었다. 이처럼 가난하고 힘들게 살아가던 이들에게 '하느님 앞에 만민은 평등하다'는 만민평등 사상은 당대 일본인, 특히 가난한 이들에게 호감을 주었던 것이다.

---

238 같은 책, 71쪽.
239 같은 책, 47쪽.

발리냐노에 의해 로마로 간 네 명의 일본소년사절단 모습

하느님 앞에 모두가 평등하다는, 인간의 존엄성과 삶의 목적 등 교회의 도덕적 가르침은 당시 일본인의 그것과 달랐다. 그 밖에 선교사들은 설교뿐 아니라 나환자와 버림받은 이들을 위한 병원과 쉼터 등을 제공함으로써 사랑을 직접 실천했다. 이러한 사랑의 실천은 혼란한 전국 시대 속에서 방황하던 일본인들에게 빛이 되어 주었다.

비록 그리스도교 전래 초기에 개종을 택한 사람이 거의 없었다고 하나, 천주교를 받아들였다는 것 자체가 진실한 개종의 마음에서 우러나온 행위였으며, 이를 통해 자신이 몰랐던 새로운 윤리적 기준을 자기 삶의 방식으로 받아들였다는 데 당시 그리스도교 신자 됨의 의미를 찾을 수 있을 것이다.[240]

---

240 조셉 제네스, 홍성언 옮김, 『일본의 천주교 수용사』, 경희대학교 출판문화

발리냐노의 또 다른 업적은 로마에 소년사절단을 보낸 일이었다. 그는 일본 소년들이 유럽문명과 그리스도교 전통을 직접 체험하고 나서, 선교사가 되어 일본에 그리스도교를 전파할 일꾼이 되기를 희망했다. 곧 유럽 선교사에 의한 그리스도교 전파가 아니라, 일본인들이 직접 일본에 그리스도교를 펼칠 수 있도록 계획을 세운 것이다. 또한 유럽에 일본 선교의 성과를 보임으로써 일본 선교열을 높이기 위한 목적도 있었다. 이에 발리냐노는 1582년에 네 명의 일본소년사절단(天正遣歐少年使節)을 데리고 로마로 갔다. 그러나 8년 후인 1590년, 발리냐노가 일본으로 다시 돌아오려고 할 즈음에 정권을 잡은 도요토미 히데요시는 일본에 그리스도교가 전파되는 상황에 위험을 느낀 나머지, 1587년 선교사 추방령을 내려 모든 선교사를 일본에서 추방하라는 명령을 내린 상태였다.

2) 일본 그리스도교의 박해사

(1) 반천련 추방령

1587년 7월 25일 도요토미 히데요시는 느닷없이 반천련(伴天蓮: 천국까지 동행하는 무리란 뜻으로 신부를 지칭) 추방령을 내렸다. 그가 갑자기 이런 결정을 한 배경에는 히에이잔, 세야쿠인 승려와 다카야마 유콘(高山右近)의 정적이 합세하여 선교사를 모함하는 계략을 꾸민 것이 계기가 되었다.[241] 이렇게 선교사 추방령은 내려졌지만

원, 49쪽.

241 같은 책, 84쪽 참조.

당시 아직 일본을 떠나지 않은 선교사들이 많았다. 신부 추방령이 내려지자 소년사절단을 데리고 로마에 나갔던 발리냐노는 선교사 자격으로 일본에 들어올 수 없게 되어서 도요토미에게 인도 총독의 사절단을 환대할 의향이 있는지를 물었다. 그것은 그가 전에 인도에 선교사로 있었던 경력을 활용해 인도 총독 사절 자격으로 26명의 포르투갈 시민과 4명의 일본 사절단과 함께 일본에 오려고 한 것이다. 마침내 도요토미로부터 입국 허가를 받고 1590년 7월 나가사키에 당도한 발리냐노는 다음해인 1591년 도요토미 히데요시(豊臣秀吉)를 만났다.

그는 선교사 회의를 열어 선교사들에게 도요토미가 지속적으로 천주교에 대한 반감을 나타내는 만큼 선교 활동에 신중해야 함을 강조했다. 특히 선교사들이 정치에 관여하는 것을 삼가고, 영지 간에 벌어지는 다툼에도 관심을 두지 말며 싸움의 씨앗이 될 만한 말은 하지 않도록 조심할 것을 당부했다.[242] 사실 히데요시는 추방령을 내렸지만, 선교사들은 계속 일본에서 활동하고 있었다.

그런 상황 하에서 1596년에 스페인 선박 펠리페호 사건이 일어났다. 스페인 선박이 일본에 들어왔을 때, 그 배에 탄 선원이 스페인이 영토를 확장하려 한다는 소문을 퍼트린 것이다. 당시는 포르투갈과 스페인이 해상무역을 주도하던 시기였다. 그래서 스페인이 동남아시아에 선교사를 보내서 주민들의 마음을 사로잡은 후 일본을 침략하려 한다는 선원의 주장을 듣고 히데요시는 기독교를 그대

---

242 같은 책, 90쪽.

로 두면 위험하겠다고 생각한 것이다. 즉 히데요시가 그리스도교를 탄압한 것은 종교적 이유보다 정치적 이유였다. 이처럼 기독교가 정치적으로 위협적인 존재로 느껴지자, 도요토미 히데요시는 갑자기 교토와 오사카에 남아 있는 선교사와 신자들을 처형하라는 명령을 내리고 말았다.

프란치스코회 신부들 중 6명은 일본에 남아 있다가 1597년에 발각되고 말았다. 이 6명의 신부들과 그들의 지도를 받는 신자 14명, 그 외 예수회와 관계된 일본인 3명에, 그 후 2명이 더 추가로 체포되고, 거기에 스스로 관가를 찾아온 12살 소년까지 포함하여 26명이 결국 순교를 당했으니, 이것이 일본에서 최초로 일어난 26명의 순교 사건이다. 그러나 26명의 순교 후에도 일본에서 기독교 활동은 활발하게 이루어졌다. 이는 순교 사건이 반드시 종교적인 이유에서 행해진 것은 아니었음을 말해준다.

히데요시에서 이에야스에 이르기까지 일본의 지배자들은 잇코슈

도요토미 히데요시 (豊臣秀吉)

(一向宗) 신자들에 의해 일어난 잇코잇키(一向一揆)에 대해 좋지 않은 경험을 갖고 있었다. 그러한 경험 때문에 그들은 정치세력 군대로서의 잇코잇키는 철저히 없앴지만 개인의 신앙으로서의 잇코슈는 탄압하지 않았다.[243] 그들이 기독교를 탄압한 것도 같은 이유에서였다. 즉 기독교 탄압은 잇코슈의 잇코잇키에서처럼 종교적인 이유라기보다 그들의 힘이 정치적으로 위협이 될 여지가 있었기 때문이다. 그것은 그 후로 엄중한 기독교 금지로 이어지지 않았던 점에서 알 수 있다. 1612년까지 예수회에서는 조심스레 포교활동을 계속함으로써 신도 수가 약 30만 명으로 증가하게 되었다.[244]

(2) 그리스도교 금지령

도요토미 히데요시가 죽고 도쿠가와 이에야스가 정권을 장악한 후 이에야스는 기존 무역을 확대 장려할 뿐 아니라 새로운 무역로를 개척하는 데에 관심을 보였다. 그가 천주교에 대해 관대했던 것은 그리스도교를 통해 서방과 무역이 활발해지리라 기대했기 때문이다. 이처럼 무역을 위해 일본에 그리스도교 선교사들이 들어오는 것을 허용한 이에야스는 막부 초기에 선교사의 활동을 용인해줌으로써 선교사 수가 크게 늘었다. 1607년 당시 일본에 약 140명의 예수회 선교사가 있었고 프란치스코회, 도미니코회, 아우구스틴회 선

---

243 야마모토 시치헤이, 고경문 역, 『일본인이란 무엇인가』, 페이퍼로드, 2012, 306쪽.

244 엔도 슈사쿠, 김승철 역, 『침묵의 소리』, 동연, 2016, 30쪽 참조.

교사들도 들어왔다.[245] 그러나 기독교인들이 없이도 무역이 가능해지자 이에야스는 1614년 1월 27일 전국에 그리스도교 금교령을 내렸다. 그가 금교령을 내린 것은 앞서도 말했듯이 종교공동체가 얼마나 위험한지를 체험했기 때문이다. 전국 시기에 아미타불 신앙에 기초한 정토진종 신도들이 중심이 되어 일으킨 잇코잇키는 짧은 기간에 여러 지방으로 불길처럼 퍼져나갔다. 그런 다이내믹한 전파력과 단결의 강함으로 인해 쓰라린 경험을 맛본 이에야스는 신앙공동체는 위험하다고 보았고, 따라서 기독교 역시 경계해야만 하는 대상이 아닐 수 없었던 것이다.[246]

이에야스가 공포한 금교령의 내용은 다음과 같다.

"스페인에서 믿는 종교교리와 일본 종교는 전혀 다릅니다. 그렇기 때문에 일본에 이를 적용하는 것은 적절치 않다고 생각합니다. 선교 활동을 그만두시는 게 서로를 위한 길이라 믿습니다. 이와 별개로 무역의 규모를 늘려 서로 간의 이해와 관계를 증진하시기를 바랍니다."[247]

---

245 이에야스는 정토종을 신봉하는 인물이었고, 그가 따르던 선사禪師인 수덴(崇傳, 1569~1633)은 천주교 박해에 앞장섰던 인물이었다. 또한 에도 시대 초기의 주자학자인 하야시 라잔(林羅山, 1583~1657)도 예수회 수사 하비안과 토론한 후 천주교에 대해 큰 반감이 생겼다고 한다. 우리는 라잔이 도쿠가와 곁에서 학문을 연구하고 그의 후손을 교육하면서 천주교에 대해 어떤 말을 했을지 미루어 짐작할 수 있다.

246 마루야마 마사오, 김석근 역, 『문명론의 개략』, 문학동네, 2007, 614쪽.

247 조셉 제네스, 홍성언 옮김, 『일본의 천주교 수용사』, 경희대학교 출판문화

이렇듯 금지령이 내려진 이후 1619년 교토에서 25명, 1622년 나가사키에서 55명, 1623년 에도에서 50명, 1627년 운젠에서 16명이 순교했다. 이는 문헌으로 확인된 순교자의 숫자이며 그들을 포함해서 에도 막부 시대에 순교한 사람은 총 4,045명으로 추산하고 있다. 사실 기록에 남아 있지 않은 수까지 합치면 4만 명 정도가 되리라고 본다. 실로 일본 그리스도교의 엄청난 박해와 순교가 이루어졌음을 짐작해 볼 수 있다.[248]

　　선교사들이 완전히 모습을 감추게 된 1644년 이후 가톨릭 신자들도 서서히 자취를 감추었다. 그래서 서구와의 문호개방이 이루어지기 전까지 가톨릭 교회는 자취를 감추었다. 이렇듯 천주교 박해는 250년간의 쇄국정책으로 이어졌고, 1853년에 안세이(安政) 조약이 체결되면서 종지부를 찍었다. 그 후 1858년 미일수호통상조약에서 "일본에 있는 미국인은 자기 나라의 종교를 믿고 교회를 거류지에 건립해도 된다"고 규정함으로써 다시 신앙의 자유가 주어졌다. 여기서 놀라운 것은 지하교회에서 잠복 그리스도교 신앙생활을 한 이들이 자신의 정체성을 드러냈다는 사실이다. 이들을 '가쿠레 기리시탄(隱れ切支丹)'이라 부르는데, 그들은 약 200년 가까이 지하 신앙공동체를 형성하면서 그리스도교 신앙의 맥을 면면히 이어온

원, 153쪽.

248 순교하는 방법도 십자가형, 화형, 열탕을 붓는 고문, 거꾸로 매달려서 귀에 구멍을 뚫어 죽게 하는 방법 등 각양각색의 방법이 동원되었다. 당시 그리스도인 중에 순교한 사람들은 이런 고문을 당하면서 죽어간 것이다.

가쿠레 기리시탄 유적 박물관(나고야)

것이다.[249]

(3) 가쿠레 기리시탄(잠복 기독교인)

가쿠레 기리시탄은 기독교 탄압 시기가 끝난 후 외국에서 사제들이 다시 일본에 들어오면서 세상 밖으로 나온 크리스천들을 말한다. 이렇듯 비밀리에 신앙을 지켜왔던 이들은 그들의 조부나 아버지의 신앙과는 본질적으로 다른 신앙생활을 해왔다. 그들의 신앙에는 일본인 특유의 조상에 대한 애착, 마을 단위, 공범자 의식이라는 심리가 깔려 있다. 그들이 기리시탄 신앙이 금지된 후에도 신앙을 계속 지켜왔던 것은 무엇보다도 그 신앙이 자신의 조부나 부모가 믿었던 종교라는 애착이 있었기 때문이다.[250]

---

249 도히 아키오, 김수진 역, 『일본 기독교사』, 기독교문사, 2012, 57쪽 참조.
250 엔도 슈사쿠, 김승철 역, 『침묵의 소리』, 동연, 2016, 111쪽.

하비에르는, 일본인들은 자신이 기리시탄이 되면 조상을 버리게 된다고 슬퍼했다고 하면서 조상에 대한 애착이야말로 그리스도교 신앙을 갖게 되는 데 방해가 된다고 한탄한 바 있다. 그러나 반대로 조상에 대한 애착이 가쿠레 기리시탄으로 하여금 그리스도교 신앙을 지속시킨 요인으로 작용했으니 아이러니한 일이 아닐 수 없다.

에도 막부는 기독교를 금지하고 민중을 지배하기 위해 '단가제度檀家制度'를 만들었다. 이는 사람들이 반드시 자기 구역 내 사원에 호적을 등록해야 하는 제도를 말한다. 일본인들은 매년 한 번씩 자신이 소속된 사찰에 가서 그리스도인인지 여부를 조사받았는데, 가쿠레 기리시탄은 관리들 앞에서 자신이 불교도인 양 가장하고 매년 사찰에서 실시한 후미에(踏み繪: 예수나 마리아의 모습을 새긴 판) 밟기에 참여하여 예수상과 마리아상을 밟았다.

그렇게 후미에를 밟은 날, 그들은 자신들의 비겁함과 참혹함 때문에 집에 돌아와서 오텐펜사라고 불리는 줄을 매단 채찍으로 자기 몸을 때렸다. 오텐펜사는 포르투칼어의 테시피리나를 가쿠레가 잘못 사용하던 말로서 채찍이라는 의미다.[251] 이처럼 당시 가쿠레 신자들은 자신들이 배교자라는 자각을 지니고 살아갔다. 그들은 자신의 신앙이 마음의 빚을 지닌 자의 신앙, 곧 승리자가 아니라 패잔한 자의 신앙이라고 생각했다.

이러한 어두운 신앙을 지녔던 가쿠레 기리시탄은 성모마리아에 대한 특별한 신심을 갖고 있었다. 다음의 기도문은 그들의 심정을

---

251 같은 책, 171쪽.

예수의 상을 새긴 후미에 ｜ 관음상의 모습을 닮은
마리아 관음상

잘 보여주고 있다. "데우스의 어머니 산타 마리아, 우리들은 한 번
더 빕니다. 우리 악인들을 위해서 빌어주소서."[252]

　그들이 그토록 성모마리아에게 매달렸던 것은 그들이 신앙을 지
켜가는 또 다른 출구를 찾고자 했기 때문이다. 당시 많은 기리시탄
들은 자신들의 신앙을 지켜감에 있어 아버지보다 어머니의 이미지
를 더 가깝게 느꼈다. 그래서 아버지의 종교로부터 어머니의 종교
로 조금씩 바뀌어갔던 것이다. 이러한 어머니 종교로의 이행이 바
로 마리아를 섬긴 이유였다. 그런데 그들은 성모마리아상 대신 마
리아 관음상을 소지하고 있었다. 그것은 당시 불자들이 소지한 관
음상과 흡사하게 성모상을 만듦으로써 마치 불교 관음상처럼 보이
게 하기 위해서였다.

---

252 같은 책, 172쪽.

엔도 슈사쿠의 소설 『침묵』에 보면 가쿠레 기리스탄의 모습이 나온다. 사실 엔도는 배교자나 가쿠레 기리시탄들에 대해 비상한 관심을 가졌는데, 그건 바로 그들에게서 자신의 얼굴을 보았기 때문이다. 서구적 기독교와 일본적 영성 사이에서 그 어디에도 안주하지 못하고 방황하던 엔도는 자신에게서 그리스도교 신앙을 제대로 지키지 못하면서도 그렇다고 완전히 벗어버리지도 못한 배교자의 모습을 만난 것이다.

엔도는 말한다. "내게 있어 가쿠레(숨어 있는) 기리시탄이 흥미로웠던 것은 단 하나의 이유 때문이었다. 그것은 이 자손들은 선조들과 마찬가지로 완전히 배교조차 하지 못하고 평생을 자신의 거짓된 삶의 방식에 대한 후회와 꺼림칙하고 어두운 마음과 굴욕을 간직하며 살아왔다는 점이었다." 이어서 그는 말한다. "세상에 대해서 거짓말을 하면서 본심은 누구에게도 보이지 않는 이중적 생활방식을 일생 지니지 않으면 안 된 가쿠레 기리시탄에게서 때때로 나는 나 자신의 모습을 본다."

3) 메이지 시대의 일본 그리스도교

(1) 천황제와 그리스도교

천황제 이데올로기를 중심으로 한 정책을 펼친 메이지 정부는 천황의 자리매김을 위해 많은 노력을 기울였다. 그들은 국민들에게 천황제 이데올로기를 침투시키기 위해 '가족국가론'을 펼쳤는데, 이는 국가가 하나의 가족 형태로서 천황을 중심으로 전 일본 국민이 한 가족을 이룬다는 것이다. 즉 국민 전체가 한 가족이며 천황은 국민들의 아버지 역할을 담당한다는 것이다. 이처럼 위엄을 갖추고 자녀들을 사랑해주는 아버지상으로 천황을 부각시킴으로써 국민들로 하여금 그를 존경하고 신뢰하게 했다. 당시 일본신민들이 지녔던 천황에 대한 숭배심은 오늘날까지도 천황에 대한 존경심으로 이어져오고 있다.

이와 같이 가족국가론을 중심으로 천황의 위치가 급부상되는 과정에서 천황은 국가의 제의를 집행하는 존재일 뿐 아니라 인간의 모습으로 드러난 현인신現人神으로까지 급상승했다. 이와 같이 천황을 앞세워 종래 신도를 국가 제사를 주도하는 국가 신도로 탈바꿈시킨 정부는 서양 문호개방으로 들어온 신앙의 자유를 허용함으로써 천황제와 그리스도교를 양립하는 정책을 펼쳐야 했다.

이를 위해 그들은 그리스도교를 포함한 모든 종교를 국가 신도에 예속시키는 종교통제 정책을 펼쳤다. 이렇게 그리스도교를 예속시키는 정책을 펼침으로써 신앙의 자유는 인정했지만 그리스도교 자체는 사교邪教로 보았다. 200년간 일본 역사에서 배양되어 온 기독교에 대한 사교관이야말로 그리스도교가 일본 사회에 뿌리내리기 어려웠던 점 중 한 요인이 되었다. 1873년 메이지 정부는 절지단사종문고찰切支丹邪宗門高札, 곧 기독교는 사교이므로 포교와 신앙을 일체 금지한다는 명령을 폐지하였다. 이것이 폐지되기까지 210년간 일본에서 기독교는 금지된 종교였다. 이렇듯 기독교 금지령이 풀렸지만, 기독교가 사교라는 생각은 망령처럼 일본 사회를 떠돌고 있었다.

초기 일본 기독교인은 일본인으로서의 주체성을 잃고 서양 신에게 항복하여 전통종교와 도덕을 배반한 배교자가 되었다는 의식, 곧 조국에 대한 반역자 의식을 떨치기가 어려웠다. 이를 해결하기 위해 기독교인들은 기독교 신앙과 국가에의 충성이 결코 모순이 아니라 병존 가능하다는 논리를 주장하고자 했다. 그 외 다른 방법은 국가가 승인되어 있는 윤리 안으로 들어가 거기에 안주하는 방법이었다.

사실 초기 개신교의 상당수는 상급 무사계층이었다. 그들은 기독교를 천황을 중심으로 한 입헌군주국가의 교학으로 보았지, 천황제로부터 자립된 기독교를 생각하지 않았다. 1890년대 기독교를 사교로 보는 주장에 대해 기독교측은 자기방어를 하면서 천황제에 영합해갔다. 기독교 지도자들도 메이지 정부가 내린 신교의 자유를 천황의 은혜로운 선물로 생각했다. 이러한 천황제를 지지하는 기독교인의 태도는 청일전쟁(1894)에 대한 기독교의 입장에서도 잘 드러나고 있다. "이 사건(청일전쟁)의 전반적 진행이 하느님의 뜻에 적합한 것이기를 기도하고 …… 선전宣戰의 칙어는 이미 일어난 일을 성공적으로 이끌기 위해 국민의 충실용무忠實勇武에 호소한 것으로 일본신민으로서 당연히 …… 각기 전력을 다해 국가에 보답하는 것이 신민의 도리이다."[253]

이와 같이 기독교가 정부 정책을 지지하자 메이지 정부는 기독교를 쓸모없는 종교가 아니라 유익한 종교로 인식해갔고, 마침내

---

[253] 양현혜, 『근대 한・일 관계사 속의 기독교』, 이화여자대학교출판부, 2009, 32쪽.

1912년에 삼교三教회동이 이뤄진 것이다. 이는 기독교가 일본에서 불교나 신도와 나란히 겨루는 3대 종교로서 간주되었음을 의미한다. 다시 말해 일본에서 기독교의 입지가 그만큼 확고해졌음을 반증해주었다는 의미이다. 이처럼 일본 기독교가 정부 정책에 동조해 갔다는 것은 그만큼 천황제와 타협해갔음을 의미한다.

신도·불교·기독교의 삼교회동 때 대표자였던 혼다 요우이치(本田庸一)가 기독교는 현세에서 충효의 의무와 도덕을 경시하는 게 아니며, 부모와 같이 자연적 사랑을 부정하지 않는다고 주장한 것은 기독교의 하느님과 일본 천황과의 관계로 유추 해석할 수 있다.[254]

이처럼 일본 기독교는 정부 정책에 동조하는 한편, 개인적이고 경전 중심적 신앙을 강조함으로써 일본 사회에서 천황제 권력과 무관한 개인의 인격 형성에 진력하려 했다. 바로 이러한 기독교의 노력은 결국 일본에서 기독교를 사사私事적 종교에 안주하게 만들고 말았다. 이렇게 일본의 기독교는 개인주의적 기독교가 되어 천황제 국가 구조에 의문을 제기하거나 체제를 위협하기보다 오히려 권력에 의해 화혼和魂을 실현하는 수단인 양재洋才로 활용된 것이다.

물론 메이지 시대에 기독교는 살아남기 위해서 정부와의 관계를 잘 맺지 않으면 안 되었다. 그래서 다른 종교들처럼 살아남기 위해 습속의 형태를 취하기에 이른 것이다. 습속은 어떤 사회집단에서 공통의 행동양식으로 관습화한 것을 말한다. 불교가 장식(장례)불교로 일본문화에 정착했듯이, 그리스도교도 살아남기 위해 일본인

---

254 같은 책, 33쪽 참조.

들의 관습 형태로 거듭나고자 했던 것이다. 당시 기독교가 습속의 종교가 되기 위해 노력한 것 중의 하나로, 일본의 건국 기념일인 2월 11일을 신교信敎 자유수호일로 제정하고 이를 교회의 한 축제일로 지내기로 한 것을 들 수 있다. 사실 그리스도교의 대축일인 12월 25일도 실제로 예수님의 탄생일이라기보다 로마 태양신의 탄생일로 4세기 로마에서 제정하고 지켰던 날이다. 태양신의 탄생일로 지내던 것을 로마교회가 예수 탄생일로 만든 것이다. 이것은 당시 그리스도교가 로마 안에서 습속의 종교로 거듭나기 위한 하나의 방법이었다.

마찬가지로 일본 기독교 역시 일본의 건국기념일을 신교 자유수호의 날로 정하는 등 습속의 기독교로 거듭나기 위한 시도를 했다. 그 가운데 한 기독교인의 불경 사건이 사회적 이슈로 부상되었다. 그것이 바로 우치무라 간조에 의한 불경 사건이다.

우치무라 간조(內村鑑三)

(2) 우치무라 간조의 불경 사건

우치무라 간조(內村鑑三, 1861~1930)가 도쿄의 제일고등학교 교사로 재직했을 당시인 1891년에 천황이 직접 서명한 〈교육칙어〉가 학교로 보내졌다. 〈교육칙어〉는 천황제 이데올로기를 교육과정에 적용시킨 것으로, 천황숭배 정책의 한 일환이었다. 천황이 직접 〈교육칙어〉에 서명했기에 이를 받은 학교는 모든 학생과 교사가 함께 〈교육칙어〉에 경의를 표함으로써 천황에 대한 경의를 대신했다. 그러나 우치무라 간조는 이를 거행하는 공개석장에서 칙어에 경의를 표하지 않고 단상을 내려오고 말았다. 이러한 그의 태도가 천황에 대한 불경不敬행위라 하여 사회적 논란을 불러일으켰던 것이다.

이 불경 사건은 일본제국헌법에서 신성불가침의 존재라고 규정된 천황에 대해 한 개인이 보편적 가치를 근거삼아 그 신성불가침성을 부정하는 행동을 했다는 점에서 사회적 문제로 부각되었다.[255] 이 사건을 사회문제로 크게 이슈화한 이는 도쿄 대학의 이노우에 교수다. 이노우에는 "〈교육칙어〉는 일본 근대 천황제 국가의 통치 근간이며 사상적 실천 요목이다. 이것과 기독교는 도무지 상용할 수 없다. 따라서 일본의 국가적인 목표 수행을 위해 기독교 제거는 필수적인 것이다"라고 주장하여 공식적으로 우치무라를 비판했다. 이러한 이노우에의 주장은 〈교육칙어〉는 국가주의나 현세주의에 선 윤리인 데 반해, 기독교는 비국가주의이고 탈세속주의이며 박애주의를 지향하기 때문에 양자는 이론적으로 모순이라는 것이다. 다시 말해 기독교는 군주와 신민 간에 차이도 없는 무차별적 박애주의적 인류애를 주장한다는 점에서 천황제 국가체제에 저촉된다는 것이다. 따라서 기독교는 일본의 국체에 맞지 않으므로 일본에 부적합하다는 것이 이노우에의 주장이다.

---

255 우치무라는 권력의 우상화에 맞서 기독교의 예언자적 정신을 일본 정신사에 접목시켰다는 평가를 받기도 했다.

〈교육칙어〉는 '충효'라는 유교적 관념과 '천황숭배'라는 국체관념의 두 축으로 되어 있다. 여기서 우리는 이노우에의 주장에 담긴 〈교육칙어〉의 종교성에 주목할 필요가 있다. 사실 그는 이것을 의식하지 못했으나, 그가 말한 교육과 종교의 충돌은 동양의 교(敎, 혹은 道)와 기독교 간의 충돌이었다. 이노우에는 기독교보다 〈교육칙어〉를 우월한 체계로 봄으로써 〈교육칙어〉를 종교를 넘어선 종교 위의 종교, 곧 '초종교'로 본 것이다. 다시 말해 그는 기독교를 비판하면서 오히려 〈교육칙어〉가 지닌 종교성을 입증한 셈이 되었다. 이러한 주장을 통해 국가 신도는 표층으로는 종교가 아니라 국민정신 혹은 국민도덕인 것처럼 포장되었으나, 결국 그것은 독특한 종교성을 지닌 하나의 국가종교임을 드러내고 말았다.

우치무라는 이노우에에게 보내는 공개장에서 자신이 비판한 것은 인간을 절대시하고 불가침적 존재로 만드는 것에 대해서이지, 일본국가 자체를 비판한 것은 아니라고 주장했다. 즉 그는 자신의 종교인 기독교와 종교가 아닌 국가 신도를 구분했고, 국가 신도가 종교인 양 행세하는 것을 거부한 것일 뿐이라고 주장했다. 이러한 주장 속에는 국가 신도가 종교가 아니면서 왜 종교행위와 유사한 것을 국민들에게 강요하는가에 대한 의문이 내포되어 있었다.

우치무라의 불경 사건에 대해 기독신학자인 우에무라 마사히사(植村正久, 1858~1925)는 「불경죄와 기독교」라는 제목의 사설에서 "폐하 사진에 예배하는 것은 단지 정치상 임금에 대한 예의로 보아야 한다. 따라서 그건 종교상의 문제가 아니고 교육, 정치 문제이다"[256]라고 주장했다. 이 사설을 통해 우에무라는 〈교육칙어〉와 천황 사진 경례는 종교적 의미가 아니라는 점에서 종교와 정치를 구분해야 한다는 논지를 펼쳤다. 그러나 이러한 종교와 정치의 이분법적 발상은 오히려 신사 비종교론을 주장한 메이지 정부에게 기독교와 타협해가는 단초를 주었다.

일본 개신교는 자신들이 반국가주의적으로 충효를 부정하지도 않으며 국가적 견지에서 행동하는 윤리를 지니고 있다고 주장했다. 우치무라는 메이지 유신도, 천황의 주권도, 〈교육칙어〉의 내용도, 또 칙어가 천황으로부터 신민에게 하사된 것도 모두 찬성했다는 것이다. 우치무라의 묘비에는 "나는 조국을 위하여, 조국은 전 세계를 위하여, 전 세계는 예수 그리스도를 위하여"라고 새겨져 있다.[257] 여기에 그가 지녔던 일본과 그리스도교라는 두 J에 대한 깊은 사랑이 잘 드러나 있지 않나 싶다.

어쨌든 기독교는 우치무라의 불경 사건으로 인해 심각한 위기에

---

256 양현혜, 『근대 한·일 관계사 속의 기독교』, 이화여자대학교출판부, 2009, 30쪽. 우에무라 마사히사(植村正久)는 메이지 유신 때 가문이 몰락하여 어려움을 겪던 중에 요코하마의 선교사 브라운을 만남으로써 기독교에 입교, 1873년 발라에게 세례를 받고 요코하마 밴드의 일원이 되었다. 이후 1877년 도쿄잇치신학교(東京一致神學校)에 입학했으며 졸업 후에는 전도 강연과 교회개척에 나서는 한편, 1904년에는 자력으로 도쿄신학사(東京神學社)를 설립, 교장으로 취임하여 전도자 양성과 신학연구 등을 통해 일본 기독교 신앙 형성에 공헌했다. 한편 1891년 그의 잡지를 통해 동양에 처음으로 구세군을 알렸으며, 성경의 일본어 번역사업과 『복음부조』, 『일본평론』이라는 잡지를 발간했다. 주요 저서로는 『우에무라전집』과 『진리일반』이 있다.

257 도히 아키오, 김수진 역, 『일본 기독교사』, 기독교문사, 2012, 178쪽.

우에무라 마사히사(植村正久)

봉착했다.[258] 그것은 이 사건이 천황제 이데올로기를 형성하고 확립시키려던 즈음에 일어났으므로 기독교를 하나의 걸림돌로 보는 여론이 더 강해졌기 때문이다. 그래서 기독교는 살아남기 위해 습속의 기독교로 거듭나고자 노력했다. 일본 기독교가 습속의 종교로 거듭나기 위해 행한 노력의 일환으로 교회에서의 결혼식을 들 수 있다. 현재 일본 젊은이들은 크리스천이 아니더라도 결혼식을 교회에서 거행하려는 경향이 있다.[259] 이렇듯 결혼식을 교회에서 올리는 것을 허용함으로써 기독교는 일본 사회 내에서 하나의 관습이자 습성의 기독교로 거듭나고자 했다.

이처럼 기독교가 천황제에 협력하는 방향으로 나아가자 메이지 정부는 천황제를 지배의 기반인 동시에 은혜의 기반으로 선전했다. 마치 이솝우화에서 여행하던 사람이 따뜻한 태양 볕에 옷을 벗을 수밖에 없었던 것처럼, 일본 정부는 천황제라는 가족국가론으로

---

258 그는 사랑해야 할 일본과 현실의 일본을 구별해내고 자신의 두 개의 J를 사랑하는 방식을 제대로 확립해가기 위해선 더 많은 시간과 고뇌가 필요했다. (양현혜, 『근대 한·일 관계사 속의 기독교』, 이화여자대학교출판부, 2009, 130쪽.)

259 도히 아키오, 서정민 역, 『일본 기독교의 사론적 이해』, 한국기독교역사연구소, 1993, 115쪽.

계속 기독교를 비춤으로써 기독교로 하여금 스스로 옷을 벗게 만든 것이다. 기독교는 교회의 유지나 확장을 위해서 은혜의 기반으로 다가오는 정부의 제도들에 의존할 수밖에 없는 상황이었다. 그래서 결국 교회는 국가에 감사하고 충성을 맹세하는 국가교회 식으로 변형되어 갔던 것이다. 이러한 노력의 결과 기독교는 마침내 메이지 정부가 인정한 삼교三敎 중 하나가 될 수 있었다. 이렇듯 기독교는 일본인의 삶에 깊이 뿌리내린 신도와 불교와 함께 삼교회동을 함으로써 종교적 위상을 높이고자 노력했던 것이다.

실제로 일본문화 속에서 기독교인이 된다는 건 결코 쉬운 일이 아니다. 그것은 신도라는 다신교적 풍토 속에서 유일신 신앙을 택한다는 것은 전혀 새로운 가치를 선택하는 일이었기 때문이다. 일본 기독교인 중에는 엘리트들이나 지식인층이 많은 것은 일본에서 기독교인이 된다는 것이 그리 일반적인 풍토가 아님을 말해준다. 그리스도교 수용과 관련하여 한국과 일본은 상당한 차이를 보이는데, 이 점은 다음 장에서 다루어 보기로 하겠다.

6. 결론

종교는 절대적 사유의 가능성을 잠재적으로 품고 있다. 이는 바꿔 말하면 종교는 제국주의적 속성을 내포하고 있다는 의미로도 해석할 수 있겠다. 우리는 자신이 믿는 신앙이 최고 우월한 진리라고 생각하는 이들에게 이러한 속성이 은밀히 감추어져 있음을 본다. 이러한 종교가 지닌 특성에 비추어 국가 신도가 종교였는지를 다시금 묻는다.

메이지 정부는 국가 신도를 종교가 아니라 국민윤리라고 주장했다. 그러나 국가 신도의 기저에 흐르고 있는 것은 분명 일본의 민속종교였던 고신도이다. 이와 같이 일본 정부는 국가 신도가 종교에 기반을 두고 있으면서도 종교가 아니라고 주장하는 자기부정을 통해 도리어 강하게 그 종교성을 드러내는 아이러니한 면을 표출하고 말았다. 이렇듯 종교로서의 기능을 수행하면서도 비종교라는, 아니 초종교라는 탈을 쓴 국가 신도는 결국 타종교를 부정할 수밖에 없었다. 바로 이것이 근대 일본에서 보이는 비극이 아닌가 생각한다.

사실 종교사를 볼 때 일본은 신불습합을 통해 다양한 종교 양상을 보였고, 이는 실제적으로 일본 종교사에서 풍요로운 종교적 영성을 남겼다. 이처럼 신불습합을 통해 다양한 종교성을 보였던 일본은 메이지 시대에 와서 국가 신도라는 초종교의 형태로서 신불분리를 감행함으로써 그간에 축적된 종교성을 없애버리고 말았다.

제8장

유교는 일본에서 어떻게 변형되었는가?

일본은 에도 시대(1603~1868)로 들어서면서 주자학을 관학으로 수용했다. 조선 500년은 주자학을 정치 이데올로기로 채택해왔으나, 일본은 주자학이 불교의 경우처럼 새로운 형태로 변형되어 갔다. 주자학이 일본에 유입되자 기존 일본 사상과의 관계에서 알력과 충돌이 일어났다. 이런 과정에서 유학자들은 주자학을 수정 변용시켜 당시 일본인이 수용하기 쉽도록 한 뒤에야 일본 사회로 침투 정착해갔다. 이렇듯 주자학을 자신들 문화에 맞게 변용시킨 대표적인 사례가 바로 진사이학(仁齋學)과 소라이학(徂徠學)이다. 특히 진사이학 후에 자극받아 출현한 소라이학은 유학계를 석권했고 에도 시대 사상사에 결정적인 영향을 미쳤다.

이런 측면을 염두에 두고 유학과 관련하여 일본에서 일어난 사상적 변화에 대해 살펴보기로 하자.

1. 에도 시대의 주자학

12세기에 주희(朱熹, 1130~1200)는 불교를 만나면서 원시유교를 형이상학적으로 체계화시켰다. 주자학은 다른 말로 성리학性理學이라고 한다. 원시유교에서 천天으로 표현했던 초월성을 주자학에 와서는 이理로 표현했다. 이는 자연의 법칙임과 동시에 인간윤리의 법칙이기도 하다. 즉 인간이 하늘로부터 받은 본성(性)이 곧 이理라는 것이다. 이처럼 성리性理는 인간의 본성이 곧 천리天理에서 비롯되었음을 뜻한다. 이러한 주자학의 사유는 원·명·청 600년과 조선 500년의 역사를 지배했고, 에도 시대에 일본도 이를 수용했다.

가마쿠라 시대까지는 불교가 관학의 역할을 했으나, 에도 시대에 와서는 주자학이 새로운 정치 이데올로기로 등장했다. 사실 당대 일본의 종교적 상황을 보아도 주자학 외에 달리 선택의 여지가 없었다. 가마쿠라 시대에 득세한 정토종이나 선종, 니치렌종은 간단한 염불이나 참선, 법화창제 같은 전수專修사상을 통해 대중화에는 성공했으나 국가사회를 이끌어 갈 만한 역량은 이미 상실하고 말았던 것이다. 전국 시대 말에 잇코잇키(一向一揆)의 확대와 교토를 무대로 홋케잇키(法華一揆)가 전개되면서 종교 세력에 어떻게 대처하는가가 당대 천하통일의 주요 문제로 부상되었다.

이런 와중에서 폭력적 수단에 의지해 단번에 불교 세력을 괴멸시키려던 이가 오다 노부나가(織田信長, 1534~1582)였다. 그는 1571년 히에이잔(比叡山) 엔랴쿠지(延曆寺)를 불태웠다. 전국 시대를 거치면서 불교가 탄압을 받게 되자 엔랴쿠지 3만 명의 승병이 무사세력에 대항하는가 하면, 정토진종(一向宗)에서도 잇코잇키로 내란을 일으켰다. 이와 같이 불교 측이 내란을 일으킨 상황에서 도쿠가와 막부가 택할 수 있는 정치적 이념은 당시 중국과 조선의 지배이데 올로기였던 주자학 외에 다른 선택이 없었다.

이렇게 에도 시대에 주자학을 수용했으나 사실 17세기 말엽까지 주자학은 일본 사회에 깊이 수용되거나 보급되지는 못했다. 물론 에도 초기에 중국 학문에 흥미를 지닌 이도 있었고, 그래서 중국의 주자학을 배우는 이가 다수 있었다. 에도 시대의 태평이 250년간 지속되면서 전반적으로 무학無學이었던 무사들은 중국고전을 배우는 것을 교양으로 여겼다. 그래서 중국과 조선을 통해 유입된 주자 학자들의 저작을 읽음으로써 주자학이 성행했으리라고 보였을지도 모른다.

그러나 실제로 주자학이 에도 시대의 관학이 된 것은 당대의 시대적 경향성과 상관관계가 있다. 일본의 중세 시기에는 내세적 구원관을 지향하는 우키요(憂世)가 지배적이었으나 에도 시대에는 현세적 세계관인 우키요(浮世) 쪽으로 기울어졌다.[260] 중세의 우키요(憂世)가 불교의 무상관과 결부된 관념이었다면, 근세의 우키요는 "한치 앞은 어둠일 뿐 내일을 생각함은 억병을 낳을 뿐이니, 그때 순간을 살면서 달과 눈과 꽃과 단풍을 즐기고 노래 부르며 술을 마시고 둥둥 떠다니며 위로 받으며 사는 것"과 같이 현세 지향적 삶의

---

260 위키백과 우키요 참조.(https://ko.wikipedia.org/wiki/%EC%9A%B0%ED%82 %A4%EC%9A%94)

현세적 세계관인 우키요(浮世)를 표현한
우키요에(浮世繪)-未刊浮世繪美人名畵撰

태도라 할 수 있다. 이렇듯 에도 시대에 와서 중세적 무상관인 우키
요(憂世)와 결별하고 현세 지향적 사고가 지배적이 된 것은 주자학
적 사유와 무관하지 않다.

　가마쿠라 시대, 무로마치 시대, 전국 시대라는 긴 전란기를 끝낸
일본인들은 사회적으로 안정된 질서와 안정을 갈망했고, 실제로 에
도 시대에 가서 250년간 태평이 지속되었다. 농지가 급증하고 인
구도 증가하면서 중세와는 다른 비종교적 죠닌(町人)문화가 발흥했
다. 이처럼 도시가 발전함에 따라 형성된 죠닌문화는 현세 중심적
사유와 깊은 연관성을 지닌다.[261] 이렇게 에도 시대에 수용된 주자
학은 그 후 고학古學으로 변형되는가 하면, 국학國學이라는 새로운
학문체계를 구축하기에 이르렀다.

---

261 박규태,『절대와 상대로서의 일본』, 제이앤씨, 2005, 288쪽.

1) 후지와라 세이카와 하야시 라잔

에도 막부가 당시 정치체계를 안정적으로 유지하기 위해 주자학을 관학으로 채택하는 과정에서 큰 역할을 한 이가 바로 후지와라 세이카(藤原惺窩, 1561~1619)이다. 세이카는 1597년 정유재란 때 일본에 포로로 잡혀온 조선 성리학자 강항(姜沆, 1567~1618)으로부터 성리학을 배운 후부터 본격적으로 유교를 연구하기 시작했다.[262] 한때 승려였던 세이카는 강항을 통해 유학을 접한 후 본격적으로 유교를 연구하여 유학자로 변모했다.[263] 세이카는 조선이 주자학을 정치적 이데올로기로 수용한 점에 상당히 매력을 느껴 일본도 주자학을 적극 수용해서 새로운 사회질서를 만들어야겠다는 강한 신념을 가졌다. 세이카는 이러한 자신의 생각을 이에야스에게 전했고, 이에야스는 이를 받아들여 에도 막부 정책에 반영하게 된 것이다.

후지와라 세이카(藤原惺窩)

---

262 세이카는 30세에 유학에 매료되어 중국에 가려 했으나 폭풍우로 인해 실패하고, 교토에 와서 강항에게 배웠다.(임태홍, 『일본 사상을 만나다』, 성균관대학교출판부, 2010, 131쪽.)

263 강항은 세이카에게 조선의 과거제도와 의례 등을 가르쳤고, 세이카는 강항의 도움으로 일본 최초로 주자 주석본인 『사서오경왜훈四書五經倭訓』을 간행하여 후세에 에도 유학의 개척자로 평가받는다. (EBS 5분사탐, 동아시아사, 하야시 라잔 편 참조.)

세이카는 사상적으로는 중국이나 조선 학자와 비교할 때 독창적이지는 않았지만 유교고전을 주자학의 입장에서 해석하는 점에서 근세 일본 유학을 연 시조라 할 수 있다. 이에야스는 세이카를 정치계에 초대했으나 세이카는 자기 대신 수제자인 하야시 라잔(林羅山, 1583~1657)을 천거했다. 이렇게 세이카로부터 추천을 받아 도쿠가와 이에야스의 자문 역할을 하게 된 라잔은 조선과 중국에서 수입되는 많은 유교서적 등 서고관리 업무를 성공적으로 수행했다.[264]

라잔은 주자학이 단순한 지식이 아니라 인간의 삶을 규율하는 사상임을 알면서도 그는 쇼군의 부하로서 하명에 따라 편저 작업에 종사했던 것이다. 따라서 그는 박학하긴 했으나 독창적 사상을 지닌 유학자는 아니었다. 이러한 면은 야마자키 안사이(山崎闇齋)에 가서 비로소 드러나기 시작했다.

라잔은 "위로는 하늘이 있고 아래로는 땅이 있다는 사실 자체가 곧 천지의 예를 나타냅니다. 실상 인간은 이 천지의 예를 태어날 때부터 지니고 있는 것입니다"라고 하여 인간 사회의 상하관계는 천지관계와 동일하다고 주장하면서 주자학을 당대 신분제도를 합리화시키는 데 이용했다. 이로써 당시 에도 시대에 봉건적 신분제도를 정착시키는 데 큰 역할을 하게 되었다.[265]

---

264 임태홍, 『일본 사상을 만나다』, 성균관대학교출판부, 2010, 157쪽.
265 세이카와 히레요시는 1대에 끝났으나 라잔과 이에야스는 에도 시대 260년 간 대대로 세습하면서 이어갔다.

"솔개가 날고 물고기가 뛰는 것 그 가운데 도가 있으니, 대개 상하에는 정해진 분수가 있다. 군주에겐 군주의 도道가, 아비에겐 아비의 도가 있다. 신하가 되어선 충성을 하고 아들이 되어선 효도를 해야 하니, 그 존비귀천의 지위는 고금에 어지럽혀질 수 있는 게 아니다."(『林羅山文集』)[266]

하야시 라잔(林羅山)

이처럼 라잔은 상하 정분定分의 이理를 바탕으로 군신 상하 간의 질서를 절대화하고 에도 막부의 제도와 의례를 정비하여 관학으로서의 성리학 발전에 크게 기여했다. 계급사회와 정치질서에 안정된 보수주의적 관점을 강조하는 라잔의 철학은 봉건 영주를 통제하는 데 필요한 지도이념을 이에야스 가문에 제공하여 4대 쇼군에 이르기까지 새로 수립된 정부를 강력히 뒷받침하며 막부의 외교와 정치에 깊이 관여했다. 또한 유학의 도덕적 측면을 무사들의 수신도덕으로 삼아 군신 상하의 질서를 세운 라잔의 성리학은 충성과 계급질서를 강조하여 에도 막부의 지도이념으로 자리 잡아 에도 막부의 권위를 강력히 뒷받침할 수 있었다.

---

266 임태홍, 『일본 사상을 만나다』, 성균관대학교출판부, 2010, 133쪽.

2) 야마자키 안사이

일본 주자학의 대표적인 인물로는 하야시 라잔과 함께 야마자키 안사이(山崎闇齊, 1618~1682)를 들 수 있다. 그는 십대에 히에이잔으로 들어갔다가 묘심사妙心寺로 출가해 임제종 승려가 되었으나, 25세에 환속해 유학자가 되고자 했다.[267]

그러나 그가 속한 번에서 허락하지 않아 추방당한 후 유학자의 삶을 걷게 되었다. 그가 얼마나 주자에 심취해 있었는지는 다음에서 알 수 있다. "주자를 공부하다가 잘못된다면 그건 주자와 함께 잘못되는 것이다. 거기에 어떤 유감이 있겠는가? 때문에 나는 주자를 신앙한다."[268] 이처럼 안사이는 주자학에 대해 절대적인 신뢰를 두고 주자학의 정통적인 계승을 주장했다. 이는 그의 저서도 대부분 주희의 서적을 발췌 편집한 것에서도 알 수 있다. 그러나 안사이는 주자학에 대한 강렬한 정통의식에 입각하여 스스로 자신의 위상을 높이려 했던 것이다.[269]

안사이와 관련하여 생각해야 할 것은 다름 아닌 유가신도儒家神道인 스이카 신도(垂加神道)이다. 스이카 신도는 주자학을 수용하는

---

267 신도사전(Encyclopedia of Shinto in Korea), 제8부 유파·교단과 인물(第8部 流派·教団と人物)편 참조. http://k-amc.kokugakuin.ac.jp/DM/detail.do;jsessionid=A1DA0B0578B9C28A7EE893195DD17B20?class_name=col_esk&data_id=78166

268 같은 책, 175쪽.

269 와타나베 히로시, 박홍규 역, 『주자학과 근세일본 사회』, 예문서원, 2007, 231쪽 참조.

과정에서 신도와 유교의 습합과정에서 나온 것이다. 안사이는 스이카 신도를 개창하면서 신도의 가미 신앙을 매개로 유교를 설명하고자 했다. 그럼 구체적으로 스이카 신도의 특징에 대해 살펴보자.

원시유교가 천天에 인격성을 부여했다면, 주자학에 와서는 천의 인격성은 사라지고 대신 천리天理로 표현되기 시작했다. 그러나 안사이는 인격성을 상실한 이理에 다시 인격성을 부여하여 신도의 가미(神)가 주자학의 이理에 해당된다고 보았다. 그리고 주자학에서 이기理氣로 설명하는 세계의 생성을 가미들의 작용이라고 보았다. 또 인간의 마음에 가미의 영이 깃들어 있으므로 천天과 인人의 합일이 가능하다고 주장했다. 그는 이것이야말로 천하의 유일한 도(天人唯一之道)라고 보았는데, 여기서 말한 '유일'은 무엇을 뜻하는가? 안사이는 말한다. "도道나 천天, 하늘이나 인간을 꿰뚫는 것을 가리켜 나는 유일이라고 칭한다." 유일은 도, 인간, 천을 꿰뚫는 가미라는 것이다.[270] 그럼 안사이가 말한 가미와 유교는 어떤 관계가 있는가?

안사이는 주자학과 아마테라스의 도道를 연관 지어, 아마테라스의 도가 구체적으로 인간에게 구현되기 위해 필요한 것이 유교라고 설명한다. 다시 말해 아마테라스의 도를 구체적으로 삶에서 구현하

---

270 이노우에 노부타카, 박규태 역, 『신도, 일본 태생의 종교시스템』, 제이앤씨, 2010, 242쪽. (유일에 대해 안사이는 다음과 같이 말한다. "태양의 덕을 비유하여 태양신이라 함은 옳지 않다. 태양 자체가 천인일체의 태양신이다. 월신의 덕을 비유하여 천인합일이라 함은 옳지 않다. 달 자체가 조화의 월신이다." 이처럼 안사이는 태양이나 달 자체를 일신, 월신과 다름 아니라고 본다. 곧 태양 자체가 곧 아마테라스 신이라는 것이다.)

는 방법이 바로 유교라는 것이다. 이런 점에서 안사이는 신도와 유교의 관계를 다음과 같이 설명한다. "우리는 아마테라스의 손자인 니니기로부터 가르침을 받았다. 니니기는 하늘에서 내려온 아마테라스의 자손이다. 그가 하늘에서 내려올 때 길을 안내해줬던 사루타히코 오카미가 니니기에게 유교를 가르쳐 주었고, 니니기는 이를 인간에게 가르쳐주었다."[271]

이처럼 가미가 가르쳐준 가르침 중 안사이는 '경敬'을 가장 중요한 덕목으로 삼았다. 그는 아마테라스의 도가 인간 안에서 잘 구현되려면 가미를 잘 섬겨야 하고, 가미를 섬긴다는 것은 유교의 가르침인 경敬을 따르는 데 있다고 보았다.[272] 여기서 말하는 경敬은 '공

---

271 사루타히코 오카미(猿田彦大神)는 금토신金土神으로, 이는 오행사상에서 나온 것이다. 사실 토가 굳어진 게 금이라는 점에서 금은 토에서 나온다. 이는 토가 금이 되듯이 경敬을 하게 되면 우리 안에서 일덕이 밝아진다는 의미를 갖고 있다. 스이카 신도에서 사루타히코 오카미는 토금의 신으로 근신재계하는 신을 말한다

272 안사이는 조선에 대해 비교적 우호적인 태도를 취했으며, 특히 퇴계의 『자성록自省錄』과 『주자서절요朱子書節要(주자대전에서 주요부분 발췌)』를 읽고 크게 감명을 받았다. 안사이는 퇴계 이황처럼 경敬사상을 중요시했다. 그는 경을 우리 자신의 마음, 외적인 자극에 의해 정情이 발동되기 전의 마음을 바로잡는 데 필요하다고 보았다. 주자학에서는 아직 마음이 발하지 않은 상태를 미발지심未發之心이라 하고, 이미 발한 상태를 기발旣發이라고 한다. 즉 기발지심은 뭔가 부정적이고 더러운 것이 마음에 들어온 상태라고 할 수 있다. 그래서 주자학에서 경을 지킨다(居敬)는 것은 미발지심을 유지함을 의미한다. 이렇듯 안사이에게는 수양주의적 특징이 강했고, 내면적이고 주체적으로 주자학을 수용하고자 했다.

경한다'는 의미도 있지만 '삼가다, 근신하다'는 뜻도 함축하고 있다. 근신, 곧 삼가는 덕목을 잘 지킬 때 아마테라스의 덕이 우리 안에 퍼져 마음을 밝게 비추고 아마테라스로부터 받은 일덕日德이 생긴다는 것이다.

또한 안사이는 경에 기반하여 현실의 인륜 관계에서 군신 관계를 가장 중시했다. 그는 신대권에서 현재 천황에 이르기까지 임금의 도(君道)가 지속적으로 전수되어 왔다는 점을 들어 신도로부터 군신 관계의 의미를 이끌어낸 것이다.[273]

2. 고학古學

전국 시대를 끝낸 에도 막부는 상황을 안정화시키기 위해 주자학을 정치 이데올로기로 수용했고 유학의 고전 주석서를 발간, 유통하기 시작했다. 이렇게 에도 막부의 관학이 된 주자학은 17세기 후반에서 18세기 초엽에 걸쳐 서서히 붕괴되기 시작했다. 그리고 대신 고학이 등장했다. 고학자들은 주자학에서 공맹 사상을 형이상학적으로 만들어 버렸다고 비판하면서 다시 공자와 맹자 이전으로 돌아가야 한다고 주장했다. 이처럼 공맹 이전 고대 선왕들의 가르침으로 돌아가자고 주장한 고학자로 야마가 소코의 성학聖學, 이토 진사이의 고의학古義學, 오규 소라이의 고문사학古文辭學을 들 수 있다.

---

273 이노우에 노부타카, 박규태 역, 『신도, 일본 태생의 종교시스템』, 제이앤씨, 2010, 243쪽.

1) 야마가 소코의 성학聖學

야마가 소코(山鹿素行, 1622~1685)는 원래 군사전력이나 전술 등을 연구한 군軍학자였다. 군학자로서 무사도, 병법이나 현실 전투의 승패, 전투의 승리에 관심이 많았던 그에게 주자학은 관념론적이며 공리공론에 불과한 것처럼 보였다. 그는 특히 주자학의 본연지성本然之性을 부정하고 인간에게 생득적 본연지성이 없다고 주장했다. "성인의 도는 오직 일용사물 속에 있을 뿐이며, 그래서 인간의 과제는 오로지 일용사물에 밝게 통하는 것에 있다"(『산녹어류』권43)는 것이다.

이처럼 일상적 사물의 이치를 밝히는 것을 중시한 소코는 도덕적 수양을 강조하는 주자학이 무사들의 실제 행동원리가 될 수 없다고 보았다. 그래서 그는 현실에 입각한 실천적인 도덕을 추구하기 위해 공자로 돌아가자고 주장했다. 소코는 특히 공자 사상에서 인仁을 중시했는데, 인에 대한 공자의 가르침 중에서 수기안인修己安人을 강조했다. 먼저 자기 자신을 닦고(修己) 부모에게 효를 실천하는 데서부터 안인이 시작된다는 점에서 가족이라는 작은 공동체 안에서도 정치는 이뤄지며, 그 중심에는 효가 있음을 중시했다. 소코는 바로 이 효를 정치적으로 확충한 것이 덕치德治요 왕도정치라고 보았다.

이처럼 주자학을 비판하고 공자, 맹자의 가르침으로 돌아가야 한다고 주장한 소코의 사상은 이미 정치 이데올로기로 주자학을 받아들인 에도 막부의 입장에서 볼 때 위험한 사상이 아닐 수 없었다. 그래서 결국 소코는 유배를 당하고 말았다. 하지만 야마가 소코에

야마가 소코(山鹿素行)　　　　　이토 진사이(伊藤仁齋)

서 출발한 고학은 다른 사상가들에게 점점 퍼져나가기 시작했다. 소코에게서는 일관된 새로운 경서 해석을 볼 수 없기에 그는 고학파와는 구별해서 과도기적 인물이라 할 수 있다.[274]

2) 이토 진사이의 고의학古義學

이토 진사이(伊藤仁齋, 1627~1705)는 논어와 맹자의 권위를 주자학의 이상으로 강조하면서 주자학적 해석을 전면적으로 개정해버렸다. 그에 따르면 도란 알기 쉽고 행하기 쉬운 것이라야 하며, 그 도는 인륜에 있다는 것이다(童 上 8장). 그래서 그는 경서에 기초하면서 동시에 자신이 사는 세상에 맞는 가르침으로 유학을 변환시켜버린 것이다. 진사이를 통해 유학은 교묘히 일본화되어 갔고 일본에

---

274 와타나베 히로시, 박홍규 역, 『주자학과 근세일본 사회』, 예문서원, 2007, 232쪽 참조.

서 사상의 유학화도 진전되었다.[275]

이토 진사이는 오규 소라이(荻生狙徠)나 모토오리 노리나가(本居宣長)와 함께 일본의 독창적 사상가로 손꼽힌다. 특히 그것은 '진사이학(仁齋學)', '소라이학(狙徠學)'이라고 불릴 만큼 진사이와 소라이의 사상은 오늘날 일본 학문 체계의 기반이 되었다.

소코와 동시대인이었던 진사이는 처음에 자신의 호를 '교사이(敬齋)'라고 지을 정도로 주자학, 특히 조선의 성리학에 심취했다. 그뿐 아니라 그는 양명학, 불교, 노장사상, 선도 두루 공부했다. 그러던 그는 청년시절 긴 은둔 기간을 거친 뒤 자신의 호를 '진사이(仁齋)'로 바꾸었다. 이렇듯 호를 진사이로 바꾼 데에는 주자학에 얽매이지 않고 『논어』를 중심으로 유학의 본령을 추구하겠다는 그의 의지가 담겨 있다.

그가 자신의 호에서 택한 '진(仁, 인)'은 『논어』의 핵심 사상이다. 이처럼 진사이는 공자의 '인仁'에 대한 해석을 통해 사랑의 인간학을 제창했다. 즉 인仁을 곧 사랑(仁卽愛)으로 봄으로써 공자의 인仁을 애愛로 해석한 것이다. 진사이가 말한 '인즉애仁卽愛'는 인이 억지로 되는 것이 아니라 사랑에 기반을 두고 실천해 나가야 한다는 의미를 함축하고 있다.[276]

---

275 같은 책, 235쪽.

276 진사이가 인仁을 사랑으로 해석한 점을 그리스도교적 사랑과 비교해보는 것이나 공자의 인과 진사이의 애愛를 비교해보는 것도 흥미로운 연구과제가 되리라 생각한다.

인仁의 한자 풀이를 보면 사람(人)이 둘(二)이 있는 데에서 이루어진다. 곧 인이란 우리가 어떤 인간관계를 맺고 살아가느냐에 의해 결정됨을 의미한다. 진사이는 인간관계론인 인을 사랑으로 표현한 것이다. 참된 인간의 모습은 인간 간의 관계, 곧 통교가 사랑에 의해 이루어질 때 드러난다. 바로 이러한 둘 사이에 이루어지는 사랑이라는 인간관계를 넓혀갈 때 인의 사회화가 이루어질 수 있다고 본 것이다.

공자는 주공과 요순임금을 숭상했지만, 진사이는 요순보다 공자를 더 높게 평가한다. 그것은 요순은 태평을 구가한 정치가이긴 하지만 백성들도 도를 깨닫도록 가르치지 않아 그가 죽자 다시 폭력이 난무하는 사회가 된 것에 반해, 공자는 스스로 덕치德治를 펼치려다 실패하긴 했지만 후대 많은 사람들에게 가르침을 남겼고 지금도 그의 가르침이 큰 영향을 미치고 있기 때문이라는 것이다. 그런 측면에서 공자가 요순보다 더 높은 성인에 이른 사람이라는 것이 진사이의 주장이다. 이처럼 진사이는 유교를 정치적인 사상이라기보다 휴머니즘적인 가르침으로 이해했다. 그런 점에서 진사이학은 소라이학과 달리 에도 시대 정치계에 영향을 주었다기보다 사랑의 인간학이라는 새로운 학문을 펼친 데에서 그 의의를 찾을 수 있다.

진사이는 주자와 양명학의 주석을 의식적으로 배제하고 직접 고전 원전의 고의古義를 실증하려는 방법을 취했으니 이것이 바로 고의학古義學이다. 이처럼 진사이는 『논어』·『맹자』를 중심으로 '고의학'적 방법을 통해 독창적인 학문체계를 구축했다.

진사이는 "도는 비근한 일상적인 것이다. 어찌 인정을 제외하고

별도로 천리天理가 있겠는가?"(『논어고의論語古義』)라고 단언한다.[277] 이처럼 진사이는 인간은 태어나면서 정情, 곧 나사케(情け)를 갖고 있으므로 천리天理를 내세워 이치를 따지면 실정과 거리가 멀고 오히려 잔혹해져 사람의 나사케를 손상시킬 수도 있다고 보았다. 곧 나사케에 입각한 인간관계 속에 도道가 있다는 것이다. 곧 진사이가 주장한 것은 성선설이 아닌 정선설情善說이다.[278] 이러한 그의 주장은 후대에 지대한 영향을 미쳤다.

3) 오규 소라이의 고문사학古文辭學

진사이학의 자극을 받아 출현한 소라이학은 유학계를 석권한 도쿠가와 사상사에 결정적인 영향을 미쳤다. 오규 소라이(荻生徂徠, 1666~1728)는 진사이의 영향을 강하게 받았지만 진사이와 달리 당시 정치 권력자들에게 유학은 정치에 불가결한 것임을 깊이 인식시켰다. 당시 현실 통치는 유학자가 말하는 대로 되지 않는다는 게 상식이었다. 그런 상황 속에서 소라이는 유학이 직접 정치에 도움이 되는 학문이어야 한다는 생각에 사로잡혀 철저히 그 관점에서 경서를 새로 읽고자 했다.[279] 이렇게 하여 소라이가 구축한 것이 다름 아닌 '고문사학古文辭學'이다. 진사이가 주자학을 비판하고 『논어』를

---

277 와타나베 히로시, 박홍규 역, 『주자학과 근세일본 사회』, 예문서원, 2007, 236쪽.

278 같은 책, 236쪽.

279 같은 책, 239쪽.

중심으로 유학의 본령을 추구했다면, 소라이는 주자의 『논어』해석에 대한 비판에서 출발했다. 그는 선진 시대에 성립된 육경六經에 근거하여 주희가 『논어』를 지나치게 인간의 내면에 맞추어 해석했다고 주장했다. 소라이가 마음의 문제를 사색의 대상으로 두는 것을 거부한 것은

오규 소라이(荻生徂徠)

인간의 마음은 어떤 객관성을 가질 수 없으므로 믿기 어렵다고 보았기 때문이다. "자기 마음으로 자신의 마음을 다스리는 것은 마치 미친 자(狂者)가 스스로 그 미침(狂)을 다스리는 것과 같다"(『변도弁道』)는 것이다. 그러면서 소라이는 성인이나 선왕들의 도는 나라를 다스리고 천하를 평온하게 하는 정치성에 초점이 맞추어져 있음을 강조한다. 다시 말해 성인들의 제일차적 관심은 '안민安民', 즉 백성을 평안케 함에 있기에 안민에서 벗어나 도를 논하는 것은 무의미한 공론이라는 것이다.[280]

또 소라이는 종래의 학문사상이 인간의 내면을 중시하는 바람에 인간 밖에 대해서는 경시해왔다. 그러나 사실 선왕의 도는 인간의 밖에 대해서 가르쳐온 것(『변명弁名』 '道')이라고 주장하면서 원시유교 사상마저 비판했다. 또한 그는 진사이의 고의학적 방법에는 주

---

280 소라이학은 뒷날 그의 제자 다자이 순다이(太宰春台, 1680~1747)가 쓴 『논어고훈외전論語古訓外傳』을 통해 조선의 다산 정약용에게도 전해진다.

관적인 요소가 섞여 있다고 비판하면서 철저히 연구자의 주관을 배제한 관점에서 학문을 연구해야 함을 강조했다. 이것이 바로 소라이가 주장하는 고문사학적 방법론이다.[281]

고문사학이라는 문헌비판학적 방법을 통해 공자나 고대 선왕의 가르침을 규명하고자 한 소라이는 성인의 길을 이해하는 데 있어 먼저 옛 언어(고문사)를 아는 것이 필수적 전제라고 보았다. 말은 역사 안에서 계속 변화되어 왔기에 종래의 언어를 앎으로써만이 성인들의 뜻을 제대로 이해하게 된다는 것이다. 이처럼 고문사학에 고대세계의 본질이 있다고 본 소라이는 그 고대세계를 밝히기 위해 고어의 자의字意나 고문의 문리文理에 정통해야 함을 강조했다. 그 것은, 역사는 언어 속에 자기를 육화하기 때문이라는 것이다. "세상은 말을 싣고서 변천하고 말은 도를 싣고서 변천한다. 도가 분명하지 않음은 이로 말미암은 것이다."(『학칙學則』'二')

소라이는 도를 시간과 공간을 초월한 고정불변한 가치로 보지 않고 시대의 요청에 따라 끊임없이 변하는 것으로 봄으로써 상대주의적 진리관을 주장했다.[282] 이와 같이 절대적 진리관을 부정하고 상대적 진리관을 말한 소라이학의 진리관은 일본 사상의 특징 중 하나이기도 하다.

---

281 소라이는 객관적인 관점에서 문헌을 대한 태도로 인해 '문헌학적 연구의 개척자'라는 별명까지 얻게 되었다.

282 금장태, 이용주, 「오규 소라이의 道 이해와 성인론」, 『인문논총』 제45집, 2001, 150쪽.

소라이는 말한다. "도道는 요순이 창설한 것이다. 그 후 시대가 흘러도 사람들은 도를 바탕으로 살아간다. 그러나 도는 시간의 변화에 따라 시대에 맞게 변한다. 따라서 새 시대의 성인은 과거의 제도를 새로운 형태로 변화시켜 그것을 길잡이로 삼아 그 시대의 군신과 백성이 실천할 수 있게 한다."(『변명弁名』'道')

여기서 흥미로운 점은 소라이의 도道 사상이 유교의 그것과는 사뭇 다르다는 것이다. 유교에서는 기본적으로 천天과 인人 사이의 상관관계를 중시해왔다. 공자는 천명天命에 대해 말해왔고, 맹자에 와서 이것은 인간 안으로 들어와 사단四端이 되었으며, 주자에 와서는 천리天理가 되었다. 즉 주자가 말한 이理도 천天과 연결된 천리이다. 이처럼 원시유교부터 신유학에 이르기까지 유학에서는 인간의 인성을 천天과 연관 지어 바라본다.

그러나 소라이는 선왕의 도를 천天과 연관 지어 보기보다는 인위적으로 만들어진 것으로 보았다. 곧 소라이에게 있어 도道는 자연법칙이 아니라 오로지 인간의 규범이라는 것이다. 하늘의 길(天道)이나 땅의 길(地道)은 모두 인간이 유추해낸 것에 불과하다는 것이 그의 주장이다.[283] 이처럼 '선왕의 도를, 선왕이 올바른 정치를 펼치기 위해 인위적으로 도를 만들어놓았다'고 본 소라이는 선왕의 도의 본질은 나라를 다스리고 천하를 평온하게 하는 정치성에 있다고 주장한 것이다.

이런 점에서 소라이의 성인관은 송대의 성인관과 다르다. 송대에

---

283 마루야마 마사오, 김석근 역, 『일본 정치사상사 연구』, 통나무, 1998, 192쪽.

는 인의 도덕의 완전한 체현자를 성인으로 보았으나, 소라이는 선
정善政을 위해 인위적으로 도를 만든 선왕을 성인으로 여겼다. 이런
관점에서 소라이는『논어』에서 말하려고 한 것도 도덕적 차원에서
보기보단 덕치정치, 왕도정치를 이상으로 한 현세적 정치 방법론이
라고 보았다. "『논어』에서 설해진 것은 이념이나 도덕이 아니라 현
실 처세술인 정치 방법론이다." 이처럼『논어』를 치국안민治國安民
의 정치학으로 본 점은 진사이가『논어』를 휴머니즘적 가르침으로
본 것과 다르다.

3. 일본 주자학과 근대화의 관계

일본의 정치학자인 마루야마 마사오(丸山眞男, 1914~1996)는 에도
시대가 일본의 근대화를 향한 과정이라고 본다. 마사오는 그 이유
를 일본은 중국과 조선처럼 주자학에 깊이 빠져 있지 않고 주자학
을 해체시켰기 때문에 근대화가 가능했다는 것이다. 과연 그럴까?
많은 이들이 이에 동조한다. 그러나 이에 반론을 펼치는 이도 없지
않다. 분명 에도 시대는 중국과 조선과는 전혀 다른 모습을 갖고 있
었다. 그러나 과연 주자학 수용에서의 일본적 변용 때문에 일본이
다른 두 나라보다 근대화가 앞당겨진 것일까? 지금까지의 학자들
은 일본 사상계가 소라이에 의해 비로소 눈을 뜨게 되었고, 이런 점
에서 소라이학으로 인해 세간이 일변一變했다고 본다.[284] 도대체 어

---

284 이마이 쥰 외 편저,『논쟁을 통해 본 일본 사상』, 성균관대학교출판부, 2001,

떤 점에서 소라이학이 세간을 일변케 만들었다는 것인가?

마루야마는『일본 정치사상사 연구』후기에서 에도 시대의 주자학의 붕괴야말로 일본이 근대화를 이루는 기틀이 되었다고 주장한 바 있다. 즉 주자학적 사유의 해체야말로 근대적 사유의 촉발제가 되었다는 것이다. 바로 그 주자학의 봉건적 이데올로기가 내부로부터 해체되는 사상적

일본의 정치학자 마루야마 마사오
(丸山眞男)

계기가 소라이학에 있다는 것이다. 이런 점에서 마루야마는 에도 시대를 "주자학적 사유에 대한 안티테제의 성장과정"이라고 보면서 그 주자학적 사유의 해체과정이 소라이를 통해 이루어졌다고 주장한 것이다.[285]

마루야마의 사상은 전적으로 근대화의 아버지로 불리는 후쿠자와 유키치(福澤諭吉, 1835~1901)로부터 왔다. 후쿠자와는 일본이 중국이나 조선에 비해 근대화를 빨리 이룬 것은 일본이 주자학에서

220쪽.

[285] 김석근, 「주자학의 해체와 근대적 사유의 탐구 – 마루야마 마사오(丸山眞男) 의『일본 정치사상사 연구』」(『동양의 고전을 읽는다』, 권중달 외, 휴머니스트, 2006, 277쪽.)

빨리 벗어났기 때문이라고 해석한다. 후쿠자와가 이런 주장을 한 근거는 다름 아닌 소라이 사상에 있다. 후쿠자와는 소라이 사상이야말로 일본이 근대화로 나아가는 근거라고 주장했다. 소라이는 주자학에서 벗어났을 뿐 아니라 『논어』를 정치적 관점, 곧 현실처세술로 해석함으로써 당대 서구문명을 빨리 수용할 수 있는 기틀을 마련해주었다는 것이다.

『일본의 역사관을 비판한다』의 저자 미야지마 히로시 교수는 후쿠자와 유키치의 이런 주장에 문제가 있다고 본다. 그것은 일본이 주자학을 해체시킴으로써 근대화를 이룬 반면, 중국과 한국은 주자학의 유교 지배체제 때문에 근대 서구열강에 대처하지 못했다고 단정한 것이 바로 그것이다. 미야지마는 말한다.

"근대 이후 일본인들은 일본 역사와 사회의 특색을 한국·중국과는 이질적인 것으로, 그리고 서구와 유사한 것으로 보는 담론을 끊임없이 재생산해왔다. 그것이야말로 일본이 주변국과 역사인식을 둘러싼 대립을 해결하지 못하는 가장 큰 원인이다."

이러한 주장은 일본인들에게 자신들은 조선과 다르고 서구와 비슷하다는 생각을 갖게 했다. 즉 서구가 봉건제를 가졌듯 일본도 봉건제를 가졌고, 그를 통해 근대화를 이뤘다는 것이다. 이처럼 후쿠자와는 일본 역사를 서구와 유사한 담론에 끼워 맞춰 해석함으로써 일본이 주변국과 역사 인식을 달리하는 결과를 낳았다는 것이다. 바로 이러한 왜곡된 관점이 오늘날 동아시아 삼국 간의 대립을 풀지 못하게 만든 요인으로 작용한다는 것이 미야지마의 주장이다.

후쿠자와는 아시아에서 벗어나 유럽 사상을 수용하기 위해 처음부터 '탈아입구脫亞入歐'의 논리를 펼쳤다. 곧 "아시아를 벗어나 서양 사상을 수용해야 한다"는 것이고, 이를 위해 아시아의 주요 사상인 유학을 비판한 것이다.[286]

후쿠자와는 서양문명을 수용하는 데 있어 가장 큰 걸림돌이 유학이라고 보았기에 유학적 사고방식에서 벗어나야 한다고 주장한 것이다. 이러한 그의 사유는 덕德과 지知의 관계에 대한 그의 해석에서도 드러난다. 유학에서는 지보다 덕을 중시하는 데 비해, 후쿠자와는 지를 덕보다 중시해야 한다고 주장하면서 유교가 정치의 요체로 중시해온 덕치를 비판했다.[287] 공맹의 도덕(修心倫常)의 가르침은

---

286 물론 도쿠가와 시대가 유럽 중세와 비슷한 점이 없는 것은 아니지만, 두 사회를 비교할 때 종합적이고 객관적으로 봐야지 공통점만 찾으려고 하는 것은 학문적 태도가 아니라고 미야지마는 말한다. 이런 점에서 일본의 근세를 봉건제 확립에서 보려는 태도는 재검토해야 한다는 것이 미야지마의 주장이다.

287 후쿠자와가 서양문명을 수용하는 데 있어서 가장 큰 문제로 인식했던 것은 유학의 존재였다. 유학적인 사고방식에서 벗어나야 서양문명의 수용도 가능하게 될 것이라는 이야기다. 『문명론의 개략(文明論之槪略)』(1875)의 상당한 부분이 유학 비판에 할애되어 있는데, 그중에서도 후쿠자와가 중시한 것은 덕德과 지智의 관계였다. 즉 유학에서는 지보다 덕을 중시하는 데 대해 후쿠자와는 지를 덕보다 중시해야 한다고 주장했던 것이다. 후쿠자와의 유학 인식의 문제와 관련해서 마지막으로 지적하고 싶은 것은 유학과 근대화의 관계에 대해서다. 후쿠자와는 서양문명의 수용을 통한 근대화를 방해하는 존재로서 유학을 비판했지만, 최근에 와서 일본에서는 19세기 초기 이후 유학이 널리 보급되면서 그것이 메이지 유신을 가능케 했다는, 후쿠자와의 생각과 완전히 정반대의 견해가 제기되고 있다.

공자와 그 추종자가 도덕을 정치철학으로 시행하려 했을 당시에는 가능했을지 모르나, 지금은 이 가르침을 실행할 수 없다는 것이다. 곧 정치와 도덕은 별개이고, 정치는 도덕에서 분리되어야 한다는 점에서 도덕과 정치를 결부시킨 유교의 덕치사상을 비판한 것이다.

후쿠자와는 청과 조선이 서양에 신속히 대응하지 못한 것은 유교 때문이라고 보았으나, 유교의 사회적 역할에 있어 중국이나 한국과 일본 사이에는 큰 차이가 있었다. 후쿠자와는 이를 제대로 자각하지 못했던 것이다.[288] 후쿠자와의 유교 인식에 있어 문제점은 일본 유교를 유교 자체로 오인한 데 있다. 그러나 미야지마가 지적했듯이 일본 유교는 유교의 한 부분에 불과하다.

주자학을 국가이념으로 한 중국과 한국은 이상주의적 성격을 강하게 지녔다. 다만 그 이상과 동떨어진 현실이 존재한 것은 사실이다. 그러나 그것은 유교의 이상 자체가 문제가 있어서라기보다 이상 자체에는 문제가 없으나 운용 면에 문제가 있어 이상과 괴리가 생긴 것은 아닌지 다시금 고찰해볼 필요가 있다.[289]

미야지마는 중국과 한국이 근대화에 뒤처졌던 것은 유교 지배체제였기 때문이 아니며, 오히려 성리학 이념에 바탕한 체제가 당시로서는 효과적인 국가체제였음을 지적한다. 곧 주자학은 인간의 본래적인 평등을 전제로 하면서 학습에 따라 인간을 차별화하고 사회질서를 다잡으려 함으로써 18세기말까지 가장 개명된 합리적 사상

---

288 미야지마 히로시, 『나의 한국사 공부』, 너머북스, 2013, 332쪽.
289 같은 책, 338쪽.

이었다는 것이다. 그래서 주자학을 먼저 도입한 한국이 어떤 면에서는 일본보다 근대화가 빨랐다는 것이 미야지마의 주장이다.[290]

사실 중국과 조선이 서양에 문호를 빨리 열지 않은 것은 서양이 군사력을 내세워 동아시아에 등장한 점에도 원인이 있다. 영국과 프랑스가 인도와 동남아시아를 식민지로 지배하고 있었다는 사실이 중국과 한국으로 하여금 서양에 문호개방을 망설이게 된 이유이기도 하다. 이에 반해 일본이 빨리 서양문명을 수용한 건 사실이지만 대신 서양문명에 대해 비판할 수 있는 계기를 상실한 것도 사실이다. 이에 반해 중국과 한국은 유교의 이상을 계속 지켜나감으로써 서양문명에 대한 원리적 비판을 모색해왔던 것이다.[291]

4. 실학과 조선의 근대화

앞서 후쿠자와는 일본이 근대화로 들어서는 사상적 근거를 고학에서 찾았다. 보통 조선사에서는 실학實學이 근대화를 촉발했다고 본다. 실학은 17~18세기 조선 후기에 사회문제를 해결하기 위해 등장한 실사구시實事求是의 학풍이다. 즉 실학은 성리학의 공리공담을 비판하며 실제 생활에 유용한 대안을 제시하는 사상으로 알려져 있

---

290 미야지마 히로시, 네이버 열린 연단(https://openlectures.naver.com/modern list), 2017 참조.

291 후쿠자와는 주자학을 사회의 위계질서를 옹호하는 사상으로 이해한다. 그러나 이러한 견해는 유동적이고 동태적이던 송나라를 보면서 어떻게 사회질서를 구축할 수 있을지를 고심했던 주희의 사상과는 거리가 멀다.

다. 그래서 실학은 20세기 한국학의 기둥이라고 할 만큼 그간에 활발한 연구가 이루어져 왔다. 그것은 실학이 서양식 근대화를 이루기 위한 우리 민족의 내재적 역량으로 간주되어 왔기 때문이다. 그러나 최근 들어 실학이 근대화의 맹아였다는 것에 문제를 제기하는 연구들이 이루어지고 있다. 그 대표적인 것으로 중앙일보에서 〈실학별곡〉이라는 제목으로 기사화한 10차례 시리즈 글이 있다.[292]

한영우(서울대 국사학) 교수는 실학 개념을 다음 두 가지로 정리한다. 하나는 실학은 주자학과 근본적으로 반대되는 학문이 아니라 일종의 '실용적 성리학'이라는 것이다. 이런 점에서 종래 '실학=반反주자학=근대'라는 공식은 의미가 없어지게 되었다.[293] 여기서 우리가 문제 삼아야 할 것은 종래 실학 연구의 프레임이다. 다시 말해 주자학, 곧 유학을 근대와 대립되는 이분법적 프레임으로 본 것이 지닌 문제점이다. 우리는 이러한 이분법적 구조에 문제가 있음을 조선 실학자들의 사상에서 찾아볼 수 있다.

실학파의 주요 인물로는 반계 유형원, 성호 이익, 다산 정약용을 들 수 있다.[294] 그러나 오히려 그들의 사상 안에는 근대화에 반하는

---

292 중앙일보는 〈실학별곡 – 신화의 종언〉이라는 제목으로 1회(2018. 3. 17)~10회(2018. 7. 21)에 걸쳐 다루고 있다.

293 그럼에도 당시 사회를 변화시키려는 개혁성은 가지고 있었다. 한 교수는 "조선 후기는 서양의 봉건사회보다는 한층 앞서가는 사회이고, 서양의 근대사회보다는 산업구조가 뒤떨어진 사회였다"라고 규정했다. 그래서 조선 후기의 특징을 "근세적 유교사회"라고 재정의했다.

294 이 같은 실학이라는 학술 장르로서의 개념이 18세기 당시에 만들어진 것은

사상들이 있다는 점이 최근 연구로 발표되었다. 이것이 지닌 의의는 그간에 실학은 주자학의 틀을 벗어나 서구식 근대화를 지향했던 학문으로 알려져 있지만 실상은 그것과는 상당히 다름을 말해준다. 그럼 구체적으로 어떤 점에서 그들의 사상이 근대화와 거리가 먼지 살펴보자.

18세기 실학자들의 사회개혁안 가운데 많은 비중을 차지한 것이 토지문제였다. 그들의 토지개혁안을 대개 '정전제井田制'라고 부르는데, 이는 18세기의 토지공개념이라 할 수 있다. 반계 유형원이 제시한 토지개혁안은 '균전론(均田論, 혹은 公田制)'이고, 성호 이익은 '한전론限田論', 다산 정약용은 '여전론閭田論'과 '정전론'을 제시했다. 이러한 그들의 토지개혁안은 자본주의의 맹아, 즉 자유시장과 산업화의 싹을 틔운 사상으로 간주되어 왔다.

그러나 정전제는 이미 맹자가 제기했으며, 주자는 이를 『맹자집주』에서 부각시킨 바 있다. 그래서 주자학에 기반을 둔 조선 사대부들도 토지개혁안으로 정전제를 제시했으며, 세종·중종·영조 때에 이미 정전제나 한전제를 시범적으로 실시해보려 했으나 실효성이 없어 폐기했다는 기록이 남아 있다. 정조도 한전론의 토지개혁을 포기하고 세금제도를 합리화하는 방향으로 정책을 전환했는데, 그것은 조선 후기에 이미 토지 사유화가 이뤄졌음을 의미한다. 이와 같이 토지 사유화가 이루어지는 현실을 외면하고 토지공개념을 주

아니다. 일제 강점기인 1930년대에 조선학 운동을 펼친 정인보·안재홍 등이 유형원·이익·정약용 등을 실학파로 규정하기 시작했다.

장하는 실학자들의 주장이 과연 근대 자본주의적 사유였는지 묻지 않을 수 없다. 이러한 토지문제 외에도 당대 실학자들이 오히려 신분해방을 반대했다는 점을 들 수 있다.

유형원은 신분이 귀하고 천한 차별이 불변의 이치라고까지 말하며 신분제를 인정했다. "천지에 자연히 귀한 자가 있고 천한 자가 있어, 귀한 자는 남을 부리고 천한 자는 남에 의해 부림을 당한다. 이것은 불변의 이치이고 역시 불변의 추세이기도 하다."(『반계수록磻溪隨錄』 '奴隸') 이와 같이 인간을 귀한 자와 천한 자로 나누어 보는 유형원의 인식은 "천하에 나면서부터 귀한 자는 없다(天下生而貴者)"(『예기』)는 공자 유학의 본령에도 정면으로 위배된다는 것이다. 또한 이익도 "대개 백성에는 악인이 많고 선인이 적다"(『성호잡저星湖雜著』)라고 하여 신분 차별적 사유를 보였는데, 이 또한 공맹의 성선설, 민본사상과 배치되는 발언이라는 주장이다.

이처럼 조선 실학자로 일컬어져 온 이들의 신분 차별론은 직업 차별론으로 이어졌다고 보는데, 만약 실학이 근대 자본주의 경제를 지향했다면 적어도 상업을 장려하는 자세를 보여야 했을 것이다. 그러나 실제로 박제가를 제외한 대부분의 실학자는 상업을 '말업末業'으로 규정하고 이를 농업과 비교해 열등하게 보면서 '억말론(상업 억제)'을 주장했다. 이들은 '말업'이란 용어를 계속 사용하면서 '농업=본업, 상업=말업'의 '무본억말務本抑末' 주장을 되풀이했다. 유형원은 시장폐지론을 주장했고 이는 이익에게 계승되었다. 이익은 화폐와 시장을 철폐해야 한다는 '폐전론廢錢論'과 '억말론'을 일관되게 표방했다. "농사에 힘쓰게 하는 것은 억말(抑末: 상업 억제)에 있다. …… 돈이 통용되면서부터 백성은 일체의 이익을 좋아해서 혹 많은 이들이 쟁기를 버리고 시장에서 노니 농사가 그 폐단을 받고 있다."(『성호사설星湖僿說』) 그러나 몰락한 농민층과 도망간 노비들이 농사를 떠나 상공업에 뛰어들어 생계를 도모하는 것은 18세기 조선 사회의 주요한 변화 흐름이었다.

이상에서 우리는 지금까지 우리가 알고 있었던 것과 달리 실학자들의 사상이 근대화와는 상당히 거리가 있었음을 알 수 있다. 그렇다면 우리는 왜 실학을 조선 '근대화의 발아'로 보았을까?

5. 조선의 근대화와 유학의 상관관계

19세기말~20세기 초 대한제국 시기의 일간신문과 잡지에 실학이란 말이 많이 쓰였는데, 그것은 서양문물과 신식학문을 가리켰다. 그래서 '서양실학'을 실학이라고 칭했던 것이다. 이와 같이 일본인들이 써온 '서양실학=근대화'의 의미로 인해 조선에도 근대화가 있었음을 보여주기 위해 조선 후기의 실학을 근대화의 촉발제로 본 것이다.

그렇다면 여기서 우리는 과연 조선 시대 유학이 근대화와 대립된 개념이었는지 묻지 않을 수 없다. 최근에 조선의 유학이 근대화와 양립했다는 주장이 속속 나오고 있다. 그 대표적 학자가 서울대 규장각의 노관범 교수다. 노관범 교수는 유학과 근대화가 대립개념이 아니라고 주장한다. 그는 대한제국 이후 근대적 언론과 교육, 사회운동을 이끈 이들 중 상당수가 유학자였다는 사실에 주목한다. 신

新도덕을 주장한 박은식이나 '아我'라는 새로운 주체를 모색한 신채호 모두 유학적 전통에 선 근대적 지식인이라는 것이다. 노 교수는 "이들이 시대의 도덕을 새로 정립해 근대화의 주체를 만들어야 한다고 본 점은 유교적 사유 방식과 다르지 않다"고 말한다. 이와 같이 당대 유학자들의 근대화와 깊은 유대관계가 있다는 점은 도시 유교에서 잘 나타나고 있다. 그 예가 바로 당시 가장 활발하게 이루어진 상업도시였던 개성이다. 노 교수가 특히 개성에 주목한 것은 개성이 조선 후기에 상업이 발달해 자본주의 맹아론의 모델이 되었다고 보기 때문이다. 당시 개성은 가장 활발하게 이루어진 상업도시였다.

그런데 여기서 우리가 주목해야 하는 것은 상업도시인 개성에는 실학이 부흥한 게 아니라 주자학이 부흥했다는 사실이다. 당시 개성에는 서원이 발달했는데 그 대표적인 것이 숭양서원崧陽書院이다. 18세기 개성의 대유大儒 조유선趙有善은 강규講規 전통이 없던 숭양서원에 낙학洛學 산림山林 김원행金元行을 원장으로 초빙했다고 한다. 그 후 숭양서원에는 강규를 갖추어 유교 교육의 틀이 확립되었고, 개성 문인들이 거기에 집결해 정몽주의 충애 정신을 북돋는 사회교육의 장소로 기능했다는 것이다.

이렇듯 주자학이 근대화와 대립되기보다 오히려 근대화를 촉진시키는 학문이었다면, 조선의 근대화가 늦은 이유는 주자학 때문이 아니라 다른 데에서 그 이유를 찾아야 하지 않을까? 또한 이것은 일본이 근대화를 빨리 이룬 이유 역시 후쿠자와가 주장하듯이 유학을 비판했기 때문이 아니라 서양기술을 무비판적으로 받아들인 것

316

개성의 숭양서원 – 북한 국보 문화유물 제128호(2007)

과 도시 발달에 있다고 보아야 할 것이다.

　이상에서 우리는 유학이 오히려 근대화를 촉진시켰음을 도시 유교를 통해 확인할 수 있다. 사실 조선 시대 서당書堂 교육은 단순히 아동의 교육장뿐만이 아니라 상당한 수준의 지식인까지 포괄할 정도로 그 폭이 넓었다. 서원書院이나 향교鄕校와 구별되는 서당의 영역은 조선 후기로 갈수록 넓어져 갔다. 이처럼 당시 서당은 과거시험 공부나 마을 사랑방뿐 아니라 교육수준이 다양하여 대학 이상의 역할을 했던 것이다. 이는 조선 시대 서당이 근대화 촉진에 한몫을 했음을 시사해주고 있다. 또한 서당은 영·정조 이후에 성리학·실학과는 다른 신지식층(곧 농사꾼이자 훈장, 민란 지도자와 같은 경우)에게 신분해방을 분출하는 장이 되기도 했다.[295] 서당 교육의 대중

295　1866년 프랑스 해군의 소위 후보생이었던 장 앙리 쥐베르는 극동 원정(병

화는 18세기 중후반과 19세기 전반에 걸쳐 조선에 있었던 서당의 숫자에서도 알 수 있다. 당시 서당 수는 2만 1,000여 개, 학생은 26만여 명에 달했을 것으로 추산되고 있다. 조선 후기 서당의 모습은 화가 김홍도의 '서당'에 잘 나타나 있다. 그 그림에 등장하는 인물을 보면 연령과 신분이 제각각이다. 양반집 자제, 장가든 사람, 어린아이, 평민이 두루 섞여 있다. 당시 양반과 평민이 함께 다니는 신분 혼합형 서당이 보편화하지 않았다면 김홍도가 이를 그려내기는 힘들었을 것이다.

조선의 근대화와 관련하여 또 한 가지 흥미로운 점은 '민국民國'이라는 표현이다. 이 용어는 18세기 영·정조 시대에 이미 널리 사용되었다. 이 사실을 처음 발견한 이태진 서울대 교수는 다음과 같이 말한다. "조선 유교정치 사상의 핵심은 민본民本이라고 알았는데, 영조와 정조가 민국이란 말을 자주 썼다는 사실을 처음 발견했을 때 놀라움을 넘어 당혹스럽기까지 했다."[296] 이처럼 민국이라는 표현은 『조선왕조실록』을 보면 영조 즉위년(1724)에 나오기 시작하여 영조 시대 31건, 정조 시대 43건, 순조 시대 59건이 발견되고 있다. 그만큼 일반 백성의 존재가 특별히 부각되기 시작했음을 엿

인양요)에 참여한 후 남긴 『조선 원정기』에 다음과 같이 쓰고 있다. "조선인들은 그들만의 고유한 문자를 가지고 있다. …… 극동의 모든 국가들에서 우리의 자존심을 상하게 하는 하나의 사실은 아무리 가난한 집이라도 집안에 책이 있고 글을 읽을 줄 모르는 사람이 거의 없다는 사실이다."

296 이태진·김백철, 『조선 후기 탕평정치의 재조명』(상)(태학총서 34), 태학사, 2011 참조.

볼 수 있다. 특히 영조 때에는 국가의 주요 정책을 표현할 때 '민'과 '국'을 하나로 묶어 국가를 대신하는 말처럼 사용하기도 했다. 이러한 '민국' 용어가 정조를 거쳐 대한제국과 대한민국임시정부로 이어져 왔고, 이는 고종 시대에 와서 '민국' 용어가 다시 급증하면서 대중화되었다.

'독립신문'·'매일신문'·'황성신문'·'대한매일신보' 등의 일간지, '대한자강회월보'·'대한협회회보'·'대동학회월보' 같은 잡지와 각종 서책에 '민국'이라는 용어가 두루 쓰이며 일상화되었다. 이와 같이 18세기 이래 면면히 이어온 '민국' 이념의 전통이 있었기에 1919년 3·1운동 이후 독립운동가들이 상해 임정에서 "대한제국 계승"의 의지를 밝히면서 국호가 대한민국으로 정해진 것이다.

이상에서 살펴본 것을 정리해보면 다음과 같다. 후쿠자와 마루야마는 일본이 중국과 한국보다 근대화를 빨리 이룬 것은 유학에서 벗어났기 때문이라고 주장했는데, 이는 조선의 경우를 볼 때 왜곡된 이해에서 비롯되었음을 알 수 있다. 오히려 유학이 근대화와 대립되기보다는 근대화를 촉발했다는 점에서이다. 이는 조선 시대의 서당과 민국이라는 용어를 통해 살펴보았다. 반면 일본이 근대화를 빨리 이룬 원인이 유학을 비판하고 현세처세술인 소라이학의 발달에 있었다고 보는 것은, 미야지마 교수가 말했듯이 일본이 동아시아의 역사적 흐름과 자신을 단절시키는 결과를 가져왔다는 점에서 일본은 근대화의 문제를 다시 재조명해야 할 필요가 있다고 본다.

게이추(契沖)_ 오사카 게이추 탄생 추정지 비석에 새겨진
게이추의 사유도思維圖

6. 국학

고학古學이 공맹 사상과 중국 고대 성인들의 도를 이상으로 삼고 원
시유교로 돌아가자는 것이었다면, 국학國學은 중국의 것을 버리고
일본의 고유한 고도古道를 이상으로 삼았다. 이렇듯 일본 고유의 고
도로 돌아가자는 국학사상은 일본에 고유한 고도가 있음을 전제하
고 있다. 일본이 본래부터 갖고 있었던 도道는 무엇인가? 그것은 중
국사상의 영향을 받기 전의 순수한 일본정신을 의미한다. 국학은
일본의 고전문학을 연구하는 학문으로, 국학자들은 중국 유학을 중
심으로 한 학자들에 대항하여 일본 고전 속에서 일본 고유의 도道
를 탐색하고자 했다. 그 대표적인 학자로 게이추, 가모노 마부치, 모
토오리 노리나가를 들 수 있다.

국학자들이 탐구하려는 일본 고전에 나타난 고도는 다름 아닌 신
도神道이다. 신도는 초기부터 학문적으로 체계화되어 있지 않았으

므로 국학에서는 신도를 실증적 학문으로 체계화시켜 나가는 일이 무엇보다 시급했다. 이처럼 학문적 체계화가 되어 있지 않은 신도 사상을 신학화하기 위해 국학자들은 고학처럼 실증적인 문헌학적 방법론을 썼다. 그럼 구체적으로 국학자들의 사상을 통해 국학에 대해 좀 더 깊이 고찰해보자.

1) 게이추와 가모노 마부치

게이추(契沖, 1640~1701)는 진언종의 승려로서 진언종의 창시자인 쿠우카이(空海)를 평생 존경했으며, 쿠우카이를 통해 문헌학적 연구방법론을 익히고, 그 방법론을 통해 『만요슈(萬葉集)』를 연구했다. 그는 인간을 자연적 존재로 보고 자연적 존재인 인간의 본성을 정情이라고 주장하면서 인간의 정을 일본문화의 특징으로 규정했다.[297] 이러한 관점에서 게이추는 주자학의 형이상학적 인간관을 부정하고 거기서 벗어나는 것을 '진실한 마음'이라고 보았다.

게이추의 제자였던 가모노 마부치(賀茂眞淵, 1697~1769)도 『만요슈』연구를 통해 그 안에 일본의 고대정신이 들어 있음을 자각했다. 마부치는 말한다. "고대 언어를 모르면 고대 정신을 알 수 없고, 고대 정신을 모르면 고대의 도道를 알 수 없다." 따라서 고대 일본인의 정신을 알려면 고대 시가집을 연구해야 한다는 것이다. 그는 고

---

297 게이추는 일본의 자연이 지닌 아름다움에 심취한 나머지 자살을 시도할 정도로 서정적인 사람이었다. 자살에 실패한 후 그는 이 세상에 살면서 세상의 아름다움을 발견해야겠다고 결심했다.

대 일본의 시가 속에서 고대 일본인들의 고유하고 순수한 마음을 느꼈고 이를 경애했다. 마부치가 볼 때 고대 일본인은 전적으로 자연스러운 인간이었는데, 그 후 중국사상이 들어오면서 점점 인간성이 쇠미해지고 사악해졌다는 것이다. 그래서 모든 중국적인 것을 배격하고 원시시대의 단순함으로 되돌아가야 한다고 주장했다.[298]

그가 지향한 고대 일본인들의 정신은 작위를 배제한 무위자연의 세계이다. '무위자연' 하면 노자가 떠오르는데, 마부치도 일본의 고대 정신세계가 노자의 세계와 상당히 유사하다고 본 것이다. 그는 유가사상에는 인위적이고 인본주의적인 측면이 강하다면, 노장사상은 '무위자연으로 돌아가라'는 주장처럼 작위나 인위와는 반대되는 사상이라고 본다.

마부치는 『만요슈』 안에 천지 그대로의 마음, 자연 그대로의 마음으로 살았던 원시 자연의 세계가 그려져 있다고 주장한다. 이처럼 고대 일본인들은 자연 그대로의 생을 영위했다고 본 마부치는 자연 그대로의 모습이 표현하기 어렵듯이, 도道 역시 말로 표현하기는 쉽지 않다고 보았다. 즉 고대 일본인들은 무위자연적 도의 정신으로 살았지만 도 자체는 말로 표현되기 어렵기 때문에 문헌학적으로 일본의 고대 정신은 잘 연구되지 않아서 후대인들에게 잘 전해지지 않았다는 것이다. 다시 말해 일본에 고대의 도가 없었던 게 아니라 알려지지 않았을 뿐이라는 것이 마부치의 주장이다.

---

298 로버트 엔벨라, 박영신 역, 『도쿠가와 종교』, 현상과 인식, 1994, 127쪽.

2) 모토오리 노리나가

에도 시대의 대표적인 학자 세 명을 들라면 이토 진사이, 오규 소라이, 그리고 모토오리 노리나가(本居宣長, 1730~1801)를 꼽을 수 있다. 진사이는 유학에 심취하여 진사이학을 계발했고, 소라이는 유학을 정치적 관점에서 재해석하여 소라이학을 구축했다. 이에 반해 노리나가는 유학을 전면적으로 비판하고 새로운 학문인 국학을 구축했다. 또한 노리나가는 스승 마부치의 학설을 계승하면서도 그의 사상을 그대로 답습하지 않고 이를 독창적으로 발전시켜 나갔다. 마부치가 『만요슈』를 연구했다면, 노리나가는 무려 35년 간(1764~1798)이나 『고지키(古事記)』를 연구하여 『고지키전(古事記傳)』을 완성했다. 이렇듯 오랜 세월 『고지키』 연구를 통해 노리나가는 중국 유학자들의 도 사상은 하늘과 땅의 도를 왜곡시켜 만든 인위적인 도라고 주장했다. 그래서 그는 중국의 학문과 구별하여 일본의 고유한 도를 연구하는 학문을 '국학國學'이라 칭한 것이다.

노리나가에 따르면 중국적 사유는 모든 일의 선악과 시비를 논하여 사물의 도리를 판단하는데, 그가 볼 때 인간과 세계는 복합적이어서 인간의 선악과 시비를 인간의 잣대로 잴 수 없다는 것이다. 그는 『고지키』야말로 중국의 영향을 받지 않은 순수한 일본정신을 담고 있다고 보고 거기서 일본문화의 근저에 있는 정신세계인 '모노노아와레(物の哀れ)'를 발견했다.

노리나가에 의하면 '모노노아와레'는 어떤 사물이나 상황에 접할 때 마음 깊은 곳에서 흘러나오는 절절한 느낌이라고 말한다. 곧 계절에 따른 자연의 변화나 자신의 불우한 처지, 인간이 보고 듣고 만

지고 겪는 그 모든 일에 대해 느끼는 감정, 곧 덧없고 쓸쓸한 애상감이 그것이다. 이러한 감정은 좋거나 나쁘다는 판단 이전의 감정이라고 그는 말한다. 노리나가는 우리가 무엇을 안다고 할 때 이성이나 지성으로 아는 것은 진짜 아는 게 아니며, 감성의 밑바탕에서부터 감동을 느끼고 정서적인 것들이 올라와야 비로소 그 대상을 참으로 안다고 할 수 있다고 주장한다.

노리나가는 가라고코로(漢心, 漢意: 중국풍을 동경하고 숭배하는 마음)에 물들기 전의 인간 모습이 바로 『고지키』에 기록되어 있으며, 거기에 일본 고대 가미 신앙과 고도古道가 있다고 주장한다. 여기서 말하는 가미의 도는 가미들의 조상인 아마테라스에서 비롯된 도를 말한다. 일본의 고도古道는 아마테라스의 도이고, 천황은 이 도를 이어받아 천하를 다스린다는 것이 노리나가의 주장이다. 결국 노리나가의 사상은 일본의 고도는 일본 신화를 다룬 『고지키』에 있으며, 결국 그 도는 아마테라스의 도이며, 천황은 그 도를 계승한 존재라고 봄으로써 천황제 이데올로기의 기틀을 마련한 것이다.

노리나가의 도 사상에는 진사이, 소라이, 마부치의 도 사상이 깔려 있다. 진사이는 근원적이고 보편적인 천도天道와 인도人道 사이의 유비관계를 통해 사랑의 인간학을 주장했다면, 소라이는 인도 중에서도 선왕의 도 사상을 중시했다. 이에 반해 마부치는 유가의 인도를 인위적인 도라고 비판하면서 무위자연의 도야말로 일본의 고도古道라고 보았다. 즉 일본이 옛날부터 지녀온 도는 무위자연의 도라는 것이다. 그러나 노리나가는 유가의 도나 도가의 도도 진정한 의미의 도가 아니며, 참된 도는 바로 아마테라스의 도라고 주장한다.

7. 결론

이상에서 우리는 일본으로 유입된 유학 역시 일본에서 습합과 변용의 과정을 거쳤음을 보았다. 습합의 형태가 스이카 신도(垂加神道)였다면, 그 변용된 형태는 고학과 국학으로 드러났다. 또한 여기서 우리가 주목해야 할 점은, 일본은 다른 동북아시아 국가와 달리 이理와 같은 초월성을 부정해왔다는 사실이다. 우리는 이를 고학자들의 사상에서 발견할 수 있다. 소코는 말한다. "상식적이고 일상적인 조리條理가 이理이다. 사물에는 반드시 조리가 있다. 그런데 성性이나 천天을 모두 이理라 함은 잘못이다."²⁹⁹ 소라이도 "이理란 사람들의 마음에 따라 각기 다른 주관적인 것에 불과하므로 거기에는 어떤 절대적 기준이 있을 수 없다"라고 주장했다.³⁰⁰ 그래서 소라이는 이理 대신 도道라는 말을 썼고 사회제도나 정치에서 도를 찾았던 것이다.

이와 같이 이와 같은 절대적 가치를 상대화시키는 일본적 사유에 대해 종교사회학자 로버트 벨라가 내린 해석에 주목할 필요가 있다. 그는 일본의 근대화를 촉진시킨 요인으로 일본의 보편주의에 대한 특수주의의 우위성을 든다. 즉 일본인들은 법·영원·진리·정

---

299 박규태, 『상대와 절대로서의 일본』, 제이앤씨, 2005, 48쪽.
300 같은 책, 50쪽.

의 같은 보편적 가치에 대한 헌신보다 자신들이 속한 집단에 대한 관심이 상대적으로 훨씬 높다는 것이다. 일본의 전통사상에서 드러나는 가치, 즉 충·효·보은 등은 이런 특수주의에서 비롯되었다는 것이 그의 해석이다.

벨라는 특수주의의 우위성이 역설적으로 유사보편주의의 기능을 수행했기 때문에 일본 근대화가 성공할 수 있었다고 본다. 그러나 이 표현 안에는 일본에서의 보편주의가 참된 보편주의가 아님이 내포되어 있다. 이러한 벨라의 주장에 대해 마루야마 마사오는 이의를 제기한다. 즉 일본에서 특수주의가 유사보편주의의 역할을 수행했다 해도 유교적 천天의 초월적 기능 자체가 일본에서는 희미해졌으며, 따라서 일본에서는 보편주의적 규범이 중시되지 않았다는 것이다.[301]

물론 일본 사상에도 절대적 사유라 부를 만한 것이 있다. 천황 이데올로기가 바로 그것이다. 그러나 그런 절대적 사유도 상대적 사유의 옷을 입고 나타남을 볼 수 있다. 이렇듯 일본인들은 절대 초월의 세계를 부정하고 상대 현실주의적 관점으로 나아가는 경향을 보인다. 우리는 이러한 일본 사상의 특징을 에도 시대 주자학의 변형인 고학과 국학을 통해 다시금 확인할 수 있다. 일본의 현세주의는 에도 시대에 태동되었고, 그 사상적 근거가 바로 고학과 국학에 있는 것이다.

에도 시대에 일본이 빨리 근대화를 이룬 것은 바로 이러한 현세

---

301 같은 책, 55쪽.

주의 영향이 컸다. 에도 시대에 화폐경제가 진전됨에 따라 도시 중심으로 죠닌(町人: 직인 및 상인) 계층이 전국 규모로 세력을 확립했다. 그들은 정치적 권력은 없었으나 경제적 실력으로 새 문화를 창출했다. 그것이 바로 현실주의 혹은 현세 중심적 가치이다. 앞서 말했듯이 중세의 우키요(憂世)가 근세의 우키요(浮世)로 바뀌었는데, 바로 이러한 우키요(浮世)야말로 죠닌 문화의 산물이라 할 수 있다.

곧 일본의 근대화는, 일본의 도시 발달이 시장경제의 활성화를 가져왔고 이것이 서구문명과의 교역을 활발하게 만들었기 때문에 가능했다.[302] 이러한 일본 사상의 저변에 깔린 상대 현실주의적 관점은 일본에 그리스도교가 뿌리내리기 어려운 이유와도 연관된다.

---

302 중세 봉건제를 거친 일본은 근대 자본주의로 넘어가기에 훨씬 유리했던 반면, 조선은 정체된 국가였고 실질적인 생활상의 발전은 이루어지지 않은 채 지도층 간의 소모적 권력 나눠먹기만 있던 나라라는 묘사가 지배적이었다. 과연 당시 조선은 일본이 주장하듯 그렇게 정체된 국가였는가는 재검토가 필요하다.

제9장

일본 그리스도교

- 한국 그리스도교와 비교의 관점에서 -

서구문화의 바탕이 되어온 그리스도교는 언제 동아시아에 들어왔는가? 조선의 경우는 이승훈李承薰이 연경에서 포르투갈 선교사에게 세례를 받고 그리스도교 관련 서적을 갖고 들어온 1784년부터였고, 그 이듬해인 1785년 지금의 서울 명동 지역에 가톨릭 신앙공동체인 명례방明禮坊이 처음 세워졌다. 조선의 그리스도교 유입과 비교할 때 일본은 200년이나 앞섰음을 알 수 있다. 그렇다면 중국의 경우는 어떤가? 중국은 8세기경에 그리스도교가 들어온 흔적이 비석으로 남아 있는데, 네스토리안파의 경교景敎가 바로 그것이다.

네스토리우스파는 가톨릭교회에 의해 이단으로 단정된 네스토리우스에 의해 주창되었다. 가톨릭교회는 이단이 발생하면 공의회를 열어 이단 학설을 배격했다. 2,000년간 가톨릭교회가 하나의 교회로 이어져오는 데 있어서는 이단 문제를 해결해온 공의회의 역할이 컸다. 431년에 에페소 공의회가 있었는데 이때는 성모마리아론이 문제가 되었다. 이 공의회에서는 '마리아는 하느님의 어머니'라고 선포했는데, 이것은 교회가 그의 아들인 예수의 인성뿐 아니라 신성을 인정한다는 선포이기도 했다. 곧 예수그리스도의 신성을 인정하는 신학의 또 다른 표현으로 '마리아는 하느님의 어머니'라는 표현이 생겨나게 된 것이다.

그러나 이러한 공의회 결정을 받아들일 수 없어 교회를 떠난 이가 있었으니, 그가 바로 네스토리우스Nestorius이다. 네스토리우스와 그를 따르는 무리들은 동방으로 가서 네스토리우스파를 만들었다. 네스토리우스는 451년에 사망했지만, 그를 따르던 이들은 당시 박해를 피해 페르시아 쪽으로 피신하여 거기에 교회와 신학교를 세웠다. 또한 그들은 중국을 선교지로 정하고 8세기경 중국에 그리스도교를 전파했는데, 그들이 전파한 그리스도교를 경교라고 한다.

대진경교유행중국비大秦景教
流行中國碑

이렇듯 중국 땅에는 경교의 형태로 그리스도교가 비교적 빨리 유입되었으나 그리스도교 신앙의 뿌리를 내리는 데에는 실패했다. 오늘날 경교 신앙의 흔적으로 비문이 남아 있는데, 17세기에 형성된 것으로 추정되는 '대진경교유행중국비大秦景教流行中國碑'가 그것이다. 거기에 보면 그리스도교 교리나 의식, 예수의 탄생과 생애, 성령, 죄, 구원에 관한 것들이 모두 기록되어 있다. 비문은 약 1621년에서 1623년 사이에 발견되었으며,

마테오 리치Matteo Ricci

그 외에도 『예수메시아경』이라는 경전도 발견되었다. 이는 선교사 아로벤이 저술한 것인데, 흥미로운 것은 거기에서 하느님을 불교적인 용어로 설명하고 있다는 사실이다. 곧 당시에 이미 중국에 불교가 뿌리를 내렸기 때문에 하느님을 비로자나불이라고 보는가 하면, 중국사상의 천天 개념을 써서 하느님을 천존天尊으로 표현하기도 했다.

이렇듯 중국에는 8세기경에 그리스도교가 경교의 형태로 들어왔지만 그 흔적만 남기고는 중국 땅에서 자취를 감추고 말았다. 그 후 13세기 원나라 때에도 가톨릭이 전래되었으나 역시 실패했다. 마침내 중국에 그리스도교 선교가 본격적으로 이뤄진 것은 16세기에 들어 마테오 리치(Matteo Ricci, 1560~1601)를 통해서였다.

이에 비해 일본에 처음 그리스도교 유입은 1549년 프란치스코 하비에르(Francis Xavier)라는 예수회 신부에서 시작되었다.[303] 이는

---

303 성 프란치스코 하비에르(라틴어로는 Sanctus Franciscus Xaverius 프란치스코

일본의 그리스도교 유입이 조선과 중국의 그리스도교 유입과 비교
할 때 훨씬 빨랐음을 말해준다. 그럼에도 불구하고 그리스도교는
일본 땅에 뿌리내리는 것이 결코 순탄치 않았다. 왜 일본에 그리스
도교 정착이 어려웠는지, 우리는 이 과정을 엔도 슈사쿠를 통해 살
펴보고자 한다.

엔도 슈사쿠를 통해 본 일본 그리스도교

우리는 제7장에서 일본의 그리스도교 유입과 박해사에 대해 살펴
보았다. 여기서는 일본 박해사와 관련하여 일본의 대표적인 가톨릭
작가인 엔도 슈샤쿠(遠藤周作, 1923~1996)의 소설 『침묵』을 통해 일
본인들은 그리스도교 신앙을 어떻게 받아들였고 그 과정에서 어떤
갈등을 느꼈는지 살펴보기로 한다.

1) 엔도 슈사쿠의 문제의식

엔도 슈사쿠는 일본인이라는 자기 정체성과 어머니로부터 물려받
은 그리스도교 신앙 사이에서 자신이 겪은 갈등을 주제로 삼아 작
품 활동을 해왔다. 엔도의 작품에는 이러한 그의 문제의식이 잘 녹
아 있어 일본 그리스도교를 이해하는 데 우리에게 시사해주는 바가

사베리오이고, 스페인어로는 Francisco Javier 프란시스코 하비에르, 1506~1552)
는 나바라 왕국(지금의 스페인 바스크) 하비에르 출신으로 가톨릭교회 예수
회의 공동 창설자이다. (위키백과 참조)

크다.

엔도는 어머니로부터 가톨릭
신앙을 물려받았다. 엔도의 어머
니는 아버지로부터 이혼당한 후
1933년 엔도를 데리고 함께 고베
로 왔다. 거기서 엔도의 어머니는
언니의 권유로 가톨릭 신앙에 귀
의했고, 엔도도 덩달아 세례를 받
게 되었다. 엔도는 자신의 그리스
도교 신앙에 대해 다음과 같이 고
백한다. "나는 어머니로부터 서양

엔도 슈샤쿠(遠藤周作)

양복을 받은 셈이다. 이 양복은 일본인인 내 몸에 잘 맞지 않았다.
몸에 안 맞는 양복을 입었을 때 느껴지는 어색한 느낌이 바로 나의
그리스도교 신앙이다." 이처럼 기독교 신앙이 자신에게 맞지 않아
버릴까라는 생각마저 했지만 엔도는 차마 기독교 신앙을 버리지 못
했다. 그에게 있어 그리스도교 신앙을 버리는 것은 마치 어머니를
버리는 것과 같았기 때문이다. 이처럼 엔도는 일본인이라는 자기
정체성과 그리스도교 신자로서의 정체성이 물과 기름처럼 분리되
어 있다는 문제의식 안에서 작품 활동을 해나갔다(여기서 말하는 일
본인의 정체성은 신도라는 종교문화 속에서 성장하면서 형성된 것이라
할 수 있다).

그의 대표작이라 할 수 있는 소설 『침묵』은 일본의 종교문화인
신도와 기독교 사이에서 엔도가 느껴온 종교적 갈등이 표출되어 나

온 것이다. 『침묵』은 서구 기독교로부터 탈서구화하고자 하는 시도였고, 동시에 기독교 신앙을 일본과 아시아에 뿌리내리기 위한 또다른 시도이기도 했다.

2) 『침묵』의 배경 및 내용

『침묵沈默』은 1966년 엔도가 44세 되는 해에 쓴 작품인데, 그가 이 소설을 쓰기 전부터 지녀온 문제의식들이 고스란히 이 소설 속에 담겨 있다. 『침묵』의 배경은 17세기 초, 일본에서 그리스도교에 대한 박해가 이루어지던 때이다. 주인공인 세바스찬 로드리고는 이탈리아 시칠리아 출신의 예수회 신부 쥬세페 키아라(Giussepe Chiara, 1602~1685)라는 실존 인물이다. 그는 자신이 존경하던 스승 페레이라가 일본 선교 과정에서 배교했다는 소식을 전해 듣고, 이 사실을 믿을 수 없어 직접 확인하기 위해 일본으로 건너오게 되었다.

선교사로 일본에 들어온 로드리고는 체포되었고, 결국은 그도 배교하고 말았다. 그 후 로드리고는 오카모토 산에몬(岡本三右衛門)이라는 일본 이름을 부여받고 일본 여자와 결혼해서 키리시탄 주거지에 살다가 84세로 세상을 떠났다.[304]

엔도는 일본에서 그리스도교 박해 시기에 일어난 한 사건을 배경으로 그리스도교가 왜 일본에 수용되기 어려운지 소설 『침묵』을 통해 말하고자 한다. 그 자신이 일본인이면서도 가톨릭 신앙을 갖고

---

304 김승철, 「흔적과 아픔의 문학(1)」, 『기독교 사상』, 2015. 3, 대한기독교서회, 190쪽.

평생을 살았기에, 엔도의 문제의식이 그대로 소설 『침묵』 속에 녹아 있다고 볼 수 있다.

1950년 6월 4일 엔도는 제2차 세계대전 후 최초의 유학생으로 현대 가톨릭 문학을 공부하기 위해 프랑스로 유학을 떠났다. 그러나 그는 거기서 자신이 지닌 일본적 영성과 그리스도교 신앙 간의 거리를 느낄 수밖에 없었다. 그러던 중 1951년 폐결핵에 걸려 결국 프랑스 유학을 중단하고 귀국해야만 했다.

엔도는 폐결핵으로 세 차례 대수술을 받고 약 2년 7개월 동안 병상에 누워 지냈다. 병상에서 삶과 죽음이 교차하는 체험을 통해 그는 신의 침묵에 대해 실존적 불안을 느꼈다. 그러던 어느 날 나가사키에 방문했고, 거기서 우연히 후미에(踏み繪)를 직접 볼 기회가 있었다. 후미에는 '밟다'라는 의미의 '후미'와 그림을 뜻하는 '에'의 복합어로, '밟힌 그림'을 뜻한다. 일본은 에도 시대에 그리스도인들을 색출하기 위한 하나의 제도로서, 사찰에서 전 주민에게 1년에 한 차례 나무판 위의 예수상 혹은 마리아상을 밟고 지나가도록 하는 단가檀家제도를 실시했다. 이렇게 많은 이들이 밟고 지나간 후미에를 직접 본 것이 엔도가 소설 『침묵』을 쓰게 된 동기가 되었다. 나가사키는 일본에 그리스도교가 처음 전파된 곳이었기에 많은 순교자들이 생겨났다. 그는 당시를 회고하며 이렇게 기록한다.

"나가사키에 놀러 간 적이 있었다. 그때 우연히 오오라 천주당 안에 발로 밟힌 성화 후미에가 놓인 집이 있어서 가보았다. …… 오랜 투병생활 도중 마멸된 후미에의 그리스도 얼굴과 그 옆에 뚜렷하게 남아 있는 검은 발가락의 흔적을 몇 번이고 마음속에 되새겨 보았다. 배교자라는 이름만으로 교회도 말하는 것을 즐겨하지 않고 역사로부터 말살된 그들을 침묵 속에서 다시금 되살리는 것, 그리고 나 자신의 마음을 거기에 투영하는 것, 그것이 이 소설을 쓰기 시작한 동기이다."[305]

그리스도교 박해 시기에 그리스도인이면서도 예수의 얼굴을 밟고 살아야만 했던 그리스도인들의 심정은 어떠했을까? 후미에 동판을 둘러싼 나무 부분에 후미에를 밟았던 이들의 발가락 자국 같은 것이 남아 있음을 본 엔도는 도쿄에 돌아가서도 그 검은 발자국들이 마음속에 떠올랐다고 고백한다.[306] 엔도는 후미에에 남겨진 검은 발가락 흔적을 마음에서 지울 수 없었다. 그 자국을 남긴 사람들은 대체 어떤 사람이었을까. 자신이 믿어온 존재를 자신의 발로 밟았을 때 그들은 어떤 심정이었을까?

"후미에는 너무나 많은 사람이 밟아서인지 나무에는 발의 모양이 나 있었고 밟혀진 그리스도의 얼굴은 일그러져 있었다. 도쿄에 돌아와서도 그 생각이 머릿속을 떠나지 않았다. 그때 그 그림을 밟았던 사람은 어떤 기분이었을까. (아마) 그들에게 떠올랐던 것은 누구보다 아름다운 분, 가령 꿈이나 이상이었을 것이다. 우리들이라면 연인의 얼굴이나 어머니의 얼굴이라든지 그런 것이 떠올랐을 것이다."[307]

---

305 같은 논문, 193쪽.

306 엔도 슈사쿠, 김승철 역, 『침묵의 소리』, 동연, 2016, 25쪽.

307 같은 책, 25쪽.

엔도는 소설 『내가 버린 여자』의 주인공의 입을 빌려 이렇게 말한다. "우리의 인생을 단 한 번이라도 스쳐 지나간 건 거기에 지울 수 없는 흔적을 남긴다. 만약 신이 정말 있다면 신은 그런 흔적을 통해 우리에게 말을 걸어오는 게 아닐까." 『침묵』을 통해서도 엔도가 말하려 한 것은 우리네 삶에 남겨진 그 '흔적의 의미'가 아닌가 싶다. 십자가 죽음을 당한 예수의 몸에도 못자국의 성흔이 남아 있지 않은가! 후미에도 그것을 밟은 사람들의 검은 발자국의 흔적이 남아 있다. 페레이라의 귀에도 구덩이에 거꾸로 매달린 고문당한 흔적이 남아 있다. 이런 고문 자국 외에도 가슴에 새겨진 흔적도 있다. 로드리고는 자기 가슴에 남겨진 자국에 대해 이렇게 말한다. "나는 전향하였다. 그러나 내가 신앙을 버린 게 아님을 당신은 아신다."[308]

로드리고는 배교한 후에 기리스탄 주거지에서 살았다. 소설 『침묵』의 부록인 「기리스탄 주거지 관리인의 일기」에서 우리는 그의 흔적을 더욱 뚜렷이 볼 수 있다. "가령 그분이 침묵하고 계셨더라도 나의 지금까지의 인생이 그분에 대해 말하고 있다."

우리 각자의 인생에는 어떤 흔적이 남아 있는가? 엔도가 자신의 삶의 흔적을 더듬어 보듯 우리도 각자 자신의 삶에 남은 흔적을 되돌아볼 필요가 있지 않나 싶다. 때로는 뚜렷하게, 때로는 희미하게

---

308 그는 일단 배교하기는 했지만 "나는 여전히 기독교인이다. 고문을 견디지 못해서 배교하긴 했지만 그것은 본심은 아니었다고 말했기 때문이다. 그렇기에 다시금 고문을 받고 다시 배교하겠노라는 서약서를 쓴 것이다. 이것은 기리시탄 주거지 관리인의 일기에서 알 수 있다. (엔도 슈사쿠, 김승철 역, 『침묵의 소리』, 동연, 2016, 71쪽.)

우리 각자의 가슴에도 흔적이 있을 것이다. 그리고 그 흔적이 우리의 삶을 이끌어왔고 앞으로도 그럴 것이다.

교회는 순교자들의 신앙을 추앙하고 그들의 삶을 기리는 순교자가 될 수 없었던 사람들, 곧 자신의 약함 때문에 신앙을 저버린 사람들에 대해서 어떤 기록도 남기지 않았다. 교회에는 신념이 투철한 강자에 대한 기록만 남기지 배교자에 대해서는 아무 것도 남기지 않는다.[309] 엔도는 자신 안에서도 배교와 같은 약자의 모습을 발견했고, 이것이 자신이 '약자'를 주인공으로 택한 이유라고 말한다.

엔도는 당시 고교 시절 친구 집에서 춘화春花를 보다가 어머니가 위독하다는 소식을 접했다. 그가 집에 갔을 때에 이미 어머니는 돌아가신 뒤였다. 어머니의 임종을 지키지 못한 엔도는 어머니를 배신한 사람이라는 의식이 들었고, 그래서 마치 자신이 후미에를 밟으면서 살아온 이들과 유사하다는 느낌마저 들었다.[310] 여기서 소설 『침묵』의 마지막에서 후미에를 밟는 로드리고의 체험에 대해 엔도가 묘사한 부분에 주목해보자.

"사제가 발을 올렸다. …… 자기가 지금 자기 생애 가운데서 가장 아름답다고 여겨온 것, 가장 성스럽다고 여겨온 것, 가장 인간의 이상과 꿈으로 가득 차 있는 것을 밟는다. 이 발의 아픔. 이때 목판 속의 그분은 말했다. '밟아도 좋다.' 네 발의 아픔은 바로 내가 가장 잘 알고 있다. 나는 너희들에게 밟히기 위해 이 세상에 태어나 너희들

---

309 같은 책, 38쪽.

310 김승철, 『엔도 슈사쿠, 흔적과 아픔의 문학』, 비아토르, 2017, 271쪽.

의 아픔을 나누어 갖기 위해 십자가를 짊어졌던 것이다."[311]

엔도는 '밟아도 좋다'는 예수의 음성을 통해 그동안 자기 안에서 대립과 갈등을 보이던 서구 기독교와 일본의 풍토가 하나로 합일되는 순간을 표현하려 했다고 서술하고 있다.[312] 다시 말해 '밟아도 좋다'는 예수의 음성을 통해 엔도는 일본 기독교의 가능성을 표현하고자 한 것이다.[313]

『침묵』을 통해 엔도는 서구의 그리스도교와 일본에 들어온 그리스도교 간의 엄청난 거리감 때문에 그리스도교가 뿌리내리는 것이 결코 쉽지 않았음을 이렇게 말한다. "그대는 일본이라는 진흙 밭에게 진 것이다. 이 나라는 기리시탄의 가르침과는 어울리지 않는다. 기리시탄의 가르침은 뿌리를 내리지 않는다. 일본이란 그런 나라다." 진흙 밭 속에서 식물의 뿌리는 썩어간다. 곧 "그대들의 사고방식과는 다른 방식으로 형성된 기독교를 다시 생각해내지 않으면 안 된다"는 뜻이다.[314] 그는 이로써 서구의 그리스도교가 일본의 풍토 안에서 어떻게 변모되어 가야 할지를 묘사하고자 한 것이다.

3) 『침묵』에 드러난 그리스도교의 신관

엔도는 서구 그리스도교와 일본인의 종교성 사이의 거리감을 자각

---

311 같은 책, 306쪽.

312 같은 책, 311쪽.

313 같은 책, 311쪽.

314 같은 책, 74쪽.

하고 이를 문제 삼아 『침묵』을 썼다. "그대는 일본이라는 진흙 밭에게 진 것이다. 이 나라는 기리시탄의 가르침과는 어울리지 않는다. 기리시탄의 가르침은 뿌리를 내리지 않는다. 일본이란 그런 나라다."[315] 이처럼 전통적인 그리스도교 신관이 일본인의 감성에 맞지 않는다는 사실에 대한 문제의식이 그가 『침묵』을 쓰게 된 동기였다. 그는 서구 그리스도교의 하느님이 초월적인 하느님이며 아버지의 이미지에 가깝다고 보았다. 구약성경은 유대인들의 역사에서 하느님이 어떻게 역사하였는지에 대한 그들의 신앙 체험을 기록하고 있다. 유대인의 신앙에 있어 그 중심축은 출애굽 사건이다. 그들은 이집트에서 탈출해서 시나이 광야를 지나 약속의 땅인 가나안으로 가는 데 40년이라는 세월이 걸렸다. 유대인들은 이 40년 동안 그들과 함께 한 하느님이 자신들의 민족신을 뛰어넘어 이 세상을 창조한 창조주임을 고백한다. 곧 그들은 자신들의 역사 속에 함께 하신 하느님을 전지전능한 힘을 지닌 하느님으로 본 것이다. 그러나 그런 초월적 하느님은 일본인들의 정서와는 거리가 멀었다.

일본인들에게 있어 신, 곧 가미는 그들의 일상 속에 늘 가까이 있는 존재이다. 그래서 일본인들에게 신의 이미지는 초월적인 아버지보다 어머니 같은 모습에 더 가깝다. 그래서 엔도는 서구적 신관을 일본인의 정서에 가깝게 변용시키기 위해 그리스도 얼굴의 변용이라는 모티브를 사용한다. 즉 엔도는 예수의 얼굴 변용을 통해 서구 그리스도교가 일본의 풍토 안에서 어떻게 변모되어야 할지를 묘사

---

315 같은 책, 73쪽.

하고자 한 것이다. 『침묵』에 보면 예수의 얼굴이 13번 언급된다. 엔도는 예수의 변형된 얼굴을 통해 예수에 대한 이미지가 자신 안에서 어떻게 변화되어 가는지를 상징적으로 드러내고자 한다.

처음에는 아주 강하고 위엄 있는 이미지였다가, 점점 어려운 박해 상황 속에서 수난 받는 얼굴로 바뀌어간다. 그런가 하면 로드리고가 순교를 결심했을 때 떠오른 예수의 얼굴은 온화하고 자긍심을 잃지 않는 모습이기도 했고, 로드리고가 순교를 결심한 후 순교장으로 갈 때는 마치 예수께서 예루살렘에 입성하면서 자신의 죽음을 예견하고 있으면서도 꿋꿋하게 하느님에 대한 신뢰를 잃지 않았던 얼굴로 등장한다. 그런 다양한 예수의 얼굴을 마음에 새겼던 그는 순교장에 도착한 후 충격적인 사실을 알게 되었다. 그건 바로 배교를 강요당한 신자들이 구덩이 속에서 거꾸로 매달린 채 신음하고 있다는 것이었다. 그 신음소리와 함께 자신에게 주어진 과제는 '네가 배교하지 않으면 저들은 그대로 죽을 것이다. 저들을 구원하는 것보다 네가 믿는 하느님, 네가 몸담고 있는 교회를 배반하는 것이 더 큰 죄라고 여기느냐'라는 페레이라 신부의 말이었다.

결국 로드리고는 자신만을 위해 순교를 택하기보다 후미에를 밟음으로써 신도들을 구하는 길을 택했다. 다시 말해 배교를 함으로써 거꾸로 매달려 고문당하는 신도들을 구하고자 한 것이다. 후미에를 밟은 그는 거기서 다시 새로운 그리스도 얼굴을 보았다. 자기 생애를 다 바쳐 가장 성스럽고 아름답다고 여겨온 얼굴을 밟는 순간, 그분은 로드리고에게 이렇게 말한다. "밟아도 좋다. 네 발의 아픔은 바로 내가 가장 잘 알고 있다. 나는 너희들에게 밟히기 위해 이 세상에 태어나 너희들의 아픔을 나누어 갖기 위해 십자가를 짊어졌던 것이다."[316]

이처럼 엔도는 예수 얼굴의 변모를 통해 로드리고의 심적 변화를 그리고자 했다. 강한 신앙과 신념에 사로잡혔던 로드리고는 순교까지 각오하고 일본에 갔지만 박해라는 소용돌이 속에서 결국 무너지고 말았다. 그토록 강했던 그는 약한 자로 변해갔고, 결국 스스로 교회를 떠나고 말았다. 그러나 자신이 추구해온 이상이 무너지면서 오히려 그는 참된 자기 자신의 모습에 직면하게 된다. 그것은 놀랍게도 자신 앞에 나타난 유다와 같이 약한 기치지로를 통해서였다. 종전에 강한 신앙과 신념을 가졌을 때 로드리고는 기치지로를 성서상의 유다와 같은 인물로 생각했다. 저런 자가 예수를 배반했을 것이라고 생각하면서 기치지로에게 강한 분노를 느꼈던 것이다. 그런 기치지로가 배교한 자신을 찾아와서 고해성사를 받겠다며 자기 죄를 고백하는 게 아닌가. 이미 교회를 떠난 기치지로는 울면서 이렇게 고백한다. "나같이 약한 사람이 하느님으로부터 용서를 청한다. 나는 어쩔 수 없이 약함 속에 빠져 살아가지만 실은 나도 하느님을 굳게 신앙하면서 살아가고 싶다. 그런데 그것이 잘 안 된다." 기치지로의 고백을 들은 로드리고는 그에게서 새로운 세계를 경험하게 되었다.

"주님, 저는 당신이 언제나 침묵하고 계신 것을 원망만 하고 있었습니다. (그러자 주님은 말씀하셨다) 나는 침묵하고 있었던 것이 아

---

316 김승철, 『엔도 슈사쿠, 흔적과 아픔의 문학』, 비아토르, 2017, 306쪽.

니라 너와 함께 고통을 나누고 있었을 뿐이다. 그러자 당신은 유다에게 '가라, 가서 네가 할 일을 이루어라'고 말씀하셨습니다. 그렇다면 유다는 어떻게 되는 것입니까? 주님은, 나는 그렇게 말하지 않았다. 지금 내가 성화를 밟아도 좋다고 말한 것처럼 유다에게도 '네가 하고 싶은 일을 이루어라'고 말했다. 네 발이 아픈 것처럼 유다의 마음도 아팠을 테니까."

약자 중의 약자인 기치지로는 "나 같은 건 왜 태어났을까요?"라고 탄식한다. 이 고백 속에는 타자를 밟으면서 살아갈 수밖에 없는 연약한 자기 존재에 대한 슬픔에 가득 찬 자각이 담겨 있다. 우리 모두도 결국은 다른 존재들 덕분에 지금까지 살아올 수 있었던 게 아닌가? "나는 너로 인해 존재한다"는 연기緣起적 진실은 "나는 너를 밟고 존재한다"는 의미이기도 하다. 아니, 로드리고가 후미에를 밟았을 때 예수께서 밟아도 좋다고 허락하심은 바로 이 존재의 처절한 진리에 대한 고백이 아니었을까? 이런 점에서 죄는 자신이 타자를 밟고 존재한다는 사실을 자각하지 못하고 자기 존재의 근거를 자기 안에서 찾는 에고이즘적 행태라 할 수 있다. 엔도는 『침묵』에서 가쿠레 키리스탄이나 기치지로, 그리고 로드리고에게서 보이는 약자의 모습을 통해 그리스도교의 핵심이 약자에 대한 연민에 있음을 말하고자 한 것이 아닐까?

4) 『침묵의 소리』

엔도는 세상을 떠나기 4년 전에 에세이집 『침묵의 소리』를 펴냈다. 그는 거기서 자신에게 『침묵』이 갖는 의의에 대해 다음과 같이 밝했다. "『침묵』에는 나 자신의 과반생을 모두 털어놓지 않으면 안 된다고 하는 문제가 포함되어 있다. 그것은 기독교 가정에서 자라났으면서도 일본인인 나 자신이 스스로는 믿지 않는 곳에 던져진 채 지금까지 살아왔다고 하는 이 문화체험을 가리킨다. …… 내가 유학 시 품었던 문제는 '서양이란 무엇인가'였다. 그러면서도 유학 3년째에 들어서도 아직 아무 것도 해결하지 못한 채 서양과의 거리를 통감하고 있었다. 이러한 것들이 쌓이고 쌓여 나로 하여금 소설 『침묵』을 쓰도록 만들었다."³¹⁷

이처럼 『침묵』 속에는 엔도의 신앙과 삶이 응축되어 녹아 있음을 다시금 확인할 수 있다. 그는 말하기를 "이 책(『침묵』)이 출판되고 나서 독자들과 평론가들은 이것이 신의 침묵을 묘사한 작품이라고 착각했다. 그러나 『침묵』에서 내가 말하려 했던 것은 하느님은 침묵하신 게 아니라 말씀하고 계신다는 것이었다."³¹⁸

이처럼 『침묵』은 하느님의 침묵을 말한 것 같지만, 사실 하느님은 침묵하고 계시지 않았다는 메시지를 담고 있다는 것이다. 그런데 독자들은 작품의 제목 때문인지 소설 『침묵』을 신이 침묵하고 있다는 메시지로 잘못 읽었다는 것이다.

엔도는 작가이자 평론가 미요시 유키오(三好行雄)와 나눈 대담에서 다음과 같이 말한다. "제가 말하고자 한 것은 『침묵』이 아니라 '신은 말씀하고 계신다'는 것입니다."³¹⁹ 우리는 엔도가 미요시 유키

317 같은 책, 277쪽.

318 같은 책, 281쪽.

오와 나눈 대담 「문학 – 약자의 논리」에서 자신이 소설 『침묵』을 통해 말하고자 한 것은 『침묵』의 마지막 두 줄의 문장에 압축되어 있음을 밝히고 있다. "가령 그분이 침묵하고 계셨다고 하더라도 지금까지의 내 인생이 그분에 대해서 말하고 있다."[320]

자신의 삶에 남겨진 흔적들 속에서 엔도는 하느님이라는 존재를 지울 수 없었음을 고백하고 있다. 엔도가 『침묵』 말미에 부록으로 남긴 「기리시탄 주거지 관리인의 일기」는 이 사실을 보다 명확히 보여주고 있다. 사실 부록으로 된 이 일기는 옛날 일본 관공서의 문서 작성에서 사용되던 소로분(候文)으로 쓰였기 때문에 독자들에게 중요하게 여겨지지 않았다. 사람들은 왜 그 일기를 소설의 부록으로 삽입했는지 의도를 제대로 이해하지 못했던 것이다.[321]

사실 엔도는 처음에 소설 『침묵』의 제목을 '양지의 냄새'로 했다. '양지의 냄새'란 죽음의 위협에 의해 배교를 강요당했던 약자가 오랫동안 어둠 속에서 지낸 후, 갑자기 양지로 나섰을 때 자신도 모르게 느끼게 되는 순간이라고 해석되기도 한다. 마치 오랜 시간 병으로 앓아누워 있던 사람이 어느 날 문득 밖으로 나와 햇볕을 쬐면서

---

319 김승철, 「흔적과 아픔의 문학(1)」, 『기독교 사상』, 2015. 3, 대한기독교서회, 189쪽.

320 김승철, 『엔도 슈사쿠, 흔적과 아픔의 문학』, 비아토르, 2017, 288~289쪽.

321 히로이시는 이를 신앙에 대한 글을 쓰라고 명령을 받은 것으로 미루어볼 때 마치 크리스토방 페레이라가 『현위록顯僞錄』을 써서 기독교가 잘못된 가르침임을 증명하도록 강요받았던 것과 마찬가지로, 로드리고도 기독교가 오류임을 알리는 글을 쓰도록 명령받은 것으로 오독했다는 것이다.

느끼는 것이 '양지의 냄새'라는 제목 속에 용해되어 있는 듯 말이다.[322] 『침묵』을 '양지의 냄새'라는 원래 제목으로 다시 읽는다면, 아마 종전에 읽었던 『침묵』과는 다른 느낌으로 다가올 것이다.

엔도는 페레이라의 입을 빌려 일본이라는 땅에 정착된 기독교는 서구적인 것과는 아무 관계도 없는 그 무엇임을 강하게 주지시키고 있다. 페레이라는 말한다. "일본에서 그리스도교가 멸망한 것은 그대가 생각하듯 금지시킨 탓도 박해의 탓도 아니라, 이 나라에는 아무리 해도 기독교를 받아들일 수 없는 그 무엇이 있었던 것이다." 이 말은 서구 기독교를 받아들이기 어려웠던 엔도가 서구 기독교를 추종하는 것이 불가능하다는 사실을 깨닫고 스스로 거기서 벗어나려는 고백이기도 하다. 엔도는 로드리고의 입을 통해 하느님의 침묵에 대해 이렇게 표현하고 있다. "나는 침묵하고 있는 게 아니라 너희들과 함께 고통을 나누고 있다." 이것이 엔도 슈사쿠가 말하고자 하는 하느님의 모습이었던 것이다.

유태인들이 학살당한 아우슈비츠 수용소에서 있었던 일이다. 나치들은 유대인들이 지켜보는 앞에서 동료 유대인들을 총살하곤 했다. 그 광경을 지켜보던 한 유대인이 이렇게 독백했다. '도대체 하느님은 지금 어디 계신가?' 그러자 옆에 있던 또 다른 유대인이 이렇게 말했다. '저들과 함께 죽어가고 계신다.' 아마 엔도가 『침묵』을 통해 말하려 했던 부분도 저 이름 모를 유대인의 고백처럼 하느님이 누구인지에 대한 물음에 자기 나름의 답을 하고자 한 게 아닐까.

---

322 김승철, 『엔도 슈사쿠, 흔적과 아픔의 문학』, 비아토르, 2017, 285쪽.

「주거지 관리인의 일기」를 보면 "오카다 산에몬은 도토노미카미 님으로부터 자신의 신앙에 대한 글을 쓰라는 지시를 받았습니다"라는 표현이 나온다. 거기에 나오는 '오카다 산에몬'은 『침묵』에 등장하는 로드리고 신부이다. 또한 그 일기에는 기치지로도 나오는데 그 역시 여전히 기리시탄 신앙을 갖고 있다고 쓰여 있다. 그는 배교한 그리스도인 주거지에서도 기독교 신앙을 나타내는 메달을 몸에 지니고 있었다. 관리인은 그에게 그것이 로드리고에게서 받은 것인지를 추궁했지만 그는 로드리고를 보호하기 위해 말을 에둘러 했다. 엔도를 이를 통해 약하고 비굴했던 기치지로가 어느새 강한 신앙인으로 변했음을 말하고자 한 것이다.[323]

이처럼 고문과 폭력에 의해 기독교 신앙을 버리겠노라고 말한 약자들은 평생에 걸쳐 내면적으로 신앙을 지니고 살아갔으며 그 신앙을 후대에까지 전했다는 것을 엔도는 『침묵』을 통해 말하고자 했다. 이런 점에서 「주거지 관리인의 일기」는 『침묵』의 부록이라기보다 『침묵』을 이해하는 열쇠를 지니고 있다고 할 수 있겠다. 우리는 이를 「일기」에 나오는 다음 대목에서 다시금 확인할 수 있다.

"그 일기에서 엿볼 수 있는 면을 소개하자면 다음과 같다. 기리시탄 수도사였던 보쿠이가 세상을 뜨다. 그를 수행하던 도쿠자에온의 소지품을 조사하거나 후미에를 밟도록 하였다는 건 그도 보쿠이의 영향으로 기리시탄 신앙을 갖게 된 것은 아닌가 의심받는다. 즉 주거지 안에서도 기리시탄 신앙이 비밀리에 이어져 왔다. 배교를 맹

---

323 같은 책, 20쪽.

세한 후에도 그들을 계속 수용소에 감금했다는 건 배교를 진정한 것으로 인정하지 않았음을 의미한다. 고문에 의해 배교했다고 선언했음을 간파했기 때문이다."[324]

5) 『깊은 강』의 하느님

(1) 범신론과 일신론

엔도가 지닌 그리스도교 신관에 대한 문제의식은 그의 마지막 소설인 『깊은 강』에까지 이어졌다. 『깊은 강』은 엔도 슈사쿠 사상이 가장 깊게 무르익은 소설로 평가받는다. 이 소설의 주인공은 가톨릭 사제의 길을 가고자 했던 '오오츠'라는 신학생이다. 그는 프랑스로 유학 가서 신학공부를 하다가 그의 신관神觀에 문제가 있다는 이유로 사제 서품을 받지 못한 채 고려대상이 되고 만다. 오오츠와 선배들과의 대화에서 드러나듯이 그의 신관에는 범신론적인 냄새를 많이 풍긴다는 것이 그 이유였다. "하느님은 당신네들(서구인들)처럼 인간 밖에서 바라보는 게 아닙니다. 사람 안에 있어 사람을 감싸고 나무를 감싸고 풀과 꽃을 감싸는 커다란 생명입니다."

서구 그리스도교에서는 신의 초월성을 강조한다. 그러나 엔도는 신의 초월성보다 신의 내재성에 더 마음이 간다. 하느님은 인간인 우리뿐 아니라 나무와 풀과 꽃에도 존재한다. 그러나 자칫 자연을 하느님으로 보는 것은 범신론에 빠질 위험이 있다. 오오츠는 신과 자연의 관계에 대해 다음과 같이 말한다. "나는 서구의 그리스도교

---

324 엔도 슈사쿠, 김승철 역, 『침묵의 소리』, 동연, 2016, 18쪽.

에서 이질감을 느낀다. 서구에서 자연의 생명을 경시하는 것을 나는 견딜 수가 없다. 자연의 커다란 생명이 곧 신인데, 자연의 거대한 생명을 경시하는 것을 나는 참을 수가 없다."

사실 일본인들은 토착신앙인 신도의 영향으로 자연과 신의 관계를 범신론적으로 이해하는 경향이 강하다. 엔도는 이에 대해 다음과 같이 말한다. "일본적 감성이란 범신적 풍토 전통을 모태로 하는데, 여기서의 범신성은 두 가지 성격을 가지고 있다."[325] "때문에 인간은 자연에 대해 어떤 거리감도 거치지 않은 채 자연 신들, 우주에 융합될 수 있는 것이다."

이렇듯 일본적 범신성에는 인간과 우주, 인간과 신 사이의 거리가 원천적으로 없다는 것이다. 이러한 범신론은 범내재신론凡內在神論과 구별할 필요가 있다. 범신론은 자연 자체를 신으로 여기는 데 반해, 범내재신론은 삼라만상 내에 신이 존재한다는 것이다. 즉 범신론은 자연이나 그 밖의 존재도 신으로 여긴다면, 범내재신론에서는 하느님이 만물 안에 활동한다고 주장한다. 그리스도교 교회는 하느님의 초월성을 무시해온 범신론을 이단으로 간주해왔다. 바로 이러한 신도의 범신론적 신관과 그리스도교의 유일신적 신관이 지닌 차이가 엔도의 문제의식이었고, 이 문제의식이 그의 소설들의 주제가 되었던 것이다.

소설 『신들과 신 중에서』에 나오는 다음 대목도 이 문제와 관련이 있다. "일본인에게 있어 인간은 신들의 일부이고, 신들과 인간

---

325 김승철, 「흔적과 아픔의 문학(3)」, 153쪽.

사이에는 여하한 존재 본질의 차이도 없다. 거기에서 인간은 자연과 우주에 그대로 돌아갈 수 있다. 수동적인 채 그들은 커다란 것, 영원한 것에 융합될 수 있는 것이다."[326]

다시 『깊은 강』의 오오츠 이야기로 돌아가자. 오오츠는 결국 프랑스에서 사제 서품이 연기되고 말았다. 그래서 그는 이스라엘에 가서 근신생활을 하다가, 인도 갠지스강으로 갔다. 그는 갠지스강 주변에 버려져 있는 시체를 나르는 일을 했다. 왜 그는 인도의 갠지스강으로 갔을까? 무엇이 그로 하여금 힌두교인들의 고향인 갠지스강으로 가게 했을까? 그가 드린 다음 기도를 통해 우리는 그 힌트를 얻을 수 있으리라 본다.

"당신은 십자가를 지고 골고타에 오르셨습니다. 내가 지금 당신을 흉내 내고 있습니다." 십자가를 지고 골고타에 오른 예수처럼 시신을 지고 화장터를 오르며 예수를 흉내 낸 오오츠는 이렇게 말한다. "하느님은 존재라기보다는 활동입니다. 양파는 사랑이 활동하는 덩어리입니다. 양파는 버림받은 나를 어느 순간에 다른 장소에서 살게 했습니다."[327] 엔도는 오오츠를 통해 자신은 하느님을 존재론적으로 보지 않고 활동 그 자체로 보고 있음을 말하고 있다.[328] 이

---

326 같은 책, 152쪽.

327 오오츠는 예수를 양파라는 별칭으로 부른다. 오오츠가 좋아했던 미쓰코라는 여학생이 예수라는 이름을 아주 싫어했기에 오오츠는 예수를 양파라고 부르기 시작했다. 오오츠의 이러한 고백 안에도 엔도의 신관이 잘 녹아 있음을 알 수 있다.

328 엔도 슈사쿠가 풀어내고자 한 것은 서구의 영육이원론적 사유 세계의 극복

를 그는 예수는 '사랑이 활동하는 덩어리'라고 함축해서 표현하고 있다. 사랑이 활동하는 덩어리, 이것이 바로 엔도가 생각하는 하느님이다. 엔도 슈사쿠는 일본인이면서 동시에 그리스도인이라는 자기 정체성 속에서 자기 나름의 신관을 구축하고자 한다. '사랑이 활동하는 덩어리'라는 표현은 바로 이러한 그의 문제의식에서 나온 것이다.

(2) 어머니로서의 하느님

엔도는 갠지스강의 이미지를 통해 신의 존재를 말하고자 한다. 강은 여러 이미지를 갖고 있다. 모든 것을 품어주는 어머니와 같은 이미지와, 그러기에 이원론적 대립을 넘어설 수 있는 포용력을 지닌다. 즉 강은 악이나 적과 싸우는 대신에 악의 존립 근거인 선악의 이원대립 자체를 희석하고 무화시켜버린다. 진정한 의미에서 악을 정화시키는 것은 선한 사람을 통해서 구현되는 게 아니라 이항대립 논리를 초탈한 성스런 존재를 통해서 가능하다.

또한 엔도는 강의 이미지를 통해 그리스도교의 핵심을 말하고자 한다. 그건 바로 약자와의 연대이다. 여기서 우리는 엔도가 죄성罪性에 대해 어떻게 해석했는지 주목할 필요가 있다. 그는 『바다와 독

이었다. 이원론적 사유 세계를 넘어선다는 것은 일원론을 의미하지는 않는다. 일원론이나 이원론 모두 하나의 고착화된 개념이기는 매한가지이기 때문이다. 하느님은 어떤 고착화된 개념으로 파악되는 존재(실재)라기보다 우리의 삶 속에 들어오셔서 우리 안에서 활동하시는 분이다.

약』에서 죄란 운명의 연대를 끊는 것, 괴로움의 연대를 알지 못하는 일이라고 말한 바 있다. 다시 말해 '죄는 괴로움의 연대를 알지 못하는 일'이라는 것이다. 즉 죄는 단지 자신이 무슨 잘못을 저질러서 느끼는 죄책감에 머무는 게 아니라, 자기 주변인의 아픔과 고통을 외면하는 데 있다는 것이다. 이처럼 자기 이웃의 고통을 외면한 것이 죄인 까닭은 우리들의 존재가 서로 깊이 연대하고 있기 때문이다. 그런 관점에서 엔도는 약자에 대한 무관심이 악이고 죄임을 역설적으로 말하고 있다. 그렇다면 신앙은 타인의 고통에 연대하고 있는 곳에서 그 신앙의 꽃이 피어난다고 할 수 있겠다. 이런 점에서 기독교 신앙은 타인과의 고통과 연대하는 데 그 핵심이 있다. 그것이야말로 초월적 신을 모르는 동양적 범신성의 바다에서 신을 감지하는 궁극적 장소이다.

엔도가 약자에게 관심을 가진 것은 예수가 바로 약자였기 때문이다. 예수가 그의 제자들에 의해 신격화되었을까? 어째서 그토록 무력하고 비참하게 죽임을 당한 사내가 그를 저버린 제자들로부터 '그리스도', 곧 메시아 구원자가 될 수 있었을까 하는 점이다. 이는 가히 비밀이 아닐 수 없다. 그러나 우리는 그 비밀의 한 가닥을 성경을 통해 짐작할 수 있다. 그것은 바로 예수가 실천한 무한한 사랑에 있다. 그리스도는 자신의 중심을 자기 안에 갖고 있지 않는다. 그의 존재는 전적으로 타자를 위한 존재였다. 우리는 이것을 오오츠가 마지막으로 남긴 말에서 그 흔적을 발견할 수 있다. 오오츠는 말한다. "이것으로 …… 좋아, 나의 인생은 …… 이것으로 좋아 …… 다 이루었다."(오오츠는 갠지스강에서 무심한 일본 관광객을 대신해 분노한 대중에게 맞아 병원에 실려 간다.)

『깊은 강』에서 엔도는 힌두교의 여신인 '차문다'를 통해 이러한 예수의 삶을 말하고자 한다. "차문다는 무덤에 살고 있습니다. 그래서 그녀의 발밑에는 새에게 쪼이거나 작은 늑대 같은 재규어에게 먹히고 있는 인간의 시체가 있어요. 그녀의 젖가슴은 노파처럼 이미 쭈글쭈글합니다. 그러나 그녀는 젖가슴에서 젖을 짜내어 늘어선 아이들에게 주고 있습니다. 그녀의 오른발이 문둥병으로 짓물러 있는 것이 보입니다. 복부는 굶어서 움푹 파여 있는데 그곳을 전갈이 물고 있어요. 그녀는 그러한 병고와 고통을 참으면서도 쭈글쭈글 시든 유방에서 젖을 짜내어 인간에게 줍니다."

엔도는 인도 취재여행 시 뉴델리 국립박물관에 안치되어 있는 차문다를 보았다. 차문다 여신은 죽음과 파괴를 상징하는 여신인데, 이 상은 생명과 재생을 의미하는 나무를 머리 위에 두고 사자死者들이 재생을 기다리는 장소인 무덤을 발밑에 두고 있다. 이처럼 엔도는 차문다를 삶과 죽음을 연결하는 존재로 이해했고 이 상에서 인도의 성모마리아, 나아가 아시아의 성모를 발견한 것이다.[329] "오랫동안 인도 사람들이 겪은 병고와 죽음과 굶주림이 이 여신상에 나타나 있습니다." 여기서 우리는 왜 오오츠가 갠지스강에 갔는지를 알게 된다. 그것은 바로 갠지스강을 통해 그리스도교의 메시지가 무언지를 말하기 위함이었으리라. 힌두교인들에게 갠지스강은 병고와 죽음, 굶주림에 시달린 이들의 어머니 여신으로서 그들 신앙

---

329 김승철, 『엔도 슈사쿠, 흔적과 아픔의 문학』, 비아토르, 2017, 471쪽.

의 대상이다.

이상에서 살펴본 바와 같이 엔도는 자신의 작품세계를 통해 그리스도교 신앙이 일본 땅에 새롭게 정착하기 위한 길을 모색하고자 했다. 즉 그는 아시아의 그리스도교가 인도의 차문다 여신과 같이 모든 것을 품어주는 생명의 종교로 거듭나기를 희망한다. 갠지스강은 산 자도 죽은 자도 받아들이는 어머니로서의 강이다. 거기에는 부풀은 개의 사체도 둥둥 떠다니고, 인간의 시체를 태운 재도 거기에 뿌려진다. 그런가 하면 힌두교도들은 그 강에 들어가 목욕도 하고 그 물로 입도 가신다. 보통사람들은 불결하다고 생각할지 모르지만 힌두교도에게 갠지스강은 그 모든 더러움을 정화시켜주는 성스럽고도 깊은 신앙의 대상인 것이다. 이처럼 엔도는 어떤 존재든 모두를 품어주는 갠지스강을 통해 그리스도교에서 말하는 하느님이 어떤 존재인지를 말하고자 한 것이다.

『깊은 강』의 마지막 부분에 오오츠가 좋아했던 미쓰코라는 여인이 등장한다. 갠지스강으로 여행 온 그녀는 처음 갠지스강을 보았을 때 여러 가지가 떠다니는 불결하고 더러운 물이라는 느낌이 들었지만, 그녀가 직접 갠지스강에 들어가고 나서는 그 느낌이 처음과 상당히 달랐다. 어쩌면 엔도는 미쓰코를 통해 자신의 신앙 여정을 보여주고 있지 않나 생각한다. 한 발은 일본 땅에, 다른 한 발은 그리스도교에 담겨 있는 모습은 엔도가 느낀 종교적 갈등을 잘 드러내주고 있다. 그러나 신도와 그리스도교 간의 종교적 갈등은 갠지스강에 몸을 담그면서 서서히 사라져갔다. 갠지스강에 몸 전체를 담그고 나니 불쾌감이 사라졌다는 미쓰코의 표현처럼, 바깥에서 보던 갠지스강과 그 속에 몸을 넣었을 때의 갠지스강은 똑같은 갠지스강이 아니다. 몸을 넣었을 때 갠지스강은 그녀에게 다르게 다가온 것이다. 이처럼 하나의 종교에 몸을 담고 있을 때와 그 세계 바깥에서 볼 때는 엄청난 차이가 있다. 엔도는 '미쓰코'와 '오오츠'의 삶의 여정을 통해 그것을 보여주고자 했다.

그리스도인은 그리스도교의 화두인 사랑을 각자의 삶을 통해 깨닫고 그 자각한 바를 살아내야 할 과제를 지닌 존재들이다. 자신의 삶에서 사랑을 어떻게 표현하고 꽃피워야 할지는 각자에게 맡겨진 과제이다. 엔도는 자신의 소설을 통해 이를 풀어내고자 했다. 곧 그는 일본인과 그리스도인으로서의 자기 정체성을 융합시켜 일본 그리스도인의 모습을 그려내고자 한 것이다. 이러한 엔도의 시도는 많은 사람들에게 공명을 불러 일으켰고 서구 그리스도교가 동양문화 속에 어떻게 정착해야 하는지 진지하게 물음을 던지게 했다.[330]

『예언자들』을 저술한 아브라함 헤셸(Abraham Josuus Heschel)은 구약의 예언자들을 통해 그리스도교의 핵심은 고통받는 사람들의 사건 속에 뛰어들어야 함에 있다는 사실을 깨달았다고 고백한다. 헤셸은 말한다. "예언자들의 사상에서 가장 중요한 특색은 하느님의 역사 참여를 최우선에 둔다는 것이다. 예언자들의 마음은 온통

---

330 엔도 슈사쿠가 끝까지 풀어내고자 한 것은 서구의 영육 이원론적 사유 세계의 극복이었다. 이원론적 사유 세계를 넘어선다는 것은 일원론을 의미하지는 않는다. 일원론이나 이원론 모두 하나의 고착화된 개념이기는 매한가지이기 때문이다. 하느님은 어떤 고착화된 개념으로 파악되는 존재(실재)라기보다 우리의 삶 속에 들어오셔서 우리 안에서 활동하시는 분이다.

역사라는 현장에 가 있다."³³¹ 곧 예언자들에게 하느님은 직접 세계 속에 참여하는 분으로 드러난다. 예언자들에게는 하느님에 대한 특별한 관觀 – 철학이나 사상 – 이 없다. 단지 하느님의 사랑에 대한 이해가 있을 뿐이다. 그래서 그들은 하느님의 정념情念을 말한다. 여기서의 정념이란 머릿속 관념이 아니라 살아 움직이는 돌봄을 의미한다.³³²

　이와 같이 엔도가 제시하는 문제들은 동아시아 문화권에서 살아온 우리들에게 시사해주는 바가 크다. 그의 문제의식은 서구 문화의 옷을 입은 그리스도교 신학이 동아시아 문화권에서 어떻게 토착화되어 가야 할지에 대한 물음을 던져주고 있기 때문이다. 과연 한국의 그리스도교 신학은 얼마나 토착화되어 가고 있을까?

6) 일본의 초기 개신교와 조선말 초기 개신교

그리스도교는 일본에 전래된 후 혹독한 박해와 순교를 겪었으나 1853년 안세이 조약이 체결되면서 문호개방과 함께 그리스도교 금

---

331 아브라함 요수아 헤셀, 이현주 역, 『예언자들』, 삼인, 2004, 26쪽.

332 엔도는 이를 '사랑의 활동'으로 보았다. 오늘날 과정신학은 엔도의 문제의식과 맞닿아 있지 않나 싶다. 과정신학에서는 하느님이 한 번의 창조 작업으로 창조를 끝낸 게 아니라 오늘날도 계속 창조 작업을 하고 계시며 우리도 그 창조과정 안에 있다는 것이다. 다시 말해 하느님은 당신의 전지전능성으로 모든 것을 예정해 놓은 것이 아니라 지금도 우리와 함께 창조해 나간다는 것이다. 이러한 과정신학적 관점에서 볼 때 하느님은 존재성보다 그분의 활동성이 더 강조될 수밖에 없다.

령은 해제되었다. 일본은 시대적 조류에 순응할 수밖에 없는 정치적 상황 때문에 그리스도교의 유입을 다시 허용하지 않을 수 없었다. 1858년에 일본과 미국 간에 미일조약이 맺어지고, 같은 해 일본과 프랑스 간에 일불수호통상조약을 체결했는데, 일불수호통상조약 제4조에는 "일본에 거주하는 프랑스인은 종교의 자유가 있으며 자기가 머무는 지역에 교회를 건립하는 것을 허용한다"는 내용이 수록되었다. 그 후 이듬해인 1859년부터 본격적으로 프로테스탄트 선교사들이 일본에 들어오고 개신교가 정착되는 계기가 마련되었다.

종래 일본 가톨릭에서는 다이묘들을 중심으로 그 수하에 있던 사무라이와 서민들이 주로 세례를 받은 것에 반해, 일본 개신교는 도시 중산층과 지식인들이 그 중심을 이루었다. 이처럼 지식층이 개신교 신자가 된 것은 다신교적인 신도문화권에서 유일신 신앙을 수용하는 것이 그리 쉽지 않았음과도 연관성이 있다. 그것은 바꿔 말하면 일본 개신교가 지식층의 종교로 정착되어 간 것은 일본 토착종교인 신도 안에서 그리스도교를 받아들이는 것이 쉬운 일이 아니었음을 짐작케 하는 대목이기도 하다. 그럼 초기 개신교의 일본 유입과 신도들의 형성과정에 대해 고찰해보자.

(1) 초기 일본 개신교인과 교회의 형성

일본인의 근저에는 일본의 토착신앙인 신도와 불교가 깊이 뿌리내려져 있다. 이와 같이 기존의 종교인 신도와 불교를 부정하고 새로운 신앙을 찾는다는 것은 일본인들에겐 쉬운 일이 아니다.[333] 그럼 어떤 이들이 교회의 문을 두드렸는가? 앞서 말했듯이 일본 초기 기독교의 주류에는 도시 중산계급이나 지식인이 많았다. 그들은 무슨 이유로 기독교인이 되고자 했는가? 흥미로운 것은 일본 초기 개신교 신자들은 메이지 유신의 정권투쟁에 패한 번사藩士, 곧 무사족으로 재기의 꿈을 꾸던 사무라이 청년들이었다는 사실이다. 무사 출신의 젊은이들은 개항도시라는 제한지역에 거주한 선교사들을 찾아왔다. 무슨 이유로 그들을 찾아간 것일까? 무사계급 출신 청년들은 서구문명에 관심이 높았기에 서구교육이 제공하는 다양한 지식을 얻기 위해 항구도시들로 모여들었던 것이다.

당시 구마모토, 삿포로, 요코하마, 도교, 오사카 등의 항구도시는 서구문명의 중심지 역할을 해왔다. 그곳에서 영어반을 운영해온 선교사들에게 영어를 배우기 위해 무사 출신 청년들은 그들 집으로 모여들었던 것이다. 그들은 거기서 영어뿐 아니라 세계 지리, 역사, 과학을 배우고 자연히 기독교와도 접촉하게 되었다. 이렇게 무사의 후손들은 중국에서 출판한 기독교 서적과 영문 원서로 된 서양 신학 책을 읽고, 그렇게 습득한 그리스도교 교리를 믿게 되면서 초대 일본 개신교인이 된 것이다. 바로 이들이 후에 일본인 주체의 신학 사상을 모색해 나간 이들이다.[334] 그런데 무엇이 사무라이 청년들로

---

333 그래서인지 일본의 초기 기독교 신자 중에는 지식인이 많았다. 이는 일본 기독교가 교회공동체 중심이라기보다 개인 중심적인 면과도 깊은 연관성을 지닌다. 이러한 면은 한국 기독교와는 사뭇 다른 모습이다.

334 일본의 신학사상을 거칠게 나누어보면 메이지 중기에 일본에 들어온 자유신학사상, 1930년 교회에 결정적 영향을 끼친 변증법신학, 우치무라에게서 비롯된 무교회주의를 들 수 있다.

하여금 회심을 불러일으키게 했는가?

　메이지 정권이 들어선 후 1871년부터 가문 제도가 폐지되면서 사무라이 계급도 붕괴되었다. 이렇게 사무라이 제도가 사라지자, 정치적·경제적·사회적 특권마저 박탈당한 그들은 봉건제에서 누린 주인과 종의 관계가 사라짐으로써 공허감을 느끼게 되었다. 당대 지식계층에 속했던 그들은 이미 중국 유교 고전을 깊이 이해할 만큼 잘 훈련되어 있었기에 쉽게 중국어 성경을 읽고 이해할 수 있었다.

　또 기독교와 유교의 유사성도 쉽게 복음을 수용하는 계기가 되었다. 예를 들면 유교의 천天은 인격적인 존재이므로 천상의 황제라 부를 수 있음을 그대로 수용했다. 이러한 유교적 지식이 그들로 하여금 혼란 없이 하느님을 이해하고 받아들이게 한 것이다.[335] 또 선교사들이 보여준 청교도적 삶의 방식은 사무라이들의 삶의 양식과 공통점을 갖고 있었다. 즉 외국 선교사들의 고매한 인격을 접한 그들은 기독교 윤리 속에서 무사적 금욕윤리를 재발견할 수 있었던 것이다. 또한 선교사들이 헌신적으로 살아가는 모습에 감동한 그들은 기독교를 보다 적극 받아들이게 된 것이다. 그 밖에도 사무라이들은 서구열강에 비해 덜 발달된 조국의 모습에서 서구의 기술과 지식을 습득하는 일에 더욱 깊은 관심을 가졌다. 고도로 발전한 기독교 문화를 접한 그들은 기독교만이 조국을 효과적으로 개혁할 수

---

335 김학유, 「일본 개신교 형성에 끼친 기독교 밴드들(Christian Bands)의 영향」, 『신학정론』 제32권 1호(통권 62집), 합동신학대학원대학교, 2014. 05, 276쪽.

있다는 신념을 갖고 기독교를 보다 더 적극적으로 받아들이게 된 것이다.[336]

(2) 기독교 밴드들

일본 개신교 성립에 있어서 기억해야 할 공동체가 바로 기독교 밴드(Bands)이다. 이들 없이는 일본 개신교회의 형성을 이해할 수 없을 정도로 이들의 영향은 막대했다. 여기서 말하는 밴드는 맹약盟約을 뜻한다.

일본 개신교 선교 초기의 선교사와 평신도들 다수가 이 기독교 밴드에 속했고, 거기서 교육받고 훈련받은 학생들이었다. 대표적인 기독교 밴드로 요코하라 밴드, 구마모토 밴드, 삿포로 밴드를 들 수 있다. 장로교회 대부분의 지도자들은 요코하마 밴드에서 나왔으며, 회중교회 지도자들은 주로 쿠마모토 밴드에서 자라고 훈련되었다.[337] 이처럼 일본에서 개신교 교단이 설립 발전해 가는 과정에서 기독교 밴드들의 희생 없이 일본 개신교의 설립과 성장은 불가능했을 정도로 그들의 역할은 매우 컸다. 그 밴드들에서 많은 기독교 지도자가 나왔고 그들의 지도력과 헌신, 그들의 자발적이고 적극적 참여가 없었다면 일본 개신교 성장은 매우 더뎠을 것이다.

일본에 파견된 선교사 중에 홋카이도로 들어온 윌리엄 클라크(W. Clack) 박사는 생물학을 전공했으며, 홋카이도 농업학교(지

---

336 같은 논문, 273~277쪽.
337 『신학정론』 제32권 1호(통권 62집), 합동신학대학원대학교, 2014. 05, 302쪽.

금의 국립 홋카이도 대학)를 만들어 많은 인재를 양성했다. 홋카이도 밴드 출신 중 기억해야 할 사람이 바로 우치무라 간조(內村鑑三, 1861~1930)이다. 요코하마에는 브라운(S. R. Brown)이 들어와 동경신학을 세웠는데, 거기 출신 중에는 우에무라 마사히사(植村正久, 1858~1925)가 있다. 구마모토 지방의 선교사였던 젠스(L. L. Jans)는 구마모토 양학교를 설립하여 많은 인재를 양성했는데 에비나 단죠(海老名彈正)가 바로 그곳 출신이다. 이 세 지역(3belts) 선교사들은 신학사상이 서로 달랐다. 홋카이도의 크라크는 복음주의 신학사상을 가지고 왔고, 요코하마의 브라운은 근본주의 신학사상을, 구마모토의 젠스는 자유주의 신학을 연구했다. 특히 요코하마 밴드는 일본의 유수한 학교 교육가들과 다수의 개신교 교회 지도자들을 양성했다. 기독교를 처음 접하고 교육받은 학생들은 주로 요코하마 밴드의 핵심 구성원들이 되었다. 요코하마 밴드는 1872년 초 요코하마 외국인 선교사들이 기도회를 개최했는데, 거기에 온 많은 대학생들이 세례를 받았다. 이렇게 일어난 신앙부흥으로 일본에 요코하마 교회가 형성되었다. 그러나 각기 다른 신학사상과 이념을 가졌기 때문에 부딪칠 때가 많았는데, 그들이 가르친 사상이념으로 위 세 사람은 후세대에 치열하게 싸웠다.

　선교사들은 각각 서로 다른 교파적 배경을 갖고 있었음에도 불구하고 그들은 일본에 하나의 교회와 하나의 교단이 설립되기를 희망했다.[338] 이러한 초교파적 이상은 초창기에는 성공하는 듯 보였

---

338 선교사들은 삼자원리인 자립自立, 자치自治, 자전自傳이 가능한 일본교회를

으나, 시간이 지나면서 차츰 무너지더니 후일에는 결국 선교사들이 들여온 분파주의에 따라 일본교회도 바뀌었다.[339]

일본의 초기 개신교는 도시 중심으로 퍼져나갔는데 이러한 도시 교회 형태가 오늘날 일본 개신교의 원형이 되었다. 이처럼 일본교회가 도시 지식인의 교회로서 자리매김한 것은 농촌을 중심으로 발전한 한국교회와 상당히 다른 면이다. 또 일본은 도시 인텔리의 남성교회인 데 반해 한국은 선교대상이 농촌 부녀자들인 것도 양 교회의 차이점이다. 이렇듯 일본의 초대교회에 여성 수가 적었던 것은 여성은 공적 집회에 나가지 않는다는 유교관에 따라 남성만 교회에 나갔기 때문이다.[340] 그러나 오늘날 일본교회의 남녀 비율은 대체로 남녀 반반의 균형을 유지하고 있다.

또한 일본 개신교에는 초대교회부터 지금까지 집단 개종이 거의 없었다. 일본에서는 자신이 속한 공동체와 동떨어져 혼자서 신앙을 택한 경우가 많아 한국교회처럼 가족과 마을 전체가 그리스도교 신앙을 갖는 경우는 극히 드물었다. 이처럼 일본교회의 경우는 개인적 개종이 중심이 되었기 때문에 공동체의 박해나 유리를 각오하지 않으면 안 되었다. 일본교회에 도시 신자가 많다는 것과 개인 중심적인 일본 개신교의 양태는 도시의 공동체성의 희박함과도 상관관

세우는 것을 목표로 삼아 일본인 스스로가 독립적으로 교회를 이끌어갈 수 있도록 다양한 토착 선교전략을 펼쳐왔다.

339 같은 논문, 273쪽.

340 사와 마사히코, 『일본 기독교사』, 대한기독교서회, 1995, 95쪽.

계가 있다.

(3) 일본 개신교회의 세 부류

일본교회는 크게 복음교회(근본주의), 자유신학, 무교회주의로 나누어 볼 수 있다. 일본의 초기 개신교인들은 미국 선교사들에게서 소박하고 단순하게 기독교 신앙을 배웠으며 절대무오설의 관점에서 성서를 이해했다.[341] 그러다가 1885년 독일 복음선교회에 속하는 스피너Spinner를 통해 당시 독일신학계를 풍미했던 튜빈학파의 자유주의 신학이 일본에 소개되었다. 자유주의 신학은 소박하게 선교사의 가르침만 배웠던 초기 일본 기독교인들에게 큰 파문을 일으켰다. 지식욕이 왕성한 청년들은 합리적이고 역사적인 성서 비판을 받아들였고, 거기에 합리주의를 주장하는 미국의 유니테리언Unitarian과 유니버설리스트Universalist가 들어와 자유신학은 더욱 박차를 가하게 되었다.[342] 이와 같이 자유신학의 유입으로 일본교회의 신학적 토착화 과정이 비교적 빨리 진행되었다.

　일본의 신학사상은 크게 관서와 관동의 지방색으로 나누어 볼 수 있다. 여기서 관동신학은 도쿄신학대학과 일본 기독교회를 중심으로 형성되었으며, 칼비니즘 장로파의 전통을 이어받아 관서에 비해 교회주의적이고 보수적이다. 그러나 한국의 보수교회와는 달리 자

---

[341] 1874년 독일에서 자유주의 신학이 건너옴으로써 복음주의파는 거의 생명력을 상실했다. 이때 형성된 일본 자유주의 신학은 거의 세계적 수준이다.

[342] 사와 마사히코, 『일본 기독교사』, 대한기독교서회, 1995, 171쪽.

유정신을 통과한 전통 보수이다.[343] 여기서의 자유정신은 서구의 자유신학(성서 비판)을 받아들여 선교사의 신학에서 탈피했고, 국가·사회·문화에 기독교의 적응을 진지하게 생각하는 신학적 분위기를 말한다.[344] 이러한 자유신학이 유입되면서 정통신학파와 자유신학파 간의 논쟁이 일어났다.

일본 기독교의 정통 복음주의의 대표적인 신학자로 앞서 말한 우에무라 마사히사(植村正久)를 들 수 있다. 그는 1873년 그리스도교에 입신하여 요코하마 밴드의 주축이 되었다. 그는 1904년 동경신학사를 설립한 후 평생 그 학교의 교장을 역임했다. 그는 외국 미션에서 독립된 일본인 전도자를 양성하면서 정통 복음주의 신학 옹호에 힘썼다. 이처럼 우에무라는 정통신학의 입장에서 자유주의 신학자들이 성서의 가치를 상대가치로 해석하려는 시도에 대해 비판했다. 이러한 그의 신학이 일본 기독교의 실질적 주류를 이루어왔고, 일본 정통 기독교회의 입장이었다.

한편 1901~1902년에 걸쳐 우에무라와 자유신학자인 에비나 단조의 신학 논쟁이 있었는데, 이는 일본 기독교회와 자유신학파(조합교회)의 논쟁이었다. 자유신학은 말 그대로 정통신학에서의 신학 내용을 액면 그대로 수용하지 않고 자유롭게 해석하는 신학을 말

---

343 사와 마사히코, 「일본의 신학사상총론」, 『일본 기독교사』, 대한기독교서회, 1995, 165쪽. (일본 기독교회의 중추를 이룬 우에무라 마사히사나 일본 신학에 전환기를 주었던 다카구라 도쿠다로, 전쟁 전후를 통해 일본의 교회신학 형성에 공헌한 구마노 요시다카 모두 관동 신학자들이다.)

344 같은 책, 164쪽.

한다. 그래서 자유주의 신학에서는 성경 전체에 대해 절대적인 태도보다는 상대적인 태도를 취했다. 곧 자유신학은 성서를 자유롭게 해석하고 이를 상대적인 진리로 받아들이는 측면이 있다. 예를 들면 정통신학에서는 '오직 믿음'이나 '유일하신 분' 같은 표현에 절대 우위성을 두는 데 반해, 자유신학에서는 이를 다른 것보다 '비교적 우위에 있다'는 비교우위성으로 해석한다.[345]

관동교회가 정통신학을 주축으로 했다면, 관서교회는 일찍부터 서구 자유신학(성서 비판)을 받아들여 선교사 신학에서 탈피했으며 국가나 사회·문화에 기독교 적응을 진지하게 생각하는 신학적 분위기를 낳았다. 관서 쪽은 동지사 신학교를 중심으로 관서지방의 전도에 전력하여 일본 3대 교파 중 하나인 조합교회를 만들어 관동의 일본 기독교회에 대항했다. 조합교회 출신은 일본 기독교회 출신과 비교할 때 신학적으로 더 자유로웠고, 사회와 토착문화에 대해 적극적인 관심을 가졌으며, 교양보다는 역사에 대한 관심이 더 컸다.[346]

1880년대 말부터 1890년에 걸쳐 일본에 국가주의가 대두하자 기독교에 대한 압박도 강해졌다.[347] 조합교회는 그러한 시대적 상황 속에서 결국 일본 국가주의에 편승되고 말았다. 청일전쟁(1894)과 러일전쟁(1904)이 일어났을 당시, 이 전쟁을 지지한 대표적인 사람

---

345 사와 마사히코, 『일본 기독교사』, 대한기독교서회, 1995, 173쪽.

346 같은 책, 165쪽.

347 같은 책, 172쪽.

이 에비나 단조(海老名彈正, 1856~1938)이다. 그는 동지사 출신으로 자유신학의 배경 하에 그리스도교 신학의 토착화를 시도했던 신학자였다. 그는 일본열도를 순회하면서 전쟁 지지 연설을 했는데, 러시아를 이기고 새로운 일본을 건설하자며 성전聖戰을 주장한 것이다. 구마모토 중심에서 선교하던 그는 구미아이 교파를 만들어 러일전쟁은 일본이 이행해야 할 하느님 사명이라 주장하면서 이를 적극 지원하기로 결의했다. 그의 교회는 전쟁에 필요한 군수물자를 위해 헌금하고 전쟁의 승리를 기원하는 예배를 드렸다. 에비나는 정치적 애국과 기독교의 평화적 사랑을 동일한 것으로 보았고, 국가적 목표를 달성하는 과정에서 생기는 희생은 숭고한 순교와도 같다고 주장했다.

일본 정부는 1930년대 후반에서 1940년대 전반에 걸쳐 집회금지령을 내렸는데, 이는 사실상 자유로운 종교 활동을 중지시킨 것이다. 결국 개신교회는 치안유지법 하에서 교회통합이라는 정부의 요구를 받아들일 수밖에 없었다. 그때 통합된 일본 그리스도 교단이 그 후 일본교회의 방향을 결정짓고 말았다.

에비나의 '성전'운동에 대해 우치무라 간조(1861~1930)는 복음주의에 입각하여 비전론 운동을 펼치면서 에비나를 비판했다. 우치무라는 러일전쟁 당시 '비전非戰'운동을 벌여 자신이 봉직해오던 지금의 동경대학 전신인 제일고등학교에서 퇴직당한 후 그의 제자들과 함께 전쟁반대 시민운동을 전개했다. 우치무라는 메이지 36년에 쓴 「내가 비전론자가 된 유래」에서 "전쟁은 사람을 죽이는 것이고 죽이는 것은 대 죄악이고 인류의 패망이다"(김문길 저, p.110 참

조)라고 하면서 에비나를 반박했다. 이에 에비나는 "이스라엘 역사
서나 구약성경을 보라. 이스라엘 백성 모두가 군인이고 이스라엘의
역사가 전쟁의 역사가 아닌가. 하나님의 섭리에 따라 가나안 복지,
하나님 나라를 건립하는 데에는 전쟁이 있고, 전쟁은 합당한 것"이
라며 전쟁의 정당성을 주장했다. 우치무라는 예배로 모이는 것을
위험하게 생각하고 '예배당에 모이지 않는 교회, 각자가 집에서 기
도하는 교회, 마음의 교회, 내 주 예수 모신 곳이 그 어디나 하늘나
라'라는 슬로건을 내걸고 건물 없는 교회, 즉 무교회無敎會를 주장했
다. 이렇듯 무교회는 전쟁을 옹호하고 천황을 숭배하는 기성교회를
반대해서 생긴 것이다.

(4) 우치무라 간조의 무교회주의

우치무라 간조는 불경不敬사건뿐 아니라 무교회주의라는 일본 신
학체계를 만든 중심인물이다.[348] 무교회주의자들은 서구교회로부터
온 선교재정으로 인한 부정적 현상들을 보면서 서구 선교사로부터
재정적으로 독립된 신앙공동체를 만들려는 욕망이 커졌다. 그래서
그들은 교회조직 없이, 선교사들로부터의 재정적 지원도 없이 복음
을 전하는 증인이 되고자 무교회주의를 중심으로 신앙공동체를 만
들었다. 그들은 신약성경에 기록된 초대교회 모델을 신앙의 모델로

---

[348] 불경 사건은 우치무라가 기독교인으로서 〈교육칙어〉에 경의를 표함이 혹
시 우상숭배가 되지 않을까 하여 가볍게 예의를 표한 것을 종교와 교육의
충돌로 몰아간 사건이다.

삼고 기존의 교파나 교단으로부터 독립해 신앙공동체를 만들었다. 무교회 운동은 많은 일본 지식인들에게 큰 파급효과를 끼쳤다.[349]

우치무라는 루터의 종교개혁 역시 국가권력과 결합함으로써 타락했다고 보면서 무교회주의를 제2의 종교개혁으로 생각했다.[350] 여기서 말하는 무교회주의는 교회 자체를 무시하거나 교회를 없애려는 게 아니다. 무교회주의자들은 진정한 교회를 우리 자신의 몸으로 보았다. 그들은 예수가 당신의 몸을 '성전'이라고 했을 뿐 아니라, 우리의 몸도 성전이고 교회라고 한 점을 들어 제도나 건물로서의 교회를 부정한다. 이런 점에서 무교회의 무無는 '교회가 없는 자의 교회'라는 의미이지 결코 교회를 무시하거나 없애자는 게 아니다.

이와 같이 제도적 교회를 비판한 우치무라는 다음과 같이 말한다. "진정한 교회는 그리스도교를 믿는 사람들이 사랑에 의해 결속된 공동체이지 건물이 아니다. 따라서 영적 교제의 단체여야 하며 인위적이고 제도적인 교회여서는 안 된다. 따라서 서양의 교회나 제도, 또 그것을 전하는 선교사는 불필요하다." 이처럼 무교회야말로 참 교회이자 영적 교회라고 생각한 우치무라는 교회의 성직제도도 부정했다. 그리스도를 믿는 사람들이 모인 곳이면 어디든 교회이고 만인이 곧 사제이므로 목사나 전도사는 따로 필요 없다는 것

---

349 김학유, 「일본 개신교 형성에 끼친 기독교 밴드들(Christian Bands)의 영향」, 『신학정론』 제32권 1호(통권 62집), 합동신학대학원대학교, 2014. 05, 301쪽.

350 사와 마사히코, 『일본 기독교사』, 대한기독교서회, 1995, 176쪽 참조.

이다. 이런 점에서 그는 교회의 성례전 전례나 의식을 행하는 것보다 성서 연구에 더 비중을 두어야 함을 강조했다. 이와 같이 전례보다는 성경을, 건물보다는 교회구성원을 교회로 본 무교회주의는 일본의 최고 지식인들에게 깊은 영향을 주었고, 국가주의가 만연했던 시대에도 예언자적 사명을 다하고자 노력했다. 이처럼 무교회주의가 일본 기독교사에 남긴 의미는 크지만, 무교회 자체는 일본교회에 대한 비판, 선교사의 지배에 대한 비판에서 비롯된 것이었기에 결국 교회 밖의 존재가 되고 말았다.

앞서 말했듯이 우치무라는 러일전쟁을 비판하면서 절대평화주의를 주장했다. 그는 전쟁이 일어나는 이유에 대해 다음과 같이 말한다. "역사 안에서 일어난 수많은 전쟁은 결국 소수구원론에서 야기된 것이다. 신의 사랑이 무한하고 보편적이라고 볼 때 그리스도교의 구원론은 소수구원론이 아니라 만인구원론이 되어야 한다." 즉 "종교전쟁은 자기네 종교, 소수의 구원을 위해 일어나는 것이다. 그러나 하느님에게 소수만의 구원이란 있을 수 없다. 하느님의 사랑은 만민에 대한 구원이지 소수, 선택된 자들, 예수를 믿는 자들에게 국한된 것이 아니다." 이것이 우치무라가 주장하는 만민구원론이다.

이처럼 소수의 구원론을 전쟁의 원인이라고 본 우치무라 간조의 주장에 동조한 일본의 많은 기독교 지성인들이 기존의 교회공동체를 떠나 비제도권의 무교회주의자가 되었다. 신학자라기보다 예언자적 성격을 지닌 우치무라는 자신의 사상과 신학을 '두 개의 J'로 표현한다. 하나는 'Japan의 J'로 일본의 문화와 전통을 뜻하며, 다른 하나는 'Jesus의 J'로 기독교의 가르침을 뜻한다. 이처럼 두 개의 J(Japan and Jesus)를 떠나서 자신을 생각할 수가 없었던 우치무라의 사유에서 볼 때 그가 불경 사건을 통해 천황을 모독했다는 비난은 뜻밖이다. 사실 우치무라가 불경 사건을 통해 비판받은 것은 일본 천황제 하에서 기독교를 지배하려던 메이지 정부의 의도가 숨겨져 있었다. 이렇게 볼 때 불경 사건은 우연히 일어났다기보다 일어날 수밖에 없었던 일이고, 결국 기독교는 일본제국주의의 희생양이 된 것이다.[351]

우치무라의 묘비에는 "나는 일본을 위해, 일본은 세계를 위해, 세계는 기독교를 위해, 그리고 모든 것은 하느님을 위해서"라고 새겨져 있다. 이 묘비명이야말로 우치무라의 실존을 잘 나타낸 말이라 생각한다. 우치무라의 무교회주의는 일본 기독교뿐 아니라 한국의 기독인들에게도 깊은 영향을 주었다. 한국 개신교의 정신적 지주였던 함석헌, 김교신, 유영모가 그 대표적인 인물이다.[352]

조선의 기독교회는 1884년 기독교를 수용한 이래 미국 선교사들의 지도를 받아왔다. 선교사들이 가져온 기독교는 서구 근대 보편주의와 기독교의 유일성 교의를 접목시킨 것이었다. 『은둔의 나라 조선』을 저술해 조선에 대한 미국인들의 이해에 결정적 영향을 끼친 그리피스Griffis는 조선의 역사에 대해 "조선 역사는 단지 민담에

---

351 같은 책, 99~100쪽.

352 유영모의 사상은 오늘날 한국 기독교교회 안에서 활발한 연구가 이루어지고 있다. 그들은 모두 우치무라의 집회에 참석했고 거기에서 영향을 받았다.

불과하며 일본, 중국처럼 민족적 허영심과 동물 신화에 근거하여 전통적이고 지역적인 가치의 차원에서 어림잡은 연대기일 뿐"이라고 서술하고 있다.[353] 물론 그도 조선에 유교·불교·도교사상 내지 종교가 있었음을 알았지만, 이것들은 "오랫동안 지탱되어온 허위들"로 기독교에 의해 분쇄되어야 할 쓰레기로 생각했던 것이다. 이러한 그리피스의 견해는 조선을 '빛을 갈망하는 암흑의 상태'로 생각한 많은 선교사들의 조선 이해와 일치하는 것이었다. 당시 조선에 들어온 선교사들도 그리피스와 같은 사고의 틀을 갖고 일방적인 방식으로 선교했고, 조선기독교는 이를 무비판적으로 수용했다.

이에 대해 김교신(金敎臣, 1901~1945)은 주체 상실의 기독교라고 비판하면서 조선의 역사를 야만으로 규정하는 선교사들의 조선관에 대해 강력히 대항할 필요를 느꼈다. 그는 기독교를 전통으로부터 탈출하거나 배제하기 위한 매개로서가 아니라, 전통을 창조적으로 계승하는 매개로서 파악했다. 김교신은 우치무라로부터 사상적으로 영향을 받았으나 우치무라를 계승하기보다 그의 사상을 철저히 자기화하는 데에 주력했다. 기독교의 본질은 약자를 보호하는 하향적 아가페라고 인식한 김교신은 기독교사상을 인간의 상호 주체성을 확립하고 보존하는 계기로 삼았다. 이와 같이 전통과 기독교를 지평융합시킴으로써 민족적 정체성을 재구성하려 했던 김교신의 신학적 사유는 한국 근대사상사의 측면에서 주목할 부분이라

---

353 양현혜, 『근대 한일 관계사 속의 기독교』, 이화여자대학교출판부, 2009, 257쪽.

▲ 위: 김교신金教臣
◀ 아래: 함석헌咸錫憲

할 수 있다.[354]

또한 함석헌(咸錫憲, 1901~1989)도 우치무라에게서 조국과 기독
교 신앙을 결합시킬 방법을 발견하고 이것이야말로 조국을 구원할
수 있는 길임을 확신했다. 그 후 김교신과 함석헌은 자신과 조선인

---

354 같은 책, 272쪽.

들을 예언자적 실존으로 변화시키기 위한 계몽을 목적으로 1927년 『성서조선』이라는 신앙 동인지를 창간했다. '성서'라는 보편적 진리를 '조선'이라는 장에 뿌리내리려는 그들의 열망은 두 개의 J에 헌신하고자 한 우치무라 사상으로부터 받은 영향이리라.

그러나 그들의 영향이 조선기독교의 주류를 꺾을 수는 없었다. 우치무라 간조의 무교회주의가 일본 개신교회의 소수파였듯이, 김교신과 함석헌 역시 한국 개신교의 소수파에 불과했다. 일본의 초기 개신교 상황은 구한말 조선의 초기 개신교와 여러 면에서 차이가 있다. 앞서 살펴본 일본 개신교는 자유신학의 영향으로 일찍부터 토착화 작업에 들어갔으나, 조선말의 개신교는 정통 보수파의 영향이 막대했다. 게다가 일본은 도시의 엘리트 중심으로 기독교가 전파되어 나간 반면, 조선은 농촌의 가난한 농민들을 대상으로 퍼져나갔다. 이렇듯 양국의 초기 개신교에서 드러난 차이는 오늘날 양국의 개신교 교회에도 깊은 영향을 주었으리라 본다.

(5) 일본의 초기 개신교와 한국의 초기 개신교 비교

그럼 한국의 초기 개신교회는 어떤 양상이었는가? 구한말 개신교가 들어왔을 때 당시 구한말 사회는 종교적으로 진공상태였다. 조선을 지배해온 성리학은 종교성이 약해서 민중의 종교적 욕구에 직접적인 응답을 주지 못했을 뿐 아니라, 조선 후기에 가서 예론 논쟁에 빠져 공허한 이론이 되고 말았다. 불교도 조선 시대에는 산중불교로 겨우 명맥을 유지할 뿐, 종교적 생명력이 상실된 상태였다. 이와 같이 유교나 불교가 당대에 사회적 역할을 제대로 수행하지 못한 종교적 공백을 틈타 개신교 선교사들이 들어온 것이다.

1876년 개항 이후 조선 땅에서 펼쳐진 기독교 선교사들의 영향력은 지대하게 컸다. 그들은 미국과의 수호조약(1882) 이후 조선 문화를 바꾸어놓으려 했다. 우선 그들은 수백 년간 계속되어온 봉건사회를 종식시키고자 했다. 이를 위해 그들은 미신과 토속신앙의 극복, 봉건적 계급제도, 남녀차별, 사농공상적 신분제도와 차별제도 폐지에 주력했다. 그 외에도 그들은 근대교육과 근대의료체계를 통해 조선의 전근대적 봉건적 삶의 존재 양식을 바꾸어 놓았다.

러일전쟁(1904~1905), 한일신협약(정미7조약)에 이어 고종의 강제 양위(1907. 7)라는 일련의 사건들 속에서 많은 사람들은 선교사와 교회를 피난처로 여겼다.[355] 청일전쟁과 러일전쟁 때 개신교회가 운영한 피난민 수용소에서 많은 이들이 그리스도교 신앙을 배우고 신자가 되었다. 무엇보다도 초기 한국 개신교회가 급성장하는 데 빼놓을 수 없는 요인은 대부흥운동이다. 개신교회는 일제강점기 하 국권이 강탈당한 상황에서 한국인들의 공허함을 메우기 위해 대부흥운동을 펼쳤다. 그중 대표적인 것이 평양 대부흥운동이다. 20세기 초 한국교회의 부흥 현상은 한국 개신교 역사상 가장 중요한 사건으로 꼽힌다. 대체로 대부흥운동은 1903년 8월 원산에서 시작하여 그해 여름부터 1907년 사이에 활발하게 일어났다. 1909년 백만인 구령운동은 1910년 10월 9일까지 1백만 명의 개종자를 만들자는 전도운동으로 그 절정을 이루었다. 어떻게 이런 거대한 대부흥

---

355 류대영, 『한국 근현대사와 기독교』, 푸른역사, 2009, 127쪽.

운동이 가능했을까? 여러 요인이 복합적으로 작용했겠으나 한국인의 원초적 종교성 안에 숨겨진 샤머니즘적 요소도 부흥운동과 연관성이 있다. 그것은 부흥집회의 감정적 분위기와 한국인들의 원초적 감성이 상승작용을 일으켰다는 점에서이다.

고대부터 한국 민중은 신명, 한, 흥 등으로 대표되는 감정적이고 역동적인 생활감정을 갖고 있었다. 그러나 조선 시대를 지배한 성리학이 합리적이고 절제된 삶을 강조해오면서 한국인이 지닌 원초적인 생활감정은 오래 짓눌려왔다. 그러다가 대부흥운동이 그간 눌려온 원초적 본성이 표출될 수 있는 장이 된 것이다. 여기서 우리는 한국 초기 개신교 신자들 중에는 교리 중심의 이성적 신앙보다 의례에 열광적으로 참여하는 감성적 신앙인이 많았음을 알 수 있다. 그들은 목청껏 통성기도를 하거나 예배 시 '할렐루야, 주여, 아멘' 등 단순한 기도를 반복하며 박수와 울음 혹은 춤이나 노래를 통해 억눌려온 감정을 신앙을 통해 해소하곤 했다. 이는 당시 기독인들에게는 교리적이고 이성적인 기독교보다 부흥운동을 통한 감정적·체험적 기독교가 더 먹혀들어 갔음을 말해준다. 부흥운동은 내세 지향적이고 신비주의적인 성격이 농후했는데, 이것이 오늘날 한국 기독교의 성격을 규정짓는 한 틀이 되었다. 그 이후에도 민족복음화운동이나 1980년도 세계복음화대성회 등은 대부흥운동의 연장선상에서 한국 기독교를 성장시키는 데 큰 요인으로 작용했다.

일본 개신교회 신도들이 도시의 지식 엘리트층이었던 것과는 달리, 한국의 초기 개신교 신도 대부분은 여성들이고 교육수준이 낮은 사람들이었다. 한국 기독교 신도의 75%가 농촌출신이고 그들

중 65%는 14세까지 농촌에서 성장한 교인들이었다. 도시 교회가 발달한 요인으로 1960, 70년대 산업화로 인한 이농과 그로 인한 가족의 해체가 새로운 가족단위를 필요로 한 점을 연관 지어 생각해 볼 수 있다. 도시로 이주했으나 과거 농촌공동체의 정서적 유대감을 기대하는 이들에게 교회공동체는 정신적 위안이 되어 주었던 것이다.

초기 개신교가 한국 사회에 미친 영향은 크다. 개신교는 한국 사회에서 사회복지시설이나 세브란스병원 등 의료기관을 세우는가 하면, 일본강점기 때 국권회복을 위한 민족운동, 3·1운동에도 적극 참여하여 3·1운동 33인의 대표 중 16명이 기독교인이었다. 그 밖에도 기독교는 특히 신자들이 성경을 읽기 위해 한글을 깨치게 함으로써 결과적으로 문맹을 퇴치하는 역할도 하게 되었다. 또한 기독교의 만민평등사상은 혈통과 신분제에서 자유롭지 못했던 한국 사회에 남녀평등을 주장할 수 있는 윤리적 근거도 제공했다.

이처럼 한국 개신교는 한국 사회에 기여한 면도 많았으나 부정적인 면도 적지 않았다.[356] 그중 하나가 전통문화와 교류하지 않음으

---

356 한국 개신교의 경우는 미국 근본주의 선교사들에 의해 유입되었기 때문에 이원적 사고가 지배적이었다. 한국 사회의 현실을 외면함으로써 현실 문제 속에서 그리스도인으로 살아가려는 동기가 생겨나지 않는 것이다. 이처럼 내세 중심, 체험 중심, 개인 구원 중심이 한국 개신교 근저에 있어 아무리 신도 수가 많아져도 한국 사회에 영향을 미치고 현실을 구원하는 데에는 아무런 영향을 주지 못하는 것이다. 이런 점에서 한국 개신교는 먼저 현세와 내세의 이원론을 극복할 필요가 있다. 한국 개신교는 이러한 이원론적

로써 전통과 단절된 것을 들 수 있다. 결국 전통 종교와 문화를 무시함으로써 이것과의 대화를 통해 그리스도교의 토착화를 이루는 데에는 실패하고 말았다. 이것은 한국 개신교의 한계 중 하나로 자유신학의 영향 하에 일찍부터 토착화 문제를 다룬 일본교회와 다른 점이다. 그것은 일본에 들어온 선교사들이 한국처럼 미국에서 바로 일본으로 들어간 것이 아니라 중국을 경유해서 간 것과도 연관성이 있다. 중국인들은 중화의식이 강해서 자기네 문화 속에 수용되지 않으면 외래사상이나 종교를 받아들이지 않는다. 중국에서 기독교 선교에 실패한 경험이 있던 서구 선교사들은 교파를 주장해서는 일본 선교가 어렵다는 것을 알고 있었다. 그래서 그들은 교파를 중시하지 않음으로써 통합교회의 형태를 취했던 것이다. 이처럼 일본교회는 교파가 통합된 조합교회의 형태인 데 반해, 한국교회는 교파 중심의 교회이다. 즉 한국 개신교는 교파주의를 수용했기에 많은 교파로 나뉘어 수많은 교회를 양산해냈다.

이상에서 우리는 일본교회와 한국교회를 간략히 비교해보았다. 한국교회의 신자 수는 가톨릭을 포함하여 전 인구의 25%인 데 반해, 일본교회의 신자 수는 전 인구의 약 1% 정도로 현재 가톨릭과 개신교를 합해 약 106만 명이다. 일본의 가장 큰 연합교회인 일본기독교단의 신자 수는 완만한 감소 추세에 고령화가 급속히 진행되

세계관에서 빠져나와 현실 세계의 고통과 사회 공동체의 구원에 관심을 갖기 위해서 어떻게 신앙관이 바뀌어야 하는가 하는 고민을 하지 않으면 안 될 것이다.

어 현재 17.8만 명이다. 일본기독교교회협의회(NCCJ)나 가맹 교회도 마찬가지 추세다. 다만 복음주의 계통의 교회들이 가입되어 있는 일본복음동맹(JEA) 소속 교회는 소폭 증가하고 있다.

지금까지 살펴보았듯이 일본의 신도라는 다신교적 종교문화에는 유일신교인 그리스도교가 뿌리내리기 어려운 면을 갖고 있다. 또한 일본의 종교문화는 신도 이외에 불교의 영향도 크고 신종교의 영향도 만만치 않다. 이러한 점을 감안할 때 앞으로 일본에서 그리스도교가 보다 활성화되려면 기존 종교문화와의 깊은 교류와 대화를 통해 일본문화 속으로 더 깊이 들어갈 필요가 있지 않나 생각한다.

일본 신종교와 신신종교

- 한국 신종교와의 비교를 통해 -

1. 일본 신종교

일본에서 그리스도교 신도 수는 전 인구의 1%도 안 되는 데 반해 신종교는 10~20%에 달하는 신도 수를 갖고 있다. 이렇게 일본에서 신종교가 성행하게 된 까닭은 무엇일까? 종교사회학자 로버트 벨라는 인류문화가 발전하고 사회구조가 복잡해짐에 따라 종교 형태도 계속 변형되어 왔다고 주장한다.[357] 즉 원시종교에서 고대종

---

[357] 로버트 벨라는 원시종교나 고대종교에서는 인간과 거룩하고 성스럽고 초월적인 존재 간에는 간격이 없다고 본다. 이와 같이 일원론적 세계관을 지닌 고대종교는 역사종교에 와서 다른 양상을 보인다는 것이다. 즉 불교, 그리스도교, 이슬람교와 같은 역사종교에서는 인간과 성스러운 것 간에 상당한 단절이 있다는 것이다. 불교도 부처와 중생 간에 간격이 있다. 물론 교의상으로는 대승불교에 와서 '중생이 곧 부처'라고 말하지만 깨달음의 경지에 이르는 데는 엄청난 수행이 필요하며 수행하는 승려층과 재가신도 간의 그

교의 형태를 거쳐 역사종교로, 역사종교에서 근대종교, 현대종교로 변형되어 왔다는 것이다. 여기서 말하는 역사종교는 그리스도교나 불교 같은 기성종교들을 의미한다. 이처럼 역사종교가 원시종교나 고대종교를 대체하여 형성되었다면, 근대 시기에 들어와 역사종교를 대체하여 등장한 종교 형태가 바로 신종교이다.

신종교는 종래의 역사종교와 비교할 때 구원관에서 큰 차이를 보인다. 역사종교에서는 사람의 한계 상황에 기반하여 구원관을 말한다. 즉 인간은 고통과 질병, 죽음이라는 한계 상황에 봉착할 수밖에 없으며, 이러한 한계 상황 앞에서 역사종교는 대체적으로 내세 지향적인 구원관을 펼쳐왔다. 다시 말해 궁극적인 구원은 내세에 있으니 내세에 대한 희망을 갖고 살아가라는 것이다. 이에 반해 신종교는 내세에 대한 구원관보다는 현세적 구원관에 더 관심을 갖는다. 즉 역사종교에서는 지복의 실현을 천국이나 극락왕생과 같은 내세적 구원관을 통해 강조했다면, 신종교에서는 현세의 연장선에서 지복을 추구한다. 이렇듯 현세의 행복을 강조한다는 점에서 신종교는 세계 대종교들과 차이점을 보이고 있다.

간격은 크다. 대승불교에서 보살 신앙이 등장한 것도 이러한 간격에 기반한 것이라 할 수 있다. 즉 불자들은 스스로 수행해서 깨달음을 얻고 부처가 된다고 생각하기보다 현세를 위해서는 관세음보살에게, 내세를 위해서는 지장보살이나 아미타불에게 비는 타력적 보살 신앙이 성행하게 된 것이다. 그 배경에는 인간과 성스러운 것 간의 간격이 있기 때문이다. 그리스도교는 하느님과 인간 간에 엄청난 간격이 있다. 하느님은 창조주이고, 인간은 그 창조행위에 의해 생겨난 피조물이기에 그 간격이 불교보다 훨씬 크다.

또한 신종교는 자력적 구원관을 중시한다. 곧 수행, 정진, 명상을 통해 마음의 변혁을 추구할 뿐 아니라 신체적 수행을 동반해서 영적인 체험을 중시한다. 특히 현세의 어려움 중에서 치병에 관한 기적 체험은 신종교가 확장해가는 밑거름이 되었다. 일본 신종교 역시 이러한 신종교 프레임과 크게 다르지 않다. 그럼 구체적으로 일본 신종교가 어떻게 발생하게 되었는지 그 발생의 기원과 기반에 대해 살펴보기로 하자.

1) 일본 신종교의 발생 기원

2차 세계대전 전후 일본 종교사에서 가장 눈에 띄는 현상이 바로 신종교의 발전이라 할 수 있다. 여기서 말하는 전후 시기는 미군 점령기에서 1970년대 전반까지를 말한다. 전후체제에서는 일본의 많은 종교 교단이 종교 연합체제에 가담하여 국가나 국민사회와 협력관계를 유지해갔다. 그것은 국가로부터 보호를 받을 수 있다는 각 교단의 기대가 암묵적으로 담겨 있었다. 일본 종교단체연합회는 1951년에 출범했는데, 이것이 바로 신종교단체 연합회이다. 이때부터 일본은 신종교라는 용어를 쓰기 시작했다.

기성 종교들이 현대인들의 기대에 부응하지 못하게 되자 신종교들은 새로운 구원관을 제시하면서 여기저기서 등장하기 시작했다. 에도 시대에 불교는 민중종교로서 제 역할을 수행하지 못했고, 유교도 정치 이데올로기의 역할만 했을 뿐 종교로서의 역할을 제대로 해내지 못했다. 종교가 그 지역에 깊이 뿌리내리려면 그만큼 많은 성찰을 거듭할 필요가 있다. 에도 시대에는 주자학을 제대로 알지 못했던 무사계층이 지배해왔기 때문에 중국이나 조선처럼 유교가 탄탄한 지배층의 의식으로 정착되지 못했던 것이다. 한편 에도 시대에 들어온 그리스도교는 박해와 탄압으로 제대로 성장하지도 못한 채 싹이 잘려나갔다. 이와 같이 에도 시대에 들어와 불교, 그리스도교, 유교 모두 종교로서의 기능을 제대로 하지 못한 종교적 공백기를 틈타 신종교들이 우후죽순처럼 생겨나게 되었다. 그러나 에도 시대에는 신종교가 구체적인 형태를 취했다기보다 그 발생 기반이 마련되었다고 볼 수 있다. 그럼 구체적으로 신종교가 발생하게된 기반에 대해서 살펴보자.

2) 신종교의 발생 기반

일본 신종교의 발생 기반은 다음 세 가지를 들 수 있다. 곧 산악종교를 중심으로 한 민속종교, 니치렌계의 재가강, 그리고 수양도덕 운동이 그것이다. 민속종교는 다양한 종교적 요소를 수용한 형태로 구체적으로 신도와 불교가 습합된 신불습합의 종교 형태라 할 수 있다. 그 예 중 하나로서 불교와 신도 교의가 습합된 산악신앙의 형태인 수험도修驗道를 들 수 있다.[358]

　민속종교들, 특히 치병이나 현세이익, 그리고 일상의 생활윤리에 대한 실천을 중시해온 민속종교는 그다지 큰 세력을 갖지 못한 채 서서히 쇠퇴해갔다. 민속종교들이 쇠퇴해간 것은 메이지 정부가 신도와 불교가 습합된 것들을 모두 분리시키는 신불분리 정책을 채택

---

358 대표적인 수험도로는 부사강, 어학강, 협추강을 들 수 있다.

산복山伏이라 불린 수행자들을 새긴 바위(효고현 가사이시 소재)

했기 때문으로, 신불습합 형태를 취한 민속종교들은 큰 타격을 받을 수밖에 없었던 것이다. 그 결과 수험도를 수행하던 산복(山伏, 야마부시)이라 불린 수행자들의 수도 급격히 줄어들게 되었다.

민속종교가 쇠퇴한 또 다른 이유로는 신종교라는 새로운 종교단체들의 출현을 들 수 있다. 민속종교는 명확한 교의나 조직도 없고 체계화되어 있지 않았을 뿐 아니라 창시자의 위상도 선명하지 못한 데 반해, 신종교들은 창시자의 카리스마나 조직이 뚜렷했을 뿐 아니라 교의도 명확했다. 따라서 신종교들은 민속종교들을 대신하여 당대의 종교로 자리매김해 간 것이다.

두 번째로 들 수 있는 것은 에도 시대 관학이었던 유교에 근거한 수양도덕운동이다. 여기에는 유교뿐 아니라 불교, 신도, 도교의 사상이 포함되어 있다. 대표적인 수양도덕운동으로 석문심학(石門心學, Sekimonshingaku)운동을 들 수 있다.[359] 18세기 초 교토의 상인이었던 이시다 바이간(石田梅岩, 1685~1744)이 이 운동을 펼쳤다. 그는 상인이나 농부라도 숫자놀음이나 농사만 지을 게 아니라 도덕적 인격 수양을 위해 노력해야 한다고 주장하면서 구체적으로 고전 학습과 관련된 강의나 토론을 통해 이 운동을 펼쳤다. 이렇게 형성된 석문심학운동은 에도 시대에 성행했다가 메이지 시대에 가서 쇠퇴하고 말았다. 그 외에도 니노미야 손도쿠가(二宮尊徳, 1787~1856)가 창시한 농촌부흥운동을 들 수 있다. 농민 출신이었던 손도쿠는 농민들에게 덕을 쌓기 위한 일들과 생활개량운동 등을 실시했다.

　이렇듯 수양도덕운동은 여러 종교 사상을 습합시켜 형성되었으나 결국 신종교로 발전하지는 못하고, 대신 신종교 형성의 기반이 되어 주었다. 수양도덕운동이 신종교로 발전하지 못한 것은 이 운동에는 구원 관념이 결여되어 있었기 때문이다. 종교는 현세적 구원이든 내세적 구원이든 수양이나 도덕만으로는 종교 형태를 취할 수 없다. 수양도덕운동은 현실 사회를 뛰어넘어 궁극적인 질서를 꿈꾸는 부분이 결여되었다. 또 신종교는 치병과도 깊은 연관성을 지닌 것에 반해 이 운동은 치병과는 거리가 멀었다. 이러한 요인들로 인해 수양도덕운동은 신종교로 발전할 수 없었다.

　세 번째로는 니치렌(日蓮) 계의 재가강在家講으로, 이는 말 그대로

---

359 석문심학은 마음에 절대성을 부여해서 마음을 아는 게 곧 하늘의 이치를 아는 것이라고 본다. 현실의 마음을 절대화시켜 현실로부터 초월하기보다 현실에로의 초월을 강조한다. 이렇듯 마음을 강조하면서 마음을 신이라고까지 말하고 있다.

니치렌종 재가신도가 중심이 되어 만든 재가조직체이다. 이들이 후에 구체적으로 본문불립강本門佛立講, 영우회靈友會, 그리고 창가학회創價學會라는 신종교로 발전해갔다. 여기서 흥미로운 점은 어떻게 니치렌종이 다른 일본불교 종파와 달리 많은 신종교의 분파를 낳을 수 있었을까 하는 점이다.

『법화경』을 교의경전으로 삼은 니치렌종은 『법화경』에 입각한 배타적 구원관을 지녔다. 그들은 『법화경』의 제목만 읊어도 부처님의 원력이 전해진다고 믿고 법화창제法華唱題를 중시해왔다. 법화창제는 '나무묘법연화경'이라는 '나무묘호렌게쿄'를 계속 읊는 간단한 실천을 말한다. 이와 같이 손쉬운 신앙실천으로 니치렌종은 민중들에게 쉽게 다가갈 수 있었다.

또 니치렌종은 현세 지향적 성격을 띠고 있다는 점도 일본에서 니치렌종이 성행한 요인이 되었다.[360] 니치렌종은 내세 지향적 구원관을 중심으로 한 정토종을 가장 강하게 비판했다. 이와 같이 현세 지향적 구원관을 강조해온 니치렌종의 교의는 신종교가 지향하는

---

360 원시불교 이래로 불교는 해탈을 중시해왔다. 해탈이란 번뇌망상의 세계로부터 해방된다는 뜻이다. 해탈하려면 깨달아야 하고 깨닫기 위해선 수행해야 한다. 이러한 조건은 출자가에게 보다 적합하다. 그렇기에 불교는 출가자 중심이라는 말이 나온 것이다. 또한 이는 자칫 현세를 부정하는 것으로 들릴 수도 있다. 따라서 대승불교는 깨달음을 중시하면서도 대중들에게 타력적 구원관을 제시해왔다. 그것은 치병이나 공덕을 얻기 위해 불경을 독송하는 것, 염불 등 여러 방법론을 제시하는 것이다. 해탈이 기본이지만 여기에 독송, 염불, 창제, 공양, 공덕 쌓기 등을 말한 것이다.

구원관과 일맥상통한다. 니치렌은 일본 땅이 바로 정토 자체이므로 현세 정치를 따라야 하며, 현 정치 안에 구원관이 있다고 주장했다. 이와 같이 현세 질서 회복에 관심을 지녔던 니치렌종은 니치렌계 재가강에도 그대로 영향을 주어 그들은 현세적 운명 개선에 강한 희구를 품었던 것이다.

일본 신종교 중 법화계 신종교 6개(창가학회, 입정교성회, 영우회, 불소호념회佛所護念會 교단, 묘지회妙智會 교단, 본문불립강) 교단의 신도 수를 합친 것이 일본 신종교 총 신도 수의 약 68.5%(1985년 기준)에 해당된다. 사실 니치렌종은 1985년 말 통계에 따르면 일본불교 사원 수 전체의 약 9.2%에 해당된다.(넓게 법화계라 할 수 있는 천태종을 포함해도 15% 정도이다.) 이렇듯 일본불교계에서는 그다지 큰 세력이 아니었던 법화계 전통이 신종교에 계승되어 재활성화된 것이다.

법화계 신종교가 발전한 시기는 1920~1970년대이다. 이 시기에는 일본 사회 전체가 급격한 사회변동에 몸살을 앓았다. 이 50년간 국민 총인구도 약 5천 6백만에서 1억 4백만으로 증가했고, 1930년대 이후 공업화와 도시화가 급격히 진행되었다. 그러면서 다양한 사상과 종교를 접하게 되는 상황이 많아지면서 기존의 세계관이 무너졌다. 1941년부터 제2차 세계대전으로 들어가면서 일본을 신국으로, 천황을 신의 대리자로 하는 극단적·신도적 내셔널리즘이 증식되었다. 그 후 제2차 세계대전의 종식과 함께 극단적·신도적 이데올로기는 부정되었지만 패전의 상처를 치유하고 세계 일등국으로 일어서고자 하는 국민적 목표를 중심으로 한 내셔널리즘은 이후

에도 계속되었다. 이러한 내셔널리즘이 신종교와 결탁하여 점차 커져나갔을까? 그럼 일본 신종교의 주축인 니치렌계 신종교를 중심으로 살펴보기로 하자.

3) 니치렌계 신종교

(1) 본문불립종

본문불립종本門佛立宗은 법화경계 재가불교 교단의 원류로서 1857년 나가마츠 닛센(長松日扇, 1817~1890)에 의해 창시되었다. 닛센은 1857년에 본문불립강을 세웠는데, 1952년에 본문불립종으로 개칭하면서 재가종단으로 발전했다. 그는 본래 니치렌종이었으나 그의 급진적 사고가 승가공동체에서 받아들여지지 않자 재가신도 집단(講)을 조직한 것이다.

본문불립종의 교의는 전통적 니치렌 교의와 크게 다르지 않으나 단지 기존 종파의 승려에게 경의를 표하지 않고 재가신도의 신앙생활을 중시한 점과 현세이익, 즉 제목의 힘에 의한 치병과 운명개선을 강조한 점이 새롭다. 그 교의는 창제 중심의 현세이익을 통해 말법의 민중을 구제하고 『법화경』의 공덕에 의해 현증

본문불립종의 창시자
나가마츠 닛센(長松日扇)

이익을 얻을 수 있다고 주장하면서 승려나 사찰을 거의 인정하지 않는 재가 중심주의였다. 그리는 교의는, 일본 시가詩歌 형태로 바꿔 신자들끼리 소수그룹을 조직해서 강(講: 설교모임의 장)에서 서로 배워가는 방식을 취했다. 포교로는 병자를 고치는 일이 유행하여 병자가 생기면 함께 창제를 해주는가 하면, 불전에 바친 정화수에 『법화경』이 녹아 있다고 하며 이를 치병에 이용하기도 했다.[361]

(2) 영우회

영우회靈友會의 원류는 니시다 도시조(西田利藏, 西田無學, 1850~1918)가 창시한 불소호념회佛所護念會이다. 니시다는 젊은 나이에 아들이 죽자, 아들이 믿던 니치렌종을 받아들여 독자적으로 재가주의적인 법화경 신앙을 발전시켰다. 뒤에 구보 가쿠타로(久保角太郎, 1892~1944)가 불소호념회의 사상을 그대로 이어받고, 거기에 샤머니즘적 빙의 실천을 추가하여 영우회를 창립했다. 곧 불소호념회 사상에 치병실천을 추가해서 대중적인 종교운동으로 발전시킨 것이다.[362] 구보와 함께 실제로 영우회를 급속하게 성장시키고 영우회의 기반을 확립한 이는 고타니 키미(小谷喜美, 1901~1971)이다. 키미는 불소호념회와 달리 『법화경』 신앙에다가 죽은 영을 공양한다

---

361 이원범, 『한국 내 일본계 종교운동의 이해』, 제이앤씨, 2007, 55쪽.

362 1930년 쿠보는 교전 쿄우겐(靑經券)을 만들어 법화신앙과 선조공양을 결합한 교의를 정리하고, 1931년에는 이세 신궁을 참배하고, 허공장보살을 숭배하고 크게 깨우치고 "불지佛知를 아는 보살의 법은 선조공양과 가르침이다"라는 영우회의 기본교의를 확립하였다.

는 사령死靈신앙을 추가시켰다. 키미는 특히 개인적 구원에 관심을 더 집중시켜 영의 세계에서 괴로워하는 영들을 찾아내 그들을 공양하게 함으로써 현세의 개인적인 운명을 개선시키고자 했다. 영우회靈友會의 영령이라는 말은 인간의 정신 그 자체를 나타내고 있으며, 서로의 마음과 영혼을 소중히 한다는 소원이 담겨 있다고 한다.[363]

보통 일본에서 사자공양은 불교사찰에서 행했는데, 영우회는 사후공양을 스님들에게 맡기지 않고 재가자들이 직접 죽은 영들을 공양하고 이를 전파하는 조직을 만든 것이다. 이렇듯 영우회는 그간에 불교가 도맡아오던 사후 문제, 곧 조상을 공양하면서 더 많은 신도 수를 확보해갔다. 이렇듯 재가자 중심으로 선조숭배와 공양실천을 한 영우회는 현재 약 20개가 넘는 교단으로 분파, 확장되고 있다.

일본은 중세 이래로 끊임없이 일어난 전쟁으로 인해 원한을 품고 죽은 사람이 많았다. 그렇게 죽은 사령이 재앙을 일으키는 것을 막기 위해 죽은 영을 신으로 모시는 풍습이 성행했는데 이것이 바로 원령신앙이다.[364] 이처럼 원한을 지닌 죽은 영이 산 사람에게 재

---

363 이원범, 『한국 내 일본계 종교운동의 이해』, 제이앤씨, 2007, 80쪽.

364 원령怨靈신앙과 관련한 이야기로, 실제로 헤이안 시대에 우정승이었던 스가와라 미치자네(菅原道眞, 845~903)를 시기한 좌정승은 그에게 누명을 씌워 유배를 보냈는데 미치자네는 거기서 죽고 말았다. 그가 죽고 나자 그에게 누명을 씌워 죽인 관련자들이 대거 죽게 되는가 하면, 천재지변과 질병이 이어졌다. 사람들은 이런 현상들을 두고 니치자네의 원령(모노노케)이 일으킨 재앙이라고 해석했고, 그 후로 원령신앙에 대한 믿음을 갖게 되었다. 오늘날까지 이어지는 야스쿠니 신사 참배도 원령신앙과 연관이 있다.

앙을 입힐 수 있다고 믿어왔기에 일본인들은 현재에 재앙이 없도록 하기 위해 사령신앙을 지녀온 것이다. 영우회가 신종교로서 성공할 수 있었던 것도 이러한 원령신앙과 접목시켰기 때문이다.

영우회의 또 다른 특징으로 내셔널리즘과의 연관성을 들 수 있다. 일본은 1931년부터 45년에 걸쳐 전쟁을 일으키면서 천황을 일본의 가미만이 아니라 천조대신(天照大神, 아마테라스)의 자손으로서 부상시키고자 했다. 당시 일본인들은 천황이 있는 땅이야말로 가미가 특별히 지켜주는 나라라고 믿었다. 그래서 천황 중심의 일본이 세계를 통일해야 하는, 신국으로서의 사명을 받았다는 신도적 내셔널리즘을 갖고 있었다. 그러나 1945년 패전 이후 신도적 내셔널리즘은 점점 힘을 잃어갔고, 신도적 내셔널리즘으로 인해 이단시되고 억압받았던 불교계가 법화계의 내셔널리즘을 발전시켜갔다.

니치렌종은 『법화경』에 입각해서 내셔널리즘을 확보할 수 있는 측면이 강했는데, 이러한 법화계 교의를 따른 영우회도 "현대야말로 『법화경』의 진리가 실현되는 시기"라고 하면서 내셔널리즘을 강조했다. 그리고 국가에서 겪게 된 정치 경제적 위기들은 『법화경』에 입각한 선조공양이 제대로 이루어지지 않은 데에서 기인한다고 보았다. 이런 관점에서 영우회에서는 『법화경』에 입각한 선조공양

우리나라를 비롯해 세계 각국에서 전쟁을 일으킨 이들을 추앙하는 야스쿠니 신사 참배를 강하게 비판하는 데에도 불구하고 일본인들이 야스쿠니 신사 참배를 굳이 하는 이유가 바로 여기에 있다. 즉 그들은 전쟁 중에 죽은 원령들의 원을 풀어주고 선조들을 숭배해야만 자신들이 현세에 복을 받는다고 믿고 있기 때문이다.

을 해야만 국가가 존속할 수 있다고 주장하게 된 것이다. 곧 선조공양과 내셔널리즘을 하나로 통합시켜 불교적 내셔널리즘을 만든 것이다. 쿠보는 『법화경』 중심의 내셔널리즘이 신도적 내셔널리즘과 상반되지 않는다고 주장했는데, 그것은 선조공양이 메이지 천황이 공포한 〈교육칙어〉의 근본정신이기 때문에 양자는 서로 연결시킬 수 있는 측면이 있다고 본 것이다.

영우회가 확장될 수 있었던 또 다른 요인으로는 대중주의를 들 수 있다. 대중주의는 재가주의와 같은 의미로 이해할 수 있다. 니치렌은 법화창제를 통해 법화신앙을 단순화시킴으로써 누구나 쉽게 이를 실천할 수 있었다. 영우회는 법화창제뿐 아니라 『법화경』에서 발췌한 간단한 교전을 만들어서 매일 아침저녁으로 제단 앞에서 이를 염창하는 실천을 강조했다. 종래에는 승려들에게 주어진 경전 독송이 신종교계의 일반신도들도 교전을 염창할 수 있게 되어 재가주의, 대중주의가 확장되게 되었다.

한편 교전을 독송하고 법화창제를 염창하는 것뿐만 아니라 자신들의 체험을 나누는 집회를 열었는데, 2시간 집회 중 한 시간은 『법화경』을 독경하고 난 다음 약 45분간 체험담을 나누는 시간으로 진행되었다. 이처럼 교의 해설이나 설교는 없고, 대신 긴 시간을 할애해서 신앙체험을 나누는 체험주의야말로 신종교의 특징 중 하나라 할 수 있다.[365]

---

365 구보와 보타니 중에서 구보는 좀 공부를 했지만, 보타니는 공부를 많이 하지 않아서인지 체험을 더욱 중시했다. 이런 점에서 체험주의는 보타니에 의

(3) 창가학회

현재 800만 신도 수를 확보한 창가학회(創價學會, Soka Gakkai)는 1930년 마키구치 쓰네사부로(牧口常三郎, 1871~1944)에 의해 창설된 현대 일본 신종교로 일명 에스지아이(SGI)라고도 한다. 이는 Soka Gakkai International의 약자로, 국제창가학회國際創價學會를 의미한다. 창가학회는 처음에 일본불교의 한 종파인 니치렌 정종(日連正宗)의 재가신도 단체로 출발했으나, 1991년부터 니치렌 정종과 분리하여 독자적인 노선을 걷고 있다.

니치렌 정종은 니치렌(日蓮)의 직제자인 닛코(日興)에 의해 1279년 창시된 후지 대석사大石寺를 중심으로 한 종파다. 대석사파는 1912년 스스로를 니치렌 정종이라고 칭하면서 공식적으로 출발한 니치렌종의 여러 종파 중 하나다. 정종에서는 니치렌에 의해 불법의 궁극으로 제시된 만다라 본존, 이를 안치한 계단(본문本門의 戒壇), 나무묘법연화경을 창하는 다이모쿠(본문의 題目) 이 세 가지를 말법 시대의 삼대비법이라고 주장한다.

또 니치렌 정종에서는 석존보다 더 앞

창가학회의 창설자
마키구치 쓰네사부로
(牧口常三郎)

해서 더 확장되었다고 볼 수 있다. 구보의 지도를 받으면서 보타니는 자신의 체험을 다른 사람들과 나누고 그걸 다른 사람에게도 체험을 통한 신앙을 가질 수 있도록 권장했다.

선 지고존재가 있다고 주장하는데, 바로 그 본불本佛이 니치렌으로 다시 태어났다는 것이다. 니치렌 정종에서는 본문계단本門戒壇의 대어본존大御本尊을 믿고 다이모쿠(題目)를 창하는 것 자체를 즉신성불即身成佛의 실현으로 본다. 이 니치렌 정종에서 창가학회가 나왔다. 창가학회를 창시한 마키구치 쓰네사부

본문계단本門戒壇의 대어본존大御本尊

로는 1928년에 니치렌 정종에 입문하여 창가교육사상의 확대를 위해 창가교육학회를 설립했는데, 이것이 창가학회라는 재가 종교단체로 발전된 것이다. 창가학회는 처음에는 창가교육학회로 출발했다가, 1951년 제2대 도다 죠세이(戶田城聖, 1900~1958)에 와서 창가학회로 이름을 바꾸었다. 사업가적 기질이 농후했던 도다는 일본의 내셔널리즘을 수용하는가 하면, 1965년 공명당公明党을 창립해서 정치활동에 참여하기 시작했다. 그 후 공명당은 국회에서 세 번째 세력을 갖는 정당이 되었다.

1960년 도다의 제자인 이케다 다이사쿠(池田大作, 1928~)가 제3대 회장에 취임하고 나서 창가학회는 전 세계로 퍼져갔다. 1975년 괌에서 51개국 회원 대표가 모여 국제창가학회(Soka Gakkai International, SGI)를 결성, 이케다가 국제창가학회 회장으로 취임했다.[366] 한국SGI는 2000년에 법인설립 허가를 받고 재단법인 한국

창가학회의 3대 회장
이케다 다이사쿠(池田大作)

한국SGI 로고

SGI로 출발해 2017년 전국에 350여 개의 문화회관과 시설을 운영하고 있으며, 회원 수는 150만 명에 이르고 있다.

① 마키구치의 가치론
창가학회 설립자인 마키구치는 1903년에 펴낸 『인생지리학』의 저자로서 널리 알려진 탁월한 교육자였다. 그는 누구나 의욕적으로 실천할 수 있는 교육방법을 개발해서 실천할 수 있도록 가르치는 교육운동을 펼치는가 하면, 기성 권위에 굴하지 않는 반권위주의적 측면을 강조하면서 재가자들 중심으로 학회를 운영했다.

마키구치는 학습자가 수동적으로 지식을 배우는 게 아니라 생활과 관련하여 뚜렷한 목적을 갖고 적극적으로 가치를 창조할 수 있

---

366 현재 국제창가학회(SGI)는 192개국에 회원과 각국의 조직이 있다. 현재 일본 국내 창가학회 회장은 제6대 하라다 미노루(原田稔)이며, 이케다 SGI 회장은 일본 창가학회 명예회장으로 있다. 창가학회 신자는 전 세계에서 1,000만 명을 크게 상회하고 있다. 우리나라에는 1960년대 초반에 전파되었는데, 현재 한국 조직의 정식 명칭은 '한국SGI'이다.

도록 하는 가치론을 주장했다. 즉 단순한 지식이 아니라 분명한 목적을 지닌 학습을 통해 새로운 가치를 창조해낼 수 있어야 한다는 것이다. 또한 최고의 가치는 이론이 아니라 실천을 통해서 좋은 결과가 얻어질 때 비로소 최고의 가치라고 본다는 점에서 마키구치는 체험을 강조했다.[367]

그는 구체적으로 니치렌 정종의 신앙과 가치론을 결합시켜 신앙에 입각한 적극적인 생활태도를 중시했다. 그는 선을 행하지 않음(不善)이 악이며 큰 선을 멀리하는 것이 큰 악이라고 하여 대선大善생활이야말로 가장 이상적인 인생이라 규정한다. 여기서 대선생활은 본존을 향해 제목을 암송함에서 비롯되며, 이를 실천하면 그 결과 치병 및 현세이익을 얻을 수 있다고 강조한다. 따라서 미래해탈은 문제시되지 않으며, 지금 여기서 대선생활을 실천하고 그 결과 현세이익을 얻는 것을 구원으로 본다.

마키구치는 새로운 포교형식인 좌담회를 고안해냈는데, 이는 성직자나 승려에 의해 교의학습이 진행된 것이 아니라 재가신도가 직접 맡아 교의학습을 시키고 각자의 일상에 적용하며, 또 생활 중에 체험한 것을 나누는 형식을 말한다. 창가학회 신자들은 수십 명씩 각 가정에서 모여 좌담회를 통해 자신의 체험담을 나누었다.

그러나 마키구치는 일본 군국주의 사상과 태평양전쟁을 부정하

---

367 그는 인간을 행복하게 만드는 데 교육의 목적이 있음을 천명하고 바로 그 행복을 가치라고 보았다. 즉 가치란 구체적인 인간의 삶에서만 의미가 있다는 것이다.

고, 1943년 전시 하에서 이세 신궁에 모셔진 아마테라스(天照大神)의 부적 모시기를 거부함으로서 천황불경죄의 혐의로 구속되어 투옥 중에 사망하고 말았다(1944). 그 후 창가학회는 마키구치의 뒤를 이은 도다 조세이에 의해 점차 세력 확장을 해나갔다.

②도다 조세이의 생명론

도다 조세이(戶田城聖)는 감옥생활 중 매일 만 번씩 '나무묘법연화경'을 암송하는 창제수행을 했는데 이백만 회가 되는 날, '붓다는 영원한 생명'이라는 생명의 신비를 체득했다. 그가 깨달은 바는 우주와 인간은 모두 붓다의 생명이 드러난 것이며, 이러한 우주 생명력의 근원은 나무묘법연화경을 도식으로 한 본문의 본존 만다라이다. 곧 그는 이 본존을 받들고 제목을 창함으로써 개개 생명의 창조적 힘이 발동되어 성불하게 됨을 깨달은 것이다. 이러한 깨달음에 기초하여 마키구치의 가치론을 생명론으로 변형시킨 도다는 만다라를 본존本尊으로 삼아 거기서 방출되는 우주 대생명의 생명력을 통해 충만한 현세생활을 최종 구원 목표로 삼았다.[368]

나약한 몸이 붓다의 경지에 있다는 사실을 어떻게 믿을 수 있을까?라는 큰 의문을 품었던 도다는 '붓다는 생명'이라는 깨달음을 통해 자신의 의문을 풀 수 있었다.[369] 결국 도다의 생명론은 그 자신이

---

368 니치렌 정종에 소속된 창가학회가 신종교의 대표 교단인 것은 조직적 자립성을 갖고 전통 불교와는 다른 구원관을 제시한 점에서 명확한 사상적 자립성을 갖고 있기 때문이다.

깨달은 즉신성불에서 나온 것이라 할 수 있다.

　그는 나무묘법연화경이라 창할 때 스스로 부처의 경지에 있음을 '부처는 생명'이라는 개념으로 이해했다. 도다는 모든 존재는 이 붓다의 생명을 갖고 있기에 대어본존大御本尊의 생명과 일치될 수 있다는 것이다. 이것이 그가 생명주의적 관점에서 이해한 즉신성불론이다.

　도다에게 있어 불교는 현세적 삶을 추구하는 데 있으며, 대어본존은 생명력의 원천이자 현세이익을 실현시켜주는 것이라고 본다. 이처럼 도다는 궁극적 존재와의 연관성을 현세적 실재의 차원에서, 즉 생명이든 붓다든 현실에서 체득 가능해야 한다고 주장한다. 이러한 도다의 가르침은 일본불교의 구원론적 구조에 큰 혁신을 일으켰다. 종교학자 시마조노는 이를 생명주의적 구원관으로 특징지위지는 현세구원의 사상적 수립이라고 설명한다.[370]

2. 일본 신신新新종교

신종교가 질병과 빈곤, 가정 내 갈등을 배경으로 하는 데 반해, 신신종교는 1970년 이후 형성된 교단으로 개인주의적 사고에서 개인의 고독이나 스트레스를 극복할 힘을 획득하고 자율적 개인으로 자

---

369 박규태, 「창가학회의 일고찰」, 『종교학연구』 Vol.20, 서울대학교 종교학연구회, 2001, 80쪽.

370 즉 도다의 생명론은 일본 신종교의 생명주의적 구원관의 사례라는 것이다.

기를 개발하는 것을 목표로 한다. 그래서 개인적 심리 통어기법이 발달되었다. 예를 들면 초월명상(TM, Trascendental Meditation)이나 명상에 의한 잠재능력 개발, 요가나 기공을 통한 무의식 차원에 도달하여 마음을 통제하는 것이 그것이다.

신신종교의 유형 중에는 사회와 격리되어 자기들만의 긴밀한 신앙공동체를 만든 격리형 교단이 있는데 옴진리교나 여호와 증인, 통일교 등이 이에 속한다.[371] 그 외에 매스미디어를 통한 간접적 커뮤니케이션을 중심으로 하는 개인 참가형의 교단이 있는데 행복의 과학, 백광진굉회白光眞宏會, GLA(Good Light Association, 신광회), 아함종이 이에 해당된다. 그리고 신종교 교단과 큰 차이가 없는 중간형의 교단으로 진여원眞如苑을 들 수 있는데, 진여원은 현재 260만이라는 신도 수를 확보한 매우 큰 신신종교이다.

그럼 1970년대 이후에 신신종교가 급성장한 이유는 무엇인가? 신종교가 재가자들이 함께 모여 신앙생활을 했다면, 신신종교는 개인 중심의 신앙 형태라 할 수 있다. 현대사회가 점점 개인주의화되어 가면서 사람들의 바람에도 변화가 생겼다. 종래에는 가난하고 질병도 많아 생계문제를 해결하기 위해 종교를 찾았다면, 현대에 와서는 경쟁사회에서 살아남기 위해 받는 스트레스와 개인의 고독을 위무하는 것이 필요했던 것이다.

종전에는 개인보다 공동체가 중심이었기 때문에 신종교에서는

---

371 시마조노 스스무, 박규태 옮김, 『현대 일본 종교문화의 이해』, 청년사, 1997, 269쪽.

타자와의 화합, 이타주의적인 생활윤리를 강조했다. 그러나 현대에 와서 개인주의화되면서 신신종교는 현대인의 요구에 발맞추어 명상 실천을 통한 개인의 의식 변화를 중시하기 시작했다. 이러한 신신종교의 특성은 주류층에도 변화를 가져왔으니 종래 신종교가 중년 여성신도 중심이었다면, 신신종교에서는 삼십대 전후의 고독한 남녀들이 많다는 것이 그것이다.[372] 그럼 신신종교에서 강조하는 신영성 운동이란 대체 무엇인가?

1) 신영성 운동

일본 문부성의 통계조사에 따르면 1970년대 초부터 종교인의 비율이 증가 추세로 돌아섰다고 하는데, 이를 두고 일본학계에서는 '종교 붐'이라 불렀다. 이때의 '종교 붐'은 옴진리교를 비롯하여 1970년대 이후에 창시되어 급속하게 발전한 신신종교 교단을 지칭한다. 그럼 왜 1970년대 이후에 종교 붐이 일어났을까?

중요한 요인으로 심령공포영화, 초능력이나 심령현상을 다룬 TV

---

372 신신종교의 또 다른 특징으로는 주술과 연결되어 있는 점을 들 수 있다. 1970년 이후 영화, TV, 영상매체들에서는 영계의 현상들, UFO, 신비적인 괴기현상을 다루는 프로가 급격히 증가했다. 엑소시스트, 스타워즈, ET, 사자의 영을 체험하는 사후세계, 대영계 만화세계의 주술적 측면도 성행했다. 애니메이션이나 컴퓨터 게임에 등장하는 영 현상이나 주술, 기이한 세계와의 교류 등도 신신종교 발생의 요인이 되었다. 우리가 특히 신신종교에서 주목해야 할 것은 신영성 운동이다. 이 운동은 광고, 영화, 영상, 음악 등에 두루 퍼져 있기에 우리는 알게 모르게 그 안에서 살아가고 있다.

프로, 애니메이션, 게임 등을 들 수 있다. 1990년대에는 이야시(癒し, 치유) 붐을 거쳐 대중문화와 미디어 및 출판계와 학술계에 스피리츄얼리티(Spirituality)라는 말이 넘쳐났다. '스피리츄얼리티'란 "개개인이 성스러운 것을 경험한다든지 성스러운 것과 관계를 맺고 살아가는 것" 혹은 "개개인의 생활에 있어 생명의 원동력으로 느껴진다든지 살아갈 힘의 원천으로 여겨지는 경험과 능력"으로 사용되어 왔다. '신영성 운동'이라는 용어는 이러한 스피리츄얼리티 담론을 배경으로 개념화된 것이다. 시마조노는 신영성 운동을 미국의 '뉴에이지'와 일본의 '정신세계'를 포괄하는 범주로 제시한다. 즉 신영성 운동은 "선진국을 중심으로 전 지구적 규모로 일어나고 있는 새로운 종교운동으로, 분명한 교의나 조직 없이 개인의 자유로운 참가와 실천을 기반으로 한 개인주의적인 영성추구 운동"이라는 것이다.

신영성 운동에서는 종교와 과학이 통합된 세계관을 제시하고 있다. 종교 중심이었던 중세에서 근대로 넘어오면서 과학 중심으로 바뀌게 됨에 따라 종교적 구원관에도 변화가 생겼다. 즉 종래에는 종교가 구원관을 제시했는데 근대에 들어와서는 더 이상 종교적 구원관이 사람들에게 의미 있게 다가오지 않는다는 것이다. 그래서 근대에 종교에 대한 관심이 줄어들었지만 그렇다고 과학이 종교의 자리를 대신해주지는 못했고, 종교는 과학적 실증에 대한 응답을 제대로 하지 못하는 상태였다.

그러다가 현대의 신영성 운동에 와서 종교와 과학을 통합한 구원관이 제시된 것이다. 구체적으로 그것은 자기 자신의 의식을 높은 차원으로 끌어올림으로써 '우주적 의식'과 융합시키는 것을 통해 드러났다. 신영성 운동에서는 무엇보다도 의식 변형을 궁극적 실재에 이르는 중요한 지표로 삼는다. 즉 의식을 변형시켜 일상의 의식과는 상이한 의식상태를 실현코자 하는 것이다. 그리고 이러한 의식상태를 통해 보다 고차원적 영혼상태로 들어갈 수 있다고 본다. 그러기에 신영성 운동에서는 자연과 인간을 초월한 신이 아니라 자연과 인간 안에 내재하는 신성과 영성에 주목한다.

이러한 신영성 운동은 자력주의나 개인주의라는 현대 사조와 연결되어 자율적인 개인의 네트워크를 중심으로 퍼져나갔다. 뉴에이지 운동은 교회나 교단이 있는 것이 아니라, 매스미디어를 통해서 사람들에게 접근한다. 매스미디어를 통해 계속 새로운 정보를 받아들이는 현대인들은 기성종교의 가르침을 문자 그대로 받아들이기가 쉽지 않다. 또한 개인주의가 팽배해지면서 사람들은 종교라는 조직체에 구속받는 것을 싫어한다. 그래서 뉴에이지 운동은 종교조직을 부정하고 권위를 비판하는 비권위주의적인 종교운동으로 확장되어 갔다. 특히 뉴에이지 운동은 유일신 삼교(유대교·그리스도교·이슬람교)와 같은 기성종교에 대해 비판적 입장을 취했는데, 그것은 인격적 신이나 예수에 대한 신앙이 개인의 자율성을 포기하게 만든다고 보기 때문이다.

그럼 신영성 운동이 지향하는 바는 무엇인가? 신영성 운동에서는 의식 변형을 위해 명상하고 매스미디어를 통해서 계속 의식 변형을 하도록 유도한다. 그래서 어떤 탈아적 경지로 들어가면 자기 안에서 신성을 만날 수 있다는 것이다. 신영성 운동에서는 현대야말로 종전의 기성종교가 가져다 줄 수 없는 인류의 영적 진화로 나아갈 수 있는 큰 전환점이라고 본다. 그래서 자율적 개개인의 각성을 통한 영성 개발을 중요시하는 것이다.

2) 신영성 운동의 문제점

현대인들은 영적이되 종교적이지 않는 것을 지향하는 경향이 있다. 다시 말해 현대인들은 개인의 각성을 통한 영적 개발을 추구하지, 기존의 종교들이 제시한 것들에는 관심이 없다는 것이다. 그렇다면 기존 종교들은 이러한 현대인들이 추구하는 바에 어떻게 응답할 것인지를 고민하지 않으면 안 될 것이다. 기존에 지녀온 가르침들을 그대로 고수할 것인지, 아니면 현대인들이 추구하는 바에 늦게나마 맞추어 나갈 것인지에 대해 깊은 숙고가 필요하리라 본다.[373]

그럼 신영성 운동의 문제점은 무엇인가? 여러 문제점 중에서도 가장 심각한 것은 공동체 회피증이다. 앞서 말했듯이 신영성 운동에서는 개인의 자율성과 각성을 중시한다. 그러나 과연 개인의 자율성만으로 현대사회의 문제를 해결할 수 있을까?

인간의 궁극적인 행복은 함께 더불어 행복해지는 데 있다. 그것은 우리의 존재 자체가 다른 존재와 깊이 연결되어 있기 때문이다. 이 말은 홀로는 결코 행복해질 수 없다는 의미이다. 내 주변의 행복이 곧 나의 행복임을 의미한다. 이것이 종교가 지향하는 바이다.

---

373 예를 들면 기존 종교들(가톨릭, 불교)의 언어표현에 대한 현대화 작업의 필요성이 그중 하나이다.

이렇듯 종교가 궁극적으로 지향하는 바가 함께 더불어 행복해지는 길을 추구하는 것이라면, 공동체성은 무엇보다도 중요한 종교적 요인이 될 것이다. 함께 살아갈 수 있는지를 고민하고, 더불어 구원될 수 있는 길을 모색해가야 하는 것이 종교가 지향해야 할 바라면, 신영성 운동에서 말하는 개개인의 영성만으로 공동체의 구원문제를 해결할 수 있을까 하는 점이다. 각 개인은 공동체를 떠나 따로 존재할 수 없다는 관점에서 과연 공동체성이 배제된 종교가 인간의 고독과 소외, 그리고 불안의 문제를 해소해줄 수 있는지 우리는 묻지 않으면 안 된다. 이런 점에서 공동체성이 결여된 신영성 운동이 과연 현대사회의 대안이 될 수 있을까에 대한 의문이 들 수밖에 없다. 타자와의 연대 기반을 상실하게 된다면 마음의 빈곤은 결코 사라지지 않을 것이다. 우리는 이를 일본 신신종교에 해당하는 옴진리교를 통해 확인할 수 있다.

(1) 옴진리교

① 옴 사건의 사회 문화적 요인

1995년 일본에서 일어난 사건 중 10명의 사망자와 3천 명 이상의 피해자가 발생한 옴진리교(Aum Shinrikyo)의 지하철 사린 사건이 있었다. 이는 도쿄의 지하철에 화학무기로 사용되는 신경성 독가스인 사린이 살포된 사건이다. 옴 사건으로도 불리는 이 사건은 현대 일본사회를 구분 짓는 하나의 시대적 지표라고 말하는데, 어떤 점에서 그러한가?

일본이 제2차 세계대전 패전 후 고도성장을 이룬 1970년대 전후

옴진리교 교주 쇼코 아사하라
(Shoko Asahara)

까지의 25년간을 이상의 시대라고 한다면, 옴 사건이 일어난 1995년까지의 25년간은 허구의 시대라고 불려진다.[374] 여기서 말하는 이상의 시대란 미국식 민주주의의 이상이자 경제성장과 물질의 풍요라는 미국식 자본주의적 이상을 가리킨다. 일본은 70년대 이후 고도소비 사회를 거쳐 탈산업화 사회에서 정보화 사회로 나아갔다. 장 보드리야르Jean Baudrillard는 이러한 사회적 변화에서 드러나는 특징은 가상과 허구가 현실보다 더 뛰어나고, 상품보다도 광고가 더 우월하며, 가짜가 더 진짜 같을 수도 있는 사고가 팽배하게 된다고 말한다. 즉 원본(original)과 사본(copy)이 뒤섞여 현실도 하나의 사본에 지나지 않는다고 착각하는 것이다. 이러한 고도소비 사회 혹은 정보화 사회에서는 복제(copy)에 대한 욕망이 사람들의 행동을 규정한다.

사람들은 화려한 광고나 매스컴에 나오는 가상적 세계에 현혹되어 자신도 모르게 이를 따라하면서 자신의 욕구를 채우고자 한다.[375] 옴 사건은 바로 이러한 현대사회가 지닌 현실과 가상의 세계

---

374 박규태, 『아마테라스에서 모노노케 히메까지』, 책세상, 2001, 147쪽.

375 옴 사건이 발생한 1995년에 일본에서 무려 23억 부나 되는 만화책이 출판되었고, 이 판매 수치는 그해 일본에서 출판된 모든 서적 판매액의 40%에

가 혼재하는 가운데 가짜와 진짜가 쉽사리 전도될 수 있는 시대 상황과 맞물려서 일어났다. 즉 '허구의 시대'의 정점에서 드러난 것이 바로 옴 사건인 것이다.

옴진리교 교단은 처음에는 단순한 요가 그룹으로 출발했다가 불교 근본주의 운동으로 전환한 다음, 다시 티베트 불교의 샴발라 관념 및 기독교의 묵시론적 아마겟돈 관념을 수용하면서 극단적인 종말론적 섹트로 변신했다. 우리는 이를 옴진리교의 교리에서 확인할 수 있다. 옴진리교의 교리는 티베트 불교, 요가, 오컬트 신비주의를 토대로 하고, 거기에다 현대의학, 힌두 판테온, 기독교 종말론 등이 가미되었다.[376] 여기서 우리는 옴진리교가 불교적 교리를 중심으로 한 종교 교단인데, 대체 어떻게 살인을 정당화할 수 있었는가 하는 의문을 가질 수밖에 없다.

② 현세 부정적 천년왕국주의 종말론
옴진리교는 현대 일본 사회의 물신주의를 비판하면서 금욕, 요가, 명상을 통한 개인의 영적인 각성을 강조했는데, 이러한 개인의 영적 각성이 현대 일본 사회의 물신주의와 지독한 획일주의로 인한 엄격한 상하관계, 그리고 치열한 경쟁에 지쳐버린 일본 젊은이들에

해당한다. 이는 90년대 일본 사회에서는 만화와 애니메이션의 영향력이 막강했음을 시사해준다. 옴 사건은 이러한 시대적 흐름과 결코 무관하지 않다.
376 옴진리교의 종말론적 교의들은 『우주전함 야마토』라든가, 『아키라』와 같은 애니메이션 스토리나 만화에서 이미지를 따온 것들이 대부분이다.

게 매력적으로 다가온 것이다.

옴진리교에서는 현세 부정적인 천년왕국주의 종말론을 주장하는데, 이 교리에 따르면 80년대 말 이전까지는 옴진리교에서 일정 수의 해탈자만 있으면 세계가 파국적 위기에서 벗어날 수 있고 수행자의 에너지에 의해 지상에 샴발라 왕국을 건설할 수 있다는 것이다. 그러나 현대세계가 점점 더 에고이즘이 급속히 확대되어 가면서 악의 에너지도 증대되고 있기에 이를 그대로 두면 세기말의 핵전쟁을 피하기 어렵다는 것이다. 따라서 일본 전체에 옴의 성스러운 공간을 확장시켜 일본을 세계 구제의 거점으로 삼아야 한다는 일본의 샴발라화 계획이 필요하다는 것이 옴진리교의 주장이다.

마침내 옴진리교에서는 1988년부터 로터스 빌리지라 불리는 자급자족적 수련공동체를 일본 전 국토에 세운다는 청사진을 발표했다.[377] 이는 옴진리교를 통해 아마켓돈(최종전쟁)에서 세계 인구를 1/4로 줄일 수 있고, 옴진리교 해탈자들을 중심으로 초인류가 지구를 통치하게 될 것이라는 낙관적 종말관이다. 이러한 현세 부정적 종말론이 옴의 폭력을 키운 요인이 되었다. 그러나 실제적으로 옴진리교가 휘두른 폭력의 보다 더 핵심적 요인은 종말론이 아니라 바즈라야나Vajrayana의 교의와 수행체계였다. 그들에게 신앙적 목표는 수행을 통한 해탈이었는데, 그 해탈을 위한 최종 교의가 바즈라야나인 것이다.[378]

---

377 박규태, 『아마테라스에서 모노노케 히메까지』, 책세상, 2005, 144쪽.
378 같은 책, 145쪽.

③ 포와의 초인윤리

옴진리교는 가상과 현실을 혼동하는 가운데 무차별 폭력을 자기 정당화시켰다. 가상 자체를 현실로 착각하는 과정에서 그들은 자신들의 사상적 근거로 포와의 초인윤리를 주장했는데, 이는 선악의 이원 대립적 단계를 초월한 윤리 단계를 말한다. 여기서의 포와phowa는 원래 의식의 변형, 즉 고차원의 의식영역으

원래 고차원으로의 의식 전이를 뜻하는 티베트 밀교 행법인 포와phowa

로의 전이를 뜻하는 티베트 밀교 용어이다. 포와 교리를 살피기에 앞서 옴진리교가 궁극적으로 추구하는 종교적 지향부터 알아보자.

먼저 옴진리교에서는 수행의 초기단계로 개인 구원의 히나야나(소승) 단계를 말하고, 그 다음은 중생을 구원하는 마하야나(대승) 단계를 거쳐, 탄트라 단계[379]를 지나 절대적 구원단계인 바즈라야나 단계로 나아가도록 촉구한다. 마지막 단계에서 흔들리지 않는 금강

---

379 탄트라는 가장 저차원 에너지의 하나인 성적 에너지를 상승시키는 수행체계로, 이 에너지를 척추에 따라 나 있다고 상정되는 세 개의 기도를 통해 상승시켜 머리끝으로 보내는 수행을 말하는데, 이 과정에서 생명 에너지와 지성이 합일되어 초인이 된다고 한다.

심을 만드는 게 중요한데, 이는 "무엇이든 감각이 만족할 때까지 끝까지 가서 거기에 물린 후 그것을 벗어나라"는 것이다. 바즈라야나 수행 중에서 가장 중요한 것은 감각적 현실이 환상임을 자각하는 데 있다. 이러한 과정을 거치는 데 있어 구루의 지도는 절대적으로 중요하다.

옴진리교에서는 해탈에 이르는 과정에서 구루에 의해 신자들에게 에너지를 주입하는 것을 강조한다. 이렇게 구루의 에너지를 신자에게 이입하여 구루의 복제를 만드는 것을 구루의 콜론화(colon化)라고 한다. 여기서 더 위험한 것은 교조 아사하라가 1989년 이후 고차적 의식상태에 도달한 수행자가 낮은 의식상태의 제자를 물리적으로 폭행하고 상해하는 행위까지 정당화하는 발언을 했다는 사실이다. "금강의 마음을 갖기 위해선 나쁜 카르마를 제거해야 한다." 즉 폭력을 통해서라도 나쁜 카르마(악업)를 제거해야 한다는 가르침을 펼친 것이다. 곧 절대적 구루는 선악을 초월한 구제 능력이 있으니, 그가 행사하는 '포와의 폭력'을 상대방을 구제하기 위한 수단으로 본 것이다.

이러한 포와 사상은 악을 철저화하면 선이 된다는 윤리적 역설을 적나라하게 드러내고 있다.[380] 세속적으로는 악이지만 대국적인 견지에서는 선이라는 것이다. 이런 초윤리적 확신이 그들로 하여금 서슴없이 무차별 테러를 감행하게 한 것이다.[381] 여기서 우리가 주

---

380 같은 책, 89쪽 참조.
381 티베트 밀교의 비밀금강승에서는 욕망을 버리려 하기보다 오히려 욕망이

목할 것은 옴진리교의 선악관은 일본 신도의 선악관과도 연관성이 있다는 점이다. 신도에서 악은 생명력의 쇠퇴, 곧 탁해진 상태를 뜻할 뿐 절대적 악의 실체는 말하지 않는다. 곧 '본래 악은 없다'는 것이다. 이러한 사유는 옴진리교를 비롯한 일본 신종교에서도 그대로 드러나고 있다. 일본 신종교에서는 우주나 신과 동일시되는 근원적 생명이라 할 만한 신앙대상이 중시된다. 생명주의적 구원관에 의하면 선은 우주에 생명력이 가득 차 있어 전체가 조화를 이루는 상태인 데 반해, 악은 우주만물이 활력과 조화를 잃어버림으로써 생성력이 쇠약해지고, 그 결과 근원적 생명이 발현되지 못한 상태를 의미한다. 이런 점에서 본래 악은 존재하지 않고 다만 쇠퇴한 생명력을 회복하기만 하면 모든 악은 저절로 사라지게 된다는 것이다.

옴진리교에서는 '본래 악은 없다'는 악의 역설을 다시 전도시켜 현대는 큰 악이 지배한다는 종말론을 내세우면서 '작은 악을 통해 큰 악을 없앤다'는 포와적 역설로 폭력을 실행에 옮긴 것이다. 이러한 옴 사건은 일본 현대사에서 중요한 분기점이 되었다. 그것은 그 안에 일본의 역사, 문화, 사상, 정치, 경제, 종교 등 모든 영역에 걸친 문제가 내포되어 있기 때문이다.[382]

본래 지닌 생명력을 이타적인 목적을 위해 방편적으로 이용할 필요가 있다는 입장이다.

382 이렇듯 정보사회가 발달하면서 가상과 현실 사이의 벽이 허물어지고 가상이 현실처럼 행세하는 상황에서 종교는 다른 문화보다 폭력의 가능성을 많이 내포하고 있음을 우리는 옴 사건에서 확인하게 된다. 한국에도 옴 사건 같은 것이 일어날 수 있을까? 일본 사회만큼 정보화가 진전된다면 가능하

옴 사건을 통해 우리는 한 가지 교훈을 배우게 된다. 그것은 개인주의적 관점에서 개인의 의식 스펙트럼을 높이는 데만 초점을 맞추고 각자의 깨달음만 지나치게 강조할 때 어떤 결과가 초래되는지 옴 사건을 통해 보게 되었기 때문이다. 명상을 통한 깨달음의 완성은 자신의 깨달음에서 끝나는 것이 아니라 중생을 향한 자비행을 통해 이루어짐을 세계 대종교에서는 말하고 있다. 그것은 중생이 처한 고통의 문제를 외면한 채 개인의 각성만을 추구하는 영성은 궁극적일 수 없기 때문이다.

'사토리(悟り, 覺り)'는 선禪에서 영적 각성의 깊은 체험을 표현하는 말인데, 그 체험에는 우주 그 자체의 궁극적 비밀을 알아차리는 것이 포함되어 있다.[383] 그러나 그 사토리가 궁극적인 것이 되려면 자기중심적인 것을 넘어 이웃에게로, 더 나아가 세상 속으로 나아가지 않으면 안 된다. 우리는 지금 자신이 속한 공동체, 그리고 더 나아가 국가와 인류가 처한 고통의 상황에 함께 아파하고 그들과 더불어 나아가는 종교와 영성이 무엇보다 절실히 필요한 시대를 살아가고 있기 때문이다.

3) 신종교와 신신종교의 차이

신종교에서는 자신의 마음을 고쳐먹음으로써 다른 존재와의 관계를 회복함을 목표로 삼는다. 이와 같이 마음 고쳐먹기가 바로 신종

리라 본다.

383 켄 윌버, 정창영 옮김, 『켄 윌버의 통합비전』, 김영사, 2014, 29쪽.

교에서 말하는 고코로나오시(心直し)
의 윤리이다. 천리교天理教의 교조인
나카야마 미키(中山みき, 1798~1887)는
마음을 잘못 쓰면 인색, 담심, 증오, 편
애, 원망, 분노, 욕심, 교만 등 8가지 먼
지가 쌓여 온갖 질병과 불행이 비롯되
는데 이를 털어내면 신의 수호를 받아
질병과 불행에서 벗어나 구원받는다
고 주장한다.

천리교天理教의 교조인
나카야마 미키(中山みき)

　그러나 70년대 종교 붐 이후에는 종
전에 타자와의 관계를 윤리적으로 향상시키기 위한 실천으로 강조
해오던 고코로나오시의 의미가 점점 약화되어 갔다. 그것은 개인을
중심으로 한 신신종교에서는 마음의 문제를 다른 측면에서 바라보
기 때문이다. 그래서 신신종교들, 곧 GLA 교단이나 행복의 과학 교
단에서는 복잡한 인간관계나 타자와의 관계에서의 갈등보다는 개
인의 반성적 자기 찾기나 고독한 혼의 내적 평안을 추구하는 면을
더 강조해왔다. 곧 타자와의 관계보다 각자의 마음 각성에 더 관심
을 갖게 된 것이다.

　종교학자인 시마조노 스스무는 이러한 신신종교의 실천기법을
'심리통어通御기법'이라 불렀다. 이와 같이 신신종교에서는 타자에
대한 윤리보다 '자기 마음의 통어법'이 성행했다. 무한경쟁 시대를
살아가는 현대인은 자신의 지위 향상이나 출세 성공을 위해 명상하
고, 몸과 마음을 관리하는 데 마음과 시간을 투자하고자 한다. 이렇

듯 개인주의적인 면만을 강조하는 신영성 운동에서는 탈공동체적이 되어 타자와의 연대 기반을 상실케 만들 위험이 농후하다. 그러한 신영성 운동의 한계를 보면서 과연 신영성 운동이 인류를 영적진화로 이끌 수 있을지 의심하지 않을 수 없다.

이상에서 살펴본 일본 신종교와 신신종교를 한국 신종교와 간략히 비교해보자.

1860년 최제우(崔濟愚, 1824~64)의 동학東學 창도를 시작으로 서양 제국주의의 침입에 따른 위기의식, 그리고 유불선 등 기성종교의 중생 구제력이 상실되어 가는 상황들은 한국 신종교의 형성을 촉진시켰다. 당시 종교적 방향감각을 상실한 민중들에게 신종교는 유일한 의지처가 되는가 하면, 일제 강점기 때에는 민중항쟁의 구심점으로서의 역할도 수행했다. 이렇듯 광복 때까지 신종교는 민중종교로서 자리매김을 해온 것이다. 그러나 신종교는 광복 후 현대화로 치닫는 급속한 사회변화에 제대로 부응하지 못했다. 그즈음에 기성종교, 특히 기독교가 종교의 중심부에 자리를 잡게 되면서 신종교의 입지는 더욱 좁아질 수밖에 없었다.

이러한 상황에서 1970년대 후반에서 80년대 초반에 새로운 변화가 찾아왔다. 당시 산업화와 함께 서구문화가 무분별하게 유입되자점차 한국인의 정체성을 찾고자 하는 분위기들이 이곳저곳에서 촉발되었다. 또한 우리 것에 대한 관심도 점점 커지면서 신종교도 종교적인 위상을 되찾아 불교나 기독교와 함께 활동하게 되었고, 내

---

384 이경우, 「한국 신종교의 발생과정과 현황」, 『신종교연구』 20집, 2009, 316쪽.

적으로도 창립자의 정신을 재정립하
면서 제도의 정비와 문화 창조의 기
틀을 다져갔다.[384]

150년의 역사를 지나면서 과거 산
중이나 지방에 있던 한국 신종교 교
단은 대거 도시로 나왔고, 교단의 지
형地形도 신구 교단이 교체되어 갔
다. 즉 전기에 활동했던 교단들은 광
복 후 쇠퇴해가면서 겨우 명맥만 유
지하고 있는 데 반해, 대신 후기의 신

동학의 창시자 수운
최제우崔濟愚

생 교단들이 시대에 부응하여 활발한 활동을 하기 시작했다.[385/386]

---

385 또 특기할 현상은 당시 국가와 종교가 모두 공백기였으므로 민생들은 신종
교에서 정신적 의지처뿐만 아니라 국권회복과 신국가 건설까지 기대했다.
후기의 신종교는 광복 후 전기와 같은 발생요인은 없고 대신 각 계통마다
창시자 이후 2~3대에 접어들면서 도맥 계승 문제로 인한 분파 현상이 나타
났다.

386 한국 신종교는 그 성립 시기를 기준으로 크게 네 시기로 나누어볼 수 있
다. 첫째는 개항기로 이때는 동학 창도를 시작으로 천도교와 증산교, 대종
교, 금강대교金剛大教가 발생했다. 둘째로는 일제 강점기로 동학 및 증산교
의 분파활동이 활발히 이루어졌으며, 원불교 불법연구회와 기독교계 신종
교, 무속계 신종교 등이 발생했다. 셋째는 해방 이후 산업화 이전 시기로 통
일교 등의 기독교계 신종교가 발생했고, 천리교나 니치렌 정종 등의 일본계
신종교, 여호와의 증인, 몰몬교 등 미국계 신종교들도 이 시기에 활약하기
시작했다.

1970년대 일본의 종교상황이 신영성 운동과 같은 신신종교가 성행했듯이 한국의 경우도 70년대 이후 산업화와 도시화 현상으로 종래의 농촌 중심형의 신종교와는 달리 도시 중심의 신종교가 새로 성립하거나 신종교의 개혁운동이 일어났다. 또 1980~90년대에는 급진적 종말론이 확산되고 선이나 기 등의 신심수련법도 확산되었는데, 특히 급진적 종말론을 강조하는 신종교들이 사회적 물의를 일으켜 사이비종교에 대한 문제가 부각되었다. 92년 휴거와 예수재림을 내세운 다미선교회의 시한부 종말론은 한국 사회에 엄청난 후유증을 남기기도 했다.[387]

한국 신종교의 공통된 특징으로는 후천개벽, 선민의식, 통종합일統宗合一과 주문 등을 들 수 있다. 후천개벽 역사관에서는 인간과 우주의 역사를 선천先天과 후천後天으로 나누는데, 신종교가 발생한 19세기 중엽을 선천이 후천으로 바뀌는 전환기로 보고 있다. 즉 역사의 순환과정에서 선천의 운은 다하고 물질계나 정신계 모두 혼탁해져 그대로 두면 인간과 일체 생명이 공멸하므로 온전한 새 세계로 재창조해야 한다는 것인데, 그 창조 작업을 바로 '개벽'이라 부른다. 이처럼 개벽이 되어 모든 존재가 참 모습을 드러낸 세계를 후천세계라 칭하고 있다.

한국 신종교에서는 후천개벽이 한국을 중심으로 이루어진다고 주장함으로써 강한 민족주체사상을 보였다. 곧 후천 시대 정신문명

---

387 이재헌, 「1970년 이후의 한국 신종교의 현황의 전망」, 한국신종교학회, 『신종교연구』 3권0호 2000, 18쪽.

의 주축이 바로 한민족이며 한국이 그 도덕의 종주국이라는 것이다. 앞서 일본 신종교에서도 일본은 신국神國이고 지구의 중심이라는 일본 중심주의적 선민사상을 주창하고 종교적 내셔널리즘을 말한 바 있다. 한국 신종교 역시 한민족의 역사와 문화를 강조하고, 한국이 미래 인류사회의 정신적·도덕적 지도국이 되리라는 전망과 함께 민족주의적인 면이 강조된 점에서도 유사성을 보인다. 이러한 자민족 중심주의는 종교적 세계관에서 눈에 띄는 중심상징 중 하나다. 그러나 이러한 중심상징이 오히려 장애물 요인으로 작용될 위험성이 있다. 그것은 한국 신종교의 종교적 내셔널리즘이 한국 신종교의 정체성의 기초가 되는 한, 그건 궁극적 조화의 이상을 추구하는 것과 모순이 되지 않을 수 없기 때문이다.[388]

한국 신종교 창시자들이 제시한 후천세계를 이끌 법리法理에는 유불도 삼교사상과 서구사상 및 전통 민간신앙이 내포되어 있다. 이와 같이 기존종교의 교의를 수용하고 이를 회통시키고자 하는 면은 여러 신종교에서 공통적으로 드러나고 있다.[389] 일본 신종교의 경우 법화계 신종교가 두드러진 것과 비교할 때, 한국 신종교에서는 유불선의 회통사상이 그 특징으로 나타나고 있다. 이러한 차이점도 있으나 한국 신종교나 일본 신종교 모두 현세적 지상천국을

---

388 박규태, 「한국 신종교의 이상적 인간성」, 『종교와 문화』 7권0호, 서울대학교 종교문제연구소, 2001. 6, 265~281쪽 참조.
389 이경우, 「한국 신종교의 발생과정과 현황」, 『신종교연구』 20집, 2009, 309쪽 참조.

지향하며, 개인의 치유와 각성을 중시하고, 인간관계 회복을 중시한다는 점에서 공통되는 면을 볼 수 있다.

마치면서

지금까지 일본 종교라는 스펙트럼을 통해 일본인의 심성과 문화를 이해해보고자 했다. 인간관계에서 끈기와 인내를 요하는 것 중 하나는 긍정적 차원에서 자신과 상대를 바라보고 서로가 지닌 차이(다름)를 인정하는 일이 아닌가 싶다. 이렇게 서로의 다름과 차이를 인정하고 이해하기 시작할 때 비로소 더 깊은 대화의 장이 가능하리라 본다.

타자를 이해한다는 것은 단순히 타인을 이해하는 차원을 넘어 (나를 포함하여) 우리를 더 깊이 이해하는 과정이기도 하다. 타자와 나는 불가분의 관계 속에서 함께 살아갈 수밖에 없는 운명공동체적 존재이기 때문이다. 그런 점에서 타자에 대한 이해의 폭이 넓어질수록 그만큼 나 자신에 대한 이해의 폭도 넓어진다고 할 수 있겠다.

그러나 자신의 주관적 감정이나 자신이 지닌 앎을 배제한 채 타자를 객관적으로 이해한다는 것은 결코 쉬운 일이 아니다. 진정 타자를 이해하려면 장자가 말했듯이 성심(成心, 자아의식)을 내려놓아야 하기 때문이다. 다시 말해 이는 우리가 객관적인 관점에서 타자를 이해하기 위해서 자기를 내려놓는 노력이 얼마나 절실히 필요한지를 말해준다. 적어도 상대에 대한 선입견을 내려놓고 객관적으로 일본 종교를 이해하고자 할 때 "일본인의 심성에 이런 것이 있었기에 이런 현상이 일어났구나"라는, 그들의 문화에 대한 이해의 폭이 조금씩 넓혀질 수 있지 않나 싶다.

일본 종교를 통해 일본인과 그들의 문화를 바라보면서 두 가지 면을 성찰하게 된다. 하나는 일본문화의 변형과 관련하여 우리의 종교문화는 얼마나 토착화되어 있는지를 새삼 묻게 된다는 점과, 또 다른 하나는 동아시아의 지역공동체로서 함께 공존해야 할 과제에 관한 것이다.

지금까지 살펴보았듯이 어떤 종교든 모든 외래종교는 일본으로 들어가면 '늪'인 일본 안에서 변형이 일어난다. 이러한 변형은 일본인들의 상상력과 그들의 심성 저변에 있는 에네르기를 통해 새로운 종교형태를 낳은 것이다. 그것이 무엇이든 모든 외래종교는 일본문화 속에서 마치 용광로 속에 들어가 분해되고 용해되어 녹아버리듯 흡수되어 새로운 형태로 변형되어 갔다. 일본은 이러한 변형을 통해 새로운 종교문화를 창출해온 것이다.

앞서 보았듯이 일본의 사유방식은 우리와는 여러 측면에서 차이를 보인다. 그 다름은 각 종교문화의 차이와 결코 무관하지 않다.

문화의 다양성이란 각 문화의 다름 혹은 '차이'를 전제로 한다. 바로 그 문화적 차이에서 오는 다양성은 우리의 상상력을 통해 드러난다. 이는 우리가 상상력을 발휘하지 못할 때 문화의 다양성을 맛볼 수 없게 됨을 의미한다.

일본의 독특한 종교문화를 바라보면서 우리는 그들이 얼마나 중국문화를 변용시켜 왔는지 보게 된다. 일본인들이 외래문화를 접할 때마다 이를 수용한 뒤 자기 내 종교문화 속으로 그것을 흡수, 변용시켜왔다는 사실은 그만큼 자신의 종교적 기질 위에 그들 나름의

상상력을 발휘해왔음을 말해준다.[390]

물론 다른 민족들도 자신의 기존문화와 다른 문화와의 융합 혹은 습합을 통해 새로운 문화를 창조해왔다. 다만 일본의 경우 특이한 점은 신도라는 고유한 문화전통의 용광로 속에 외래종교를 넣고 그것들을 자신의 종교문화의 틀로 재창조해냈다는 것이다. 그 예로 지금까지 살펴본 '일본불교'와 일본의 '국학'과 '고학'을 들 수 있다. 이처럼 일본이 외래종교를 자기문화에 수용하는 과정에서 자기색깔로 변형을 일으킨 문화적 융합 혹은 습합과정을 이해하면서 한국의 종교문화를 되돌아본다.

한국의 종교문화를 성찰할 때 우리는 중국의 종교문화와의 다름보다는 지나치게 같음의 동심원 안에서 중국 종교문화를 수용해오지 않았는가 싶다. 이는 중국의 동심원 밖으로 나와 자신의 종교문화를 재창조하려 노력해온 일본과 다른 점이 아닌가 생각한다. 물론 일본의 경우는 때로 상상력의 왜곡된 폭발로 인해 문제를 야기시켜온 역사가 있지만, 다른 한편 일본 종교를 공부하면서 우리도 토착화와 관련하여 우리 나름의 상상력을 통해 한국의 종교문화를 새롭게 꽃피워나가기 위해 노력해야 하지 않을까 생각한다.

또 하나는 동아시아라는 지역공동체 속에서 살아가는 우리는 중국과 일본이라는 타자와 함께 공존하기 위해서는 그들을 깊이 이해할 필요가 있다는 점이다. 이 과정에서 '동아시아문화'라는 틀로 한·중·일을 마치 같은 문화적 공통성으로 묶어서 보는 것은 그리

---

390 박규태, 『상대와 절대로서의 일본』, 제이앤씨, 2005, 376~381쪽 참조.

바람직하지 않다. 따라서 각 종교문화의 차이를 있는 그대로 인정하면서 그 다양성을 살려나가려 할 때 더 풍요로운 동아시아의 종교문화가 꽃피워지지 않을까 생각한다.

인간은 실존 자체가 더불어 살아가도록 되어 있다. 일본을 이해할 필요성도 여기서 기인한다. 동아시아라는 지역공동체 속에서 일본인들과 함께 살아가야 하는 우리는 그들에 대한 더 깊은 이해가 필요할 수밖에 없다. 그들과의 관계가 그리 순탄치 않기에 더더욱 그들을 이해하기 위한 노력이 필요한 것이다. 순탄치 않는 관계란 서로가 관계의 조화를 위한 부단한 노력이 필요함을 시사해주고 있다. 조개는 자신 안으로 들어온 이물질을 진주로 변화시키기 위해 그 아픔을 견디어낸다.

나는 일본이라는 타자를 알아가면서 우리 자신에 대한 보다 깊은 성찰과 물음을 갖게 되기를 희망해본다. 우리의 내적 성장은 끊임없는 물음 앞에 스스로 서게 될 때 이루어지고 비로소 완성되어 간다. 일본 종교를 통해 우리 각자는 다시금 낯선 자기 자신을 만나게 된다. 그 낯선 자기는 또 다른 상상력을 갖고 스스로에게 물음을 던지는 존재임을 의미한다. 타자를 통해 자신의 두터운 성벽을 무너트리고 자신 안에서 새로운 자기를 대면하는 순간이야말로 우리가 또 하나의 허물을 벗겨내는 순간이 아니겠는가. 참된 의미의 영성은 자기 안팎의 문제를 통합해가는 과정을 통해 이루어진다. 우리가 영성을 내면세계의 탐구로만 여긴다면 우린 반쪽짜리 영성생활을 해나갈 수밖에 없다. 진정한 의미의 영성을 살아가려면 우리의 시선을 안팎으로 균형 있게 둘 필요가 있다. 바로 이 점이 우리에게 자신이 몸담고 살아가는 세상에 대해 깨어있음을 촉구하는 것이다.

나이가 들수록 세상은 개인적 차원이나, 사회적 차원에서나 더 깊이 연관되어져 있음을 깨닫게 된다. 다시 말해 개인의 문제나 국가의 문제나 그것들은 각 개인이나 국가의 문제에 머무는 게 아니라 세계문제와도 불가분의 관련성을 갖고 있다. 오늘날 한반도의 문제도 우리나라만의 문제가 아니라 세계의 문제요, 국제 문제라는 사실이 이를 입증해주고 있다. 문 대통령 행사기획 자문위원인 탁현민은 "대북 관련한 일을 하면서 한반도 평화가 곧 세계의 평화구나라는 생각을 아주 구체적으로 느꼈다"고 어느 인터뷰에서 말한 바 있다.[391] 북핵 문제에 세계의 이목이 쏠리는 것은 그것이 각 나라들의 정치 경제적인 면과 결코 무관한 문제가 아니기 때문이리라.

동아시아라는 공동체에 몸담고 살아가고 있는 한·중·일의 운명 역시 서로 깊이 연결되어 있다. 진정 동아시아의 평화를 원한다면 우리는 일본과 중국과 함께 평화의 문제를 생각하지 않으면 안 된다. 그리고 진정한 평화는 상대를 올바로 이해하는 데에서부터 시작된다. 여기서 우리는 왜 일본종교를 공부해야 하는지 그 이유를 다시금 발견한다.

---

391 http://www.pandora.tv/view/harry_park/58520243#38181641_new

최현민

가톨릭 수도자(사랑의 씨튼 수녀회 소속)이다. 수녀회에 입회하기 전에는 생명의 신비를 탐구하기 위해 과학도의 길을 걷다가(이화여대와 연세대에서 생물과 생화학 전공), 과학으로는 인간과 세상을 이해하는 데 역부족이라는 생각이 들어 종교의 길로 방향을 바꾸었다.

수녀회에 들어와 종교학을 공부하면서(서강대 대학원 종교학 석사 및 박사), 특히 깊은 수행전통을 지닌 불교에 마음이 끌려 불교를 탐구하기 시작했다. 불교를 공부하면서 자연스레 그리스도교와 불교 간의 대화에 관심을 갖게 되었고, 종교대화 씨튼연구원 원장으로서 오랫동안 종교 간 대화 일을 해오고 있다.

현재 서강대학교에서 일본종교를 가르치면서, 「영성생활」 편집인을 맡고 있다.

저서로 『불성론 연구』, 『불교와 그리스도교, 영성으로 만나다』가 있으며, 공저로는 『불교와 그리스도교의 생태영성』, 『생태문제에 종교가 답하다』, 『참여와 명상, 그 하나됨을 위한 여정』이 있다.

일본 종교를 알아야 일본이 보인다

초판 1쇄 인쇄 2020년 3월 6일 | 초판 1쇄 발행 2020년 3월 13일
지은이 최현민 | 펴낸이 김시열
펴낸곳 도서출판 자유문고
　　　서울시 성북구 동소문로 67-1 성심빌딩 3층
　　　전화 (02) 2637-8988 | 팩스 (02) 2676-9759
ISBN 978-89-7030-146-4 03210 　값 23,000원
http://cafe.daum.net/jayumungo

★본서에 실린 사진 및 그림은 구글 이미지 자료임을 밝힙니다.
　(저작권에 문제가 있으면 연락 바랍니다.)